Ron Hall / Nicholas Tomalin
Die sonderbare Reise des Donald Crowhurst

SERIE PIPER
Band 1925

Zu diesem Buch

Mitten im Atlantik wird im Juli 1969 eine Segelyacht gefunden, völlig intakt, mit gesetzten Segeln, aber – ohne eine Menschenseele an Bord. Das Rätsel wird noch aufregender, als der Eigner des Bootes ermittelt wird: Donald Crowhurst, ein Weltumsegler, der auf der Rückreise nach England war, wo ihn ein triumphaler Empfang erwartet hätte. Seit diesem mysteriösen Verschwinden wuchern die Spekulationen. Die Autoren rekonstruieren anhand der Aufzeichnungen Crowhursts seine letzte Fahrt und präsentieren eine verblüffende Lösung dieses großen Rätsels der modernen Seefahrt.

Ron Hall und *Nicholas Tomalin* recherchierten als Redakteure der »Sunday Times« (London) die Tragödie des Donald Crowhurst.

Ron Hall / Nicholas Tomalin

DIE SONDERBARE REISE DES DONALD CROWHURST

Aus dem Englischen
von Barbara Schaden

Piper
München Zürich

SERIE PIPER
ABENTEUER
Herausgegeben von Harald Eggebrecht

Außerdem liegen vor:
Joe Simpson, Sturz ins Leere (1247)
Bettina Selby, Ah Agala! (1257)
Lucy Irvine, Eva und Mister Robinson (1274)
Herbert Rittlinger, Ich hatte Angst (1340)
Reinhold Messner, Die Freiheit, aufzubrechen, wohin ich will (1362)
Jean Domalain, Panjamon (1383)
Wilfried Thesiger, Die Brunnen der Wüste (1407)
Jeana Yeager/Dirk Rutan, Voyager (1435)
Peter Fleming, Brasilianisches Abenteuer (1436)
Mario Richner, Urwald, Gold und Indios (1474)
Tété M. Kpomassie, Ein Afrikaner in Grönland (1523)
Leosch Schimanek/Cestmir Sebesta,
Durch die Wildnis zum Eismer (1578)
Harry E. Rieseberg, Ich tauche nach Schätzen (1688)
Rüdiger Nehberg, Abenteuer am Blauen Nil (1796)
Steven Callahan, Im Atlantik verschollen (1798)
Rüdiger Nehberg, Über den Atlantik und
durch den Dschungel (1965)

Die Originalausgabe erschien 1970 unter dem Titel
»The Strange Voyage of Donald Crowhurst«
bei Hodder & Stoughton, London.

ISBN 3-492-11925-5
Deutsche Erstausgabe
August 1994

Umschlag: Federico Luci
Gesamtherstellung: Clausen & Bosse, Leck
Printed in Germany

Inhalt

PARANOIDE GRANDIOSITÄT

»Paranoide Grandiosität ist meistens organisiert, relativ stabil und dauerhaft. Die Vielschichtigkeit der eingebildeten Gewißheit reicht von eher einfachen Überzeugungen – dem Glauben ans eigene Talent, die eigene Anziehungskraft oder Begnadung – zu hochkomplexen, systematisierten Anschauungen von sich selbst als großem Propheten, Autor, Dichter, Erfinder oder Wissenschaftler. Das zweite Extrem ist Bestandteil der klassischen Paranoia.«

Prof. Norman Cameron, Yale
(Encyclopedia Britannica)

Vorwort der Verfasser

Man begibt sich auf unsicheren Boden, wenn man die Technik des Romanciers mit der des Journalisten verbinden will. Henry James schrieb, wie gefährlich die »verhängnisvolle Unzulänglichkeit von Tatsachen« für den Romancier sei; noch gefährlicher ist es für den Journalisten, wenn er sich verleiten läßt, die Möglichkeiten des Romanschriftstellers anzuwenden. Man ist in der Tat versucht, unbequeme Fakten einfach zu übergehen, weil sie den Fluß der Erzählung stören, und andererseits Gedanken und Verhaltensweisen der Hauptpersonen, die man mit letzter Sicherheit niemals wissen kann (wer könnte berichten, was im Kopf eines Menschen vorgeht, der allein übers Meer segelt?), einfach nachzuerfinden.

Wir sind diesen Versuchungen so weit wie möglich aus dem Weg gegangen. Wir haben uns bemüht, dokumentarisches Material vollständig wiederzugeben, damit der Leser sich selbst ein Urteil bilden kann, wenn er mit dem unseren nicht übereinstimmt. Wir haben die Geschichte als eine präzise belegte Chronologie aufgebaut, gestützt auf Donald Crowhursts eigene ausführliche Aufzeichnungen. Um eine Folge von Ereignissen überzeugend darzustellen, konnten wir über Crowhursts Geistesverfassung manchmal nur Vermutungen anstellen, auch über manche seiner Handlungen; allerdings haben wir, wenn dies der Fall war, stets darauf hingewiesen; und unumstößliche Schlußfolgerungen haben wir vermieden, es sei denn, die Tatsachen sprachen eindeutig dafür.

Sollte unser Buch trotz dieser rigorosen Vorgehensweise mitunter romanhaft anmuten, so liegt das daran, daß der wirkliche Verlauf der Ereignisse in seiner Art und seiner Unausweichlichkeit tatsächlich hätte erfunden sein können: schon als die Tragödie in groben Zügen zum erstenmal bekannt wurde – in der *Sunday Times* vom 27. Juli 1969 – war sofort klar, daß es sich nicht nur um einen sensationellen Vorfall handelte, sondern daß dahinter eine psychologisch höchst komplexe Geschichte stand. Sie nahm die Phantasie der gesamten Presse für mehrere Tage gefangen, und Sir Francis Chichester bezeichnete sie als das »Seedrama des Jahrhunderts«. Zu der Zeit wußten wir noch kaum etwas über Crowhursts Persönlichkeit, seine Logbücher hatten wir nur gelesen, um Näheres über den äußeren Ablauf zu erfahren. Als wir weiter recherchierten, stellte sich heraus, daß es die Geschichte von menschlichem Streben und menschlichem Versagen war – eine der außergewöhnlichsten, über die wir als Journalisten je zu berichten hatten.

Obwohl es im wesentlichen eine Geschichte über Heldentum ist, kommt kein Held darin vor – aber auch kein Schurke. Crowhurst war, trotz seines Betrugs, ein mutiger und kluger Mann, der so handelte, weil die Umstände unerträglich waren. Die Tatsache, daß er einen viel höheren Preis zahlte, als nötig gewesen wäre, spricht für seinen Charakter. Wir konnten uns vollkommen davon überzeugen, daß die beiden wichtigsten Träger dieses Unterfangens – Rodney Hallworth, der PR-Agent, und Stanley Best, der Sponsor – zu keinem Zeitpunkt Kenntnis von Crowhursts Betrug hatten. (Wie im übrigen auch sonst niemand davon wußte.) Beide sprachen außergewöhnlich offen über die Rolle, die sie dabei gespielt hatten, und indem sie uns Einblick in ihre Unterlagen gewährten, stellten sie uns viel wertvolles Quellenmaterial zur Verfügung.

Ähnlich hervorragende Unterstützung erhielten wir von den Bootsbauern John Eastwood und John Elliot. Gewiß, jeder gibt zu, daß Crowhurst ganz unvorbereitet zu seiner Fahrt um die Welt aufgebrochen war; aber nicht Eastwood ist daran schuld, sondern das Durcheinander und die Zeitnot, die dem Unternehmen vorausgingen (wenige Bootsbauer hätten überhaupt versucht, eine solche Aufgabe in so kurzer Zeit zu lösen). Um der historischen Vollständigkeit willen war die Bootswerft Eastwood großzügigerweise damit einverstanden, daß wir auch Crowhursts diverse Wutausbrüche gegen das Boot veröffentlichten; sie sagen freilich mehr über seinen Geisteszustand aus als über den Zustand des Schiffs. Die meisten der Fehler, die es in der Tat gab, hätten vermieden werden können, wenn für Konstruktion und Probeläufe genügend Zeit zur Verfügung gestanden hätte.

Wir sind vielen Freunden und Bekannten von Donald Crowhurst zu Dank verpflichtet, die Zeit opferten, um gewisse Aspekte seines Lebens, seine Vorbereitungen auf die Fahrt zu schildern; insbesondere Peter Beard, Ronald Winspear, Edward Longman, Bill Harvey, Eric Naylor und dem Korvettenkapitän Peter Eden. Der Anwalt der Familie Crowhurst, T. J. M. Barrington, half uns in vielen Dingen mit Klugheit und Erfahrung.

Wir danken dem Verlag Cassell & Co. für die Erlaubnis, Auszüge aus *A World of My Own* von Robin Knox-Johnston zu veröffentlichen; Arthaud, Paris, für die Genehmigung, einige Zitate aus Bernard Moitessiers Werk wiederzugeben, und Weidenfeld and Nicolson für die Erlaubnis, aus Daniel Boorstins *The Image* zu zitieren. Unser besonderer Dank gilt der britischen Rundfunkanstalt BBC, die uns Abschriften von Crowhursts Tonbandaufzeichnungen zur Verfügung stellte, sowie Donald Kerr und John Norman vom BBC Südwestfunk, die uns ihre eigene Aussage als Akteure in dem Drama anboten.

Von Rupert Anderson, betraut mit der Bergung von Wracks in Kingston, Jamaica, erhielten wir begeisterte Unterstützung, als wir das Boot nach der Fahrt besichtigten; ebenso von seinem Bootsmann Egbert Knight, der zwei Tage bei brütender Hitze mit uns arbeitete. Richard Box, Kapitän des Königlichen Postschiffs *Picardy*, der Crowhursts Boot fand, versorgte uns mit wertvoller Information.

Was die unmittelbare Aufgabe des Schreibens angeht, sind wir ganz besonders Captain Craig Rich zu Dank verpflichtet, der mehrere Wochen damit zubrachte, Crowhursts Navigationsbericht in allen Einzelheiten zu prüfen, und zu vielen wichtigen Schlußfolgerungen gelangte. Peter Sullivan zeichnete die *Teignmouth Electron*, Michael Woods die Karten. Robert Lindley, Korrespondent der *Sunday Times* in Buenos Aires, forschte Crowhursts heimlicher Landung in Südamerika nach; das dreizehnte Kapitel stützt sich auf seinen Bericht. Ruth Hall übernahm die schwierige Aufgabe, Crowhursts Logbücher zu entziffern und zu transkribieren, dabei gab sie uns viele hilfreiche Anregungen, ebenso Claire Tomalin.

Von unseren Kollegen bei der *Sunday Times* danken wir vor allem Harold Evans, dem Herausgeber, von dem die Idee zu diesem Buch stammt und der uns während der Vorbereitung und des Schreibens von unseren regulären Pflichten entband. Robert Riddell, Schriftführer der Weltumsegelung, stellte uns seine Unterlagen zur Verfügung. Die Reporter Dennis Herbstein, William Elsworth Jones, Philip Norman, Murray Sayle und Jacquey Visick, die über die Regatta berichtet hatten, halfen uns mit ihren eigenen Erinnerungen. Edwin Taylor und David Gibbons entwarfen die Präsentation der Bilder. Pamela Gordon und Caroline Ritchie überprüften und tippten den Text mit unermüdlicher Energie und Sorgfalt.

Unschätzbare Unterstützung bekamen wir von verschiedenen Fachleuten auf einschlägigen Gebieten. Einer der Richter bei der Weltumsegelung, Michael Richey, hat das Manuskript gelesen und lieferte uns hilfreiche technische Kommentare. Ebenso Dr. Glin Bennet von der Universität Bristol, Fachbereich Psychiatrie. Für die Schlußfolgerungen in diesem Buch sind wir allerdings allein verantwortlich. Sowohl in nautischen als auch in psychiatrischen Angelegenheiten haben wir versucht, einen Kompromiß zwischen den exakten Fachausdrücken und einer dem normalen Leser verständlichen Sprache zu finden.

Vor allen anderen aber gilt unser Dank Clare Crowhurst. Nach der qualvollen, monatelangen Befragung durch Journalisten jeglicher Art war sie dennoch bereit, all die Einzelheiten des gemeinsamen Lebens mit ihrem Mann und alle Umstände seiner Fahrt noch einmal zu durchleben – mit einer Aufrichtigkeit und Klugheit, die beachtlich waren. Es bestand keine Notwendigkeit für sie, in einer Angelegenheit, die ja nur schmerzvoll für sie sein konnte, so offen zu sein. Doch Donald Crowhurst war ein zu bemerkenswerter Mann, als daß die Erinnerung an ihn von beschönigenden, fälschlich heroischen Umschreibungen oder der entwürdigenden Häme routinemäßiger Presseberichterstattung überschattet sein dürfte, dessen war sie sich klar bewußt; um so verstanden zu werden, wie er es verdient, mußte die ganze Wahrheit veröffentlicht werden. Sie las unser Manuskript auf sachliche Genauigkeit, und obwohl sie in der Auslegung des Charakters und der Handlungen ihres Mannes nicht immer mit uns übereinstimmt, war sie mit der Veröffentlichung einverstanden. Es sei eine Geschichte ohne Held, sagten wir. Die Heldin aber ist sicherlich Clare Crowhurst.

Prolog

Captain Richard Box, Kommandant des Königlichen Postschiffs *Picardy*, unterwegs von London in die Karibik, wurde mitten im Atlantik frühmorgens aus seiner Koje geholt. Man hatte eine kleine Segelyacht gesichtet, und da der Ort für ein solches Schiff recht ungewöhnlich war, fand der Erste Offizier, der Kapitän solle sich die Sache ansehen. Es war der 10. Juli 1969, 7.50 Uhr morgens; die Position war 33° 11′ nördlicher Breite, 40° 28′ westlicher Länge, etwa 1800 Seemeilen von England entfernt.

Als die *Picardy* näher kam, sah Capain Box, daß die Yacht ein Trimaran war; er trieb mit kaum mehr als zwei Knoten dahin, nur ein Besansegel war gesetzt. An Deck war niemand; offenbar war die gesamte Besatzung in der Kabine, schlief oder ruhte sich aus. Captain Box änderte seinen Kurs, so daß sein Schiff die Yacht achtern umrundete, und beschloß, die Besatzung, wer immer an Bord war, zu wecken. Dreimal ließ er das Nebelhorn ertönen, laut genug, um einen Menschen selbst aus tiefstem Schlaf zu reißen. Noch immer keine Reaktion. Der Trimaran, der, wie er nun sehen konnte, *Teignmouth Electron* hieß, setzte ruhig und leise seinen Kurs fort.

Verblüfft befahl Captain Box, die Maschinen zu stoppen und ein Boot zu Wasser zu bringen. Die Sachlage mußte ordnungsgemäß untersucht werden: es konnte ja sein, daß derjenige, der die *Teignmouth Electron* segelte, krank war und außerstande, an Deck zu kommen. Der Erste Offizier, Joseph Clark, wurde mit drei Mann Besatzung in einem Boot hinabgelassen; dann tukkerte das Boot die paar hundert Meter hinüber zu dem Trimaran. Clark sprang auf das geräumige Deck des Bootes, spähte hinunter in die Kabine; dann verschwand er für zwei Minuten. Das Schiff war menschenleer. Er kletterte wieder nach oben und machte seinem Kapitän ein Zeichen: Daumen abwärts.

Über eines war Clark sich sofort im klaren: die *Teignmouth Electron*, anscheinend in einwandfreiem Zustand verlassen, stellte ein vollkommenes Rätsel dar. Die Kajüte war unaufgeräumt, im Spülbecken stapelte sich das schmutzige Geschirr von Tagen. Drei Funkempfänger, zwei davon zerlegt, standen auf den Tischen und dem Bord, Geräteteile lagen überall verstreut. Auf einer Seite balancierte ein Lötkolben gefährlich auf einer alten Milchdose – ein Zeichen, daß das Boot nicht von einer plötzlichen Welle getroffen oder vom Sturm überrascht worden war. Ein alter, schmutziger Schlafsack lag in der Koje im vorderen Teil der Kajüte. Der Lebensmittel- und Wasservorrat schien reichlich. Die Bordausrüstung war einigermaßen in Ordnung, aber das Chronometergehäuse war leer. Einem erfahrenen Seemann zeigte der Geruch in der Kajüte deutlich, daß sich seit Tagen niemand hier aufgehalten hatte. Das Rettungsfloß an Deck war noch fest an seinem Platz vertäut, das Ruder schwang frei. Die Segel waren niedergeholt und ordentlich zusammengelegt, bereit zum Setzen, – nichts an Deck deutete auf einen Unfall hin.

Als nächstes sah Clark sich die drei blau eingebundenen Logbücher an, die gestapelt auf dem Kartentisch lagen, als warteten sie darauf, von ihm geprüft zu werden. Sie waren methodisch geführt worden. Der letzte Eintrag im Schiffstagebuch, stellte er fest, war vom 24. Juni: das lag mehr als zwei Wochen zurück. Der letzte Eintrag ins Funkbuch stammte vom 29. Juni. Damit war klar, daß die *Picardy* auf eine Tragödie gestoßen war, die nicht nur mysteriös war, sondern – angesichts der gewissenhaft geführten Logbücher, des fehlenden Chronometers und des offensichtlich seetüchtigen Bootes – eine unheimliche Wiederholung jenes ungelösten Rätsels um die *Mary Celeste*. Siebenundneunzig Jahre zuvor war die *Mary Celeste* auf genauso unerklärliche Weise verlassen mitten im Atlantik gefunden worden – und seitdem hat man zu ergründen versucht, was mit den Menschen an Bord geschehen war, ohne Erfolg.

An Bord der *Picardy* hatte sich unterdessen jemand an den Namen *Teignmouth Electron* erinnert – war sie nicht eine der Segelyachten, die am Golden-Globe-Rennen teilnahmen:

ohne fremde Hilfe rund um die Welt? Und ein anderer hatte einen alten Zeitungsausschnitt mit Zeichnungen von allen teilnehmenden Booten. Das war sie: die *Teignmouth Electron*, ein ketschgetakelter Trimaran. Gesegelt von Donald Crowhurst, einem Elektronikingenieur aus Bridgwater, Somerset, der in Teignmouth, Devon, am 31. Oktober 1968 als letzter gestartet war, aber in den »brüllenden Vierzigern«, dem stürmischen Gebiet zwischen dem neununddreißigsten und dem fünfzigsten Breitengrad, bis Kap Hoorn beträchtlich aufgeholt hatte. Jetzt als einzige Yacht noch im Rennen, war sie auf ihrer triumphalen Rückfahrt nach Teignmouth, wo sie den Preis von fünftausend Pfund gewinnen würde.

Es dauerte ungefähr eineinhalb Stunden, um den Trimaran an Bord der *Picardy* zu hieven. Die Matrosen mußten den schweren Ladekran klarmachen, das Besansegel einholen und das kleine Boot vorsichtig bis zur vorderen Ladeluke hochziehen. Captain Box telegrafierte ans Londoner Hauptbüro der Reederei, Furness Withy, und beschrieb seinen mysteriösen Fund. Die Reederei wiederum benachrichtigte Lloyd's und die britische Navy, die ihrerseits sofort die U.S. Air Force alarmierte, um das Gebiet von der Luft aus nach Crowhurst absuchen zu lassen.

Mittlerweile war es 10.30 Uhr Ortszeit, in London früher Nachmittag, und obwohl Captain Box suchen ließ und seine Mannschaft anwies, nach einem Schwimmer Ausschau zu halten, hatte er wenig Hoffnung, daß der so rätselhaft verschwundene Segler gefunden würde. Er prüfte nun selbst die Logbücher; wenn die dort eingetragenen Daten den Zeitpunkt angaben, zu dem Donald Crowhurst über Bord gegangen war, konnte er in diesem Gewässer auf keinen Fall so lange überlebt haben. Aber an alle, die bei ihm anfragten, auch an Donald Crowhursts Frau Clare und an seinen Agenten Rodney Hallworth, telegrafierte Captain Box nur, die ganze Sache sei nach wie vor ein vollkommenes Rätsel.

Am nächsten Tag gab die *Picardy* ihre Suche auf, ebenso die Amerikaner. In der folgenden Woche las Captain Box, während sein Schiff nach Santo Domingo fuhr, Crowhursts drei

Logbücher. Neben gewöhnlichen nautischen Eintragungen und Funkmeldungen enthielten sie lange persönliche Überlegungen. Darin mußten doch Anhaltspunkte zu finden sein, die ihm genaueren Aufschluß geben würden, was geschehen war?

Er fand keine Antwort. Im Gegenteil: je mehr er las, desto unlösbarer schien ihm die Angelegenheit. Er entdeckte keinerlei Anzeichen einer drohenden Gefahr. Die Navigation kam ihm beinahe allzu präzise vor, und – auf den ersten Blick – wiesen die Zahlen auf eine durchaus normale, erfolgreiche Fahrt hin. Alle Funkmeldungen waren ordnungsgemäß aufgezeichnet. Aber auf drei Seiten des letzten Tagebuchs fand er den Niederschlag von etwas Unerklärlichem und Entsetzlichem, das stattgefunden hatte.

Zwischen fahrig gekritzelten philosophischen Reflexionen verbargen sich sonderbare, unverständliche Sätze: *Ach, ich werde meinen toten Vater nicht wiedersehen... Die Natur erlaubt Gott keinerlei Sünden zu Sündigen außer Einer – Das ist die Sünde des Verbergens... Es ist das Ende meines Spiels, die Wahrheit ist offenbart worden und es wird geschehen wie meine Familie es von mir verlangt...* – die den Sachverhalt zusätzlich komplizierten. Und sie zeigten: dies war kein gewöhnlicher ungeklärter Vorfall auf See, und der vermißte Mann war kein gewöhnlicher Segler. Eine Nachforschung über diese sonderbare Seefahrt und die Gründe, die ihn dazu gebracht hatten, um die Welt zu segeln, würden nur einen Teil der Wahrheit enthüllen. Vielleicht war der einzige Weg, um herauszufinden, was an Bord der *Teignmouth Electron* geschehen war, die ganze Geschichte von Donald Crowhursts Leben zu erzählen, von Anfang an.

1
Verwegener als alle anderen

Donald Crowhurst kam 1932 in Indien zur Welt. Seine Mutter war Lehrerin, sein Vater Inspektor bei der Eisenbahn, und sie führten das unbehagliche Leben der zweiten Generation: Nachkommen der Kolonialisten, die den farbigen Indern zwar deutlich überlegen waren, aber von der britischen Elite in Militär und Verwaltung mit einer gewissen Herablassung behandelt wurden. Es ist ein Foto von Donald erhalten; es zeigt ihn auf einem Korbtisch sitzend, im Garten seiner Eltern in Ghaziabad nahe Delhi; ein vorwitziges, pausbäckiges Gesicht mit einer ungewöhnlichen Haartracht: mehr als schulterlang. Alice Crowhurst hatte es so gewollt; sie hätte lieber eine Tochter gehabt, nicht einen Sohn. Als kleines Kind stand der Junge seiner Mutter sehr nahe. Er war religiös, weil sie es war. In der Kirche hörte er die Stimme Gottes, die zu ihm über seine Mutter sprach, aber sie verstummte, als er ungefähr sechs war. Warum, fragte Donald aufgebracht, redet Gott nicht mehr mit mir über meine Mama? Von diesem Zeitpunkt an begann sein religiöser Eifer nachzulassen und ebenso seine besondere Nähe zur Mutter.

Mit acht – und mittlerweile kurzgeschnittenem Haar – wurde er in ein indisches Internat geschickt. Es war damals üblich, kleine Jungen während des Schuljahrs, für die barbarisch lange Zeit von neun Monaten, von ihren Eltern zu trennen, aber er überstand diese Tortur recht gut. Sein erstes Zeugnis lobte ihn für »ein hervorragendes Schuljahr«, und in den meisten Fächern, vor allem in Bibelkunde, erhielt er eine Reihe der üblichen Beurteilungen wie »vortrefflich«, »sehr gut«, »gut«. Der Junge war mit diesen konventionellen Einschätzungen allerdings nicht einverstanden. Neben jede Bemerkung kritzelte er seine eigenen selbstzerfleischenden Kommentare: »schlecht«, »sehr schlecht«, »beschämend«, »ungenügend«.

In einem Katechismus, den er um diese Zeit erhielt, finden sich weitere Crowhurstsche Randbemerkungen ähnlicher Art. »Wenn wir jemandem Unrecht oder Böses angetan haben«, schrieb er, »müssen wir dies zuerst dem Betroffenen gestehen, dann Gott. Keine weitere Beichte ist erforderlich. Wenn wir einmal in unserem Leben Gottes Macht erfahren haben, können wir mit Gott reden – direkt – jeder von uns.« Auf einem anderen Foto, das aus dieser Zeit stammt, hält er ein Segelschiff in der Hand. Das Schiff ist irgendein Spielzeug, aber offensichtlich interessierte er sich fürs Segeln. Er besaß ein kleines Büchlein, das *Lauter Helden* hieß und auch eine Geschichte über einen frühen einsamen Sportsegler namens Alain Gerbault enthielt: »Allein um die Welt.« Die Botschaft war so klar wie der Katechismus:

> Abenteuer heißt ein Wagnis eingehen; nur wer das tut, weiß wirklich, wie herrlich das Leben ist und wie herrlich man leben kann... Wer nie etwas riskiert, wird es nie wissen; wer nicht wagt, gewinnt nie. Es ist weitaus besser, alles aufs Spiel zu setzen und zu scheitern, als vor dem Kamin zu liegen wie eine schnurrende Katze. Nur Narren lachen über den Mißerfolg: der Weise lacht über den Faulen und den Bescheidenen und über die Furchtsamen, denen der Mut zum Abenteuer fehlt.

Sein Vater John Crowhurst war ein schweigsamer Mann, der seine Aufgabe bei der Nordwestindischen Eisenbahn mit Sachkenntnis erfüllte, ja durchaus tüchtig war. Alice Crowhurst hatte diese Ehe als eine einzige Idylle in Erinnerung und ihren Gatten als einen freundlichen, liebenswürdigen, stets rücksichtsvollen Mann. In der Erinnerung anderer war er komplizierter: zeitweise habe er die Gewohnheit gehabt, nach der Arbeit den Eisenbahnerclub zu besuchen und sich dort zu betrinken, um anschließend wutschnaubend und voller Aggressionen nach Hause zurückzukehren. Seinen Sohn habe er eher kühl behandelt, seinen väterlichen Pflichten sei er zwar formell nachgekommen, aber ohne rechte Freude; er habe Donald auf seine gelegentlichen Angelausflüge mitgenommen, mit ihm Ball gespielt und ihm Cricket beigebracht. Aber sie hatten einander nie viel zu sagen.

Als Donald Crowhurst zehn war, zogen seine Eltern nach Multan, eine Kleinstadt in Westpakistan. Auch aus dieser Zeit gibt es ein Foto: Donald in Schuluniform, das Gesicht noch immer pausbäckig, aber wie erstarrt in einem Ausdruck wilder Entschlossenheit. Seine Altersgenossen sagen, er sei der kühnste, unerschrockenste Junge gewesen, den sie je gekannt hätten: von einer Furchtlosigkeit, daß es geradezu merkwürdig war. Immer war er der Anführer, kletterte auf die Wassertürme, in denen der Wüstenwind heulte und klapperte, oben balancierte er über die zwanzig Zentimeter breite Laufplanke, die rund um den Turm führte, und lachte die anderen aus, die, erst halb auf der Leiter, schon vor Angst zitterten. Wenn nicht alles nach seinem Willen ging, konnte er brutal werden. Ein indischer Wächter, der den Zehnjährigen erwischte, wie er im Maschinenschuppen von Multan Jagd auf Vögel machte, blickte unversehens in die Mündung eines Luftgewehrs. Es war zwar nicht geladen, aber die Drohung wirkte. »Schon gut, schon gut, Sahib. Du kannst weiterschießen.«

Auch in der Familie ging es mitunter stürmisch zu. Die Nachbarn in Multan erinnern sich, wie der kleine Donald in aller Eile über die Gartenmauer gereicht wurde, weil der betrunkene Vater im Anmarsch war. Als John Crowhurst dann zu Hause ankam, tobte er durch die leeren Räume und schlug alles kurz und klein. »Wo ist meine Frau, wo ist mein Sohn?« brüllte er, während Donald im Nachbarhaus im Bett lag, den Aufruhr genoß und seine Freunde die halbe Nacht lang mit Geschichten, Parodien, Witzen unterhielt. Donald war höchst temperamentvoll, scharfzüngig und ein phantastischer Schauspieler. Wenn er in Laune war, entzückte er jeden mit seiner Lebhaftigkeit und Schlagfertigkeit. Er war so brillant und geistreich, wie er mutig war. Und vor allem war er handwerklich äußerst geschickt; er konnte immer alles reparieren.

Nach dem Krieg wurde Donald Crowhurst nach England zurückgeschickt; er wurde Internatsschüler am Loughborough College. Ein Brief des Vierzehnjährigen an seine Eltern war ungewöhnlich nur in dem Versuch, seine Mutter zu beruhigen. Auffallend ist die Verdopplung von Konsonanten in zwei Wörtern. Donald Crowhurst war in der Rechtschreibung nie besonders gut; die Marotte, Konsonanten zu verdoppeln*, behielt er sein Leben lang bei:

> Liebe Mum, lieber Dad,
> danke für Euren Brief, ich bin ziemlich erleichtert, daß zu Hause alles in Ordnung ist. Den Tennisschläger habe ich bekommen, wirklich schön. Habt Ihr ihn schon gesehen? ...
> Ich denke an die Zeit, als Ihr mich erzogen habt, und ich fluche und, wie Ihr sagen würdet, rebbelliere. Aber nicht gegen Euch, sondern gegen mich selber. Wie ich Euch *segne* für alles, was Ihr mich gelehrt habt, ich ziehe *jetzt noch* einen Nutzen wenigstens aus dem bißchen, woran ich mich erinnere. Wie sehr wünschte ich, ich hätte besser auf Euch gehört und wüßte *alles*, was Ihr mir beigebracht habt...
> Es ist typisch für die indische Bürokratie, die jetzt das Sagen hat, daß sie Euch so lange Ärger mit den Papieren machen. Wenn Ihr mit dem Schiff kommt, hoffe ich, Ihr werdet nicht seekrank! Aber man sollte meinnen, im Flugzeug ists schlimmer! ...
>
> So, für heute mach ich Schluß.
> Euer Euch liebender Sohn,
> Donald

* Bei Zitaten aus Crowhursts Briefen und schriftlichem Nachlaß haben wir Rechtschreibung und Zeichensetzung im allgemeinen korrigiert. Seine typischen Fehler waren uns jedoch hilfreiche Anhaltspunkte zur Rekonstruktion: selbst wenn sie mit Maschine geschrieben waren, ließen sich Crowhursts eigene Texte von denen unterscheiden, die sein Werbeagent und andere für ihn entworfen hatten.

1947, als Indien unabhängig und geteilt wurde, brachte John Crowhurst seine Frau nach England zurück. Er steckte alles, was er von seiner Pension gespart hatte, in eine kleine Sportartikelfabrik in dem neuen Land Pakistan, die ein pakistanischer Geschäftspartner leiten sollte.

Mr. Crowhurst war Alicens zweiter Ehemann, sie hatte ihn spät geheiratet. Von ihrem ersten Mann, dem schneidigen Hauptmann der Indischen Armee David Pepper, sagte sie später, er habe ihr »das Leben zur Hölle gemacht – ein Säufer und Schürzenjäger«. Von David Pepper hatte sie einen ersten Sohn, Deryk, bei dem das ältere Ehepaar nach der Rückkehr nach England zunächst wohnte. Deryk war zu jener Zeit in der Britischen Armee, hatte eine russische Frau und einen Sohn, Michael.

Nach kurzer Zeit erstanden die Eltern Crowhurst ein eigenes Häuschen in Tilehurst, in der Nähe von Reading. Ein Brief von Alice Crowhurst an eine Verwandte zeigt sie als empfindliche, gefühlsbetonte Natur; er zeigt auch, welche Schwierigkeiten sie im Nachkriegsengland hatte, in Armut, Kälte und ohne Personal, nachdem man in Indien, wie schwierig es dort auch gewesen sein mochte, durchaus auf großem Fuße gelebt hatte:

> Meine liebe Florence,
> von Dir zu hören war wie kühler Balsam für mein erstarrtes, verwirrtes Gehirn und meine niedergedrückte Stimmung. Ich habe daraufhin beschlossen, mich zusammenzunehmen und mich mit den Tatsachen abzufinden, statt mich in Abgründe fallen zu lassen, wie ich es in letzter Zeit oft getan habe ... Mein Mann sagte zu mir: »Jetzt haben wir das Eßzimmer fertig, würdest du allein zurechtkommen, wenn ich Arbeit fände? In Indien geht alles schief, und meine Hoffnungen auf ein Wunder mit diesem Sportgeschäft werden wohl nicht wahr werden. Ich kriege keine Importlizenz.« ...
> Innerhalb von vier Tagen hatte er einen Job als (*was* glaubt Ihr wohl, Florence und Robert?) Lagerarbeiter

in der genossenschaftlichen Marmeladenfabrik in Reading – ich wurde fast verrückt, denn vierzehn Tage lang rechnete ich täglich damit, daß er sterben würde, aber ich konnte überhaupt nichts tun außer beten und immer wieder für ihn beten, daß er gesund bleibt und genug Kraft hat. Er bringt jede Woche zwischen 5 und 3,10 Pfund nach Hause, steht um 6 auf und kommt um 7 heim, einen Teil des Weges fährt er mit dem Bus, ungefähr 20 Minuten geht er zu Fuß. Er ist 51, und er kam todunglücklich und vollkommen deprimiert nach England. Nachdem er und ich erst gedacht hatten, er würde sogar einen Posten als Büroangestellter bekommen, war der Gedanke, daß er lernen muß, Lagerarbeiter zu werden, wirklich grausam – bei *seiner* Intelligenz, seiner Begabung, Aufrichtigkeit, seinen ehrlichen Absichten, seinem Organisationsgeschick und seiner Liebe zu den Menschen und seinem Talent zur Menschenführung – er, der gewohnt war, Hunderte Männer unter sich zu haben, ist jetzt *einer* in einer Mannschaft von 6 *unter* einem Vorarbeiter!!!
Du kannst Dir nicht vorstellen, in welchem Zustand das Haus ist – ich bin zu betäubt – es ist, als würde ein Band mir das Herz abschnüren und mein Kopf in einem Schraubstock stecken – um zu tun, was ich eigentlich vorhatte – und ich bin krank, mir ist – buchstäblich – die ganze Zeit schlecht, auch bin ich ganz mutlos: alles muß repariert und ausgebessert und gestrichen werden – vor allem die Küche – und das Rheuma macht mir solche Schmerzen im Arm und im Oberschenkel und die Handgelenke und die Finger tun mir so weh, daß es mir schon schwerfällt, überhaupt durchzuhalten...
Wir sind beide übereingekommen, daß wir Donald leider nicht seinen sehnlichsten Wunsch erfüllen können, in Loughborough Flugzeugbau zu lernen, – wir können ihn natürlich auch nicht vor dem Schulabschluß rausnehmen, er muß bis Juli nächstes Jahr dort

bleiben, was auch immer geschieht. Ich habe Donald (der Weihnachten bei uns sein wird) in die Schule geschrieben und ihm die Sache erklärt, aber alles, was er dazu sagt, ist, es sei besser, in der Schule etwas zu belegen und sich dort so zu qualifizieren, daß er sich anschließend aussuchen kann, was er bei der Royal Air Force tun will, denn das sei jetzt das Beste, was er nach dem allgemeinen Schulabschluß tun kann!!! Der Arme, der tapfere Junge – Gott segne ihn.

In Liebe,
Deine Cousine Alice

Das Jahr ging weiter: in den Kämpfen zwischen den Hindus und Moslems brannte die indische Sportartikelfabrik schließlich nieder – John Crowhurst war in seinem Lageristenjob gefangen. Als es Weihnachten wurde, hatte die Familie beschlossen, daß der Sohn endgültig aus Loughborough fortmüsse, sobald er sein Abschlußzeugnis in der Tasche habe. Am 25. März 1948 starb John Crowhurst an einer Koronarthrombose, während er die Erde in seinem Garten umstach.

Die Sorgen der Familie, die ohnehin schon beträchtlich gewesen waren, wurden mit einem Schlag erdrückend. Mit sechzehn nahm Donald Crowhurst den jähen Abbruch seiner schulischen Laufbahn mit Gelassenheit. Wirklich bedaure er nur eines, sagte er seiner Frau später: daß sein Vater gestorben sei, bevor er ihn richtig habe kennenlernen können. Zum erstenmal seit der Rückkehr nach England hatten sie begonnen, ohne Zurückhaltung miteinander zu reden. Zum erstenmal erkannte Crowhurst, daß sein Vater, wenn auch gebeutelt von den Umständen, ein Mann von bemerkenswerter Intelligenz war. Der Schock, in den sein Tod ihn versetzt hatte, trieb ihn in die Vorbereitungen auf die bevorstehende Prüfung; sein Tagebuch aus jener Zeit ist voller Ermahnungen, sich mehr anzustrengen, mehr zu lernen. Damals erlebte er auch seine erste ernsthafte Liebesgeschichte mit einem Mädchen aus Loughborough. Eine seiner speziellen Überzeugungen im späteren Leben war, daß sechzehn das entscheidende Alter im Leben jedes Menschen sei – zu dem Zeitpunkt zeige sich, was aus einem Kind einmal würde.

Crowhurst meldete sich zur Reifeprüfung der Londoner Universität und bestand sie (noch immer mit ausgezeichneten Noten in den geisteswissenschaftlichen und eher bescheidenen in den naturwissenschaftlichen Fächern). Dann ging er zur Royal Air Force und begann am Farnborough Technical College Elektrotechnik zu studieren. Seine Mutter fristete unterdessen ein zunehmend elendes Dasein in Tilehurst. Ein Brief von einer entfernten Verwandten vom Mai 1948 zeigt die Situation in grausamer Deutlichkeit:

> Liebe Cousine,
> wie versprochen, sende ich Dir hiermit eine Leihgabe von 5 Pfund.
> Wir haben Gäste bis Samstag und dann übers Wochenende: so daß es uns nicht paßt, Dich vor Mitte der nächsten Woche bei uns aufzunehmen.
> Was Deryk betrifft, wenn ich am Telefon richtig gehört habe, dann sind die 5 Pfund für Deine und seine Fahrt nach London, dabei hast Du uns doch gesagt, daß er sehr gut situiert ist. Wir verstehen nicht, was das bedeuten soll. Er wird doch sicher ein Hotel mit erschwinglichen Preisen nicht zu weit vom India House finden! Für ihn wäre es bequemer und uns angenehmer.
> Bitte schreib uns lieber, statt zu telefonieren, man versteht Dich sehr schwer am Telefon*, vielleicht habe ich ja alles falsch aufgefaßt.
> Wenn Du selber am nächsten Donnerstag für ein paar Tage zu uns kommen kannst, bring bitte unbedingt Deine Lebensmittelkarte mit. Wir hoffen, Du kommst zurecht. Wir haben einen Brief von Dir erwartet und haben uns schon gefragt, wie es bei Dir weitergeht...

* Alice Crowhurst sprach noch immer mit starkem angloindischen Akzent.

Kurze Zeit später verließ Deryk seine Frau. Obwohl die Berichte von Crowhursts Seefahrt um die ganze Welt gingen, nahm er nie mit einem Mitglied der Familie Kontakt auf.

In den nächsten sechs Jahren vergnügte sich Donald Crowhurst bei der Luftwaffe. Er bestand seine technischen Prüfungen, lernte fliegen und wurde schließlich zum Offizier ernannt. Als Rekrut hatte er für seinen Ausbildungsoffizier einen jugendlichen Aufsatz über »Die Notwendigkeit des Glaubens« verfaßt, dem er offensichtlich einige Bedeutung beimaß, denn er verwahrte ihn sorgfältig bei seinen persönlichen Dokumenten. Es war ein typischer Schulaufsatz, der in der genialen, aber zynischen Schlußbemerkung gipfelte, man müsse »an die Bedeutungslosigkeit des Glaubens glauben«. Besonders ein Absatz läßt einen interessanten Vergleich mit seinen späteren Überlegungen zu diesem Thema zu:

> Die beiden Fragen, die den Menschen mehr als alle anderen peinigen, sind vielleicht diese: »Warum lebe ich, und was bin ich, wenn ich nicht mehr lebe?« ... Man führt einen Kampf, um dem Leben einen Zweck abzugewinnen; könnte der Grund dafür nicht die Genugtuung sein, die dem Menschen zuteil wird, indem er danach trachtet, sich (jedenfalls in seinen eigenen Augen) der Kraft, die ihn antreibt, als ebenbürtig zu erweisen, und vermöge seines geistigen Kampfes diese Kraft zu überwinden und sich selbst anzutreiben?

(Der Ausbildungsoffizier hatte dazu in hübscher roter Tinte bemerkt: »Sehr schön. Wenn Sie sich die Ansichten, die Sie hier zum Ausdruck bringen, zu eigen machen, werden Sie die Schläge, die das Leben Ihnen erteilt, zwar nicht mit Leichtigkeit wegstecken, aber Sie werden den Fallgruben aus dem Weg gehen, in die viele andere Leute stolpern.«)

Seine Hauptbeschäftigung zu jener Zeit war indes gewiß nicht theologischer Art. Er hatte genug Geld, um den schneidigen jungen Offizier zu mimen und mit einem alten Lagonda durch die Gegend zu rasen, den er aus zweiter Hand hatte erstehen können. Seine Freunde sagen, er sei als junger Offizier der Royal Air Force derselbe unwiderstehliche, verrückte Kerl gewesen wie als Junge in Multan: jeder mochte ihn, jeder wollte ihm nacheifern. Sie nannten ihn »Crow«, die Krähe. Immer der Wildeste, der Tollkühnste in jeder Gruppe, ein geradezu zwanghafter Draufgänger und Verächter von Autorität, machte er mit einer wüsten Clique von Mitstudenten in Farnborough Kneipen unsicher. Immer war es Crowhurst, der die Husarenstücke ausheckte. Immer war er es, der die erste Runde spendierte. Er war geistig soviel beweglicher, entschiedener, bestimmender als seine Umgebung, daß er praktisch eine andauernde Alleinvorstellung lieferte: Flirts, intellektuell niederschmetternde Argumente, irrsinnige und angeberische Kraftakte und Lausbubenstreiche folgten in atemberaubender Geschwindigkeit aufeinander. »Hey, Leute!« pflegte er zu grölen, und jeder grinste schwach und wußte: jetzt kam Schwung in die Sache. »Wir streichen eine Telefonzelle grün! (Jeder quetschte sich in den Lagonda)... Wer kann am meisten Gin rückwärts aus einem Bierglas trinken?... Mein Elektromotorboot ist fertig, wer will mit? ... Ich hab gehört, Mottenkugeln schnupfen stärkt die Potenz, los, das probieren wir!« Wenn jemand für diese Art von Charme unempfänglich war, konnte er in Wut geraten. Seine Freunde folgten ihm voller Bewunderung. Was sie beeindruckte, war nicht so sehr das, was er tat, sondern seine Leidenschaftlichkeit und seine Art, den Alltag lebendiger erscheinen zu lassen.

Jetzt, im mittleren Alter, erinnern sich diese Männer mit Respekt und Verehrung an ihn. Mit manchen hielt er die Freundschaft noch lang durch Überraschungsbesuche aufrecht: dann fuhr sein Auto vor dem Haus vor (normalerweise um drei Uhr morgens) – ein Abstecher von irgendeiner improvisierten Spritztour durchs Land –, »Hey, Leute!«, und sie standen selbstverständlich gern auf, schenkten Kaffee oder Schnaps aus und genossen seine Vorstellung.

Er fing eine leidenschaftliche Affäre mit einem Mädchen namens Enid an, deren Wechselhaftigkeit ihn für den Rest seines

Lebens mehr oder weniger in Bann hielt. Für sie schrieb Crowhurst süßliche Gedichte, in die er die Trauer über den Wankelmut seiner Angebeteten einfließen ließ.

Schließlich wurde Crowhurst aufgefordert, aus der Royal Air Force auszuscheiden. Eigentlich weiß niemand genau, weshalb. Sein Agent Rodney Hallworth meint, er sei eines Nachts mit dem Motorrad durch die Räume der Schlafbaracken von Farnborough gedonnert. Einer anderen Geschichte zufolge verschwand er mit seinem Lagonda zu einem Rennen in Brands Hatch, just als eine außerordentlich wichtige Parade stattfand und dem Kommandanten des Stützpunkts seine Abwesenheit auffiel. Was auch immer der Grund gewesen sein mag, er war nicht schwerwiegend genug, um ihn daran zu hindern, sich unverzüglich zur Armee zu melden, dort erneut Offizier zu werden und erneut der Anführer einer Truppe umtriebiger Untergebener, diesmal in Arborfield, in der Nähe von Reading. Er besuchte dort einen Lehrkurs für elektronische Kontrollgeräte.

Noch immer warf er die erste Runde im Lokal. Mitten in Reading krachte er mit seinem Auto in einen Bus. Zwei- oder dreimal wurde er erwischt, als er ohne Versicherung fuhr, der Führerschein wurde ihm abgenommen, aber er fuhr trotzdem. Eines Nachts wollte er sich für die Rückfahrt nach Arborfield in Reading einen Wagen ausborgen, und als er sich über den Motor beugte, um die Zündung kurzzuschließen, tauchte ein Polizist hinter ihm auf. Es fand der übliche peinliche Dialog statt:

Polizist: »Verzeihen Sie, Sir, ist das Ihr Wagen?«

Crowhurst: »Ja, selbstverständlich, Herr Wachtmeister.«

Polizist: »Würde es Ihnen etwas ausmachen, mir die Zulassungsnummer zu nennen?«

Daraufhin fing Donald zu rennen an. Er sprang in den Kanal von Reading, aber unglücklicherweise wurde er am anderen Ufer gefaßt. Vor Gericht sagte ein Offizierskamerad aus, sie hätten alle miteinander einen feuchtfröhlichen Abend verbracht, und er habe mit Crowhurst fünf Pfund gewettet, daß er es nicht schaffen würde, aus Jux ein Auto zu stehlen. Der Streich trug ihm eine Geldstrafe von fünf Pfund ein, und weil die Polizei damals gerade eine Kampagne gegen Autodiebe führte, kam sein Foto in die Verbrecherkartei von Scotland Yard.

Es hätte zu Crowhursts Charakter gepaßt, mit diesem im Grunde harmlosen Fehltritt zu protzen, aber mit zunehmendem Alter entwickelte er aus irgendeinem Grund eine gesellschaftliche Scheu. Er sprach weder mit seiner Frau noch mit seiner Familie darüber. Und auch seinen Vorgesetzten am Stützpunkt Arborfield war der Vorfall so peinlich, daß sie ihn aufforderten, seinen Abschied zu nehmen.

Als er aus der Armee ausgeschieden war, im Jahr 1956, entwickelte Crowhurst einen neuen Ehrgeiz: Aufnahme im Peterhouse der Universität Cambridge zu erlangen. Man sagte ihm, er müsse nur das Latinum bestehen, um aufgenommen zu werden. Das schaffte er nie, aber mittlerweile verdiente er seinen Lebensunterhalt mit Forschungsarbeiten in den Labors der Universität von Reading. Er war vierundzwanzig und war nicht nur ein Lokalheld, sondern galt auch als Intellektueller. Ein Teil dieser eindrucksvollen Persönlichkeit, die er der Öffentlichkeit zeigte, bestand aus einer Reihe fundamentaler Ansichten über das Leben, die er Freunden häufig auseinanderzusetzen pflegte. So meinte er zum Beispiel, man tue gut daran, das Leben als ein Spiel zu betrachten, bei dem man, durchaus freundschaftlich, gegen Gesellschaft und Obrigkeit antrete und gegen Gott (sofern Gott existiere, was er bezweifle). Das war »das gewundene Spiel des Lebens«, wie er zu sagen pflegte. Er fand außerdem, Schlauheit sei eine der wesentlichen Tugenden, wenn nicht die wichtigste, und dumme Menschen seien es nicht wert, daß man sich mit ihnen abgebe. Stufenweise entwikkelte er eine Theorie, wonach der Geist vom Körper unabhängig sei: ein paar Jahrhunderte noch, und die Menschheit würde überhaupt fähig sein, ohne Körper zu existieren. Seine Religion, sofern bei ihm von Religiosität die Rede sein konnte, war wissenschaftliche Präzision: Wahr kann nur sein, was im höchsten Grad logisch ist – »rechenbar«, das heißt: so präzise, daß es in einen Rechner eingegeben werden kann und Ergebnisse hervorbringt.

Clare Crowhurst lernte ihren künftigen Ehemann Anfang 1957 auf einer Party in Reading kennen. Dort gab sich jeder betont unbürgerlich – Clare hatte sich, obwohl sie aus Irland kam, in ihren drei Jahren England zwar an diese Art Gesellschaft gewöhnt; dennoch war Donald eine gelinde Überraschung für sie. Er trat auf sie zu und sagte ihr die Zukunft voraus: »Du wirst einen unmöglichen Mann heiraten.« Er sagte ihr außerdem, daß er nie mehr von ihrer Seite weichen würde. Anderntags holte er sie ab, um mit ihr auszugehen, auch am folgenden Abend und am übernächsten. Am zweiten Abend waren sie im Kino, und als sie nach dem Film nach Hause gingen, begegneten sie einer alten, heruntergekommenen Prostituierten, die auf der Straße stand. Die meisten von Clares Freunden wären vor diesem öffentlichen Schandfleck wohl instinktiv zurückgewichen. Donald sagte bloß: »Arme alte Frau. Es ist furchtbar, wenn man so seinen Lebensunterhalt verdienen muß.« Es war eine Art von toleranter, vorurteilsloser Freundlichkeit, wie Clare sie nie zuvor erlebt hatte. Sie war beeindruckt.

Den ganzen Frühling und Sommer hindurch machte er ihr den Hof. Er nahm sie mit nach Oxford zum Bootfahren und zeigte ihr das Hotel, wo sie, wie er sagte, die Flitterwochen verbringen würden. Clare lachte. Es war eine ungewöhnliche Art der Annäherung, aber sie machte Eindruck. Wie vieles andere, was Donald Crowhurst aus einem offensichtlich spontanen Einfall heraus von sich gab, erfüllte sich auch die Prophezeiung mit dem Hotel: sie verbrachten tatsächlich dort ihre Flitterwochen.

»Das ist wichtig«, sagt Clare Crowhurst. »Donald hatte eindeutig dieses Talent. Er sagte die merkwürdigsten Dinge, aber egal, wie verrückt sie auch klangen, er war immer raffiniert und einfallsreich genug, um sie Wirklichkeit werden zu lassen. Immer. Das ist einer seiner auffälligsten Charakterzüge.«

Clare Crowhurst stammt aus Killarney, einer Kleinstadt im Südwesten der Republik Irland. Ihr Vater war ein irischer Katholik und Landwirt, ihre Mutter eine Protestantin anglo-irischer Herkunft; sie gehörte zur Familie Talbot und stand damit sozial deutlich über ihrem Mann. Jedoch, sagt Clare, liebte sie ihn sehr und führte ein zwar hartes, aber sehr glückliches Leben. (In gesprächigerer Stimmung pflegte Donald Crowhurst auf seine – über die Schwiegermutter bestehende – Verwandtschaft mit der Guinness-Familie hinzuweisen.) Clare Crowhurst wirkt sehr irisch, wenn sie glücklich und entspannt ist, – mit breitem Grinsen und einer lustigen, ungezwungenen Art, sich zu bewegen. Wenn etwas sie an die Tragödie in ihrem Leben erinnert und sie sich zusammennehmen muß, dann setzt sich die protestantische Strenge durch, das Erbe der Mutter. Sie wird sichtbar schmaler, angespannter, respekteinflößender. Ihre Tonlage steigt um einiges, und ihr »englischer« Akzent überdeckt den irischen.

Sie heirateten am 5. Oktober 1957 in der römisch-katholischen Kirche der Englischen Märtyrer in Reading. (Donalds Freunde rissen natürlich ihre Witze über den »englischen Märtyrer«.) Das erste Jahr wohnten sie bei Alice Crowhurst, und das erste Kind kam auf die Welt, James. Etwa um diese Zeit machte Crowhurst sich ernsthaft ans Segeln.

Dann fand er eine Anstellung bei der Elektronikfirma Mullards, und sie zogen weg. Die neue Stelle schien sehr vielversprechend: Crowhurst bekam einen Dienstwagen, und er dachte, er würde Gelegenheit zu aufregender eigener Forschungsarbeit haben. Wie sich aber herausstellte, war er nichts anderes als ein hochqualifizierter Handlungsreisender, der ungeduldigen Kunden die Feinheiten von Apparaten erklären mußte, die andere entworfen hatten. Alle Routine war ihm zuwider, er verabscheute die unumgängliche firmeninterne Politik, und die tägliche Fahrt zu dem unpersönlichen Londoner Büro und zurück war ihm unerträglich. Nach einem Jahr hatte er einen Autounfall. Er wurde gerügt, nahm die Rüge aber nicht hin, sondern sagte seinen Vorgesetzten freimütig, was er von ihnen und der Stelle hielt. Dann ging er.

Donald Crowhurst war jetzt sechsundzwanzig. Er hatte drei vielversprechende Karrieren eingeschlagen und abgebrochen. Er war kein Mensch, der sich unterordnen konnte, – und wollte auch keiner werden. Nach Mullards arbeitete Crowhurst eine Zeitlang in Maidenhead, 1962 schließlich fand er eine Stelle als

Chefingenieur bei einer anderen Elektronikfirma, der Electrodynamic Construction in Bridgwater, Somerset. Für ihn war es nur eine Art, sich die Zeit zu vertreiben und das Nötigste zum Leben zu verdienen, denn er war sich bereits sicher, daß er auf diese Weise nicht reich werden würde: statt dessen mußte er sich selbständig machen und seine eigenen elektronischen Erfindungen verkaufen. Er verbrachte seine ganze Zeit damit, neuartige und merkwürdige Geräte zu fabrizieren und sich mögliche Abnehmer auszudenken. Die ganzen Jahre hindurch, die Clare mit ihm zusammenlebte, hatte er die Angewohnheit, sich fern von den anderen in einen Raum einzusperren, um mit Drähten und Transistoren herumzubasteln, Probleme zu lösen, Apparate zu bauen. Wenn sie von ihm sprachen, benutzten viele seiner Freunde das Wort *boffin*, mit dem man die englischen Wissenschaftler im Krieg zu bezeichnen pflegte: der Forscher schlechthin; und dieses Wort, dem der leicht verstaubte Beiklang von einsamer Geistesgröße und privatem Heldentum anhaftet, sagt einiges über seinen Charakter. Von den vielen Rollen, die er vor sich selbst und der Welt spielte, war diese die wichtigste. Nach achtstündiger Arbeit in der Werkstatt pflegte er mit abwesender, aber glücklicher Miene wieder zum Vorschein zu kommen und war sich kaum bewußt, daß er eine Frau hatte, eine Familie, ein Leben jenseits der Elektronik.

Um dieselbe Zeit kaufte er sich eine kleine blaue, sechs Meter lange Slup namens *Pot of Gold*, die er in einem Yachthafen in der Nähe von Bridgwater einstellte. An manchen Tagen schloß er sich nicht in der Werkstatt ein, sondern lief zu seinem Boot und fuhr Hals über Kopf hinaus aufs Meer. Das war für ihn dieselbe Art von Trost.

Das Gerät, das ihm, wie er beschlossen hatte, zum Durchbruch verhelfen würde, war ein von ihm so genannter »Navicator«, ein Funkpeilempfänger für die Navigation auf dem Segelboot. Der Navicator ist ein wohldurchdachtes Instrument, obwohl nichts daran besonders originell ist: es gibt eine Menge Peilgeräte auf dem Markt (tatsächlich kann jedes Transistorradio, wenn irgendein Signal auf größte Lautstärke aufgedreht wird, zur – groben – Positionsbestimmung benutzt werden), aber zu der Zeit, als der Navicator zum erstenmal gebaut wurde, gehörte er zu den handlichsten und bequemsten. Er steckte in einem zweckmäßigen Plastikgehäuse, das wie eine Pistole aussah, in dem auch ein Kompaß eingebaut war, so daß der Benutzer die Richtungspeilung einhändig vornehmen konnte. Seine Frau sagt, er habe sich absichtlich einen so schlichten Artikel zur Gründung seines Geschäfts ausgesucht, denn die für die Zukunft geplanten raffinierteren Geräte wären schwieriger zu vermarkten gewesen. Er beschloß, seine Firma *Electron Utilisation* zu nennen.

Drei Jahre lang lebten die Crowhursts knapp außerhalb von Bridgwater, in Nether Stowey, einem hübschen kleinen Dorf mitten in den Hügeln von Quantock; dort haben sich erfolgreiche Geschäftsleute und Akademiker aus Bridgwater und Taunton niedergelassen und die kleine Gemeinde so aufpoliert, daß sie fast schon zu pittoresk wirkt. In Nether Stowey verbrachten die Crowhursts wohl ihre glücklichste Zeit. Als sie wegzogen, hatten sie drei weitere Kinder; auf James folgte 1960 Simon, Roger kam 1961 und Rachel 1962. Die Firma war nach wie vor ein aussichtsreiches Unternehmen, es gab ausgedehnte Werkstattarbeit, Segeltouren und spontane Streifzüge durch die Hügel von Quantock. Die Crowhursts hatten auch nette Nachbarn – die gleichgesinnten, mehr oder weniger intellektuellen, jedenfalls unkonventionellen Dorfbewohner. Mittelpunkt des gesellschaftlichen Lebens war das Laienschauspiel; Donald brillierte bei den Theateraufführungen und war stolz, sich unentbehrlich zu machen, indem er das gesamte Beleuchtungssystem umbaute. Nach szenischen Lesungen oder Proben blieben ein paar der helleren Köpfe noch länger, man trank und redete und verbesserte die Welt.

»Donald Crowhurst war einer der aufgeschlossensten Menschen, die ich je kennengelernt habe«, sagt John Emmet, einer der Leiter der Theatergruppe. »Er sprach über alles, überall. Er war zum Beispiel überhaupt nicht abergläubisch, religiöse Menschen hat er immer eher verachtet. Und ich glaube, darin hat er Clare schließlich mitgezogen, obwohl sie sich vom Katholizismus schon gelöst hatte, bevor sie ihn kennenlernte.

Trotzdem – wenn jemand sagte, was für ein Blödsinn zum Beispiel die Astrologie sei, dann war er still und dachte nach, und dann sagte er, man könne nichts so kategorisch verwerfen. Schließlich sei der Einfluß des Mondes auf die Gemütsregungen der Menschen eine wohlbekannte wissenschaftliche Tatsache. Deswegen könnte es doch genauso möglich sein, daß die Sterne auf irgendwie indirekte Weise ähnliche Wirkungen haben, oder?«

In solchen spätabendlichen Gesprächsrunden pflegte Donald einmal mehr seine verschiedenen Theorien darzulegen: über das Leben als Spiel, das Bewußtsein ohne die vulgäre Last des Körpers, die Wahrheit als etwas, das sich logisch berechnen läßt. Clare, die gewöhnlich die Kinder zu hüten hatte, blieb meist zu Hause.

Später, in Bridgwater, begründete Crowhurst eine kleine Clique mit zwei Ehepaaren: den Winspears und den Beards, die er, wenn ihn die Lust packte, zu Ausflügen, gemeinsamen Abendessen oder ausgeklügelten Spielen zusammenzutrommeln pflegte. Ronald Winspear kam der intellektuellen Seite seines Wesens entgegen, Peter Beard eher der wilden, ausgelassenen: er brauchte sie beide, genauso wie die Begleitung der Ehefrauen, um diese beiden Seiten seines Charakters ausleben zu können, und sie ließen ihn gern sich vor ihnen produzieren, denn sie genossen seine Lebhaftigkeit und seine Unternehmungslust. Ronald Winspear ist Physiker im Kernkraftwerk Hinkley Point; Peter Beard, geboren und aufgewachsen in der ländlichen Arbeiterklasse von Bridgwater, ehemaliger Coldstream-Guard*, stellt heute mit großem Erfolg billige Selbststeuerungsanlagen für Segler her.

Zwischen den Mitgliedern der Clique bestand freilich kein sehr enger Zusammenhalt; intellektuelle Debatten und ausgelassene Streiche lassen sich nicht leicht unter einen Hut brin-

* Coldstream-Guards, britisches Garderegiment, 1656 als Leibwache (zu Fuß) Karls II. von England während seines Exils in Holland entstanden; benannt 1661 nach dem schottischen Ort Coldstream. A. d. Ü.

gen. Wenn Crowhurst und Ron Winspear sich in Diskussionen über Metaphysik oder die Gewinnbeteiligung von Arbeitnehmern vertieften, sah Peter Beard gelangweilt drein. Und wenn Crowhurst mit Peter auf Abenteuer ging oder dem ganzen Lokal verkündete, er sei leicht vierzigtausend Pfund wert und würde jeden verprügeln, der daran zu zweifeln wagte, dann stieß er damit bei Ron Winspear auf Mißbilligung. Und vor allem kamen die Beards und Clare Crowhurst nicht miteinander zurecht.

Nach Donald Crowhurst befragt, äußern die beiden Freunde Ansichten, die einander erstaunlich widersprechen. Peter Beard sagt: »Die Sache war die, daß Donald sich für Gott hielt. Er war absolut von sich überzeugt – alles in seinem Leben drehte sich darum. Und er war immer so fix und so schlau, daß er auch die anderen dazu brachte, an ihn zu glauben. Er hielt sich für großartig – und das war er auch, ein wirklich toller Kerl, ein Genie. Aber er war halt nicht Gott, und deswegen war er an seinen ganzen Schwierigkeiten selber schuld.«

Ronald Winspear sagt: »Ich habe Donald Crowhurst nicht verehrt; ich habe ihn *anerkannt* – als den lebendigsten und wirklichsten Menschen, dem ich je begegnet bin. Wenn er Leute zu beeindrucken versuchte und sich selber verkauft hat, dann hatte er irgendwie etwas Schäbiges, Zweitklassiges an sich. Aber wenn er wußte, daß er nicht Theater zu spielen brauchte, dann konnte er sich entspannen und einfach erstaunlich lebendig sein. Donald war nicht ein Mensch, mit dem man gemeinsame Geschäfte machen konnte. Aber er war jemand, den man sehr bewundern mußte.«

Für einen Mann, der so intelligent war wie Donald Crowhurst – und daß er hochintelligent war, steht außer Frage –, bestand das Problem darin, daß er in einer Kleinstadt auf dem Land wie Bridgwater kaum jemanden fand, mit dem er seinen Verstand messen konnte. So benutzte er ihn weitgehend als Werkzeug, um sich vor anderen in Szene zu setzen. Wenn Crowhurst es bis nach Cambridge geschafft hätte, wäre seine Intelligenz diszipliniert worden: zurechtgerückt durch ihm ebenbürtige Konkurrenten und Freunde. Zugleich wäre ihm die Frustration des Provinzintellektuellen erspart geblieben, der überzeugt ist, Besseres verdient zu haben als das, was seine beschränkte Welt ihm zu bieten hat, und auf die weitere Welt mit neidvoller Verachtung herabblickt.

Auf dem einen Gebiet, in dem er ausgebildet und erfahren war, in der Elektrotechnik, war Crowhurst äußerst anspruchsvoll und subtil, und er beeindruckte durch die Originalität seiner Ideen. Für jemand mit technischer Ausbildung war er auch erstaunlich belesen. Obwohl er sich seine Kenntnisse unsystematisch angeeignet hatte, war er durchaus imstande, sie in Unterhaltungen, im Gespräch und in der Diskussion einzusetzen.

Auf der anderen Seite fehlte ihm die geistige Disziplin und Besonnenheit, wie sie eine strenge methodische Allgemeinbildung vermittelt. In seinen schriftlichen Aufzeichnungen scheint er oft unfähig, Gutes von Schlechtem zu unterscheiden. Er war imstande, Texte zu schreiben, die gut konstruiert und lebendig waren – aber verunstaltet durch banale Rechtschreibfehler und jähe Abstürze in die Trivialität. Dasselbe in der Mathematik: Probleme ging er mit Zuversicht und Originalität an – um sich dann bei schlichten Additionen zu irren. Wenn ihm etwas mißlang, verfiel er in anhaltenden Trübsinn, aus dem er nur durch euphorische Temperamentsausbrüche wieder herausfand.

Ein Charakter wie Crowhurst wird jedem bekannt vorkommen, der die Romane von H. G. Wells oder C. P. Snow über das Leben in der Provinz kennt. Wie die Kleinstadtintellektuellen der Literatur empfand er heftigen Groll gegen die große Welt, deren Tore ihm verschlossen geblieben waren. Die Figuren bei Wells und Snow aber hatten manchmal Erfolg – draußen, in der Welt –, und das besänftigte und kultivierte sie. Crowhurst sehnte sich verzweifelt nach ähnlichem Erfolg, aber die Regeln dieses besonderen Spiels hatte er nicht – noch nicht – gelernt.

1962 wurde Donald Crowhursts Mutter auf unerwartete Weise zum Problem für die Familie. Als sie einmal bei ihnen zu Besuch war, wurde sie vom Elend ihres beschränkten Lebens und von Verwirrung jäh überwältigt, und als Donald ihr eines Morgens das Frühstück auf einem Tablett ins Zimmer brachte, sah er, wie sie sich Schlaftabletten in die Hand schüttete und alle auf einmal in den Mund stopfte. Bevor er bei ihr war, hatte sie sie geschluckt. Sie wurde sofort in die Klinik gebracht, wo man ihr den Magen auspumpte. Von da an lebte sie fast ohne Unterbrechung in verschiedenen Krankenhäusern und einem Altersheim nahe Bridgwater.

Ein paar Jahre später bat Donald seine Mutter, ihr Haus in Tilehurst zu verkaufen und einen Teil des Erlöses als Starthilfe für seine eigene Firma, die Electron Utilisation, zu verwenden. Sie war gleich damit einverstanden, und das Kapital reichte aus, um die erste Partie von »Navicatoren« zu produzieren. Er stürzte sich mit Feuereifer in die neue Firma und war überzeugt, daß nichts schiefgehen konnte. Er fuhr nach London und versuchte dort, feste Marketingvereinbarungen zu treffen, inserierte in allen Segelmagazinen und unternahm Verkaufsreisen sogar aufs europäische Festland.

Ein oder zwei Jahre später bot sich ihm eine Gelegenheit, sein Bedürfnis nach öffentlicher Macht auszuleben: er bewarb sich als Kandidat der Liberalen um das Amt eines Stadtrats. Er ließ sich für den Wahlkreis Bridgwater Central Ward aufstellen, und er gewann die Wahl, weil er sein Image als Geschäftsmann mit dem nötigen organisatorischen Geschick, Bridgwaters industrielle Probleme zu lösen, überzeugend durchsetzen konnte. Sein Wahlprogramm war einem Computerprogramm nachempfunden: »Sie denken vielleicht logisch, aber TRAUEN SIE SICH, diesen Test zu machen?« rief er den Wählern zu, und dann stellte er ihnen eine Reihe politischer Fragen; darauf standen verschiedene Antworten zur Auswahl, die zu jeweils anders numerierten Abschnitten überleiteten. Überflüssig zu erwähnen, zu welchem Ergebnis der wahrhaft logische Wähler unvermeidlich kam: er hatte den größten Logiker, den Technologen und Finanzexperten, den einzig logischen Kandidaten Donald Crowhurst zu wählen. Das war errechneter Liberalismus.

Um diese Zeit erstand Crowhurst einen neuen Jaguar. Er

fuhr natürlich viel zu schnell, und sechs Monate später hatte er abermals einen Unfall. Der Wagen überschlug sich, Crowhurst erlitt eine klaffende Verletzung an der Stirn. Seine Frau sagt, der Unfall habe bei ihm eine Persönlichkeitsveränderung bewirkt. Er wurde launischer, weniger tüchtig im Geschäft und saß manchmal stundenlang im Wohnzimmer und starrte düster auf den Teppich. Wenn ihn etwas frustrierte, war er imstande, mit sinnlosen Wutanfällen zu reagieren. Eine Schublade, in der er etwas suchte und nicht fand, landete womöglich umgestülpt auf dem Boden, der Inhalt übers ganze Zimmer verstreut, während Donald vor Zorn mit den Füßen stampfte. Zu den Kindern aber war er immer freundlich. Wenn er nach Hause kam, liefen sie ihm auf der Zufahrt entgegen, um ihn zu begrüßen. Dann nahm er sie alle vier in die Arme, und während er mit ihnen ins Haus ging, erzählte er Geschichten: ein kicherndes, quiekendes Bündel, das er im Wohnzimmer vorsichtig in einem Lehnstuhl ablegte. Alle vier beteten ihn an.

Er faßte neues Interesse am Übernatürlichen. Zwar bezeichnete er sich nach wie vor als absoluten Skeptiker; mit Gott hatte er nichts im Sinn. Aber mit den Winspears und den Beards veranstaltete er spiritistische Sitzungen mit Tischrükken und Gedankenübertragung. Eines Tages, berichtet Mrs. Beard, habe er sie mit auf einen einsamen Hügel oberhalb von Nether Stowey genommen und ihr gesagt, er glaube an die schwarze Magie, und sie müsse seine Blutsschwester werden. Er gab ihr sein Hemd, das sie tragen sollte, murmelte Beschwörungen, schnitt sich in den Arm und schmierte sein Blut auf ihr Handgelenk. Dies, sagte er, würde sie fürs ganze Leben an ihn binden; zum Beweis würde sie bald besondere Zeichen an sich entdecken. Vier Tage später, sagt sie, habe sich eine Reihe von Striemen auf ihrem Handgelenk gebildet. Ob alles ein Scherz war, Crowhurst Gott spielte, oder tödlicher Ernst, – für Pat Beard jedenfalls war es keine angenehme Erfahrung.

Ein andermal brachte jemand ein Spiel Tarotkarten, und Donald fing an, die Zukunft vorherzusagen. Gegen Ende des Jahres 1966, als die *Gipsy Moth IV* sich Australien näherte, legten Crowhurst und seine Freunde die Tarotkarten für Francis

Chichester*. Karte für Karte wurde gezogen und verkündete stets nur Tod, Ertrinken, Katastrophe. Fasziniert deckte Crowhurst immer mehr Karten auf und sah gebannt zu, wie Chichester auf sein Verderben zusteuerte. Clare, die das Ganze sehr ernst nahm, schrie plötzlich auf, sie halte dies für einen äußerst geschmacklosen Scherz, und sie bat ihre Gäste zu gehen.

Anfangs sah es so aus, als würde Crowhursts Electron Utilisation ein Erfolg werden. Er mietete eine kleine Fabrik und stellte sechs Vollzeitarbeiter ein. Das Navicator-Modell erregte die Aufmerksamkeit eines großen Unternehmens, Pye Radio, man begann über eine mögliche Übernahme zu verhandeln, und Crowhurst erhielt 8500 Pfund Anzahlung. Damit endete das Geschäft. Pye Radio, eine Aktiengesellschaft, die selbst in Schwierigkeiten steckte, stieg aus. Das Geld, das Crowhurst erhalten hatte, half ihm zwar, die Firma eine Zeitlang am Leben zu halten; aber es ging bald bergab. Crowhurst zog aus der Fabrik aus, verlegte den Betrieb in die Ställe von Woodlands, wo sein Haus stand, und entließ alle Angestellten bis auf einen Teilzeitmonteur. Es gelang ihm nie, langfristige Vereinbarungen mit Abnehmern zu treffen, um den Navicator effizient zu verkaufen, sondern er verbrachte die meiste Zeit damit, genügend Kapital zusammenzukratzen, um die nötigen Bestandteile einzukaufen, insbesondere den Kompaß, den er nicht selbst zusammenbauen konnte und für den er jedesmal 3,10 Pfund hinlegen mußte.

Auf der Suche nach weiterer finanzieller Unterstützung lernte er Stanley Best kennen; dieser wurde sein Geldgeber für die Electron Utilisation und trat zuletzt bei Crowhursts versuchter Weltumsegelung als Sponsor auf. Best ist ein Geschäftsmann aus Taunton, dem auf genau die Art und Weise der Durchbruch gelang, wie Crowhurst es sich gewünscht hätte

* Sir Francis Chichester, englischer Segler, 1901–1972, segelte 1966 mit seinem Schiff *Gipsy Moth IV* allein in 107 Tagen von Plymouth nach Sydney. Seine Einhand-Segelerlebnisse beschreibt er in dem Buch *Held der Sieben Meere*, München 1983. A. d. Ü.

– mit ganz anderem Temperament freilich und einer ganz anderen Methode: Hartnäckigkeit und gezielte Strategien für den Verkauf von Wohnwagen und Benzin haben ihn reich gemacht. Er verfügt über viel Investitionskapital, und im Jahr 1967 gab er der Electron Utilisation ein Darlehen von tausend Pfund, um dem Betrieb über den, wie Crowhurst meinte, vorübergehenden Engpaß zu helfen. Das Darlehen galt bis 1968, aber die Schwierigkeiten wurden immer größer, Käufer kamen und gingen, und die vorübergehende Krise hielt an.

Stanley Best brauchte lange, um zu erkennen, daß die Electron Utilisation doch nicht die Firma war, mit der er ein zweites Vermögen machen würde. Crowhursts Elan und Überzeugungskraft hielten seine Zuversicht auch dann noch aufrecht, als die Geschäftsbilanz längst mit Verlust abschloß.

»Ich habe Donald Crowhurst immer als absolut brillanten Neuerer angesehen«, sagt er. »In der Werkstatt oder im Labor war er hervorragend. Aber als Geschäftsmann, als jemand, der wissen mußte, wie die Dinge laufen, war er ein hoffnungsloser Fall. Er war dauernd in Bewegung, immer, so daß er nie mitbekam, was wirklich geschah. Er hatte offenbar die Fähigkeit, sich einzureden, daß alles ganz großartig werden würde, hoffnungslose Situationen waren für ihn nur zeitweilige Rückschläge. Diese Begeisterung, das muß ich zugeben, war anstekkend. Aber wie mir heute klar ist, war sie das Ergebnis eines – ja: zu einfallsreichen, zu schöpferischen Gehirns, das sich den angestrebten Zustand immer gleich als Wirklichkeit geträumt hat.«

Das ist eine treffende Charakterisierung von Crowhurst dem Geschäftsmann in Bridgwater; es ist eine noch treffendere Charakterisierung von Crowhurst dem Helden in spe.

2
Das große Rennen

Ende Mai 1967 kehrte Francis Chichester mit seinem Einhandsegler nach Plymouth zurück zu Ruhm und beträchtlichem Vermögen. Die britische Öffentlichkeit hatte überraschenderweise beschlossen, ihn zum Helden zu küren, so wie sie in der Vergangenheit Scott den Antarktisforscher, Hillary den Everestbesteiger und Bannister den Meilenläufer zum Gegenstand nationaler Verehrung gemacht hatte. An jenem Abend säumte eine Viertelmillion Menschen den Sund von Plymouth, es bildete sich ein gewaltiges Empfangsgeschwader, dem sich praktisch jedes Boot aus der Umgebung anschloß, im ganzen Land warfen die Fernsehstationen ihre Programme zugunsten stundenlanger Live-Übertragungen um, in Greenwich wurde der Held eilig zum Ritter geschlagen – noch einmal: denn er war es ja schon seit Australien –, und das Buch, das kurz darauf erschien, war jahrelang einer der gewinnbringendsten Bestseller.

Jeder, der mit dem Rennen zu tun hatte – und nicht zuletzt die Sponsoren, die Tageszeitung *Sunday Times* –, war überrascht, in welchem Ausmaß Chichesters große Fahrt die Öffentlichkeit in Bann geschlagen hatte. Gewiß, Chichester war schneller und eleganter um die Welt gesegelt als irgend jemand vor ihm und hatte sich auf einen einzigen Zwischenhalt beschränkt. Aber daran war im Grunde nichts Neues: von 1895 bis 1898 dauerte Joshua Slocums erste Einhand-Weltumsegelung, und seine Leistung war seither mehrmals wiederholt worden – jedesmal mit mehreren Landungen. Amerikanische Nachrichtenmagazine, denen die Reaktionen der Briten wie immer ein Rätsel waren, versuchten weitschweifig, das Phänomen zu erklären: Das Weltreich verloren und kein Geld, um Männer auf den Mond zu schicken – da hätten die Briten sich zwangsläufig auf das reinere, edlere, unkompliziertere Heldentum besonnen, das in der Bezwingung der Elemente liege. Leider sind, wie wir sehen werden, weder die Motivation der Menschen, die sich auf derlei Abenteuer einlassen, noch die Reaktionsmechanismen der Öffentlichkeit so einfach, wie man es gern hätte.

Die *Sunday Times* war zunächst recht unschlüssig gewesen, ob sie Chichesters Fahrt unterstützen sollte oder nicht. Die Verantwortlichen hatten den Vorschlag zunächst kategorisch abgelehnt (wie zuvor der *Daily Mirror* und der *Daily Telegraph*). Schließlich aber waren sie einverstanden, die Zeitungsrechte an lediglich der halben Route, nämlich bis Australien, zu erwerben: für zweitausend Pfund, eine Option auf Verlängerung mit eingeschlossen. In den ersten Monaten war das öffentliche Interesse so gering, daß man den Preis viel zu hoch fand; und in der Tat mußte der zweite Geldgeber, die Tageszeitung *The Guardian* (im Rahmen einer ihrer regelmäßigen Sparmaßnahmen), aussteigen, als Chichester erst die Hälfte hinter sich hatte. Doch die *Sunday Times* behielt die Schirmherrschaft bei, das Chichester-Fieber begann sich auszubreiten – nicht zuletzt dank seiner regelmäßigen mitreißenden Berichterstattung –, und als die jubelnde Menschenmenge sich an der Hafenpromenade von Plymouth versammelte, war bereits klar, daß die Zeitung ein Jahrhundertgeschäft gemacht hatte. In der Folge stand sie weiteren Seeabenteuern natürlich wohlwollend gegenüber, vor allem nachdem Harold Evans, der einzige Chefredakteur der *Sunday Times*, der sich schon früh für Chichesters Unternehmen begeistert hatte, ihr Herausgeber geworden war. Nachdem mit Chichester jedoch ein gewisser Sättigungsgrad an Salzwasserabenteuern eingetreten war, bestand das Problem darin, das Thema zu variieren.

Einer fehlte überraschenderweise bei Chichesters Begrüßung. Donald Crowhurst bewunderte Chichester grenzenlos. Er hatte alle seine Bücher gekauft und studiert und seine Fahrt aus der Nähe mitverfolgt; aber irgendein von Mißgunst und Zweifel geprägter innerer Widerstand hielt ihn davon ab, den Augenblick des endgültigen Triumphes mitzuerleben. Statt die kurze Strecke nach Plymouth zu fahren, verbrachte er einen

Teil des Tages mit Peter Beard im Bristol-Kanal auf dem Segelboot, bevor er nach Hause ging und sich das Ereignis im Fernsehen ansah. Mit Geringschätzung hatten die beiden Männer dem Bordradio gelauscht, das Stunden um Stunden Kommentare ausstrahlte. Crowhurst stolzierte höhnisch das Deck auf und ab, parodierte Moderatoren, die Beifall klatschende Menge, das bürgermeisterliche Empfangskomitee. Was soll das Theater, fragte er: Chichester sei schließlich nicht der erste Weltumsegler. Er habe ein wirklich katastrophales Boot. Und er habe lange in Australien haltgemacht, um sich auszuruhen. Das einzig Bemerkenswerte an dieser Fahrt, so Crowhurst, sei sein hohes Alter.

Donald Crowhurst hatte – schon damals – den Ehrgeiz, *einhand und nonstop* um die Welt zu segeln – das wäre dann wirklich eine »Premiere«, die seinem Namen Unsterblichkeit verleihen würde. Er trage sich schon seit vier Jahren mit der Idee, sagte er. In dieser Zeit hatte er freilich auch mit anderen Projekten geliebäugelt, ohne je eines davon in die Tat umzusetzen. Zum Beispiel hatte er daran gedacht, Thor Heyerdahls aufsehenerregende Expeditionen auf dem primitiven, steuerlos treibenden Floß zu wiederholen oder, noch lieber, Alain Bombards einsame Überfahrt von den Kanarischen Inseln nach Barbados: mit nichts als rohem Fisch und Plankton als Nahrung; das hätte sowohl seinen Hang zum Dramatischen als auch seine Liebe zur Naturwissenschaft befriedigt. Aber seit Chichesters Rückkehr beherrschte ihn zunehmend die Idee einer Nonstop-Weltumsegelung.

Sir Francis' anhaltende Berühmtheit und der offensichtliche finanzielle Erfolg seines Unterfangens werden Crowhursts Enthusiasmus kaum gedämpft haben. Bei Chichester strömten die Tantiemen, Werbeverpflichtungen, Honorare für Lesungen und Fernsehauftritte..., ganz zu schweigen von den Einkünften aus den Übersetzungen seiner Bücher in ein Dutzend Sprachen und dem Aufschwung, den sein kleines Geschäft nahm, der Handel mit Landkarten und Reiseführern. Die Electron Utilisation Ltd. stagnierte zu dieser Zeit bereits, und Crowhurst hatte aus mehreren Gründen eine Heldentat nötig.

Seine Reaktion auf Chichesters Fahrt war durchaus nicht einzigartig: nach einer Möglichkeit Ausschau zu halten, um eine einmal vollbrachte Leistung noch zu verbessern, ist schließlich nur natürlich. Abgesehen von dem Versuch, einfach schneller zu werden (worauf sich bereits Chichesters frühester Nachahmer, Alec Rose, keine Hoffnungen mehr machen konnte), war die Ruhmestat allenfalls durch eine Weltumseglung ohne jede Zwischenlandung zu überbieten.

Ende 1967 trafen mindestens vier Segler konkrete Vorbereitungen, um genau dies in die Tat umzusetzen – wahrscheinlich war es bereits zu optimistisch, die Möglichkeit auch nur ins Auge zu fassen. Chichester selbst, das darf man nicht vergessen, hatte trotz seiner großen Erfahrung schon Schwierigkeiten, Australien zu erreichen; Rose war zu einer unvorgesehenen Landung in Neuseeland gezwungen und mußte außerdem in Sydney anlegen. Um erfolgreich zu sein, waren ein Schiff, Seemannschaft und persönliche Qualitäten allerersten Güte nötig, außerdem eine gute Portion Glück. Aber Chichester hatte bewiesen, daß der Lohn für das Wagnis, der ideelle ebenso wie der materielle, das Risiko bei weitem überwog.

Der erste, der ein durchführbares Konzept entwickelte, war ein ehemaliger U-Boot-Kommandant der Marine, Bill Leslie King, der bereits drei Monate nach Chichesters Rückkehr konkrete Pläne schmiedete. Ihm war klar, daß sehr viel vom Boot selbst abhing, und deshalb nahm er mit Colonel »Blondie« Hasler Kontakt auf, dem Mann, der ein paar Jahre zuvor mit seiner Erfindung, einer Selbststeueranlage für alle Segelstellungen, dem Einhandsegeln einen gewaltigen Auftrieb gegeben hatte. Hasler sollte helfen, die perfekte Yacht für eine Weltumseglung zu entwerfen, die eigens zu diesem Zweck gebaut werden mußte; und er war bereit, die Takelung zu konzipieren. Für den Rumpf wählte er Angus Primrose als den seiner Meinung nach besten Architekten. Das Ergebnis, ein glatter Kreuzer ohne Ecken und Kanten mit ebenem, abgerundetem (»Schildkröten«-)Deck, erinnerte treffenderweise an ein U-Boot – mit Ausnahme freilich des nicht dazu passenden Aufbaus: zwei Masten mit Dschunkensegel. Mit dem Bau des Bootes – der *Galway Blazer II* – begann man Ende des Jahres, und bei der Bootsausstellung im Januar 1968 war bereits bekannt, daß King zwei Zeitungen als Sponsoren hatte gewinnen können, den *Daily* und den *Sunday Express*.

Bevor King sein Projekt in die Tat umsetzen konnte, versuchte ein achtundzwanzigjähriger Offizier der Handelsmarine, Robin Knox-Johnston, ebenfalls ein Boot speziell für eine Nonstop-Weltumsegelung bauen zu lassen. Bereits im April – sieben Wochen vor Chichesters Rückkehr – begann er, über mögliche Entwürfe zu diskutieren und hatte bald einen Bootsbauer gefunden. Aber nachdem er monatelang erfolglos Geld aufzutreiben versucht hatte, mußte er den Plan fallenlassen. Er ließ sich jedoch nicht entmutigen, sondern beschloß noch im selben Jahr, die Fahrt mit der *Suhaili* zu machen, einer winzigen, zehn Meter langen Ketsch mit Teakholzrumpf, die ihm bereits gehörte. Auf den ersten Blick schien dieses Boot denkbar ungeeignet. Es war zu klein und zu langsam, und beim Anblick des hohen, verletzlichen Deckhauses lief es erfahreneren Seglern kalt über den Rücken. Nur zwei Dinge sprachen für die Ketsch: sie hatte sich auf der Fahrt von Indien, wo Knox-Johnston sie vier Jahre zuvor hatte bauen lassen, bestens bewährt, und sie war bemerkenswert gut ausbalanciert und leicht zu segeln.

Nachdem Knox-Johnston einmal seinen Entschluß gefaßt hatte, unternahm er den klugen Schritt, George Greenfield, einen Londoner Literaturagenten, in das Projekt einzubeziehen. Greenfields Agentur, die seit etlichen Jahren florierte, nicht zuletzt dank der höchst erfolgreichen Bücher von Enid Blyton, hatte sich kurz zuvor auf Abenteuer spezialisiert – Fahrtensegeln, Forschungsexpeditionen, Bergbesteigungen und ähnliches. Die Erschaffung eines Helden ist ein komplizierter Vorgang, und von den daran Beteiligten ist keiner geschickter als Greenfield; Chichester selbst wurde von ihm betreut. Als Knox-Johnston an ihn herantrat, arbeitete er gerade an der Publicity für Wally Herbert und die britische Expedition durch die Arktis. Greenfield erkannte sofort, welches vorzügliche Material der entschlossene junge Mann mit dem Charme des netten Nachbarjungen bot, und er fing an, Sponsoren zu mobilisieren. Sein Urteil war unfehlbar wie immer: so lange das Projekt lief, bewies Knox-Johnston ein geradezu unheimliches Talent, stets das Richtige zu sagen und zu tun – nicht zuletzt, indem er die Fahrt auch zu Ende brachte.

Wie wir sehen werden, erwies sich bei den nachfolgenden Ereignissen seelische Stabilität als der entscheidende Faktor. Robin Knox-Johnston war, wie sein Boot, der ausgeglichenste von allen, die an den Start gingen. Einzig absonderlich an ihm war – zumal angesichts seines jugendlichen Alters – eine durchaus unzeitgemäße Neigung zu erzkonservativen, ja reaktionären Ansichten; aber auch das ist unter Abenteurern und Helden nichts Ungewöhnliches. Vor und nach der Fahrt war er beim Psychiater – man konnte also die seelischen Auswirkungen bei ihm untersuchen. »Ich bin entzückt, sagen zu können«, schrieb Knox-Johnston anschließend, »daß er mich beide Male ›beunruhigend normal‹ fand.«

Keiner konnte dem nächsten Segler, der seine Teilnahme ankündigte, dem Franzosen Bernard Moitessier, nachsagen, er sei »beunruhigend normal«. Unter Fahrtenseglern war er bereits eine Legende. Er hatte Tausende von Meilen im Pazifik zurückgelegt, und 1966 war er von der (damals) längsten Nonstop-Fahrt mit einer kleinen Segelyacht zurückgekehrt: 14216 Meilen von Tahiti nach Alicante in Spanien über Kap Hoorn, in Begleitung seiner Frau Françoise. Er ist darüber hinaus ein feinfühliger und gebildeter Schriftsteller und war damals bereits Autor zweier Klassiker der See: *Vagabund der Meere* und *Kap Hoorn – Der logische Weg.*

Wie Crowhurst hat auch Moitessier eine koloniale Vergangenheit, er wuchs in Französisch-Indochina auf; aber damit enden auch schon die Gemeinsamkeiten. Moitessier, ein kräftiger, drahtiger Mann, ist seinem Temperament nach ein wahrer Romantiker mit einem beinahe mystischen Verhältnis zum Meer. Und was er an Bord einer Segelyacht am meisten haßt, ist alles, was irgendwie mit Elektronik zu tun hat.

Moitessier hatte schon 1967 seine Pläne bekanntgegeben, und als er den Januar 1968 wegen der französischen Bootausstellung in Paris verbrachte, traf er detaillierte Vorbereitungen für seine Ausrüstung. Dann fuhr er nach Toulon und verbrachte mehrere Monate damit, sein Boot, die *Joshua*, für die Fahrt herzurichten. Die *Joshua*, fünf Jahre alt, hatte Zehntausende von Seemeilen hinter sich; sie war ihrer Bauweise nach so robust und widerstandsfähig wie ein Fischkutter, und obwohl sie die Spuren ihrer rauhen Vergangenheit trug, war sie nach wie vor absolut zuverlässig. Sie hatte einen großen geschweißten, rot gestrichenen Stahlrumpf, zwei stämmige Masten aus solidem Holz und eine primitive Selbststeuerung, der zwar die Raffinessen einer Hasler abgingen, die aber einen weitaus weniger empfindlichen Eindruck machte. Die *Joshua*, schrieb Moitessier, besitze das Geheimnis aller guten Schiffe: »Solide, einfach, sicher – und schnell bei allen Kursen im Wind.«* Kein Schiff hätte sich von dem Boot, mit dem Crowhurst schließlich aufbrach, in größerem Maße unterscheiden können!

Ende 1967 suchte John Ridgway, ein furchterregend fähiger und durchtrainierter Hauptmann des *Special Air Service* um Beurlaubung an, denn auch ihn reizte das Unterfangen. Er hatte sich bereits 1966 Ruhm erworben, als er mit Sergeant Chay Blyth über den Atlantik gerudert war; er war eine Art Berufsabenteurer geworden. Als Sportsegler hatte er keine besonderen Qualifikationen vorzuweisen, und an seiner Slup, der *English Rose IV*, war das einzig Bemerkenswerte die geringe Größe (knapp zehn Meter). Offensichtlich betrachtete er den Törn hauptsächlich als körperliches Überlebenstraining – in dieser Hinsicht zumindest war niemand besser gerüstet als er.

So sah also die Aufstellung im Januar 1968 aus: die alte Teerjacke, für die es nichts Größeres gab, als in einem Boot durchs Meer zu dümpeln, der wildentschlossene junge Mann, der etwas für Großbritannien tun wollte, der romantische Franzose, der das Zwiegespräch mit der See suchte, und der Profiabenteurer, der seine Zähigkeit unter Beweis stellen wollte. Crowhursts Beweggründe darzustellen, ist schon schwieriger.

* *Kap Hoorn – Der logische Weg*, Delius Klasing, Bielefeld 1969.

Sie hatten sicherlich etwas mit dem Niedergang seines Unternehmens zu tun – das mittlerweile in einer Krise steckte, die selbst er nicht mehr ignorieren konnte. Aber wie schon immer in seinem Leben, wenn die Umstände gegen ihn waren, suchte er nach einer dramatischen Geste: in einer Welt, die ihn nicht zu schätzen wußte, wollte er ein unauslöschliches Zeichen setzen. Seine Art, diese Aufgabe in Angriff zu nehmen, war wieder einmal typisch Crowhurstsche Extravaganz.

Es war beschlossene Sache, daß Sir Francis Chichesters Boot, die *Gipsy Moth IV*, in Beton fortleben sollte: in Greenwich, zum ewigen Gedächtnis an die heroische Fahrt. Das nötige Geld hatte man zum Teil schon zusammengetragen, die Errichtung des Heiligtums konnte beginnen.

Crowhurst rief bei der Stadtverwaltung von Greenwich an und erklärte, es wäre doch verrückt, die *Gipsy Moth IV* einzumotten, – er habe eine bessere Idee. Dem Anruf ließ er Mitte Januar einen Brief folgen. Wenn man ihm das Schiff für ein Jahr überließe, so argumentierte er, würde er rund um die Welt segeln, ohne irgendwo an Land zu gehen, und das gesamte Geld, das ihm die Großtat zweifellos eintragen würde, zur Verfügung stellen. Der Brief schloß mit den Worten:

> Lassen Sie mich zunächst eines sagen: Ich weiß, daß ich fähig bin, diese Fahrt in seemännischer Art und Weise zu bewältigen. Ich glaube, es ist nicht ein einziges Risiko mit meinem Vorhaben verbunden, das ich nicht bedacht hätte, mag es an der Yacht liegen, an den Elementen und der See oder an mir selbst. Gewiß birgt ein solches Projekt Gefahren, aber ich bitte Sie, diese Risiken mit mir zu teilen – nicht nur, weil sie tragbar sind, sondern auch weil unsere Tradition als seefahrende Nation uns verpflichtet, sie zu tragen.

Der Ton des Briefes war Crowhurst in Reinform und höchst überzeugend. Trotzdem ging der Vorsitzende der Stadtverwaltung, Mr. Doble, nicht darauf ein. Er schickte ein formelles Schreiben, in dem er mitteilte, der Stadtrat habe seiner Ansicht nach in dieser Angelegenheit keine Entscheidungsbefugnis. Er leitete Crowhursts Brief – und den Schwarzen Peter – weiter an die Cutty Sark Society, die für die öffentliche Ausstellung der *Gipsy Moth IV* zuständig war. Die Gesellschaft beschloß, nichts zu unternehmen. Der Plan, dem zwei Verwaltungsausschüsse zugestimmt hatten, der auch Lord Dulverton betraf, den Eigentümer der *Gipsy Moth IV*, war bereits zu weit gediehen, als daß man ihn noch hätte umstoßen können.

Crowhurst gab seinen Feldzug indes nicht auf. Einige Wochen später rief er bei der Cutty Sark Society an und sprach mit Frank Carr, dem Vorsitzenden des Schiffsverwaltungsausschusses. Dieses Gespräch war weitaus ergiebiger. Beide waren Männer mit klaren Vorstellungen und Ansichten, beide hatten rhetorisches Talent. Sie sprachen also am Telefon miteinander, und Crowhurst erhöhte sein ursprüngliches Angebot auf eine sofortige Spende in Höhe von fünftausend Pfund plus jeden im Anschluß zu erwartenden Geldpreis plus Versicherungsschutz in Höhe von zehntausend Pfund.

Frank Carr teilte Crowhurst im Vertrauen und unter Berufung auf Sir Francis' eigene vernichtende Kritik mit, er betrachte das Boot als nicht besonders tauglich für eine solche Fahrt. Er halte es für unklug, ein so bedeutendes Symbol nationalen Heldentums den Gefahren auf See auszusetzen. Bezüglich des angebotenen Geldpreises wies er darauf hin, daß die Cutty Sark Society für den Bau des Trockendocks in Greenwich bereits siebzehntausend Pfund vorgesehen habe und Crowhursts Angebot diesen Betrag kaum decken könne, ganz zu schweigen vom Wert des Bootes.

In der Zwischenzeit gewann Crowhurst einige mächtige Verbündete. Während er auf der Bootausstellung im Januar 1968 seine Navicatoren verkaufte, bearbeitete er fleißig einflußreiche Persönlichkeiten. Angus Primrose, der Konstrukteur der *Galway Blazer II*, der auch am Bau der *Gipsy Moth IV* mitgearbeitet hatte, erinnert sich, von Crowhurst angesprochen worden zu sein. Crowhursts Enthusiasmus und seine Segelkenntnisse beeindruckten ihn außerordentlich. Schließlich gelang es Crowhurst, die Segeljournale auf seine Seite zu ziehen: Anthony Churchill in *Yachting and Boating Weekly* und Bernard Hayman in *Yachting World* traten vehement dafür ein, daß Boote, selbst berühmte, zum Segeln da seien und keine Museumsstücke, und daß Donald Crowhursts Unternehmen sehr viel mehr wert sei als das Interesse einer Horde neugieriger Schulkinder.

Die Kollision gegensätzlicher Vorstellungen endete für alle Beteiligten unerfreulich. Crowhurst verlor sein Boot und Frank Carr die Gunst der segelsportinteressierten Öffentlichkeit: sie reagierte mit dem Enthusiasmus des seefahrenden Volkes auf die Proteste der Journalisten, und die Spenden für den *Gipsy-Moth*-Fonds flossen nur noch spärlich.

Zwar hatten Frank Carr und alle anderen Betroffenen die naheliegenden Einwände gegen Crowhursts Pläne öffentlich vorgebracht, aber dahinter stand möglicherweise ein noch viel gewichtigeres Argument: man hatte Sir Francis Chichester, obwohl er nicht der formelle Bootseigner war, zu Rate gezogen, und der wiederum befragte seine Freunde: Keiner von ihnen konnte über Donald Crowhursts Kompetenz irgend etwas sagen, was dessen Selbstanpreisung bestätigte. So wurde Crowhursts Skepsis erwidert, mit verheerender Wirkung. Sir Francis' instinktives Mißtrauen schwand nie; und es spielte in Crowhursts Geschichte eine immer größere Rolle.

Woher hätte Crowhurst das Geld nehmen sollen, wenn die Cutty Sark Society tatsächlich auf sein Angebot einer sofortigen Spende eingegangen wäre? Wer würde ihm andernfalls den Bau eines eigens entworfenen Bootes finanzieren? Seinen großsprecherischen Behauptungen zum Trotz hatte Crowhurst nicht die leiseste Idee. Das Problem beschäftigte ihn sehr, denn in seinem Tagebuch aus jener Zeit sind sämtliche Pressemagnaten und sämtliche potentiellen Menschenfreunde der britischen Industrie penibel festgehalten. So schrieb er sich zum Beispiel die private Telefonnummer von Lord Thomson of Fleet auf, brachte den Namen seines Hausdieners in Erfahrung und den genauen Zeitpunkt, zu dem Thomson morgens gewöhnlich aufzustehen pflegte: exakt fünf Minuten später rief er im Haus von Lord Thomson an.

»Ist dort Paxton?« fragte er in herablassendem Ton. »Hier ist Donald Crowhurst, ich möchte mit Lord Thomson sprechen.«

Laut Crowhursts eigener Aussage kam Lord Thomson genau in diesem Augenblick die Treppe herab zum Frühstück. Die Überrumpelungstaktik war erfolgreich: Thomson nahm den Hörer entgegen. Daraufhin begann Crowhurst ihm darzulegen, welch wunderbare Idee es doch wäre, wenn von der *Times* oder der *Sunday Times* eine Nonstop-Weltumsegelung gesponsert würde. Oder vielleicht sogar ein *Rennen* um die Welt. Und er, Crowhurst, würde sehr gerne daran teilnehmen, denn er würde zweifellos gewinnen. Und vielleicht würde Lord Thomson seine Teilnahme gern unterstützen?

Lord Thomson erinnert sich nicht an das Gespräch: daß Vertreter irgendwelcher Interessengruppen oder auch harmlose Spinner ihn privat anzurufen versuchen, ist nichts Ungewöhnliches. Wenn sie zu ihm durchdringen, fertigt er sie gewöhnlich mit dem Hinweis ab, sie möchten sich an den jeweiligen Herausgeber wenden; oder er hört gar nicht erst zu. Auf Crowhursts Anregung ging er jedenfalls gewiß nicht ein. Zufällig jedoch schrieb die *Sunday Times* zwei Wochen nach dem Anruf tatsächlich ein Rennen um die Welt aus. Crowhurst war daraufhin überzeugt, die Sache sei seine eigene Idee gewesen – und in mehreren Briefen, die er später schrieb, bezeichnete er sich als den Initiator des Rennens. Angesichts der zeitlichen Übereinstimmung hatte er – subjektiv – nicht einmal Unrecht.

Das *Sunday-Times*-Rennen kam freilich auf ganz andere Weise zustande. Es lohnt sich, näher darauf einzugehen, denn seine eher merkwürdigen Bedingungen sollten einen erheblichen Anteil an den Ereignissen haben, die zu Crowhursts Tragödie führten.

Anfang Januar 1968 berichtete George Greenfield dem Herausgeber der *Sunday Times*, Harold Evans, über seinen jüngsten Schützling, Robin Knox-Johnston, dessen geplante Fahrt, sagte er, von der Zeitung genauso gesponsert werden solle wie die von Chichester. Evans hörte wohlwollend zu, lehnte es aber vorläufig ab, eine Entscheidung zu treffen.

Einen Monat später – Greenfield drängte nach wie vor auf eine Antwort – wurde Murray Sayle, der *Sunday-Times*-Reporter, der mit der Chichester-Story betraut gewesen war, beauftragt, erste Sondierungen vorzunehmen. Bill Kings Pläne waren bereits weithin bekannt, und Sayle fing alsbald Gerüchte über andere mögliche Teilnehmer auf, deren Zahl mittlerweile wuchs. Er holte auch die Ansichten von Experten über wahrscheinliche Leistungen ein.

Seiner Einschätzung nach, berichtete Sayle – die falsch war, wie sich herausstellte, aber durchaus verständlich –, sei einer, der mit Sicherheit nicht siegen würde, der unbekannte junge Knox-Johnston mit seiner schäbigen kleinen Ketsch. Das in seinen Augen aussichtsreichste Boot sei ein Katamaran, geführt von einem aus Australien stammenden Zahnarzt namens Howell, der in Seglerkreisen als »Tahiti Bill« bekannt war.

So begann die *Sunday Times* sich für Tahiti Bill zu interessieren. Aus journalistischer Sicht bestand das Problem darin, daß die Berichterstattung – selbst wenn es sich um eine Nonstop-Umsegelung handelte – zwangsläufig ähnlich wie seinerzeit die über Chichester sein würde: zu ähnlich; und es gab bereits Anzeichen von Überdruß bei den Lesern. In diesem Stadium kamen Sayle und sein Abteilungsleiter, Ron Hall (einer der Autoren dieses Buchs), gleichzeitig auf die Idee, ein Rennen zu veranstalten; unterschiedliche Ansichten bestanden lediglich in organisatorischer Hinsicht. Sayle argumentierte, dem heldenverehrenden Publikum sei nur eins wichtig, nämlich wer *als erster* ankomme; Hall hielt dagegen: Damit das Ereignis auch wirklich den Charakter einer Regatta habe, müßten die Teilnehmer gleiche Chancen haben; und nachdem aus verschiedenen Gründen jeder zu einer anderen Zeit aufbrechen würde, müsse der Sieg aufgrund der benötigten Zeit errechnet werden. Mit anderen Worten: der Preis sollte für die *schnellste* Fahrt vergeben werden.

Es gab noch ein Problem. Sayle wußte mittlerweile, daß mindestens ein halbes Dutzend Segler in dieser Saison die Nonstop-Weltumsegelung versuchen würden und einige bereits mit anderen Zeitungen, Zeitschriften, Verlegern in Verhandlung standen. Was, wenn einer von ihnen seine Teilnahme verweigerte – und womöglich als erster zurückkehrte? – Dann wäre das *Sunday-Times*-Rennen ja ganz sinnlos geworden.

Im Bewußtsein dessen setzten Sayle und Hall sich an jenem Nachmittag Anfang März 1968 zusammen, um die Regeln auszuarbeiten. Der erste Streitpunkt ließ sich leicht beilegen: Man konnte ja zwei Preise aussetzen – einen für den Ersten und einen für den Schnellsten. Der erste, der zurückkam, beschlossen sie, würde mit einem Pokal geehrt werden (der damals, an Ort und Stelle, seinen Namen, wenn auch noch nicht seine Bedeutung erhielt: *Golden Globe*, der Goldene Globus); und der schnellste Segler sollte mit einem Geldbetrag von fünftausend Pfund ausgezeichnet werden.

Größere Schwierigkeiten verursachte das zweite Problem. Man entschied sich schließlich dafür, von den Wettstreitern keinerlei formelle Teilnahmeerklärung zu verlangen. Wenn sich dann einer zur großen Fahrt aufmachte und eine Zeitung oder Zeitschrift mit landesweiter Auflage seine Abfahrts- und Ankunftszeiten registrierte, würde er automatisch für den Goldenen Globus beziehungsweise den Geldpreis in Frage kommen. Die Regeln entsprachen damit eher dem berühmten Northcliffe Prize für Flugpioniere als dem vom *Observer* veranstalteten Einhand-Transatlantikrennen, mit dem ein Vergleich natürlich naheliegender gewesen wäre.

Diese Regelung hatte den Vorteil, daß faktisch niemand einer Teilnahme entkommen konnte; es war, sagte jemand, als würde ein Pferd zu einem Galopp durch die Epsom Downs ansetzen und auf einmal feststellen, daß es am Derby-Rennen teilnimmt. Der Nachteil war: Strenggenommen konnte die *Sunday Times* keinerlei »Sicherheitsprüfung« der Teilnehmer auf technische und psychische Eignung verlangen, weshalb sie sich möglicherweise den Vorwurf einhandelte, sie ermutige unqualifizierte Abenteurer zum Risiko. Man entschied sich für die zweitbeste Lösung: unter dem Vorsitz von Sir Francis Chichester wurde ein Gremium* renommierter Juroren aufge-

* Die Mitglieder waren: Michael Richey, Geschäftsführer des britischen In-

stellt, deren Aufgabe darin bestand, einerseits sicherzustellen, daß die Fahrten korrekt absolviert wurden – das heißt, ohne einen Hafen anzusteuern und ohne fremde Hilfe –, und andererseits ihre Autorität geltend zu machen, um vor bestehenden Gefahren zu warnen und etwaige Draufgänger fernzuhalten. So ergab es sich, daß man einer Reihe von Wagemutigen am Ende doch den Start ausreden konnte, darunter einem Jungen mit einer auf den Hebriden selbstgebauten Yacht, der beinahe unter Vormundschaft gestellt werden mußte.

Von den tatsächlichen Teilnehmern gab als einziger der Atlantikruderer Chay Blyth Anlaß zu einigen Bedenken, denn er hatte nur ein paar Tage Segelerfahrung und startete in einer ganz gewöhnlichen, serienmäßig produzierten Yacht – um nur ja nicht hinter seinem Rudergefährten John Ridgway zurückzustehen. Freilich hätte es einer sehr geschickten Prüfungskommission bedurft, um einem Mann, der zweiundneunzig Tage in einem Ruderboot auf dem Atlantik überlebt hatte, mit der Begründung, er sei eine Gefahr für sich selbst, die Teilnahme zu verweigern. Den glaubwürdigen Donald Crowhurst hingegen hätte gewiß keine wie auch immer geartete Kommission abgelehnt. Immerhin hatte er erst kürzlich die halbe Segelwelt überzeugt, er sei der ideale Mann, um die *Gipsy Moth IV* zu führen.

Die Teilnahmeregeln erhielten einen letzten Schliff: Niemand sollte ermutigt werden, die Südsee vor dem Ende des südlichen Winters zu erreichen oder vor Einbruch des darauffolgenden Winters noch immer nicht Kap Hoorn umrundet zu haben. Deshalb wurden die möglichen Starttermine auf die Zeit zwischen dem 1. Juni und dem 31. Oktober 1968 beschränkt. Für Crowhurst spielte dieser letztmögliche Termin eine entscheidende Rolle.

Beginn und Ende des Rennens »auf Zeit« mußte ein Hafen

stitute of Navigation, Alain Gliksman, Herausgeber der *Neptune Nautisme* und bekannter französischer Segler, Denis Hamilton, Hauptgeschäftsführer und Chefredakteur der *Times Newspapers*, sowie Colonel »Blondie« Hasler (der später ausstieg, weil er sich zu sehr mit Kings Fahrt in Zusammenhang gebracht sah).

der britischen Inseln sein. Aber um sicherzustellen, daß Moitessier – sollte er darauf bestehen, von Toulon aus zu starten –, nicht ausgeschlossen würde, sollte der Goldene Globus, die Trophäe für den ersten Rückkehrer, jedem offenstehen, der von einem beliebigen Hafen diesseits des vierzigsten Breitengrades Nord aus startete. (Das erwies sich als unnötig. Die Organisatoren des Rennens schickten gleich zu Beginn ihrer Arbeit Murray Sayle nach Frankreich, damit er Moitessier überredete, seine Yacht nach England zu bringen. Der Franzose erklärte, er segle um seines eigenen Seelenheils willen und wolle keinesfalls an einem Rennen teilnehmen; aber schließlich gab er nach – mit der launischen Begründung: »Na – weil Sie's sind.«)

Am 17. März 1968 schrieb die *Sunday Times* ihr Rennen aus und rief damit bei der Segelpresse ein jähes, heftiges Interesse hervor. Vier Tage später meldete sich Crowhurst zur Teilnahme. Monatelang wurde er in Leitartikeln nur als »der geheimnisvolle Segler« bezeichnet, weil er offenbar seine Pläne streng für sich behielt. In Wahrheit war gar nichts Geheimnisvolles daran: zu dem Zeitpunkt hatte er noch immer kein Boot und kein Geld, um sich eines bauen zu lassen.

3
Das revolutionäre Boot

Zwei Monate nach der Ausschreibung des Rennens führte Donald Crowhurst noch immer seinen aussichtslosen Kampf um die *Gipsy Moth IV*. Er versuchte Lord Dulverton, den rechtlichen Bootseigner, für sich zu gewinnen; der aber lehnte jede Unterstützung rundweg ab. Mit der Zähigkeit, wie sie aus verletzten Gefühlen hervorgeht, setzte Crowhurst sich erneut mit der Cutty Sark Society in Verbindung: seine »Kompetenz«, sein »physisches und psychisches Stehvermögen« sollten auf die Probe gestellt werden. Er schrieb an Frank Carr:

> Ihre Bedenken, ob ich wohl in der Lage sei, meinen Plan in die Tat umzusetzen, sind verständlich und durchaus folgerichtig. Eine Möglichkeit, mich zu beweisen, wäre zum Beispiel eine kurze Fahrt – ein paar hundert Seemeilen nur – unter den (simulierten) Bedingungen des Einhandsegelns und unter Beobachtung. Fairerweise sollten wir zwei Beobachter auswählen: jeder von uns einen. Natürlich müssen dies Männer sein, von deren Unbescholtenheit und Seemannschaft wir beide überzeugt sind – Sie selbst würde ich, falls Sie es wünschen, sofort als Beobachter akzeptieren. Sollte es so aussehen, als würde ich aus Unvermögen die Yacht in Gefahr bringen, könnte der Beobachter selbstverständlich sofort eingreifen. Im Fall einer Meinungsverschiedenheit könnte die Streitfrage durch eine geeignete Kommission geklärt werden – obwohl ich hoffe, daß dies nicht nötig sein wird.

Den Vorschlag könnte man als ganz gewöhnliche Masche des Verkäufers ansehen: Kostenloser Test, keine Verpflichtung. Aber er war auch Ausdruck von Crowhursts dringendem Bedürfnis, sich bei Rückschlägen durch strenge Prüfungen, ja Torturen zu beweisen. Als sein Vater starb und der Geldmangel ihn über Nacht aus Loughborough vertrieb, füllte er sein kindliches Tagebuch jeden Tag mit Ermahnungen zur bevorstehenden Abschlußprüfung; er mußte *härter arbeiten*. Als er aufgefordert wurde, aus der Armee auszutreten, war er besessen von der Idee, das Latinum zu schaffen und nach Cambridge zu gehen. Als es mit der Stelle bei Mullards nichts wurde, kamen Electron Utilisation und das Segeln. Und als die eigene Firma fehlschlug, kam die Weltumsegelung. Jede neue Herausforderung, die er sich suchte, verschleierte einen Mißerfolg und schob zugleich das endgültige Urteil hinaus. Er war fröhlich und in höchstem Maß überzeugend, wenn er von solchen Manien besessen war; Manien waren es dennoch.

Während der gesamten Verhandlungen mit Frank Carr und der Cutty Sark Society behauptete Crowhurst wiederholt und ohne mit der Wimper zu zucken, es gebe kein Boot, das für die Fahrt um die Welt besser geeignet sei als die *Gipsy Moth IV*. Glaubte er das wirklich? Abgesehen von seiner kurzen Unterhaltung mit Angus Primrose, wußte er aus direkter Quelle nur das, was in Chichesters Buch darüber stand – und das waren seitenlange Schmähreden über die Konstruktion und das Verhalten auf See. Von einem unvoreingenommenen Urteil konnte deshalb nicht die Rede sein; es war eine Überzeugung: hervorgegangen aus seinem zwingenden Bedürfnis, um die Welt zu segeln. Hatte Crowhurst sich einmal eine bestimmte Handlungsweise in den Kopf gesetzt, dann pflegte er gewaltige rhetorische Geschütze aufzufahren, um seine Entscheidung zu rechtfertigen – vor der Welt und vor sich selbst.

Als Crowhurst sich seine Niederlage in der *Gipsy-Moth*-Kontroverse endlich eingestand, suchte er nach einer Möglichkeit, ein Boot speziell bauen zu lassen. Auch hier wußte er mit absoluter Sicherheit, welche Art von Boot er wollte: allerdings einen vollkommen anderen Typ als die *Gipsy Moth*. Auf einmal war er ein Trimaranfan geworden.

Für das Einhand-Fahrtensegeln war es eine fragwürdige Entscheidung; für viele Segler ist der Trimaran schlicht unsicher, wenn nicht ständig ein Mann am Ruder sitzt. Seine Leistung auf See – vor dem Wind ausgezeichnet, aber am Wind recht armselig – unterscheidet sich vollkommen von den herkömmlichen Einrumpfbooten. Zwar kentert er nicht leicht, aber wenn es einmal geschieht, dann kentert er durch und läßt sich nicht mehr aufrichten. Indes verfaßte Donald Crowhurst bald schon lange, lehrreiche Briefe an die Segeljournale, worin er die Verwendung eines Trimarans für die Weltumsegelung mit viel größerem Nachdruck befürwortete als zuvor den Einsatz der *Gipsy Moth*. An der neu gewonnenen Begeisterung war besonders bemerkenswert, daß er – obwohl er mit Katamaranen eine gewisse Erfahrung besaß – sich seine Meinung über Trimarane gebildet hatte, ohne je einen gesegelt zu haben.

Unterdessen war es Mitte Mai geworden, unaufhaltsam lief die Zeit auf den Stichtag 31. Oktober zu. Die ersten zwei Wettkämpfer, John Ridgway und Chay Blyth, wollten in den nächsten Tagen die Segel setzen, und Knox-Johnston stand in der letzten Phase der Vorbereitung. Ein zweiter seeerfahrener Franzose, Loïck Fougeron, hatte sich zum Rennen gemeldet und schickte sich zur Abreise nach England an. Auch er besaß ein vielbefahrenes Stahlrumpfboot. Crowhurst, noch immer ohne Boot und ohne Sponsor, blieb euphorisch. Immer wieder sagte er Freunden wie John Emmet und Peter Beard, er würde der Mann sein, der als erster ohne Hilfe um die Welt segelte. Den »Everest der See« zu bezwingen, wie Chichester es genannt hatte, – dazu, sagte er, sei er bestimmt.

Unterdessen hatte Stanley Best mit seinem methodischen Blick die Rechnungsbücher der Electron Utilisation geprüft und endlich festgestellt, daß er aussteigen mußte. Deshalb verlangte er sein Geld zurück. Eine Zeitlang korrespondierten die beiden Männer miteinander und diskutierten über die Lage, Crowhurst mit unerschütterlichem Optimismus, sprühend vor neuen Ideen, Best unerbittlich, aber – auf seine Weise – verständnisvoll.

In einem wohlkalkulierten Nachtrag zu einem dieser Briefe, verfaßt am 20. Mai, setzte Crowhurst zum größten Überredungscoup seines Lebens an. Auf irgendeine Weise, die Best, sonst ein Mann, den nichts beeindrucken kann, auch heute noch nicht ganz begriffen hat, redete Crowhurst ihm ein, die beste Investition sei für ihn, das Geld für ein Schiff aufzutreiben, mit dem man um die Welt segeln könne.

Crowhursts Brief, der wieder einmal das Selbstvertrauen und den Eindruck totaler Kompetenz vermittelt, die er bei jedem Projekt ins Spiel brachte, listet klar und deutlich die Vor- und Nachteile eines Trimarans auf:

> ... Ein solcher Versuch bringt technische Risiken mit sich: man kann sie jedoch sorgfältig bedenken, so daß man sich genügend lange im voraus Methoden zurechtlegen kann, wie damit umzugehen ist. Und mit einer modernen Ausrüstung ist das Überleben nahezu sicher, selbst in dem sehr unwahrscheinlichen Fall ernsthafter Schwierigkeiten ...
> Wirklich aufregend ist, daß man einen Trimaran mit verschiedenen Sicherheitsvorrichtungen ausstatten kann, die ich speziell für den Einsatz in Trimaranen entworfen habe. (Trimarane sind, wie Sie vermutlich wissen, ein neuer und ziemlich umstrittener Yachttyp mit drei Rümpfen.) ... Was sich dagegen ziemlich klar zeigt, ist, daß der Trimaran sich in höchstem Maß als Basis für die elektronischen Steuergeräte eignet. Die einzige bislang verfügbare Ausrüstung ist unausgegoren und auf der ganzen Linie falsch ausgerichtet.
> Der Trimaran ist ein leichter Kreuzer aus Bootsbausperrholz und/oder Glasfaser, die Kosten pro Koje machen ungefähr ein Drittel von denen herkömmlicher Yachten aus. Das Innere ist geräumig und hell im Vergleich, und angesichts des anhaltenden Booms im Segelgeschäft wird der Trimaran – sobald alle Sicherheitsbedenken ausgeräumt sind – so etwas wie der

Wohnwagen der See werden. Abgesehen davon, daß er (bis jetzt) durchzukentern pflegt und sich nicht wieder aufrichten läßt, bietet er im Vergleich zum Kielboot viele Vorteile: insbesondere läßt er sich dreimal so schnell segeln und ist, anders als ein Kielboot, potentiell unsinkbar. Wenn der praktische Nutzen der Ausrüstung, die ich anbiete, auf eine solche spektakuläre Weise bewiesen werden kann, nämlich indem man den Pokal und/oder die fünftausend Pfund der Sunday Times gewinnt, und wenn sie zudem durch Patente entsprechend geschützt ist, dann kann an der raschen und profitablen Entwicklung des Unternehmens keinerlei Zweifel mehr bestehen. Lassen Sie mich an dieser Stelle eins sagen: Nachdem ich seit einer Zeit, die beinahe dreißig Jahre umfaßt, kleine Boote segle, können Sie versichert sein, daß geschäftliche Überlegungen allein mich nicht bewegen könnten, den Versuch zu wagen. Ich habe alle Probleme und Risiken im einzelnen bedacht, und ich bin in der Lage zu sagen, daß ich mir meines Sieges sehr sicher bin...

Beim derzeitigen Stand der Teilnehmer könnte ich beide Auszeichnungen gewinnen; und ich habe bereits die Zustimmung zweier Bootswerften zu einem Arbeitsplan, wonach der Bau eines Trimarans nach bewährtem Standarddesign, jedoch mit einem eingebauten selbstaufrichtenden System, kurzfristig beginnen könnte. Meiner Schätzung zufolge würden die Kosten sich auf nur 6000 Pfund belaufen; mit einer eventuellen hypothekarischen Belastung sind die Auslagen im Vergleich zu den Einnahmen – die nicht allein der Firma zufallen, sondern auch Filmrechte, Berichterstattung in Zeitung und Rundfunk, Werbeeinnahmen usw. umfassen – also durchaus bescheiden. Die Ihnen in diesem Brief mitgeteilten Einzelheiten sind bisher nur sehr wenigen Personen bekannt und bei der Fachpresse ziemlich begehrt, deshalb bitte ich um Ihre Mitarbeit, damit sie vertraulich behandelt werden.

Ein auf subtile Weise überzeugender Brief. Die Formulierung »Wohnwagen der See« war ein deutlicher Appell an den Wohnwagenhändler Stanley Best; genauso die Aussicht auf die Rettung seines ansonsten toten Kapitals, das er in die Electron Utilisation investiert hatte. Ein paar Behauptungen waren wohl recht übertrieben, so der Hinweis auf »dreißig Jahre« Segelerfahrung – aber das eigentliche Argument des Briefes war sowohl fair als auch wohldurchdacht. Ohne Zweifel war Crowhurst zu dem Zeitpunkt wirklich der Meinung, seinen gesamten Plan in die Tat umsetzen zu können: mit Sicherheitsmaßnahmen, elektronischen Steuersystemen, Patenten und so weiter. Selbst der Preis von sechstausend Pfund war – obwohl er später wegen der großen Eile und nötiger Modifizierungen beinahe auf das Doppelte stieg – zu diesem Zeitpunkt durchaus realistisch.

Stanley Best sagt heute, er begreife nicht, was ihn damals bewogen habe, dem Projekt zuzustimmen. »Meine Frau meint, ich muß verrückt gewesen sein«, sagt er. »Ich, der ich immer auf Nummer Sicher oder wenigstens auf exakt kalkuliertes Risiko gesetzt habe, lasse mich plötzlich auf so ein Mammutunternehmen ein, das ich ja nicht mal wirklich verstanden habe, und habe selber nur die allergeringste Aussicht auf Gewinn! Ich nehme an, ich habe mich vom Prestige dieser Sache blenden lassen – das Aufsehen, die Schlagzeilen! – ja, und auch von Donalds Überredungskunst. Letztendlich war er der beeindruckendste und überzeugendste Mensch, dem ich je begegnet bin.«

In Wirklichkeit war das Risiko, das Best einging, nicht ganz so groß, wie es den Anschein hatte. Er erklärte sich zwar bereit, alle anfallenden Baukosten zu tragen, aber zugleich sollten weitere Sponsoren zur Deckung der Auslagen gefunden werden. Für den Fall, daß irgend etwas mit der Fahrt schiefgehen sollte, erhielt Stanley Best außerdem die Option auf den Verkauf des Bootes an Electron Utilisation Ltd. Das sei nur aus steuerlichen Gründen so vereinbart worden, sagte Best. Aber Crowhurst belastete diese Rückkaufsklausel später sehr. Er wußte, daß sie, sollte er scheitern, seine Firma endgültig ruinieren würde.

Crowhurst hatte mit mehreren Bootsbauern über einen Auftrag zum Bau eines Trimarans verhandelt. Schließlich entschied er, daß die Bootswerft Cox Marine Ltd. in Brightlingsea, Essex, die drei Rümpfe bauen sollte, während L. J. Eastwood Ltd. in Brundall, Norfolk, die Rümpfe zusammenfügen und das Boot einrichten würde. Das Hauptproblem war die Zeit – aus diesem Grund wurde der Bauauftrag geteilt. Die Cox-Leute meinten, es sei ihnen leider unmöglich, den gesamten Bau bis Ende Oktober zu schaffen, und schlugen Eastwood als Subunternehmer vor. Bei Eastwood hatte man genügend Spielraum, um einen Eilauftrag von größerem Umfang anzunehmen, und erklärte sich bereit, für ein Minimum an Gewinn ein Maximum an Leistung zu erbringen.

Zwei Geschäftspartner leiteten die Firma. Der eine, John Eastwood, ist ein ruhiger, langsam sprechender Mann mit Vollbart und jahrzehntelanger Erfahrung als Ingenieur und Bootsbauer. 1962 gab er eine sehr gute Stelle bei der Firma Perkins Diesel auf, um seine eigene kleine Bootswerft einzurichten, die zwar nicht das sicherste oder gewinnträchtigste Geschäft war, wie er bald feststellte, – aber die Arbeit gefiel ihm sehr. »Es ist traurig, daß die Dinge, die man am liebsten macht, fast zwangsläufig am wenigsten Geld bringen«, sagt er. »Aber glücklicherweise glaube ich – und das tun auch die meisten meiner Mitarbeiter –, daß die Befriedigung, gute Schiffe zu bauen, mehr wert ist, als anderswo leichtes Geld zu scheffeln. Es mag seltsam klingen, aber in gewisser Weise bin ich ein bißchen wie Donald Crowhurst. Ideen zu entwickeln macht mir enorm Spaß, aber in Routinearbeiten und Verwaltung bin ich nicht besonders, das langweilt mich alles – in Gedanken bin ich dann schon wieder weit voraus, bei neuen Plänen.«

Sein Partner, John Elliot, ist extrovertierter und weniger erfahren. Er war Eastwoods Verkäufer, Werbemann und Geschäftsführer und erkannte rasch, wieviel Bekanntheit ein solcher Auftrag der Werft einbringen würde.

Ein interessantes Ereignis trat ein, als sie so weit waren, die Einzelheiten der Bootskonstruktion zu besprechen: ein zweiter Trimaran meldete sich zum *Sunday Times*-Rennen, gesegelt von Commander Nigel Tetley: so groß und so komfortabel war das Boot, daß er und seine Frau schon mehrere Jahre an Bord gelebt hatten. Es war ein Boot der »Victress«-Klasse, entworfen von dem amerikanischen Trimaran-Pionier Arthur Piver. Die Piver-Trimarane waren damals die besterprobten und bestbewährten, die es gab. Über ihrem Ruhm lag nur ein Schatten, Pivers Tod auf See: er war vermutlich das Opfer eines der schwerwiegenden Nachteile der Trimarane, nämlich deren Unfähigkeit, sich nach dem Kentern wieder aufzurichten.

Crowhurst war einverstanden, seinen eigenen Trimaran auf »Victress«-Rümpfe setzen zu lassen, die auf der vorhandenen Fertigungsstraße von Cox schnell gebaut werden konnten. Aber er hatte nicht den geringsten Zweifel, daß er Tetley mehrere Wochen Vorsprung lassen und ihn dennoch schlagen konnte. Das »Victress«-Standardmodell hat eine geräumige Kajüte und ein hohes geschlossenes Ruderhaus – was, fand Crowhurst, in den schweren Wettern der Südsee von Nachteil sein konnte. Für seinen eigenen Trimaran wollte er folglich auf alle Deckaufbauten verzichten, das Deck sollte statt dessen flach und eben sein, unterbrochen nur durch eine abgerundete niedrige Kajüte, eine »Hundehütte«. Das bedeutete zwar etwas weniger Komfort und Platz – für einen Helden freilich keine Beeinträchtigung –, dafür würde das Boot schneller und sicherer sein. Und er hatte noch eine ganze Liste weiterer Ideen, um den »Victress«-Typ tauglich für die Weltumsegelung zu machen.

Zu dieser Zeit, so Peter Beard, »schlug Donald sich mit Problemen herum und war deswegen euphorisch«. Es war die größte Prüfung seines Lebens, und er ließ sich kühne Lösungen einfallen. Mit der theoretisch beeindruckenden Vorwegnahme aller nur möglichen Katastrophen und dem Entwurf elektronischer Apparaturen zu deren Vermeidung erlebte er den berauschendsten Anfall von Arbeitswut seines Lebens.

Wenn wir uns dies alles vor Augen halten, müssen wir freilich die Katastrophe, die am Ende eintrat, vergessen, müssen sogar vergessen, in welchem Zustand sein Schiff war, als er aufbrach: so wenig vorbereitet, daß seine ganzen phantastischen Apparaturen unfertig und damit nutzlos waren. In fast jedem Bericht über ein erfolgreiches Abenteuer ist in den ersten Kapiteln die Rede von überschwenglichem Optimismus, von heillosem Durcheinander und ehrgeizigem Geschäftssinn. Ist die Sache dann glücklich vorüber, sind solche frühen Widrigkeiten nur ein Beweis für Entschlossenheit und Unbeirrbarkeit. Crowhursts Abenteuer fing ähnlich an; das Ende war es, das die Erinnerung an ihn verdüstert hat.

In dieser Zeit mußte jeder, der das Haus in Woodlands betrat, ins Crowhurstsche Wohnzimmer und zum Flügel, der von Plänen, See- und Wetterkarten, Tabellen, Diagrammen, Erklärungen überquoll, während Crowhurst hin- und herrannte und aufgeregt alles erklärte. Er hatte sogar mathematisch präzise ausgerechnet, wer das Rennen gewinnen würde und weshalb. Seine Tabelle – die sich zwischen seinen Unterlagen fand – war eine bemerkenswerte Übung in Optimismus und Selbstsuggestion. Sie »bewies«, daß er nicht nur der Schnellste sein würde, sondern auch der Erste: daß er alle anderen, die früher gestartet waren, überholen, als erster zurückkehren und den Goldenen Globus gewinnen würde.

Teilnehmer	max. Geschw.	Wahrsch. mittl. Geschw. (sm/Tag)	Geschätzte Abfahrt* (* = ca.)	Dauer (Tage)	Ankunft* (Datum)	Platz
Ridgway	7,5 kn	4 kn (95)	1. 6.	295	1. 4.	(7)
Blyth	7,5 kn	4 kn (95)	1. 6.	295	8. 4.	(8)
Knox-Johnston	7,5 kn	4,5 kn (108)	14. 6.	260	3. 3.	(6)
Moitessier	8,5 kn	5 kn (120)	*21. 6.	234	14. 3.	(5)
Fougeron	7 kn	4 kn (95)	*21. 6.	295	18. 3.	(9)
King	9,5 kn	6 kn (144)	* 1. 8.	194	14. 2.	(4)
Crowhurst	15 kn	9 kn (220)	* 1. 10.	130	7. 2.	(1)
Tetley	15 kn	8 kn (192)	* 1. 9.	146	12. 2.	(3)
Howell	15 kn	8 kn (192)	*14. 9.	146	10. 2.	(2)

Wie sich später herausstellte, stimmte Crowhursts geschätzte Durchschnittsgeschwindigkeit nur bei Moitessier und Fougeron. Die übrigen Einrumpfboote segelten im Schnitt alle weniger schnell, als er gedacht hatte; aber am meisten irrte er sich bei den Mehrrumpfbooten: in jener Phase schwärmte er so sehr dafür, daß er glaubte, Tahiti Bill Howells Katamaran und Nigel Tetleys Trimaran könnten Chichesters Rekordgeschwindigkeit von 131 Meilen am Tag noch um nahezu fünfzig Prozent übertreffen. Für sich selbst setzte er den phänomenalen Schnitt von 220 Meilen täglich an – und diese Vorhersage war vermutlich noch bescheiden, denn in einem ersten Entwurf dieser Tabelle war er noch von 290 Meilen pro Tag ausgegangen. Später, während der Vorbereitungen, wurde seine Einschätzung etwas realistischer; in den Karten, die er auf die Reise mitnahm, waren die angestrebten Geschwindigkeiten eingetragen, wonach die Dauer der Fahrt 194 Tage betragen sollte – immer noch wesentlich besser als Chichester*.

Wie er in seiner Tabelle notiert hatte, rechnete Crowhurst damit, am 1. Oktober aufbrechen zu können. Die Eastwood-Leute hatten versprochen, den gesamten Auftrag bis Ende August zu erledigen. Für einen Betrieb, wie sie es waren – mit höchstens zwei Dutzend Arbeitern –, bedeutete das nicht nur gewaltige Eile: es war ein geschäftliches Wagnis. Wie Stanley Best lockte auch sie die Herausforderung und die Aussicht auf Publicity.

Sie konnten erst mit der Arbeit beginnen, wenn Cox die Rümpfe geliefert hatte. Aber zumindest dieser Teil des Projekts verlief planmäßig, die Rümpfe wurden zum vereinbarten Termin, am 28. Juni, geliefert, und die Eastwood-Leute stürz-

* Howell nahm zu der Zeit gerade an dem vom *Observer* veranstalteten Transatlantik-Rennen teil. Obwohl er, mit einer Ausnahme, schneller als alle Einrumpfboote segelte und fünfter wurde, schaffte er im Schnitt kaum mehr als 100 Seemeilen am Tag. Enttäuscht über das allgemeine Verhalten seines Katamarans, sagte er seine Teilnahme am *Sunday Times*-Rennen ab. Tetley, der die Weltumsegelung beinahe zu Ende brachte, erreichte einen Schnitt von 111 Meilen am Tag, etwas weniger als Moitessier.

ten sich in die Arbeit. Ein paar Tage zuvor hatte Crowhurst die Bootswerft besucht und John Elliot über seine jüngsten Geistesblitze in Kenntnis gesetzt. In der Nacht vom 27. auf den 28. Juli fuhr dann Eastwood, nach einem kurzen vorgezogenen Sommerurlaub, nach Bridgwater, um die technischen Details auszuarbeiten.

Die Besprechung dauerte den ganzen Sonntag von neun Uhr morgens bis neun Uhr abends. Crowhurst war in Hochform – selbstsicher, erfinderisch und absolut souverän.

»Ich muß sagen, daß ich zu diesem Zeitpunkt außerordentlich beeindruckt war«, sagt Eastwood. »Donald wußte offenbar ganz genau, was er wollte. Er hatte solides technisches Wissen, und gleichzeitig war er sehr einfallsreich. Wir haben alles besprochen, alles schien vollkommen klar und relativ unkompliziert. Natürlich gab es später Schwierigkeiten; er hatte immer neue Ideen, die man zwar unmöglich rechtzeitig ausführen und testen konnte, die aber oft brillant waren.«

An jenem Tag besprachen die beiden Männer den vorgelegten Entwurf in allen Einzelheiten – wir haben die Beschreibung der rein technischen Details in den Anhang zu diesem Buch verlegt. Aber einen allgemeinen Eindruck vermittelt Crowhursts erfindungsreiches System, mit dem das Boot im Fall eines Kenterns sich wiederaufrichten läßt; für ihn war es die zentrale technische Neuerung des gesamten Projekts. Sie sollte folgendermaßen funktionieren:

Sobald die Krängung überhand nimmt und das Boot sich gefährlich auf die Seite zu legen beginnt, senden Elektroden im überfluteten Auslegerschwimmer ein Signal an einen zentralen Schaltmechanismus in der Kajüte. Dieser Mechanismus (Crowhurst nannte ihn stolz seinen »Rechner«) wartet eine Sekunde ab, um sicherzugehen, daß das Eintauchen nicht nur vorübergehend ist, und tritt dann in Aktion: er schließt einen elektronischen Schaltkreis, dieser feuert einen kohlendioxidgefüllten Zylinder ab, der mit einer durch den hohlen Mast verlaufenden Schlauchleitung verbunden ist. An der Mastspitze befindet sich ein riesiger »Kenterschlauch«, ein Auftriebssack aus Gummi, der sich unter dem Druck des Kohlendioxids aus seiner Befestigung löst und aufbläht und auf diese Weise verhindert, daß das Boot durchkentert.

Der Trimaran liegt jetzt also halb unter Wasser auf der Seite, um etwas mehr als neunzig Grad geneigt. Auf der einen Seite hält ihn ein teilweise eingetauchter Auslegerschwimmer und auf der anderen der aufgeblasene Kenterschlauch. Möglicherweise befördert eine große Welle das Boot aus seiner Lage wieder in die Senkrechte; falls nicht, wird ein zweites System aktiviert. Auf beiden Seiten der Kajüte befinden sich eine Henderson-Wasserpumpe, die ständig mit dem jeweils anschließenden Schwimmer verbunden ist. Der Skipper setzt also die entsprechende Pumpe in Gang, der obere Schwimmer füllt sich mit Wasser – mit dem Erfolg, daß der untere Teil des Bootes langsam hinabgedrückt wird, bis der Mast waagerecht auf der Wasseroberfläche liegt: nun genügt schon die geringste Welle, um den Trimaran wieder in die aufrechte Lage schnellen zu lassen. Als letzte technische Raffinesse lassen sich die Anschlüsse der Henderson-Pumpe vertauschen: sie pumpt dann den gefluteten Schwimmkörper leer – und alles ist wieder beim alten.

Bei der Beschreibung dieses Vorgangs beeilte sich Crowhurst hinzuzufügen, daß ein Kentern natürlich höchst unwahrscheinlich sei, denn der »Rechner« registriere ständig alle früheren Warnsignale. Unübliche Belastungen in der Takelage zum Beispiel würden elektronisch überwacht, und sobald irgend etwas nicht in Ordnung sei, würden Warnlichter aufleuchten und Alarmsignale ertönen. Auch wenn er schliefe, würde der »Rechner« jähe Änderungen der Windgeschwindigkeitsanzeige registrieren und automatisch die Segel fieren. Der Kenterschlauch diene nur als letzte Sicherheitsmaßnahme, aber er würde, wie er Best gegenüber beteuert hatte, das »nahezu sichere Überleben« ermöglichen.

Das System an sich wirkt einigermaßen donquichotesk; aber Crowhurst pflegte seine Sache mit soviel Überzeugung vorzutragen, daß niemand bezweifelte, daß er es auch verwirklichen und in Betrieb nehmen konnte. Eastwood brachte es fertig, die Pumpen und Leitungen in den Bauplan zu integrieren.

Der Gummiproduzent Avon Rubber war bereit, den Kenterschlauch gegen einen rein nominellen Betrag zu liefern. Der *Yachting & Boating Weekly*, ein nüchtern-sachliches Segelmagazin, bezeichnete Crowhursts System als »vernünftig«. Und Crowhurst schrieb in seinen Werbeprospekten, die Tests seien abgeschlossen, das System arbeite »bereits erfolgreich« und sei zum Patent angemeldet: das Ergebnis eines langfristigen »Entwicklungsprojekts« der Electron Utilisation Ltd., deren Geschäftsführer Mr. Crowhurst sei.

Zu diesem Zeitpunkt war sich freilich niemand darüber im klaren, daß besagtes »Entwicklungsprojekt« überhaupt erst stattfinden mußte – in Donald Crowhursts einsamer Werkstatt; der famose »Rechner« war bei Fahrtantritt nichts anderes als eine Anhäufung von Schaltgehäusen, Relais und Transistoren – und alles in wildem Durcheinander, nicht ein Teil davon fertig montiert.

Weitere technische Einzelheiten, die an jenem 28. Juli besprochen wurden, spielten später eine zentrale Rolle, und wir werden darauf zurückkommen; hier mag indes eine kurze Erwähnung genügen.

Die Henderson-Pumpen, so wurde beschlossen, sollten mit einer zusätzlichen Funktion ausgerüstet werden und auch das durch kleinere Lecks eingedrungene gewöhnliche Bilgenwasser aus den Kielräumen pumpen. Nachdem das Boot zehn verschiedene wasserdichte Kammern haben sollte, wäre es unzweckmäßig, jede einzelne mit fest installierten Pumpleitungen zu versehen: man entschied sich statt dessen für einen einzigen langen Heliflex-Schlauch (eine Spezialanfertigung, die in der Lage war, dem Unterdruck standzuhalten), der je nach Bedarf in jeden Teil des Bootes verlegt werden konnte. Eastwood sagt, sie seien für die Beschaffung des Schlauches nicht zuständig gewesen: Crowhurst hat ihn im Vertrag nicht erwähnt.

Wegen der vielen elektronischen Geräte, deren Batterien immer wieder aufgeladen werden mußten, bestand Crowhurst auf einer guten Energieversorgung: man entschied sich für einen benzinbetriebenen Onan-Generator – eine ziemlich schwergewichtige Ausrüstung für ein Segelboot. Generatoren sind bekanntermaßen feuchtigkeitsanfällig: das Problem war also, einen trockenen Platz dafür zu finden. Darüber wurde an jenem Sonntag viel diskutiert. Eastwood hatte ihn in seinen Vorentwürfen an erhöhter Stelle, *neben* dem Cockpit plaziert. Er sagt, auf die Verlegung habe Crowhurst bestanden – besessen von der Furcht, vor Kap Hoorn zu kentern, wollte er alle schweren Teile so tief wie möglich lagern. Die einzige Stelle, die also in Frage kam, war eine Kammer *unter* dem Cockpit, zugänglich nur durch eine Luke im Boden. Nachdem aber das Cockpit ganz offen sein sollte, würden bei rauher See ständig schwere Brecher darüber hinweggehen – die Luke mußte also absolut wasserdicht sein. Über das damit verbundene Risiko waren sich beide im klaren. Aber Eastwood erklärte sich widerwillig bereit, es immerhin zu versuchen.

Es gab noch ein zweites, ähnliches Problem. In Abwandlung zum »Victress«-Standardmodell hatte Crowhurst den Einbau wasserdichter Schotten in beiden Auslegerschwimmern verlangt – was drei zusätzliche Deckluken für die getrennten Kammern erforderlich machte. Eastwoods Vorschlag war einfach: er wollte flache, runde Holzstücke verwenden, befestigt jeweils mit zwölf Flügelmuttern auf einer Gummidichtung: eine durchaus praktikable Lösung. Aber die Eastwood-Leute geben zu, es sei ihnen nicht gelungen, eine Gummisorte aufzutreiben, wie sie für den Zweck erforderlich gewesen wäre: die Gummischeiben, die schließlich verwendet wurden, waren zu hart, um sich an die leichten Unebenheiten des Decks anzupassen. Von allen Konstruktionsfehlern, die der Trimaran hatte, ist dieser am eindeutigsten der Bootswerft Eastwood anzulasten.

»Unser üblicher Lieferant hatte überhaupt keinen Weichgummi mehr vorrätig«, erklärt John Elliot. »Wir haben überall nachgefragt, wo wir dachten, wir könnten erfolgreich sein. Aber es gab nichts, alles verschwunden, es war wie verhext. Offensichtlich hatte die Motorindustrie eine plötzliche Gier entwickelt und sämtliche Lager ausgeräumt. Vielleicht hätten wir was gefunden, wenn wir Zeit gehabt hätten, länger zu suchen – der beste Weichgummi kommt aus Skandinavien.

Aber das ist eben der Ärger mit Eilaufträgen: manchmal muß man mit dem Zweitbesten vorlieb nehmen.«

All diese Entscheidungen und Unterlassungen beeinflußten das Endergebnis. Aber es wäre einfach, über Crowhurst und die Eastwoods zu hart zu urteilen. Die Wahrheit ist – und das zeigte sich immer deutlicher in den nächsten hektischen Wochen –, daß sie alle sich mehr zugemutet hatten, als man in der kurzen Zeit eigentlich leisten konnte.

Die erste bedenkliche Verzögerung trat wegen der Segel und der Takelung ein, worum Crowhurst sich unbedingt selbst kümmern wollte. Die übliche »Victress«-Takelung konnte nicht verwendet werden, weil der Gummisack zu schwer war und weil der Druck, der im Fall eines Kenterns entstehen würde, einen kürzeren, stämmigeren Mast ratsamer erscheinen ließ.

Eastwood hoffte, die Sache bei einer Besprechung regeln zu können, die Crowhurst Ende August bei Cox Marine vereinbart hatte. Zwei Segelmacher und ein Riggdesigner sollten daran teilnehmen, aber mit Crowhursts Planung war etwas schiefgegangen, sie tauchten jedenfalls nicht auf. Am Ende mußte Eastwood selbst Crowhursts rohe Entwürfe zu einem detaillierten Plan ausarbeiten. Hastig wurden zwei alternative Versionen entwickelt, zwischen denen Crowhurst zu wählen hatte.

Der Besuch bei Coxens Werft hätte für Crowhurst auch eine Gelegenheit sein sollen, zum ersten Mal einen Trimaran zu segeln: der Bau einer »Victress« war beinahe abgeschlossen, und er rechnete damit, das Boot testen zu dürfen. Die Bitte wurde ihm jedoch abgeschlagen. Der Trimaran war soeben verkauft worden, der neue Eigner drängte auf rasche Fertigstellung, und Cox lehnte es ab, mit einem Boot, das ihnen nicht gehörte, ein Risiko auf See einzugehen, erst recht nicht mit einem Anfänger.

In jener entscheidenden mittleren Bauphase, beklagen sich Eastwood und Elliot, habe Crowhurst sich viel zu selten blicken lassen – während er gegen Ende viel zu oft aufgetaucht sei. Sie haben heute noch das Gefühl, er sei in dieser Zeit zu abwesend und zu gleichgültig gewesen, und sie hätten niemals klare Anweisungen von ihm erhalten.

Crowhurst hatte freilich genügend andere Problem, mit denen er fertig werden mußte. So versuchte er zum Beispiel eine Lösung zu finden, damit der Betrieb in seiner Firma normal weitergehen konnte, solange er nicht da war. Ein Freund hatte sich bereit erklärt, auf Gewinnbeteiligungsbasis den Verkauf von Navicatoren in London zu übernehmen, und Crowhurst hoffte auf Einkünfte von wenigstens zehn Pfund in der Woche, damit Clare und die Kinder zumindest nicht verhungerten, während er auf See war. Finanzielle Abmachungen mußten mit Stanley Best getroffen werden, der die Electron Utilisation Ltd. jetzt effektiv kontrollierte. Zur Tilgung wenigstens eines Teils der Schulden ließ Best eine zweite Hypothek auf das Haus in Woodlands aufnehmen, womit Crowhursts letzte schmale Kapitalreserve verpfändet war.

Nun war es bereits September, und vom 18. bis zum 25. fuhr Crowhurst fast jeden Tag nach Bristol, um den einen Aspekt des Segelns, den er ohnehin schon ziemlich gut beherrschte, noch aufzupolieren. Er hatte sich für einen Intensivkurs in Funktelegraphieverfahren an der Technischen Universität eingeschrieben, denn der britische Postminister verlangte von allen Marinefunkern einen Befähigungsnachweis. Was immer während der Fahrt geschehen mochte, seine gemorsten Funksprüche würden einwandfrei sein.

Es gab noch anderes zu tun, Grandioseres und Imposanteres. Das ist der Augenblick, in dem die bemerkenswerte Gestalt Rodney Hallworth in Erscheinung tritt: ehemaliger Kriminalreporter des *Daily Mail* und des *Daily Express*, Eigentümer der Nachrichtenagentur Devon News, Public-Relations-Man, Sammelstelle für alle Lokalnachrichten und prominentester Bürger von Teignmouth. Hallworth ist ein großer Mann, mit breiten Schultern und breitem Gesicht, und alles, was er tut, ist überdimensional. Wer je Charles Laughton als Heinrich VIII. gesehen hat, kann sich vorstellen, wie Hallworth aussieht. Eine ausladende Statur in weißem Hemd, gewirkter Weste und cremefarbenem Leinenjackett, lederumgürtet, und darunter graue Flanellhosen; seine Fähigkeit, ein Bier nach dem anderen zu kippen, ohne auch nur ein einziges Detail zu verpassen – eine Errungenschaft aus seiner Zeit als Scotland Yard-Erstberichterstatter beim *Daily Mail* –, gilt allen weniger furchterregenden Zeitungsmenschen als Vorbild.

Er hat ein ausgezeichnetes Buch geschrieben, *The Last Flowers on Earth* (»Die letzten Blumen auf Erden«) – es ist der Bericht einer Grönlandexpedition; aber sein wahres Talent liegt in der Kriminalberichterstattung: sie treibt einem das kalte Grausen in den Nacken. Dieses Talent hat er seither auf das ruhigere, aber nicht minder anspruchsvolle Gebiet dramatischer Lokalnachrichten verlagert. Seine Fähigkeit, aus einem halben Dutzend verworrener Telegrammworte einen zusammenhängenden, herzergreifenden Bericht über Donald Crowhursts einsamen Kampf gegen die feindlichen Elemente zu machen, war, wie wir sehen werden, nahezu genial. Genial war auch, wie er es schaffte, seine verschiedenen Rollen – als Öffentlichkeitsreferent des Stadtrates von Teignmouth, als Werbeagent örtlicher Unternehmen, als Kolporteur lokaler Sensationen und Vertrauter von Prominenten höchst unterschiedlicher Art – zu jedermanns Vorteil zu erfüllen.

In seinem Büro in der Nachrichtenagentur hängt, ehrenvoll gerahmt, das Photo eines Schäferhundes, der seine Schnauze liebevoll an einem Schwan reibt, und darunter steht: »Der beste Kumpel«. (Dieses Bild, sagt Hallworth, sei »um die Welt gegangen« und habe seiner Agentur phantastisch viel Geld eingebracht.) Es ist ein Sinnbild seines Handwerks. Und das erledigt er zum Beispiel so: Als Crowhurst aufbrach, schrieb er: »Teignmouths Botschafter hat seine Mission angetreten«; während er unterwegs war: »Wie ein Wildpferd stürmte *Teignmouth Electron* über hohe Wellenberge hinweg und durchmaß Täler aufsprühender, schäumender Gischt«; als er auf dem Rückweg war, wartete auf Crowhurst »ein überschwenglicher Empfang in Teignmouth«; und bei seinem Verschwinden: »Gramgebeugt ist Teignmouth, die Stadt, die in gewissem Maße Crowhursts Schirmherrin war.« Stereotype Phrasen für alltägliche Situationen – in der Regel mit Teignmouth im Mittelpunkt.

Dabei kann niemand behaupten, er sei ein Zyniker. »Ich habe diesen Mann geliebt, er war wie ein Bruder für mich!« sagte er über Donald Crowhurst. »Aufgearbeitet habe ich mich für ihn! Selbst der härteste Journalist hat tief in seinem Inneren im Grunde einen weichen Kern. Stimmt's nicht?« Und niemand, der ihn spät nachts, in der Bar des Passage House Inn nahe Teignmouth, über Gott hat reden hören, kann unterstellen, es fehle ihm an Glaubenseifer: »Religion? Mir brauchen Sie gar nichts erzählen! Denn ich stand in Dartmoor, und die Wolken hingen tief bis auf die Klippen herab, die Bäume wisperten ihre Wiegenlieder in den Südwind, und ich langte hinauf mit beiden Händen und umarmte den warmen Leib der Religion selbst! Also, erzählen *Sie* mir nichts von Religion!«

Hallworth lernte Crowhurst über die *Sunday Times* kennen, die bei der Devon News ein Photo bestellt hatte. Als der Photograph zurückkehrte, berichtete er seinem Chef, Crowhurst habe noch immer keinen Manager. Hallworth, der einen potentiellen Klienten witterte, arrangierte ein Treffen in einem Hotel auf halbem Weg, in der Nähe von Taunton.

»Als ich Donald in der Hotelbar zum ersten Mal begegnete«, erinnerte sich Hallworth, »war er ein bißchen steif und offiziersmäßig, und das Gespräch verlief eher zäh. Aber nach dem Essen waren wir, glaube ich, wirklich Freunde. Er beugte sich über den Tisch, gab mir einen Klaps auf den Arm und sagte: Sie haben den Job! War er erst einmal warm geworden, dann war *der* Mann – neben vielem anderen – ein wirklich verwegener Kerl. Ohne mir schmeicheln zu wollen: ich glaube, ich habe für Donald manches verkörpert, was er bei anderen einfach nicht fand.«

Zu der Zeit arbeitete bereits ein anderer Agent für Crowhurst und versuchte Unternehmer als Sponsoren zu gewinnen. Es bestanden verschiedene Aussichten – unter anderem die vage Hoffnung, daß die *News of the World* das Boot finanzieren würde, wenn ihr Name auf dem Bug stand –, aber am Ende kam dabei nicht mehr heraus als zehn Kisten Konservendosen und etwas Starkbier. Hallworths Job bestand also darin, Sponsoren aufzutreiben und sich gleichzeitig um alle Presseangelegenheiten zu kümmern.

Natürlich war eine der größten Enttäuschungen für Crowhurst, daß keine Firma bereit war, die Finanzierung seiner Fahrt zu übernehmen. Vielleicht lag es daran, daß er zu spät mit seiner Kampagne begonnen hatte, vielleicht fehlten ihm auch persönliche Beziehungen zu den richtigen Stellen im Segelgeschäft. Deshalb mußte er versuchen, sich hier und dort um Sonderposten zu bewerben. Neben vielem anderen, was am Ende seiner Fahrt an Bord seines Bootes geblieben war, fand sich ein vergilbter, wasserfleckiger Ordner mit Korrespondenz:

> An Alcan Foils Ltd.:
> In meiner Eigenschaft als Geschäftsführer eines kleinen Betriebs lese ich die *Packaging Review*. Als ich in der letzten Nummer Ihre Annonce las, kam mir der Gedanke, daß es möglicherweise Gebiete gibt, die für uns beide von Interesse sind; dem nachzugehen könnte sich lohnen.... Ich habe sehr gute Aussichten, nicht nur den Goldenen Globus zu gewinnen, sondern auch den Preis von fünftausend Pfund. Die Öffentlichkeitswirkung in diesem Fall wäre phantastisch: denn mit seiner Bemerkung, das Ereignis sei der »Everest der See«, gab Chichester ja zu, daß seine eigene Fahrt lediglich das Vorspiel zu der eigentlichen Herausforderung war...

> An Plysu Containers Ltd.:
> Mein Boot ist von allen, die ihre Teilnahme angekündigt haben, das schnellste... Sollten Sie willens sein, meine Auslagen zu decken, könnten Sie gratis jede gewünschte Art von Werbung haben... Wenn ich gewinne, wird die Öffentlichkeitswirkung natürlich überwältigend sein.

An Mallory Batteries:
Meine eigene Ansicht mag für Sie nicht von Interesse sein, aber falls doch, möchte ich so weit gehen, zu sagen, daß Chichester und Rose nur der Vorspann zum Hauptereignis waren, dessen Gewinner nicht King heißen wird, sondern Crowhurst. Wie verdienstvoll und wichtig Ridgways Bemühung auch sein mag, sie kann doch, von Ihrem Standpunkt aus gesehen, nicht von Wert für Sie sein.
Die Ausrüstung, mit deren Hilfe ich in der Lage sein werde zu gewinnen, ist elektronisch. Die Notversorgung des gesamten Systems, Funkgeräte eingeschlossen, sind Taschenbatterien. Der Sensationswert, den meine Teilnahme bereits vor dem Start bietet, wird insofern größer sein als der aller anderen Teilnehmer zusammen, als bereits meine Probefahrt vor dem Start in höchstem Maße spektakulär sein wird...

Viele ähnliche Briefe finden sich in Rodney Hallworths Unterlagen im Büro der Devon News. Gewiß, es gab ein paar Erfolge, aber am Ende mußte Stanley Best einen Großteil der Bootsausrüstung bezahlen. Nachdem sich keine andere Zeitung als Sponsor beteiligte, bot die *Sunday Times* als Veranstalterin des Rennens fünfhundert Pfund für die Zeitungsrechte, aber Hallworth fand, er könne mit spekulativen Storys, die er von der Devon News aus verkaufen würde, mehr herausschlagen.

Die staatliche Rundfunkanstalt BBC aber kaufte die Rechte an allen Fernseh- und Tonbandaufnahmen. Donald Kerr, damals Nachrichtenredakteur für Bristol, hatte bereits im Mai seinen Reporter John Norman ausgeschickt, der Crowhurst interviewen sollte, und daraufhin beschlossen, eine kleine Summe zu investieren: 250 Pfund für den Hinweg und 150 Pfund für die Rückfahrt. Sie besorgten ihm eine gebrauchte 16-mm-Kamera (im Wert von 120 Pfund) und ein Tonbandgerät. Kerr hatte, wie er dachte, mit geringem Risiko auf einen ganz gewöhnlichen Teilnehmer an einem ganz konventionellen Abenteuerwettbewerb gesetzt. Später sagte er, es sei eine Entscheidung aufgrund vollkommen falscher Voraussetzungen gewesen; es sei darüber hinaus – nämlich im Hinblick auf die Ergiebigkeit als journalistisches Sensationsmaterial – die lohnendste Entscheidung seines Lebens gewesen. Außerdem erwies sich Donald Crowhurst – nach nur zwanzigminütiger Unterweisung – als der professionellste Filmer unter allen Einhandseglern.

Zu diesem Zeitpunkt war nur noch eine Attraktion übrig, die man Sponsoren anbieten konnte: der Name des Bootes. Crowhurst wollte es *Electron Five* nennen, als Werbung für seine eigene Firma. Hallworth, in seiner anderen Eigenschaft als Werbemanager von Teignmouth, hatte einen anderen Vorschlag: Wenn Donald einverstanden wäre, von hier aus zur großen Fahrt aufzubrechen, seine Beziehungen zum Ort soviel und sooft wie möglich zu betonen und Teignmouth als Namensbestandteil zu akzeptieren, dann würde er, Hallworth, eine Finanzierungskampagne starten. Crowhurst schlug daraufhin *Electron of Teignmouth* vor. Hallworth, ganz PR-Mann, bestand darauf, den Namen des Kunden zuerst zu nennen. Von diesem Augenblick an hieß der zu drei Vierteln fertiggestellte Trimaran *Teignmouth Electron*.

Der Bootsbau geriet unterdessen immer mehr in Rückstand. Zuerst wurde für jeden Mann auf der Werft die Siebzigstundenwoche Pflicht, dann führte Eastwood Nachtschichten ein und holte sich Arbeiter von anderen Bootswerften der Umgebung. Der 31. August, der ursprüngliche Termin für den Stapellauf, verstrich; ebenso der nächste Termin, der 12. September. Crowhurst forderte ein Spezialruder über der Normgröße, das in Einzelteilen hergestellt werden mußte, für den Fall, daß sein Boot im stürmischen Südatlantik außer Kontrolle geriete. Die vorgesehenen Geschirrschränke sollten durch Fächer für Tupperware-Plastikbehälter ersetzt werden, die der Hersteller gestiftet hatte.

Er schrieb einen bissigen Brief an die Werft, in dem er sich über die Verzögerungen beklagte, die seine gesamten, bis ins letzte verplanten Zeitreserven aufgezehrt hätten:

> Eines muß ganz klar sein: der Stapellauf wird allerspätestens am 23. September stattfinden, ein neuerlicher Aufschub ist ausgeschlossen. Sollten Sie aufgrund irgendeiner Störung mit dem Fortgang der Arbeit in Verzug geraten, muß ich darüber in Kenntnis gesetzt werden, denn nun steht das Projekt insgesamt auf dem Spiel... Als Unternehmen wie auch als Einzelpersonen haben Sie eine gewaltige Aufgabe übernommen; in vieler Hinsicht gewaltiger, als mein eigener Anteil an dem Projekt ist, und Sie haben gute Arbeit geleistet. Der Erfolg hängt jetzt davon ab, ob Sie in der noch verbleibenden Zeit zu Ende bringen, was zu tun ist, und zwar genauso gut wie bisher! Wenn meine guten Wünsche Ihnen von irgendeinem Nutzen wären, würde Ihnen das nicht schwerfallen.

Eastwood antwortete mit einem ebenso harschen Brief, in dem er anführte, die Extraarbeiten beliefen sich bereits auf eine Rechnung über neunhundert Pfund, und mit den Zahlungen sei der Auftraggeber stärker im Verzug als der Bootsbauer mit dem Boot.

Am 21. September schließlich, zwei Tage vor dem geplanten Stapellauf, war Crowhurst mit seiner Beherrschung am Ende, und es kam zu einer lautstarken Auseinandersetzung am Telefon. Laut »Victress«-Spezifikation sollten Rümpfe und Decks vollständig mit Glasfaser überzogen sein. Mit den von Cox gelieferten Rümpfen war das auch schon geschehen. Aber aufgrund der Verzögerungen beim Aufriggen des Trimarans hatte die Decklegung so lange gedauert, daß man nun mit einem simplen Deckanstrich aus Polyurethan Zeit sparen wollte. Eastwood rief an, um sich Crowhursts Einverständnis zu sichern: Für die Decks seien ja doppelte Sperrholzschichten verwendet worden, sagte er, aus bautechnischer Sicht sei eine Glasfaserummantelung daher unnötig, und ohnehin sei eine

Bootshaut aus Glasfaser so dünn, daß ein Anstrich denselben Zweck erfüllte.

Crowhurst platzte vor Wut. Seiner Ansicht nach (die Cox teilte) war die Glasfaser ein wesentlicher Bestandteil des »Victress«-Bauplans. Noch wütender wurde er, als er erfuhr, daß die Vorbereitungen für den Anstrich so weit gediehen waren, daß es kein Zurück mehr gab. (Man hatte ihn mehrmals zu erreichen versucht, aber er war auf seinem Funklehrgang.) Die ganzen Ärgernisse und Frustrationen, die sich während der Bauzeit aufgestaut hatten, brachen aus und kochten über.

In der folgenden Nacht, als Donald Crowhurst in wütender, unglücklicher Stimmung war, bat Clare ihn eindringlich, die Annahme des Bootes zu verweigern und seinen Plan aufzugeben; es war das einzige Mal während des gesamten Unterfangens. »Du hast wahrscheinlich recht«, sagte er, »aber für mich ist die ganze Sache zu wichtig geworden. Ich muß das zu Ende bringen, und wenn ich das Boot unterwegs selber fertigbauen muß.« Clare hatte später das Gefühl, ihn zu sehr bedrängt zu haben, denn Donald verschloß sich daraufhin und sprach kaum noch mit ihr über die Schwierigkeiten, die in der Folge auftraten. Und es waren sehr viele.

4
Die Jungfernfahrt

Clare Crowhurst ließ die *Teignmouth Electron* am 23. September in Brundall vom Stapel. Sie hielt eine kurze, elegante Rede und schwang die Champagnerflasche vorsichtig gegen den Fiberglas-Sperrholz-Rumpf. Die Flasche blieb ganz. Daraufhin nahm John Eastwood die Sache in die Hand und beruhigte sie: Das böse Omen sei gar nicht einmalig – Sheila Chichester habe beim Stapellauf der *Gipsy Moth IV* dasselbe Mißgeschick erlebt.

Später machte das Häuflein Pressephotographen und Kameraleute vom Fernsehen Aufnahmen von der *Teignmouth Electron*, die hoch in ihrer Vertäuung lief, noch immer ohne Mast und Takelung. Sie sah recht tüchtig aus, aber nicht sehr hübsch. Die Rümpfe waren weiß und blaßblau das Deck, aber dazwischen drängten sich scheußliche Kleckse von Grellorange, in dem die Lukendeckel und die Unterseite der Tragflächen gestrichen waren. Wie alle Trimarane war die *Teignmouth Electron* viereckig und gedrungen – ein Eindruck, den der lange Schwung des Decks über drei Rümpfe noch verstärkte: Handläufe fehlten, und auch die niedrige Auswölbung des Kajütendachs war kaum eine optische Unterbrechung. Wenn Bill Kings Boot an ein U-Boot erinnerte, dann sah Crowhursts Trimaran aus wie ein Miniaturflugzeugträger.

Es folgte eine letzte Woche fieberhafter Aktivität auf der Bootswerft: Mastsetzen, Aufriggen, Ausrüstung des Decks mit Fittings, Beschlägen, Winschen. Zwischen Crowhurst und Eastwood herrschte Zwietracht, häufig gerieten sie aneinander und machten sich gegenseitig Vorwürfe, während die Arbeiter auf die Flut widersprüchlicher Anweisungen mit wachsendem Ärger reagierten.

Die Spannung entlud sich in zwei gewaltigen Explosionen. Die erste fand am 1. Oktober statt. Crowhurst wollte sofort aufbrechen, Elliot protestierte; deshalb wurde ein Schriftstück aufgesetzt, wonach Crowhurst, sofern er das Boot noch am selben Tag mitnahm, für dessen Zustand die alleinige Verantwortung trage. Die zweite war eine lange, spannungsgeladene Verhandlung über Geld. Mit den Zusatzarbeiten, sagte Eastwood, seien die Baukosten nahezu auf das Doppelte gestiegen. Crowhurst bezweifelte dies (noch ein Jahr später war die Angelegenheit ein Streitfall zwischen Stanley Best und den Eastwood-Leuten), war aber gezwungen, eine »Ablösesumme« von tausend Pfund zuzusagen, zahlbar am folgenden Tag. Am Mittag des 2. Oktober wurde die *Teignmouth Electron* dann endlich für »segelklar« erklärt. Aber die Jungfernfahrt von Brundall nach Teignmouth verlief nicht glücklich. Crowhurst rechnete damit, den Törn in drei Tagen hinter sich zu bringen. Er brauchte zwei Wochen.

Die Leute von der Werft erledigten noch kleinere Arbeiten an Bord der *Teignmouth Electron*, als sie aufbrach und mit Motorantrieb den Fluß Yare hinabfuhr. John Elliot und Peter Beard filmten mit ihrer Kamera vorbeiziehende Windmühlen und Landhäuser. Aber selbst die friedlichen Broads, die Seen und Flüsse in Norfolk, haben ihre Tücken. Als sich das Boot im Sog der einsetzenden Ebbe Reedham näherte, begann die lokale Fähre den Fluß zu überqueren. Crowhurst hatte die Alternative, entweder weiterzusegeln auf die Gefahr hin, daß die Bootsrümpfe über die unter Wasser straff gespannte Kette der Fähre schabten, – oder das Boot zu stoppen. Eastwood fand, man könne ruhig weiterfahren; Crowhurst war anderer Meinung. Er rief den Arbeitern auf dem Vordeck zu, sie sollten den Anker auswerfen und den Trimaran sofort anhalten. Es war einfach Pech, daß im selben Moment, in dem die *Teignmouth Electron* stoppte, die Strömung sie mit einem heftigen Ruck umdrehte und steuerbords gegen die Uferbefestigung warf. In der Sperrholzhaut des Auslegerschwimmers entstanden Löcher, und bis das Boot sich wieder auf den Weg machen konnte, war wertvolle Zeit verlorengegangen.

Bei Regen und Sturm erreichten sie Yarmouth – so spät, daß

die Drehbrücke in der Innenstadt nicht mehr in Betrieb war. Für Elliot und Peter Beard war die Aussicht auf einen weiteren zwölfstündigen Zwangsaufenthalt unerträglich: statt dessen gingen sie an Land, nahmen sich ein Taxi, und mit der Hilfe des Hafenmeisters gelang es ihnen, vier Männer von der Brückenbesatzung vom Kamin wegzulocken, damit sie die Brücke aufsperrten. Dabei fiel ihnen auf, daß sie keine Signallampe hatten, um den Küstenwachdienst auf sich aufmerksam zu machen, wie das bei Jungfernfahrten üblich ist. Elliot löste das Problem, indem er bei einer Tankstelle, die über Nacht offen hatte, einen Autoscheinwerfer erstand. Unterdessen machten die Arbeiter sich daran, den beschädigten Rumpf zu flicken. Es wurde später Abend, als sie sich endlich (mit einer gewissen Erleichterung) auf den Heimweg machen konnten. John Elliot, Peter Beard und Donald Crowhurst blieben als erste Crew an Bord der *Teignmouth Electron*. Kurz nach zwei Uhr morgens setzten sie die Segel und brachen auf in die stürmische Nacht.

Es gab eine starke Dünung, und nachdem sie die Hafenbojen umrundet und Kurs aufs offene Meer genommen hatten, spürten die drei Männer bald die ersten Anzeichen von Seekrankheit. Besonders Crowhurst mußte sich mehrmals heftig übergeben. Seine beiden Begleiter äußerten später voller Bewunderung, er habe sich dadurch nicht außer Gefecht setzen lassen: zwölf Stunden lang saß er am Ruder oder am Kartentisch, neben sich einen Kübel; alle paar Minuten erbrach er sich, machte sich aber gleich danach wieder an die Arbeit. John Elliot sagt: »Donald war in einer scheußlichen Laune. Aber sonderbarerweise war es das, was mich überzeugte, daß er der rechte Mann für eine Weltumseglung war: sein Verhalten in dieser Situation. Seine unglaubliche Entschlossenheit, seine Hartnäckigkeit. Wenn er sich einmal für etwas entschieden hatte, dann konnten ihn weder Katastrophen noch Argumente davon abbringen.«

Nach Tagesanbruch wehte ein günstiger Wind, und die *Teignmouth Electron* stürmte vorwärts, zur Nordsee hinunter, zur Mündung der Themse. Alle waren sehr von ihr angetan – Crowhurst, nachdem seine Seekrankheit endlich nachgelassen hatte, geriet in Ekstase. Aber um fünf Uhr nachmittags drehte der Wind. Das Boot stand vor seiner ersten großen Bewährungsprobe. Es bestand sie nicht sehr gut.

Trimarane haben keinen tiefgezogenen Kiel, der einem seitlichen Abdriften entgegenwirkt, – ihr Verhalten hart am Wind ist berüchtigt. Ziemlich bald stellte sich heraus, daß die *Teignmouth Electron* noch um einiges schlimmer war als befürchtet. Die Segel waren nicht gut getrimmt, und ohne Ballast an Bord lagen die Rümpfe noch flacher im Wasser als üblich.

Der Wind hatte gleich nach dem Leuchtschiff von South Goodwin an der Südostküste Englands gedreht, und von diesem Augenblick an kam das Boot praktisch nicht mehr voran. Für die nächsten zehn Meilen entlang der Küste bis Dover brauchten sie über fünf Stunden. Kopflos begann Crowhurst mit den Segeln zu experimentieren: er holte die Fock und das Stagsegel nieder und setzte statt dessen einen Klüver und ein Stagsegel; so verringerte er die Segelfläche am Bug und drehte vom Wind ab. Aber zwei Stunden später waren sie noch immer vor Dover. »Kämpfen mit den Gezeiten – keine Fahrt«, lautete der Eintrag ins Logbuch. Und weitere zwei Stunden später hatte der Gezeitenstrom sie wieder zurück zum Leuchtfeuer von South Goodwin getrieben.

Das Vernünftigste unter solchen Umständen wäre gewesen, bei widriger Tide einfach nach einem Ankerplatz Ausschau zu halten und beim Gezeitenwechsel weiterzufahren. Aber Crowhurst – aus Starrsinn oder weil er das Boot testen wollte – kreuzte quer zum Kanal zwischen der französischen und der englischen Küste. Am Ende des ersten Querschlags, als Frankreich nur noch drei Meilen entfernt war, legte sich plötzlich der Wind. Sie hießten die große »Flauten«-Fock, aber das Boot war so langsam, daß sie zu einem kurzen Bad im Kanal über Bord hätten springen können.

Schließlich beschloß Crowhurst, noch einmal den Außenbordmotor einzusetzen: dies zumindest war ein sinnvoller Test, denn der Außenborder wog fast einen Zentner, und auf diese Weise konnte Crowhurst herausfinden, ob er allein imstande war, ihn aus dem Laderaum zu heben (in der Generatorkammer unter dem Cockpit) und in der dafür vorgesehenen Halterung am Backbordschwimmer festzumachen. Zu diesem Zweck gab es zwar einen Flaschenzug am Hauptmast, aber es war trotzdem eine recht komplizierte Angelegenheit. Er kämpfte fast eine Stunde mit dem Motor und verlor dabei rasch die Geduld. In einem Anfall von Wut packte er schließlich den Motor und schleuderte ihn (sofern davon die Rede sein kann) in die Halterung; er rutschte an Ort und Stelle und saß. Ein gefährliches Treiben für einen Einhandsegler, fand Peter Beard, – wütend und unbeherrscht halb über Bord zu hängen: das erhöhte die Chancen, nicht nur das Gleichgewicht zu verlieren, sondern auch das Boot.

Mit laufendem Außenbordmotor dümpelten sie an der französischen Küste entlang bis nach Boulogne. Dort verbrannte Crowhurst sich die linke Hand am Auspuffrohr des Generators. Ein breiter Streifen Haut löste sich ab, aber er verbarg die Verletzung und machte weiter, als sei nichts gewesen. Elliot nahm es als Beweis für seinen unbeugsamen Willen, Beard als Ausdruck sowohl seines Mutes als auch seiner extremen Scheu in persönlichen Dingen. Für seine Frau Clare war die Wunde ein böses Zeichen: die Verbrennung, sagte sie, habe die Lebenslinie auf seiner Handfläche ausgelöscht. »Ich bin abergläubisch, und das hat mich sehr aufgeregt«, sagte sie. »Ich glaube, auch Donald war aufgeregt.«

Drei Tage lang segelten sie im Zickzackkurs zwischen der französischen und der englischen Küste hin und her, und jedesmal, wenn sie Land sichteten, stellten sie fest, daß sie wieder nur ein paar Meilen Fahrt gemacht hatten. Aus irgendeinem Grund, so Peter Beard, habe Crowhurst sich hartnäckig geweigert, die vereinbarten Signale an die Küstenwache zu senden. Einmal entstand dadurch soviel Aufruhr, daß die Küstenwächter bereits eine Suchaktion starten wollten. Weshalb Crowhurst keine Signale gab, ist unklar. Vielleicht war der Grund seine natürliche Scheu, vielleicht aber auch, meint Beard, seine neue Begeisterung für Presse und Publicity. Jedenfalls versicherte Clare Crowhurst den Leuten von der Küstenwache so überzeugend, ihrem Mann sei gewiß nichts passiert, daß es keine Suche gab – und auch keine Schlagzeilen.

In einer dieser drei Nächte, während sie gegen die frustrierenden Winde und Gezeiten im Kanal kämpften, begannen Crowhurst und Beard zum erstenmal ernsthaft über die Schwächen des Bootes zu reden. Sie tranken Kaffee, während John Elliot unten schlief. Auf einmal gab Beard zu bedenken, daß Crowhurst unter diesen Umständen vielleicht nicht einmal imstande sein würde, das Boot durch den Atlantik bis hinunter in die Südsee zu segeln, geschweige denn um die ganze Welt, – was er denn dann zu tun gedenke, fragte er. Crowhurst lächelte. Die Frage stelle sich nicht, antwortete er. Die vorherrschenden Winde würden ihm immer weiterhelfen.

Und wenn nicht? »Na ja, man kann schon ein paar Monate im Südatlantik herumschippern«, sagte Crowhurst. »Da gibt es Stellen abseits der Schiffsrouten, wo ein Boot wie dieses niemals entdeckt würde.« Zur Veranschaulichung griff er nach Beards Logbuch. Er zeichnete Afrika und Südamerika, setzte dazwischen zwei kleine Dreiecke: die Falklandinseln und Tristan da Cunha. Mit dem Bleistift zog er eine Raute rund herum und fuhr den Kurs immer wieder nach, hin und zurück. Das wäre ganz einfach, sagte er, keiner würde es je herauskriegen. Crowhurst lachte: es war natürlich ein Scherz. Die Zeichnung ist noch immer in Peter Beards Logbuch.

Nach vier Tagen teilten Beard und Elliot ihrem Skipper mit, daß sie nicht länger an Bord bleiben könnten. Sie hätten Verpflichtungen, sagten sie. Wieder mit Hilfe des Außenborders steuerten sie Newhaven an der Küste von Sussex an. Elliot rief seine Frau an, um ihr zu sagen, daß sie gesund und munter seien, – zu Crowhursts Ärger: denn der wollte vielleicht immer noch als »vermißt« gelten und Ursache einer aufsehenerregenden Suche werden. Dann saßen die drei mißgelaunt in einem Pub am Hafen und warteten auf die herbeigerufene Ersatzmannschaft, Colin Wright und Dick Ralliston, beide Bootsbauer auf Eastwoods Werft.

Crowhurst knurrte vor sich hin, Stunde um Stunde, bis er in

schwärzester Laune war. Das war in mancher Hinsicht der schlimmste Augenblick. Die Tage vergingen, viel zu rasch, – wo sollte er die Zeit hernehmen für seine Seetauglichkeitstests, seine vielgerühmten elektronischen Apparate, seine Modifizierungen und Reparaturen, die Betörung reicher Sponsoren, die minuziöse Überprüfung der Ausrüstung und der Vorräte? – und er konnte absolut nichts tun! Seine Rivalen im *Sunday Times*-Rennen waren – mit Ausnahme von Ridgway und Blyth, der ausgeschieden war, – bereits alle auf See und kamen gut voran. Knox-Johnston pflügte munter durch den Indischen Ozean und hielt auf Australien zu; Moitessier, Tetley und King durchmaßen in knappem Abstand hintereinander den Atlantik Richtung Süden. Und was tat er, Crowhurst, der gewitzter war als alle anderen? Er steckte fest in einer miesen Bar am Kanal, während sein Freund, ganz treusorgender Ehemann, am Telefon mit der Gattin plänkelte und zwei Bootsbauer die weite Reise von Norfolk her machten. Er konnte noch immer der Schnellste im Rennen sein. Aber würde er überhaupt in der Lage sein zu starten? Bis zum 31. Oktober waren es nur noch drei Wochen.

Crowhurst sprang auf und eilte mit langen Schritten den Kai entlang, um nach seinem Boot zu sehen. Inzwischen wußte er nur zu gut, daß die *Teignmouth Electron* nicht das war, was er sich erhofft hatte. Unterdessen hatte der widrige Südwestwind zugenommen und erreichte allmählich Sturmstärke, riesige Wellen brandeten draußen gegen die Hafenmauern. Er streckte die Arme zum Himmel und verfluchte die Verhältnisse, die gegen ihn waren. Normale Schwierigkeiten machten ihm nichts aus, im Gegenteil: darin war er brillant. Aber hier, die Naturgewalten, die Wettbewerbsregeln, der Besatzungswechsel, die Tücken einer Trimaran-Konstruktion – alles verschwor sich gegen ihn und hatte Methode: als wäre es ein monströses feindliches System. Verdammt seien sie alle! Wenn er kühn genug war, um die Welt zu segeln, dann würde er es wohl noch schaffen, aus dem Hafen von Newhaven herauszukommen, allein und auf der Stelle! Beard und Elliot kamen aus dem Pub und holten ihn zurück in die Wärme. Crowhurst verzog sich in eine Ecke der Bar und sprach kein Wort mehr. Endlich fiel ihm etwas ein, um sich abzulenken: er schrieb einen ausgefeilten Entschuldigungsbrief an die Bezirkspolizei von Wiltshire. Er bedaure zutiefst, schrieb er, daß es ihm nicht möglich sei, vor Gericht zu erscheinen, um zu der gegen ihn erhobenen Klage wegen zu schnellen Fahrens Stellung zu nehmen. Zum Zeitpunkt des für die Anhörung festgesetzten Termins werde er leider unabkömmlich sein. Er werde ein Segelrennen um die Welt gewinnen.

Als die frische Crew in Newhaven eingetroffen war, mußten sie trotzdem noch zwei weitere zermürbende Tage warten, bevor der Sturm nachließ und sie wieder ablegen konnten. Zwei noch zermürbendere Tage vergingen im Kampf gegen Wind und Gezeiten und brachten sie nicht weiter als bis zur Isle of Wight, nach Wooton Creek. Dort gingen die beiden Bootsbauer an Land und riefen in der Werft an: Ob sie nach Hause dürften, fragten sie, bitte. Die Fahrt habe ihnen wenig behagt.

Crowhurst segelte die wenigen Meilen bis nach Cowes allein weiter. Dort traf er einen späten Teilnehmer am Rennen und gefährlichen Konkurrenten: Alex Carozzo, »der italienische Chichester«, wie er seiner seglerischen Leistungen wegen respektvoll genannt wurde. Nach einem mißlungenen Experiment mit einem Mehrrumpfboot bei dem vom *Observer* veranstalteten Transatlantikrennen war Carozzo wieder zum Einrumpfboot zurückgekehrt: soeben hatte die Medina Yacht Company in Cowes eigens für ihn eine riesige 20-Meter-Ketsch von ungewöhnlichem Design fertiggestellt. Bei ihm hatte der Bau sogar noch später begonnen als bei Crowhurst, am 19. August, und war doch in nur sieben Wochen abgeschlossen. Während Crowhurst sich von den Problemen seines Rivalen absorbieren ließ – die seinen eigenen so sehr ähnelten –, fiel plötzlich jedes Gefühl von Frustration und Dringlichkeit von ihm ab. Er verbrachte einen Tag im Hafen von Cowes in angeregter Plauderei mit Carozzo und ging zweimal über Bord, als er zwischen den vor Anker liegenden Booten hindurchkurvte. Er war wohl ein wenig verschreckt durch den Ruf des Italieners, jedenfalls hatte sein Boot ihn beeindruckt. Unter allen seinen Rivalen hielt er Carozzo für den einzigen, der schwer zu schlagen war; das mag der Grund sein, weshalb er ihm später einen Navicator schicken ließ; damit der Sieger, wer immer das sein würde, wenigstens Crowhursts Ausrüstung an Bord hatte.

Crowhurst erfuhr, daß Carozzo an die Rennrichter der *Sunday Times* geschrieben und angefragt hatte, ob ein gewisses Entgegenkommen in der Frage des Starttermins möglich sei, damit ihm mehr Zeit für die Vorbereitung bliebe; aber seine Bitte wurde abgelehnt. Wohl aus diesem Grund suchten weder Crowhurst noch seine Sponsoren um eine Fristverlängerung an, nicht einmal während der rasenden Hektik in letzer Minute, obwohl es denkbar wäre, daß die Richter um der Sicherheit willen nachgegeben hätten.

Am Sonntag, dem 13. Oktober, bot ein in Cowes ansässiger Fahrtensegler, der Korvettenkapitän Peter Eden, sich an, Crowhurst auf dem letzten Abschnitt seiner Fahrt zu begleiten. Als die beiden im Hafen von Cowes von einem Schlauchboot aus an Bord der *Teignmouth Electron* kletterten, rutschte Crowhurst auf der Halterung des Außenbordmotors aus und fiel wieder einmal ins Wasser. Edens Schilderung der beiden Tage, die er auf der *Teignmouth Electron* verbrachte, ist das sachverständigste und das einzige wirklich unabhängige Urteil sowohl über die Fähigkeiten des Skippers als auch über die Leistung des Bootes vor Beginn des Rennens, das uns vorliegt. Er erinnert sich, daß der Trimaran ungeheuer schnell segelte, aber nie näher als 60 Grad an den Wind kam. Die Geschwindigkeit habe oft zwölf Knoten erreicht, sagt er, und die Vibrationen in der Koje am Bug seien so heftig gewesen, daß er Zahnweh bekommen habe, als er zu schlafen versuchte. Die Hasler-Steuerung habe ausgezeichnet funktioniert, allerdings hätten sich durch die Erschütterung aufgrund hoher Geschwindigkeit ständig die Schrauben gelockert. »Wir mußten uns immer wieder über die Gilling beugen und die Schrauben anziehen«, sagt er, »das war eine komplizierte und zeitraubende Beschäftigung. Ich sagte zu Crowhurst, er sollte sich die Schrauben festschweißen lassen, wenn die Befestigung einen längeren Törn überleben sollte.

Ansonsten schien das Boot gut in Schuß zu sein. Jedenfalls war es recht flott.«

Während sie unterwegs waren, äußerte Crowhurst sich nur widerwillig und sehr zurückhaltend über seine Pläne hinsichtlich der großen Fahrt. Aber eines vertraute er Eden an: am meisten habe er Angst davor, bei dem heftigen Seegang in den hohen Breiten »über Kopf zu gehen«. Das ist in der Tat ein Risiko bei Tri- und Katamaranen: weil sie mitunter schneller sind als die Wellen, besteht die Gefahr, daß sie sich bei achterlicher Dünung in ein Wellental eingraben. Ein starker Wind kann dann das ganze Boot kopfüber umkippen.

»Crowhursts Segeltechnik war gut«, sagt Eden, »aber ich hatte den Eindruck, daß er in der Navigation ziemlich schlampig war. Ich persönlich ziehe es vor, genau zu wissen, wo ich bin, selbst im Kanal. Er aber hat sich damit nicht weiter belastet, – ab und zu ein paar flüchtige Zeichnungen auf losen Blättern, das war alles.« (Crowhurst hatte seine Aufzeichnungen von dieser Fahrt später auf der Regatta dabei; sie sind noch erhalten. Es sind, wie Eden sagt, tatsächlich nur ein paar Fetzen Papier, bedeckt mit nachlässigen Skizzen, die in auffälligem Gegensatz zu den peinlich genauen Eintragungen stehen, die er von seiner langen Fahrt präsentierte.) Dieser letzte Abschnitt der Fahrt von Yarmouth nach Teignmouth verlief vergleichsweise glatt. Die ersten sechsunddreißig Stunden waren wieder ein Kampf gegen Westwinde. Zweimal kreuzten sie den Kanal, hinüber zur anderen Seite und wieder zurück; dann – endlich! – drehte der Wind und trieb sie rasch nach Teignmouth. Am 15. Oktober um halb drei Uhr nachmittags fuhren sie ins Hafenbecken ein. Crowhurst hatte dreizehn Tage damit zugebracht, die englische Südspitze zu umsegeln. Noch sechzehn blieben ihm bis zum 31. Oktober.

5
Teignmouth

Teignmouth mit seiner Schwesterstadt Shaldon am gegenüberliegenden Ufer der Flußmündung ist ein beliebter Ferienort, entstanden im frühen neunzehnten Jahrhundert. Es hat einen Pier aufzuweisen, ein Kino, ein Aquarium, zwei Dutzend Hotels und zahllose Pensionen sowie eine Hügelkette namens The Ness. Es gibt ein paar Fischerboote, eine Bootswerft und eine Porzellanindustrie, aber im wesentlichen leben die dreizehntausend Einwohner von den Sommerfrischlern.

Wie jede Kleinstadt ist auch Teignmouth imstande, sich über Gemeindeangelegenheiten in unversöhnliche Lager zu spalten, und gewöhnlich geschieht das auch: die Spaltung verläuft quer durch Gesellschaftsschichten, Berufe, Temperamente und vor allem Pubs. Noch zwei, drei Jahre nach dem Ereignis war der wichtigste Streitgegenstand Donald Crowhurst.

Von Anfang an versammelten sich Crowhursts Anhänger im *Ship Inn*; das ist ein recht schickes, geschmackvolles Lokal, eigentlich eher eine Bar, mit roten Plüschkissen und Faßbier, das die fortschrittlichen und weltoffenen Städter, die Hoteliers, die Zeitungsleute anzieht: sie sahen in Crowhursts Segelfahrt einen von Rodney Hallworths größten Propagandacoups. Seitdem Hallworth eine Versammlung des Stadtrats in vollem Ornat am Strand organisiert hatte, weil das Rathaus neu eingerichtet wurde, war das Städtchen nicht mehr so oft und so ausgiebig in der Presse erwähnt worden.

Crowhursts Gegner indes trafen sich in *The Lifeboat*, wo sich Fischer, Dockarbeiter und Bauern aus der Umgebung zum billigsten Bier der Stadt einfinden. Sie sprachen recht skeptisch über Crowhurst: der Tenor war eine Mischung aus angeborenem Mißtrauen gegenüber Fremden und einer seemännischen Abneigung gegen Mehrrumpfboote und elektronischen Hokuspokus. Hallworthens Geldbeschaffungskampagne mit der

Stadt als Namenspatronin des Bootes hatte bis dato wenig Anklang bei der Bevölkerung gefunden: statt der erhofften eintausendfünfhundert waren einstweilen nur zweihundertfünfzig Pfund in den Fonds geflossen.

Als der lang erwartete Crowhurst endlich eintraf, begrüßten seine Anhänger ihn mit Begeisterung: und sie wünschten, daß der zugereiste Held sich an seinem ersten Abend in der Stadt sehen ließ, mit dem Volk zusammentraf und die Herzen der Menschen gewann. Aber Crowhurst war von anderem zu sehr in Anspruch genommen. Das Unterstützungskomitee mußte seine Kneipentour durch Teignmouth ohne ihn unternehmen.

Die Gegner indessen sahen in den letzten zwei Wochen vor dem Start der *Teignmouth Electron* einiges, was ihre schlimmsten Befürchtungen bestätigte. Die Abschlußvorbereitungen erfolgten in einer Atmosphäre totaler Konfusion und Zeitnot. Crowhursts Helfer rannten durch die Stadt und kauften Vorräte aufs Geratewohl. Crowhurst selbst verschwand immer wieder für längere Zeit; was er aber tat, blieb dunkel. Noch immer wurden Umbauten am Boot vorgenommen, von dem man doch hätte annehmen sollen, es sei längst fertig.

Der erste Tag nach Crowhursts Ankunft war bezeichnend. Noch während der Trimaran auf die Helling von Morgan Giles' Bootswerft geschleppt wurde, kletterten bereits vier Eastwood-Leute an Bord und fingen zu hämmern und zu sägen an, und die BBC drehte heroische Aufnahmen von Peter Eden in der Meinung, es sei Crowhurst. Unterdessen prüfte Crowhurst entsetzt das schmale Häuflein Vorräte, das bisher eingetroffen war, während Hallworth berichtete, er habe, unter anderem, riesige Mengen von Exeter-Käse und Sherry für ihn aufgetrieben. Auf John Eastwood warteten zahlreiche neue Probleme. Insbesondere hatte sich die lebenswichtige »wasserdichte« Luke im Cockpitboden als Fehlschlag erwiesen: literweise drang das Wasser ein. Wieder am Zeichentisch, beschloß er, ein Lukensüll mit Gummirand einzubauen. Diesmal mußte es einfach klappen – für umfassende Probeläufe war ja keine Zeit mehr.

Was Crowhurst alles zu erledigen hatte, war niederschmetternd. Es ging nicht einfach nur darum, endlich mit der Arbeit an all seinen großartigen elektronischen Sicherheitsapparaten anzufangen – bis jetzt hatte das Boot nicht einmal eine gewöhnliche Funkausrüstung. Ursprünglich wollte er ein Funkgerät verwenden, das er selbst gebaut hatte, aber es war von der Post nicht zugelassen. Deshalb mußte er ein Marconi-Kestrel-Gerät kaufen und den Hersteller dazu bringen, es auf der Stelle zu installieren.

Mitten in all dem Chaos nach seiner Ankunft fand Crowhurst die Zeit, ein langes Interview für die BBC zu geben: voller Zuversicht, Siegesgewißheit, Heldenmut.

Zunächst ließ er sich von den Interviewern, Donald Kerr und John Norman, das Geständnis entlocken, er sei »unheilbar romantisch«. Dann gab er – in enger Anlehnung an Chichester – eine Reihe platter Sprüche über das Einhandsegeln zum besten, fast so, als hätte er die Fahrt bereits hinter sich:

> Ich habe bei vielen Gelegenheiten eine Gemeinsamkeit mit Seefahrern gefühlt, die seit langem tot sind. Daran ist wahrscheinlich die unheilbare Romantik schuld, von der ich vorhin gesprochen habe. Man spürt wirklich, daß man dasselbe tut wie sie ... daß die Seefahrer, die Jahrhunderte vor dir auf demselben Weg gekommen sind, deine Gefühle verstehen würden, und du die ihren ...
>
> Selbstgespräche sind wichtig. Wenn man tagelang nicht geschlafen hat, naß bis auf die Haut ist und vielleicht auch nicht genug zu essen hatte ... dann kann man ein Gefühl für das, was jetzt wirklich wichtig ist, wiederherstellen, indem man sich selber vor Augen hält, welche Folgen die mangelnde Aufmerksamkeit für scheinbar Nebensächliches hat ... Das hilft ungemein – allein der Vorgang des Sprechens, das Artikulieren von Worten, hilft einem, seine Gedanken in eine konkrete Form zu bringen, wie man es durch bloßes Nachdenken nie zustande bringt.

Raffiniert brachte Crowhurst dann einen Hinweis auf seine Firma an, indem er freimütig bekannte: »Ich mache es, weil ich es machen will... aber auch das muß gesagt werden: ich würde es natürlich nicht machen, wenn ich es geschäftlich nicht vertreten könnte.« Und er beschrieb seinen selbstaufrichtenden Mechanismus samt Kenterschlauch auf eine Weise, die zu verstehen gab, daß nicht nur das System bereits in Betrieb war, sondern daß seine Firma demnächst mit der Vermarktung beginnen würde.

Erneut versicherte er dem Interviewer, daß er, was sein Projekt betreffe, niemals irgendwelche Bedenken oder Zweifel gehegt habe:

> So gehe ich nicht vor. Wenn ich beschließe, etwas zu tun, dann erst, nachdem ich mich davon überzeugt habe, daß es ingesamt eine lohnende Sache ist... Ist die Entscheidung erst einmal gefallen, dann vergißt du, daß du überhaupt etwas entschieden hast, sondern gehst davon aus, daß es gar nicht anders sein kann.

Aber der erstaunlichste Teil des Interviews verlief folgendermaßen:

> KERR: Können Sie uns irgendeine Situation auf See schildern, die Sie erlebt haben, in der Sie glaubten, Sie würden ertrinken? Was ist geschehen? Wie war es?
> CROWHURST: Also, es gab schon Situationen...
> KERR: Erinnern Sie sich an einen Tag, einen bestimmten Tag?
> CROWHURST: Ja, einmal gab es so eine Situation, da war ich an der Südküste unterwegs. Ich segelte mit achterlichem Wind... ungefähr der Stärke sieben. Das Boot war auf Selbststeuerung eingestellt, und ich war wohl zwanzig Meilen von der Küste entfernt. Es gab keine Reling, ich hatte auch keinen Sicherheitsgurt – und ich fiel über Bord. Während das Boot weitersegelte, dachte ich, jetzt muß ich entweder ertrinken oder mich andernfalls

auf längeres Schwimmen gefaßt machen. Es war mir natürlich klar, daß ich daran allein selber schuld war, so daß ich mich nicht weiter damit aufhielt, mir Vorwürfe zu machen. Ich habe mir nur in Gedanken eine Notiz gemacht, daß diese Art von Verhalten in Zukunft zu vermeiden sei, ansonsten dachte ich darüber nach, was man tun konnte. Ich hatte aber enormes Glück – Tatsache ist, daß mein Boot anluvte. Meine Selbststeuerungsanlage war nämlich so eingestellt, daß ab und zu eine manuelle Korrektur meinerseits notwendig war... Immerhin machte das Boot ungefähr eine Viertelmeile, bevor es in den Wind segelte, und das war jedenfalls lang genug, um mir einen gehörigen Schrecken einzujagen.

Dieses bemerkenswerte Abenteuer war seiner Frau und seinen Freunden gänzlich unbekannt. Niemand erinnert sich, daß er es im Gespräch je erwähnt hatte, obwohl es genau die Sorte Geschichte war, wie er sie mit Genuß zu erzählen pflegte: er selbst in einer hochdramatischen Situation, wobei er seine eigene Rolle dramaturgisch effektvoll herunterspielte. Wäre die Geschichte wahr, so wäre sie ein weiterer Beweis dafür, wie unfallgefährdet Crowhurst war, – obwohl sie ihm andererseits eine Warnung für die Zukunft hätte sein müssen. Aber die wahrscheinlichste Erklärung ist wohl, daß er die Geschichte aus einer plötzlichen Eingebung heraus erfunden hatte, ermuntert durch Kerrs beharrliches Fragen.

Als das Interview zu Ende war, schüttelte Crowhurst Peter Eden die Hand und dankte ihm, überließ es Hallworth, sich um die Beschriftung des Bootsrumpfs mit dem Namenszug »Teignmouth Electron« zu kümmern, dann sprang er in John Normans Auto und fuhr eilends nach Bridgwater in seine Werkstatt.

In Morgan Giles' Werft begann die Arbeit am Boot. Eine Verstrebung wurde eingebaut, um die Hasler-Selbststeuerung zu unterstützen, – denn es war ja keine Zeit, um Edens Rat zu befolgen und die Schrauben durch Schweißnähte zu ersetzen. Als erstes wurde die Bodenluke im Cockpit umgearbeitet. Die Leute von Marconi arbeiteten mehrere Nächte durch, um das Funkgerät zu installieren. Die mechanischen Bestandteile von Crowhursts Sicherheitssystem mußten vervollständigt werden (das elektronische Zubehör wurde freilich niemals so weit fertig, daß es funktioniert hätte). Und am Takelwerk und den Winschen waren unzählige kleine, aber lebenswichtige Arbeiten zu verrichten.

Die Bootsbauer von Morgan Giles halfen den Eastwood-Leuten, so gut sie konnten, aber sie äußerten einhellig ihr Mißfallen über den Zustand des Bootes und Crowhurst selbst. Noch ein Jahr später sorgten ihre Schilderungen des Chaos für ergiebigen Gesprächsstoff im *Lifeboat*:

> In den zwei Wochen, die er hier war, ging es zu wie in der Hölle. Jeder versuchte zu helfen, aber eigentlich wußte keiner genau, was er tun sollte. Und was Crowhurst angeht: der sah nicht danach aus, als würde er überhaupt je fortkommen. Er hatte nicht den leisesten Schimmer, wo irgendwas war oder was eigentlich vor sich ging. Er hat *nichts* ausprobiert. Er blieb nicht bei seinem Boot, wie es sich für einen Skipper gehört. Immer wieder war er plötzlich verschwunden, um irgendwas zu erledigen, und dann rannten wir herum und versuchten ihn zu finden. War es nicht irgendeine mysteriöse Fahrt nach London, dann war's bestimmt eine PR-Veranstaltung mit Wein und Käse drüben im Royal. Das ist doch keine Art für einen, der um die Welt segeln will!
> Keiner hätte sagen können, was in ihm vorging. Er hatte einfach nichts mit uns zu tun, wenn Sie verstehen, was das heißt. Er war völlig daneben. Wir hätten ihn viel mehr bewundert, wenn er einfach gesagt hätte: »Lassen wir das Ganze. Ich hab' nicht mehr die Nerven dazu.« Er war sichtlich in heller Panik, aber hatte nicht den Schneid, die Sache abzublasen. Was wär' schon dabei gewesen, wenn er Bankrott gemacht hätte? Das Leben ist wunderschön,

Freunde, auch ohne einen Pfennig, und auch wenn du blamiert bist.
Und dieses Boot! Es war einfach lächerlich. Ein Haufen Sperrholz und weiter nichts. Die Meinung von allen hier war: Der kommt damit höchstens bis Brixham.

Was noch am ehesten nach einem systematischen Plan zur Vorbereitung des Bootes aussah, war ein Bündel loser Blätter, auf die Crowhurst seine Gedanken gekritzelt hatte, wie sie ihm einfielen. Es gibt sie noch: seitenlange Listen fehlender Posten und unerledigter Arbeiten, dazwischen in wüstem Durcheinander Zeichnungen, Adressen, Telefonnummern, Arbeitsstunden, unfertige Briefentwürfe und Erinnerungshilfen für ihn selbst.

»Flaggen holen von Sunday Times«, lautet eine Notiz; sie bezieht sich auf die Flaggen M. I. K., die bedeuten: *Bitte melden Sie meinen Schiffsort an Lloyd's in London*; diese Flaggen verteilten die Veranstalter an alle Teilnehmer. Es ist ein Hinweis darauf – sofern ein solcher nötig sein sollte –, daß Crowhurst keinen vorsätzlichen Plan hatte, eine Weltumsegelung vorzutäuschen.

Ein anderes Blatt stellt eines der größten Rätsel dar. Es ist eine Liste von Gegenständen, die er in Teignmouth besorgen wollte – Socken, Lötlampe, Messingstreifen, Handschuhe, Bogensägeblätter, Bleistifte und so weiter. Die meisten Posten sind mit Rotstift gestrichen, woraus wir schließen können, daß sie erledigt wurden. Einer dieser erledigten Posten lautet: »4 Logbücher«. Am Ende der Fahrt waren nur *drei* an Bord.

Während die Vorbereitungen stockend vorangingen, fanden sich nach und nach Crowhursts Freunde in Teignmouth ein, die dabeisein wollten. Stanley Best hatte auf einem Parkplatz ein paar seiner Wohnwagen aufstellen lassen; die Beards wohnten dort, die Eastwoods und die Elliots. Ron Winspear und Clares Schwester Helen wohnten im *Royal Hotel*, dessen Besitzer Zimmer für die Crowhursts zur Verfügung gestellt hatte. Sie erinnern sich heute, daß zahlreiche bedenkliche Anzeichen sie damals vorgewarnt hätten; aber jeder erinnert sich anders, je nach seinem Temperament.

Stanley Best, der noch lange danach wohl oder übel immer größere Summen für Vorräte und Ausrüstung abzahlen mußte, fand Crowhurst entschlossen, zuversichtlich und ungeduldig, wenn auch ein wenig desorganisiert. Zwischen den beiden war es wegen Geld zu einer unerfreulichen Kraftprobe gekommen: Best hatte darauf bestanden, daß Electron Utilisation sämtliche Kosten für Funkgeräte und andere Apparate unter Deck übernahm, Crowhurst hatte nachgeben müssen. Aber es war keine Rede davon gewesen, den Plan aufzugeben. »Wenn Donald mir offen gesagt hätte, es sei unsicher, zu dem Zeitpunkt aufzubrechen«, sagt er, »dann wäre ich zwar wütend gewesen, aber ich hätte nicht darauf bestanden, natürlich nicht. Aber er hat ja nie auch nur den leisesten Zweifel angedeutet.« Rodney Hallworth erlebte Crowhurst als den Optimismus in Person. »Er war vergnügt und ganz scharf drauf, endlich loszufahren«, sagt er. Ron Winspear dagegen fand Crowhurst »komisch, gar nicht ganz da. Er war ungewöhnlich still geworden, das hat mich beunruhigt. Es war eine Stimmung, die ich an ihm vorher nie erlebt hatte. Ich kannte ja Donalds übliche Wutanfälle und hätte mich gefreut über den einen oder anderen Ausbruch – das hätte bedeutet, daß er versucht, die Sache hinzukriegen. Aber in diesen letzten Tagen kam er mir absolut demoralisiert vor, wie gelähmt.« John Elliot erinnert sich, Crowhurst immer wieder eingeschärft zu haben: »Fahren Sie nicht, Sie müssen nicht. Sie werden ja nicht rechtzeitig fertig.« Aber er hörte auf, ihm zuzureden, als er merkte, daß es sinnlos war; Crowhurst sagte stets nur: »Es ist zu spät. Ich kann jetzt nicht mehr zurück.«

Offenbar waren es die überwältigende Zahl der ungetanen Dinge und der haarsträubende Zeitmangel – diesen Eindruck hatte man allgemein –, die ihn derart konfus und unfähig hatten werden lassen. Von Nebensächlichkeiten ließ er sich vollkommen in Beschlag nehmen und vergeudete Stunden damit, wütend irgendwelchen geringfügigen Aufgaben hinterherzuhetzen, während es Wichtigeres zu tun gab. Bis wenige Tage vor der Abfahrt fuhr er fort, Briefe zu schreiben, in denen er um Ausrüstungsgegenstände bat. Amtsgänge waren zu erledigen und Interviews zu geben. Er jagte von einem Gedanken zum nächsten, sein Geist überschlug sich, und sobald ihm irgend etwas Wesentliches – oder Unwesentliches – einfiel, das er noch brauchte, schickte er einen Helfer los, damit der es ihm in der Stadt besorgte, gegen Bezahlung oder gratis.

John Eastwood erinnert sich, daß er sich einmal in Crowhursts Gegenwart mit einem Ronson-Benzinfeuerzeug eine Zigarette anzündete. »Auf einmal fiel Donald ein, er sollte lieber so ein Feuerzeug haben statt einen Haufen Streichhölzer. Also mußte ich ihm beim Tabakhändler eins kaufen samt Benzin und Feuersteinen.« Stanley Best mußte zu einem Gebrauchtwagenhändler nach Exeter, um dort zwei Dutzend kleine elektrische Ölpumpen zu erstehen. »Ich hatte keine Ahnung, wozu sie gut sein sollten. Es hatte wohl irgendwas mit dem Kenterschlauch zu tun, glaube ich.« Clare suchte Gordon Yelland auf, den örtlichen Bäcker, und fragte nach einem Rezept, um auf See Brot zu backen. Yelland experimentierte ein paar Tage mit Mehl, Hefe, einem chemischen Konservierungsstoff und Teignmouther Meerwasser. (Eines seiner experimentellen Brote war noch ein Jahr nach Crowhursts Abreise eßbar.) Die Beards erinnern sich, daß sie Crowhurst auf der Straße von Bridgwater nach Exeter trafen. »Er brauste in seinem Kleinlastwagen dahin. Wir hupten, und er hielt an. Er war unter anderem auf der Suche nach einem Barometer. Wir hatten eines zu Hause in unserer Diele, und das schenkten wir ihm. Glücklicherweise war es richtig kalibriert.«

In den letzten Tagen war das Wetter in Teignmouth ständig grau und regnerisch. Jeder war zunehmend nervös und konfus, und Crowhurst, geistesabwesend, wie er war, wurde unbeholfen. Als er einmal in der Dunkelheit aus seinem Beiboot kletterte, stolperte er, fiel über Clare und brach ihr eine Rippe. Er wurde auch ignorant: Clare machte ihn darauf aufmerksam, daß einer der Auslegerschwimmer tropfte, als er kurz aus dem Wasser ragte, aber er ging mit einem ärgerlichen Achselzucken darüber hinweg. Das Tropfen konnte bedeuten, daß der Schwimmer leck war – eine große latente Gefahr. Darüber war Crowhurst sich entweder nicht im klaren, oder er war dermaßen verstört durch seine vielen Probleme, daß er keine Warnungen mehr hören konnte.

Fünf Tage vor der Abreise lotste Crowhurst sein Boot zu einer eintägigen Probefahrt aus dem Hafen. Mit ihm fuhren John Elliot, John Norman von der BBC und ein Kameramann. Die Tour dauerte von Mittag bis Einbruch der Dunkelheit und war alles andere als beruhigend. Die Leistung am Wind war um nichts besser als zuvor; zweimal weigerte sich die *Teignmouth Electron* schlicht, über Stag zu gehen, bis zwei Männer am Bug die Fock strichen und sie so zum Wenden zwangen.

Crowhurst war in besonders übler Laune. Er schimpfte über die Beschläge des Bootes, obwohl die Eastwood-Leute sie überall um eine Nummer stärker gewählt hatten, als die »Victress«-Standardspezifikation vorsah. Die Beschläge, erklärte Crowhurst wütend, seien einfach nicht gut genug für eine Fahrt um die Welt.

Offiziell diente die Probefahrt dazu, die Doppelfock und andere vor dem Wind benutzte Segel zu testen, von denen die meisten noch in der Originalverpackung des Segelmachers lagen. Crowhurst öffnete alle Säcke gleichzeitig und versuchte herauszufinden, welches Segel welches und wie es zu setzen war. Er verbrachte Stunden damit, durch Ballen von Segeltuch auf den Decks zu waten und die Segel eins nach dem anderen auszuprobieren. John Norman stellte fest, daß eine spezielle Decksklampe, an der das Tauwerk für die Vorsegel befestigt war, sich teilweise vom Deck gelöst hatte und abstand. An der Klampe war eine Schraube locker, und er versuchte, sie mit dem Schraubendreher wieder anzuziehen. Er drehte und drehte, die Schraube griff nicht. Er befürchtete, daß ein starker Wind die Klampe ganz aus ihrer Befestigung reißen würde, und machte Crowhurst darauf aufmerksam. Der schüttelte nur den Kopf. Noch etwas, das in Ordnung gebracht werden mußte. Einen ähnlichen Mangel bemerkte Norman an einer Luke in einem Schwimmer: Beim Auf- und Zuschrauben der zwölf Flügelbolzen rund um die Luke hatte jemand versucht, sie zu fest anzuziehen, und dabei den einen oder anderen Gewindegang überdreht. Als sie den entscheidenden Lukendeckel im Boden des Cockpits – neu entworfen und neu gebaut – anhoben, löste sich die Gummidichtung aus ihrer Halterung. »Wie zum Teufel soll ich damit die hohen Breiten überstehen?!« schrie Crowhurst erbittert.

Er war so sehr damit beschäftigt, Segel und Segelsäcke zu sortieren, daß er bis zum Einbruch der Dunkelheit auf dem Vordeck blieb und John Norman bitten mußte, das Ruder zu übernehmen und das Boot in den Hafen zu steuern.

Zwei Tage später erschien der zweite BBC-Mann, Donald Kerr, wieder in Teignmouth. Bei dem Anblick, der sich ihm bot – die Werft im Chaos, die Stapel von Vorräten in heillosem Durcheinander auf den Decks des Trimarans, und Clare, die trotz ihrer gebrochenen Rippe in einem nahegelegenen Schuppen tapfer Eier lackierte, – ahnte er gleich, daß eine Katastrophe im Anzug war. Diskret befahl er seinem Kamerateam, den Akzent der Aufnahmen zu verlagern: sie sollten in dem Bewußtsein drehen, daß sie nicht mehr einem potentiellen Triumph beiwohnten, sondern einer potentiellen Tragödie. Ein Interview mit zwei Fischern vom Ort, das sie aufzeichneten, war ein beredtes Beispiel für den Spott und die Geringschätzung der Einheimischen.

Um diese Zeit ungefähr stellte sich plötzlich heraus, daß niemand den Heliflex-Spezialschlauch – der, wie von Anfang an klar gewesen war, zum Leerpumpen gebraucht wurde – beschafft hatte. Es wurde ein dringliches Telefongespräch mit dem Pumpenhersteller Henderson auf der Isle of Wight geführt. Der Schlauch war überlebensnotwendig, und so eindringlich und wortgewandt waren die Bitten, daß einer der Direktoren, John Lewis, tatsächlich den Schlauch an Bord seines Privatflugzeugs, einer Cessna 172, nahm und damit nach Exeter flog. June Elliot bot sich an, nach Exeter hinüberzufahren und ihn abzuholen; dabei, sagte sie, würde sie die Crowhurst-

Kinder James, Simon, Roger und Rachel mitnehmen, damit Clare sich in Ruhe um die Lebensmittelvorräte kümmern konnte.

Fünf Stunden verbrachten sie auf dem Flughafen und suchten nach dem Schlauch. Er tauchte nie auf. »Die Kinder sind wahre Engel gewesen«, sagte June. »Stellen Sie sich vor: stundenlang durch so einen Flughafen zu latschen und die Leute zu bitten, daß sie haufenweise Gepäck nach einem Stück Schlauch durchsuchen! Ich weiß noch, daß James seinen Geschwistern sagte, sie sollten keine Chips mehr essen, das gehöre sich nicht, und außerdem sei es zu teuer.« Sie rief in Teignmouth an, um mitzuteilen, daß in Exeter kein Schlauch angekommen sei. Teignmouth rief in Cowes bei der Firma Henderson an. Leider war John Lewis noch auf dem Rückflug. Alles, was man bei Henderson wußte, war, daß der Schlauch ganz bestimmt nach Exeter gebracht worden war, man wisse freilich nicht, was das Flughafenpersonal damit gemacht habe. June Elliot fuhr am nächsten Tag noch einmal nach Exeter. Wieder kein Schlauch. Sie riefen noch einmal bei Henderson an, aber wieder war John Lewis nirgends zu finden. »Ich kann mir höchstens vorstellen, daß sich einer den Schlauch unter den Nagel gerissen hat, für seinen Garten oder so«, sagt Mrs. Elliot.

Darüber, was dann geschah, gehen die Berichte auseinander. Clare Crowhurst meint, die Elliots hätten Donald nie klipp und klar gesagt, daß der Schlauch fehlte, und er sei in der Meinung losgesegelt, er habe den Schlauch an Bord. Außerdem habe John Elliot ihr gesagt: »Macht nichts, ich werde mich schon darum kümmern«, was, wie sie annahm, wohl bedeutete, daß er als Notbehelf im nächsten Geschäft einen gewöhnlichen Gummischlauch besorgen würde.

Nach June Elliots erster Fahrt zum Flughafen von Exeter war Donald Crowhurst das Problem sicherlich bewußt. Eine der Listen unerledigter Arbeiten enthält Crowhursts handschriftlichen Eintrag: »DIENSTAG ... lt. Mr. Elliot/Exeter: nicht im Flugzeug – (Pilot rief an) Firma sagt, Schlauch vor Abflug nach Exeter an Bord«. Ein weiterer Hinweis auf die Angelegenheit findet sich in den Listen jedoch nicht.

John Elliot erklärt, er habe Crowhurst vor dem Start klar und deutlich darauf hingewiesen, daß kein Schlauch zum Ösen an Bord war. Er sagt, er habe niemals irgend jemandem gegenüber geäußert, daß er einen Ersatzschlauch beschaffen würde, ohnehin wäre ein gewöhnlicher Gummischlauch unbrauchbar gewesen: Henderson-Pumpen seien so stark, daß sie einen normalen, unversteiften Schlauch durch den Sog einfach zusammengedrückt hätten. (Bei Henderson indes heißt es, ein unversteifter Schlauch in der richtigen Größe – eineinhalb Zoll Durchmesser – wäre immerhin besser gewesen als nichts.)

Crowhurst wußte über das Problem wenigstens bis zu einem gewissen Punkt Bescheid, wenn es wohl auch nicht ganz in sein Bewußtsein vordrang. Vermutlich hat er es entweder unbewußt verdrängt, weil er nicht mehr in der Lage war, sich noch weiteren Schwierigkeiten zu stellen, oder er ging einfach davon aus, daß einer seiner vielen Helfer wohl vernünftig genug gewesen war, die Sache in Ordnung zu bringen, ohne ihn weiter damit zu behelligen.

John Elliot ist auch Zeuge in einer anderen Streitfrage. Hat jemand einen – äußerst wichtigen – Stapel Ersatzteile vom Deck der *Teignmouth Electron* genommen, bevor sie aufbrach? Man hätte diese Ersatzteile – bereits zugeschnittene Sperrholzplatten zum Ausbessern der Rümpfe, Riggzubehör, Schrauben und Muttern und verschiedene Kleinteile – irrtümlich für Abfall halten können. Nachdem Crowhurst abgesegelt war, fand Elliot ebendiese Ersatzteile in einem unschuldigen Häuflein auf der Helling von Morgan Giles' Bootswerft; er versicherte, er habe sie persönlich an Bord gebracht. Daß die Teile an Land blieben, darüber sind sich alle einig; die Arbeiter der Bootswerft aber sagen, sie seien nie aufs Boot verladen worden.

In diesem Punkt jedenfalls tendiert Clare Crowhursts Aussage eher dazu, John Elliot zu unterstützen. Sie hatte sich eine große Tasche vom Royal Hotel geliehen und mit Brötchen, Schinken und Salat aus dem Hotel gefüllt. Sie hatte ihr eigenes spezielles Weihnachtsgeschenk für Donald dazugelegt, eine weiche, kuschelige Bauchrednerpuppe mit blonden Wollhaaren, mit der er reden konnte, wenn er unterwegs war, ein Büchlein mit Yogaübungen, einen chinesischen Porzellanlöffel für sein Lieblingscurry und eine Schachtel mit Kirschnougat, den er besonders mochte. Außerdem einen langen, persönlichen Brief. Sie hatte die Tasche genommen und sie auf Donalds Koje gegenüber der Kajüte gestellt – und sie erinnert sich sehr genau daran, wie sie dies tat. Zwei Tage später kam Stanley Best nach Bridgwater und brachte ihr die Tasche zurück. Auch sie, sagte er, sei auf der Helling gefunden worden.

Am Abend vor Crowhursts Abfahrt, am 30. Oktober, ging es hektischer und planloser zu als während der ganzen fünfmonatigen Vorbereitung. Das Chaos war so schlimm, daß Donald Kerr sogar sein BBC-Kamerateam zurückpfiff: Sie sollten aufhören zu filmen, sagte er, und statt dessen mit anpacken. Sie stürzten davon, um Leuchtkugeln, eine Schwimmweste und etliches andere zu beschaffen, was an Grundausrüstung noch fehlte. »Donald aß an dem Tag nichts zu Mittag, dafür war keine Zeit«, sagt Kerr. »Er stand auf dem Boot und versuchte, die Stapel von Material, die an Bord herumlagen, irgendwie unterzubringen. Am späten Nachmittag schleppten wir ihn mit Clare in ein Café in der Nähe, damit er wenigstens etwas aß. Er war in einem schrecklichen Zustand, er zitterte, weil er zuwenig geschlafen und zuwenig gegessen hatte, und es war ganz klar, daß er nicht fahren wollte. Kein Zweifel. Er hat dauernd vor sich hingemurmelt: ›Das wird nichts. Das wird einfach nichts.‹ Er wußte, daß er dabei sterben konnte, aber er brachte es nicht über sich, das einmal laut zu sagen.«

Im Rückblick mag es schwer zu begreifen sein, weshalb niemand imstande war, diesem Alptraum ein Ende zu machen. Aber es war nicht so erstaunlich, wie es aussieht. Jeder wollte nur eines: daß das großartige Projekt klappte. Donald Crowhurst selbst gab den Ton an. Seine Absichten waren echt, und sie waren heroisch; aber wie schon so oft, hatte er es auch diesmal geschafft, sich einzureden, seine Absichten seien bereits vollendete Tatsachen; und es gab niemanden, der in der Lage gewesen wäre, ihn zu überzeugen, daß diese hehren Absichten an der Situation, wie sie wirklich war, nichts ändern konnten.

In diesen letzten beiden Wochen wurde in Teignmouth, inszeniert als Seedrama, das älteste aller Stücke über Eitelkeit und Propaganda neu aufgeführt, *Des Kaisers neue Kleider*. Zuerst hatten alle über Ruhm und Reichtum von Kaisern nur gelesen. Dann erfuhren sie, daß sie einen eigenen Kaiser haben würden. Dann trat der Herold auf und schilderte, mit welchem Gepränge, mit welcher Pracht er kommen würde. Und schließlich erschien er. Er kam nicht nur spät, er war auch noch nackt, aber niemand war da, der aussprach, was er doch mit eigenen Augen hätte sehen müssen, und der es laut genug sagte. Soviel strahlender war der Glanz der Idee als die nackte Wahrheit.

Die hypnotische Wirkung unsterblicher Mythen ist ein altbekannter Prozeß; am besten beschreibt ihn der amerikanische Historiker Daniel Boorstin in einem anderen Klassiker über die Eitelkeit, *The Image*:

> Wir sind in den letzten fünfzig Jahren einigen Täuschungen erlegen: nicht nur darin, was die Welt an Neuem enthält, sondern auch im Menschen selbst und der Größe, zu der er imstande ist... Wenn vor zweihundert Jahren ein großer Mann in Erscheinung trat, sahen die Leute in ihm Gottes Absicht; heute sehen wir seinen Presseagenten.
> Die Wurzel des Problems, die soziale Ursache dieser übertriebenen Erwartungen, ist unsere neugewonnene Macht, Menschen berühmt zu machen... Wir glauben nicht gern, daß unsere Bewunderung sich auf ein weitgehend synthetisches Produkt richtet. Nachdem wir unsere Berühmtheiten selbst erzeugt, sie wohl oder übel zum Gegenstand unserer Bewunderung, zu Leitsternen unseres Interesses erkoren haben, sind wir geneigt, sie für ganz und gar nicht künstlich zu halten, sondern für immer noch irgendwie gottgeschaffene Helden; nun vorhanden in verschwenderischem, wunderbar modernem Überfluß.

Schuld daran war in vieler Hinsicht die Mischung aus Kleinstadtbegeisterung und landesweiter Publicity. Wie viele zwar intelligente, aber im Grunde schlichte Menschen war Donald Crowhurst vom strahlenden Rampenlicht ebenso heftig angezogen, wie er es gleichzeitig verachtete. Er glaubte an die Wahrheit von Zeitungsberichten, und dennoch dachte er, er könnte – gegen ein überzogenes Honorar – so tun, als würde er eine Rolle darin spielen. Mit einem Teil seines Herzens hielt er all die phantastischen Geschichten über Heldentum und Skandal für wahrer, als sie je sein konnten, – mit dem anderen Teil aber für eine ganz einfache Täuschung, die mit halbwegs guter Absicht, bravourösem Auftreten und einem geschickten Werbeagenten jedermann selbst bewerkstelligen könne. Und natürlich betörte ihn auch das Flair von großen Männern und großem Geld, von dem in den Augen des aufstrebenden Provinzlers offenbar alles umgeben ist, was von London ausgeht. Ruhm war ein Spiel: ein Brunnen, aus dem leichtes Geld und schmeichelhafte Schlagzeilen sprudelten, die selbstverständliche Belohnung für ein feierlich angekündigtes Unternehmen, das – in Crowhursts Verständnis – vor allem deshalb heroisch war, weil Millionen von Zeitungslesern so weit gebracht wurden, daß sie es dafür hielten. Wenn sich die Londoner Presse in irgendeiner Weise den Vorwurf gefallen lassen muß, Donald Crowhurst hinaus aufs Meer getrieben zu haben, so deshalb, weil sie Selbsttäuschungen dieser Sorte offenbar recht bereitwillig unterstützt: es geht ja darum, Zeitungen zu verkaufen.

Während des restlichen Nachmittags und bis in den Abend hinein wurden Geräte und Ausrüstung an Bord geschaufelt. Nach Einbruch der Nacht kam Crowhurst an Land, ging zum Royal Hotel und setzte sich zu einem kleinen Abendessen mit Clare, ihrer Schwester Helen und Ron Winspear zusammen. Die übrigen waren zwar eingeladen, jedoch anderweitig verpflichtet. Der Hotelbesitzer spendierte zur Feier eine Flasche Champagner: sie heiterte die Tischgesellschaft nicht auf, das Essen verlief gedrückt. Zum ersten Mal in seiner Freundschaft mit Crowhurst mußte Ron Winspear die Unterhaltung führen; er erklärte, wie großartig er es finde, daß im nächsten Jahr, wenn Donald zurück sei, wahrscheinlich wieder eine Labour-Regierung am Ruder sein würde, erst kurz zuvor gewählt und neu gestärkt (Ron ist ein eiserner Labour-Anhänger). Crowhurst ließ sich auf die Diskussion ein, aber ohne rechte Begeisterung.

Nach dem Essen kreuzten die Eastwoods, die Elliots, die Beards, Stanley Best und Rodney Hallworth zu einem letzten Umtrunk auf; die Stimmung hob sich ein wenig. Hallworth produzierte noch immer laufend neue Ideen – von der Sorte beispielsweise, daß die Miss Teignmouth des Jahres 68 mit dem einsamen Seemann hinaussegeln sollte bis zur Startlinie, ihn unmittelbar vor dem Startschuß küssen und dann über Bord springen. Eine andere war, daß Donald und Clare Crowhurst eine Kapelle an der Küste zu einem stillen – photographierten – Gebet kurz vor der Abfahrt aufsuchen sollten. (Donald ließ sich schließlich dazu verleiten, ohne Clare. Hallworth besitzt noch etliche Bilder von ihm in der Kapelle; beten wollte er nicht.)

Nach dem Drink ruderten Donald und Clare zu einer letzten Besichtigung hinaus zum Boot. Auf dem Deck türmte sich noch immer alles mögliche Zubehör. Sie schafften Ordnung, soweit sie konnten, und um zwei Uhr morgens kehrten sie zum Hotel zurück. Sie gingen zu Bett, und Donald lag schweigend neben Clare. Nachdem er lange um Worte gerungen hatte, sagte er schließlich in sehr ruhigem Ton: »Liebes, ich bin sehr enttäuscht über das Boot. Es taugt nichts. Ich bin nicht vorbereitet. Wenn ich in diesem hoffnungslosen Zustand aufbreche, wirst du dich dann verrückt machen vor Sorgen?« Clare konnte ihrerseits nur mit einer Frage antworten: »Wenn du jetzt aufgibst«, sagte sie, »wirst du für den Rest deines Lebens unglücklich sein?«

Donald gab keine Antwort, sondern begann zu weinen, und er weinte bis zum Morgen. In dieser letzten Nacht schlief er nicht einmal fünf Minuten. »Ich war so dumm!« sagt Clare Crowhurst. »Ich war so fürchterlich dumm. Ich hatte alle Beweise klar vor Augen und begriff noch immer nicht, was Don mir da sagte: daß er versagt hatte, und daß ich ihn zurückhalten sollte. Aber er war immer so brillant gewesen, hatte jede Krise überwunden und immer alles in Ordnung gebracht, daß ich nie auf die Idee kam, er könnte es einmal nicht schaffen. Es war undenkbar, daß er seinen eigenen Tod in Kauf nehmen würde. Deshalb habe ich seinen Hilferuf nicht zur Kenntnis genommen. Ich war so unendlich dumm.«

6
Der letzte Brief

Bevor er aufbrach, sagte Donald Crowhurst zu seinen Freunden, die Wahrscheinlichkeit sei zwar gering, aber möglich sei es doch, daß er unterwegs umkomme; das wisse er. Er sagte, daß er – nur für den Fall – ein Testament verfaßt habe, außerdem Briefe an seine Frau und an seine vier Kinder. Als wir dieses Buch schrieben, waren das Testament und die Briefe an die Kinder noch nicht aufgetaucht. Es kann sein, daß er schließlich doch keine Zeit zum Schreiben mehr hatte; vielleicht hatte er sie auch einem Freund zur Aufbewahrung gegeben, bis die Kinder alt genug wären, um sie zu lesen. Es fand sich jedoch der Brief an seine Frau, jedenfalls eine Fassung davon. Vier Monate nach seinem Aufbruch räumte Clare seinen Schreibtisch in Woodlands auf und stieß auf den Brief, versteckt zwischen alten Geschäftsunterlagen. Es waren fünf Blätter: ein erster Entwurf eines Briefes, den sie im Falle seines Todes erhalten sollte. Er muß den Brief in seinem Arbeitszimmer verfaßt haben, irgendwann im Lauf des Sommers. Mrs. Crowhurst hat uns die Erlaubnis gegeben, ihn zu veröffentlichen.

> Liebes,
> meine innigste Hoffnung ist, daß Du diesen Brief nie zu sehen bekommst. Wenn Du ihn aber erhältst, dann bedeutet das, daß ich Dir mit der Verfolgung meiner eigenen Interessen eine nahezu unerträgliche emotionale Last aufgebürdet habe. Aber sie ist *nicht* unerträglich, und deshalb schreibe ich Dir jetzt: um Dir eine letzte physische Unterstützung zu geben. Es ist mir klar, daß ein Brief keine unmittelbare Hilfe sein kann, aber mit der Zeit wird sich das vielleicht ändern –
> Dir zu schreiben ist mir eine unendlich schwere Auf-

gabe; aber ich will sie gut machen; und deshalb muß ich mir mehr Mühe damit geben, als ich je auf irgend etwas verwendet habe. Es ist für mich die letzte Gelegenheit, Dir zu sagen, wie sehr ich Dich liebe und wie dankbar ich Dir bin für die Freude, die unsere Ehe für mich war. Die Worte sind hoffnungslos unzulänglich – wie kann man von »Dankbarkeit« reden, das klingt nach konventioneller Höflichkeit. Aber Du weißt, was ich meine, und verzeihst mir meine Wortwahl.

Du hast mir mein ganzes Dasein in ein großes und starkes Entzücken verwandelt, zwölf Jahre lang; was vorher grau war, wurde durch Dich farbig, hell und liebevoll, und ich hätte diese Zeit mit nichts auf der Welt vertauschen mögen. Aber das Buch muß jetzt wohl geschlossen werden; nicht weil der Leser müde ist, sondern weil es nichts mehr zu lesen gibt. Nichts mehr: das heißt, soweit *wir* das mit Sicherheit vorhersehen können; aber wenn tiefe seelische Verbundenheit von irgendeiner Dauer ist, dann wird meine Liebe immer bei Dir sein. Wenn wir die Menschen, die wir lieben, überhaupt zu trösten vermögen, obwohl wir nicht bei ihnen sein können, dann will ich Dich trösten.

Laß Dich nicht in die schreckliche Falle locken, mit Hilfe von übersinnlichen Medien und dergleichen nach Anzeichen für mein Fortleben zu suchen, – ich will niemanden beleidigen, aber selbst die Seriösen unter ihnen lassen sich von ihren eigenen Vorurteilen leiten, und die, die weniger Bedenken haben, sind schlicht fürchterlich. Halte Dich lieber an die alltäglichen Dinge. Die ganze schwere Verantwortung für die Familie lastet jetzt auf Deinen Schultern, und Du wirst keinen Mangel haben an praktischen Dingen, die getan werden müssen, die Dich in Atem halten – und das ist gut so. (Du wirst von professionellen Rechtsberatern Beistand erhalten – aber denk daran:

es sind *Berater* – hör Dir an, was sie zu sagen haben, aber triff Deine *eigenen* Entscheidungen. Ich habe versucht, sicherzustellen, daß Du Dir um Geld keine Sorgen zu machen brauchst.)

Aber davon später. Was ich Dir jetzt sagen will, ist, daß Du von mir alles, was ich Dir an geistigem Trost geben kann, erhalten wirst – Du mußt nicht danach suchen, denn dieser Weg führt in Bereiche, in denen es ungewiß ist, ob eine Seele in Not sich noch halbwegs zurechtzufinden vermag – Du mußt Dich jetzt da heraushalten und Dir eine praktische, alltägliche Einstellung bewahren.

Wenn ich ernsthaft damit rechne, ums Leben zu kommen, warum fahre ich dann? Weil ich sicher bin, daß unser Leben nichts anderes ist als das Funkeln eines Sterns und nur an der Schönheit gemessen werden kann, die ewig ist, und nicht an seiner Dauer, die so kurz ist, daß sie keine Bedeutung hat. Mein Leben ist schön gewesen dank Dir – und das ist die einzige große Schönheit, die es darin gab. Wenn ich diese Herausforderung nicht angenommen hätte, wäre vielleicht nichts, was die Zukunft uns gebracht hätte, eine solche Freude gewesen, wie unsere gemeinsamen Jahre es waren (wer sagt, daß wir weiterhin so glücklich miteinander gewesen wären?).

Nichts ist sicher, am wenigsten das Leben: von einem Tag zum andern, von einer Minute – ja sogar von einer Sekunde zur anderen kann es vorbei sein. So *war* die Art meines Todes. Was bedeutet das schon? Ein Autounfall, ein herabfallender Dachziegel, eine Thrombose ... zehntausend mögliche Gefahren lauern darauf, die schwachen Fäden der Umstände, die uns am Leben halten, zu durchtrennen. Ich rechne nicht mit meinem Tod. Da ist keine grauenhafte Furcht, die mir auf der Seele lastet, jetzt nicht und vielleicht niemals, denn ich fürchte mich nicht vor der Sache und auch nicht vor den Folgen, die sie für mich hat – aber ich bin in tiefer Sorge wegen der Folgen für Dich und auch für die Kinder, die mir nach Dir am nächsten sind. Was immer geschieht, Du kannst sicher sein, daß ich in meinen letzten Augenblicken nicht gelähmt vor Furcht war, sondern daß ich mein Letztes gegeben habe, um Deinet- und ihretwegen am Leben zu bleiben. Wenn Du diese Worte liest, habe ich versagt; obwohl es *viel* wahrscheinlicher hätte sein sollen, daß ich es schaffe. Quäl Dich nicht deswegen, sieh es als den natürlichen Lauf der Dinge an. Und wende Dich wieder der Alltagsroutine zu, als würde meine Abwesenheit einfach länger dauern als vorgesehen. Bitte, laß Dich in der ersten Zeit nicht durch die Komplikationen verrückt machen – dafür gibt es Profis. Später dann, wenn Du damit zu Rande kommen kannst...

Zurück zu den Kindern. Ich habe für jedes einen Brief zum 16. Geburtstag hinterlassen. Dieser Geburtstag ist, finde ich, viel entscheidender als der 21. Mit 21 ändert sich nicht mehr viel an Einstellungen und Verhalten, aber mit 16 setzt man den Kurs zu späteren Werten – obwohl es dann noch ein weiter Weg ist zum Erwachsenwerden.

Ein kleiner Hinweis zu Roger. Laß Dich nicht von ihm wütend machen, er ist so leicht erregbar, daß er, solang er noch Kind ist, mit einer seelischen Belastung nie zurechtkommen wird, vielleicht gelingt ihm das überhaupt nie, es sei denn, er wird mit der Zuneigung, für die er so empfänglich ist, reich, ja verschwenderisch beschenkt.

Alles übrige wird sich zeigen. Verlaß Dich nicht *allzusehr* auf Rachel und Simon, und sieh zu, daß James nicht zu verträumt wird. Ich weiß, das versteht sich alles ja ganz von selbst, aber es ist schön, einfache Richtlinien zu haben, an die man sich halten kann, wenn die Umstände kompliziert und verworren werden. Wenn Du einmal eine schwierige Situation zu be-

wältigen hast, dann wirst Du, hoffe ich, vielleicht klarer sehen, wenn Du an diese einfachen Anhaltspunkte denkst; nur aus diesem Grund schreibe ich sie nieder.
Hoffentlich ist der Kindergarten* ein Erfolg, und Du kannst ihn behalten und weiterführen, damit Du alles hast, was Du brauchst. Es ist eine sehr passende Beschäftigung, in sehr vieler Hinsicht. Mit aller Kraft mußt Du der Versuchung widerstehen, aus seelischen Gründen aufzugeben. Wenn es mit dem Kindergarten nicht klappt, dann versuch ernsthaft zu schreiben. Du wirst Dich wirklich konzentriert anstrengen müssen, wenn Du je etwas zustande bringen willst – ich schmiede nicht schon wieder einfach Pläne, Liebling, sondern ich versuche, einen Grundstock für Dich zu legen, auf dem Du etwas aufbauen kannst, von dem ich weiß, daß Du es kannst, und zwar ziemlich gut. Aber es braucht Engagement und Disziplin, und Du mußt Dir darüber im klaren sein, mein Liebes, daß niemand als professioneller Schriftsteller viel erreicht, wenn er nicht beides hat.
Natürlich rede ich nicht von dem, was Du vielleicht einmal zu Deinem eigenen Vergnügen aufschreiben wirst. Deine Autorengruppe tut Dir bestimmt gut (obwohl sie die ersten sind, die Dich wegen mangelnder Disziplin schimpfen werden!) und könnte ein Ansporn für Dich sein, wenn Du wirklich einmal beschließt, beruflich zu schreiben.
So viel zu den praktischen Dingen – jetzt muß ich Abschied von Dir nehmen, und es bricht mir das Herz. Du arbeitest in der Küche und singst. Ich bin – mit Ausnahme der Sache, deretwegen ich Dir schreibe – ein unendlich glücklicher Mann, und die Wurzel meines Glücks ist Deine beständige Liebe gewesen. Ich fahre nicht deswegen, weil mir das alles

* Mrs. Crowhurst wollte damals einen Kindergarten in Woodlands eröffnen, aber der Plan wurde nie verwirklicht.

nichts mehr wert wäre, und auch nicht, um Anspruch auf die Belohnung zu erheben, obwohl ich natürlich versuche, sie zu bekommen, Deinetwegen. Nein, ich fahre, weil es der Mühe wert ist, es ist meine persönliche Herausforderung; es wird sich sehr wahrscheinlich auszahlen, aber das ist nicht der Grund – ich fahre, weil ich keinen Frieden hätte, wenn ich bliebe. Frieden mit mir selbst: denn egal, wie glücklich einen Mann seine Frau und seine Familie machen, wenn er die eine große Herausforderung seines Lebens nicht annimmt, kann er nie wieder derselbe sein, besonders wenn er sich die Herausforderung selber gestellt hat! Ich fahre, weil ich muß. Ich kann nicht aufgeben, und ich will es auch nicht. Ich würde es sicher nicht tun, wenn ich die Aussicht auf Erfolg für sehr klein hielte. Vielmehr muß ich es tun, weil ich weiß, daß ich sehr, sehr gute Chancen habe. Wir haben uns das alles schon öfter gesagt – vielleicht nicht in diesen Worten, aber dem Sinn nach. Ich will jetzt nicht mehr darauf eingehen, damit, falls Du diese Worte lesen mußt, kein Anlaß für Beschuldigungen ist, sondern damit Du daran denkst, daß es kein blindes, idiotisches Abenteuer war: wir waren uns über das Risiko im klaren und nahmen es an. Wenn man die Folgen einer Tat bedacht hat, wie wir es gemeinsam taten, dann besteht kein Grund für irgendwelche Vorwürfe, wenn das Unternehmen scheitert. Wir wissen, daß es schiefgehen kann, wir akzeptieren das Risiko, um ein Anrecht auf die Belohnung zu haben, und wir tun beides gemeinsam. In mir ist kein Gefühl des Bedauerns, und ich hoffe, daß auch Du nicht bereust; ich bin nur zutiefst besorgt wegen der Folgen jener Art von Fehlschlag, deretwegen Du diesen Brief zu lesen bekommst.

Die Bürde, die auf Dir lasten wird, ist sehr schwer. Den Kindern Vater und Mutter und finanzielle Stütze des Haushalts. Mach die Sache gut für mich, das wird Dich genug in Anspruch nehmen und die Belastung

sinnlosen Kummers ersparen. Nichts kann unser Glück trüben oder angreifen – nicht die Zeit, nicht ein künftiger – vorübergehender – Schmerz, nichts von dem, was noch kommen wird. Die Freuden, die wir miteinander teilten, immer einfache, immer intensive, sind vergangen – sie liegen hinter uns und gelten für immer als ein Bestandteil unserer Partnerschaft.
Was in der Zukunft sein wird, darüber können wir nur Vermutungen anstellen. Sei nicht traurig, weil Freude und Glück nicht länger dauern konnten. Alles, was der Mensch erlebt, ist irgendwann zu Ende – das ist das einzig Sichere. Deshalb, mein Liebes, obwohl ich nicht weiß, ob es für alle Ewigkeit ist oder nur für das kurze Funkeln jenes schwachen Sterns, das wir sterblichen Menschen sind, deshalb nehme ich von Dir Abschied. Gräm Dich nicht. Ich wünsche Dir Freude am Leben und an Deinen Kindern. Mögen sie so aufwachsen, daß sie Dir Ehre machen, daß sie unsere Liebe bezeugen, daß sie Dir die Liebe schenken, die ich Dir nicht mehr geben kann, daß sie Dich trösten und aufrichten und Deinem Leben Sinn geben, in der Zukunft ebenso wie in den vergangenen Jahren, diesen glücklichen, wunderbaren Jahren, die Du und ich miteinander erlebt haben.
Leb wohl, mein Liebes.

7
Die ersten zwei Wochen auf See

Am Donnerstag, dem 31. Oktober, um drei Uhr nachmittags – nur neun Stunden vor der Deadline –, wurde Crowhurst über die Barre des Hafens von Teignmouth geschleppt, bereit zum Start. Kalt war es, und es nieselte. Drei Motorboote mit vierzig Freunden und der BBC an Bord begleiteten ihn, weitere vierzig oder fünfzig Zuschauer standen am Ufer. Jemand warf ihm das allerletzte Teil der in allerletzter Minute beschafften Ausrüstung an Bord: ein Paket Taschenlampenbatterien – während er sich anschickte, die Segel zu setzen. Gleich darauf ging alles schief. Crowhurst stellte fest, daß der Kenterschlauch aus Gummi, der am Vortag in Eile um die Spitze des Hauptmastes festgezurrt worden war, zwei Fallen blockierte, so daß er seine Vorsegel nicht aufziehen konnte. Außerdem hatte John Elliot die Fock und das Stagsegel versehentlich am falschen Stag befestigt, nämlich in umgekehrter Reihenfolge. Crowhurst hätte ohne großen Aufwand auf den Mast klettern und die beiden Fallen klarmachen können, aber er wollte seine Frau nicht beunruhigen, solange sie ihm noch zusah; statt dessen brüllte er: »Froh werd' ich sein, wenn ich endlich allein und nicht mehr auf eure saumäßige Hilfe angewiesen bin!« und verlangte einen Schlepp zurück in den Hafen. Dann winkte er Clare mit heftiger Geste beruhigend zu: Mochte auch alles danebengehen, immerhin war er jetzt endlich unterwegs, und das war schon gut.

Nachdem ein Takler von Morgan Giles den Mast erklommen und den Fehler mit dem Kenterschlauch behoben, Crowhurst seine beiden Vorsegel vertauscht und Rodney Hallworth unauffällig (nachdem die einheimische Kritik mittlerweile peinlich unverblümt und laut geworden war) den Wimpel des *Teignmouth Corinthian Yacht Club* zur Mastspitze aufgeholt hatte, lief der Trimaran erneut aus. Crowhurst setzte seine Segel, diesmal erfolgreich, und um exakt 16.42 Uhr (plus fünf Sekunden) überquerte er die Startlinie bei The Ness. Der offizielle Zeitnehmer vom Yachtclub feuerte einen Startschuß ab. Crowhurst kreuzte hinaus in die Lyme Bay und nahm Kurs nach Süden gegen einen ziemlich steifen Südwind. Eine Meile weit folgten ihm die Motorboote, bis er im Regen und der einsetzenden Dämmerung kaum noch zu sehen war. Clare Crowhurst winkte nicht, sie stand am Bug der Lotsenbarkasse von Teignmouth und sah zu, wie ihr Mann davonsegelte.

Vier Stunden später kreuzte die *Teignmouth Electron* zurück Richtung Torquay, und nach weiteren zwei Stunden nahm sie noch einmal Kurs nach Südosten. Die Fallen der Vorsegel waren noch immer nicht in Ordnung. Irgendwie hatten sie sich zu einem monströsen Knoten verheddert, den Crowhurst vom Aussehen her als eine Sorte doppelten Türkenbund beschrieb – eine ungeheuer ausgeklügelte Vertörnung, die Seeleute gern zu Dekorationszwecken weben. Wieder überkam ihn die Übelkeit – »Nervosität vermutlich« –, aber er fing an, seine Kajüte aufzuräumen, die übersät war von allen möglichen Vorräten und Ausrüstungszubehör. Seine Koje war so vollgestellt, daß er in dieser Nacht auf dem Boden der Kajüte schlafen mußte, mit dem Neoprentauchanzug als Matratze.

Den ganzen folgenden Tag verbrachte er damit, die Kajüte und die Koje freizuräumen. Er notierte, daß die Unterliekgattchen im Großsegel (die das Großsegel am Baum hielten) gebrochen waren – »das wird mir für den Rest der Fahrt Ärger machen« –, und beschloß, mit Tauwerk Ersatz zu schaffen. Während er versuchte, seine Siebensachen mit System zu verstauen, fand er, immer wieder und völlig unerwartet, merkwürdige, aber durchaus wichtige Ausrüstungsteile (Feuersteine für sein Feuerzeug zum Beispiel), die in irgendwelchen Tupperware-Behältern untergebracht waren. Als es Abend wurde, war er wenigstens nicht mehr seekrank, querab sah er das Eddystone-Leuchtfeuer vor Plymouth, und seine Kajüte fing an auszusehen, wie sie auf seiner ganzen langen Fahrt aussehen würde.

Die Unterkunft war winzig, zumal wenn man bedachte, daß sie für acht Monate reichen mußte, 2,70 Meter lang und 2,40 Meter breit, und das Dach niedrig und gebogen, um den Widerstand gegen Wind und Wellen möglichst gering zu halten. Sie war nicht größer als Robin Knox-Johnstons Kajüte in dessen winzigem Einrumpfboot *Suhaili* und verschwindend klein im Vergleich zu Nigel Tetleys Luxusquartier an Bord seines Trimarans in »Victress«-Standardgröße. Der Niedergang in der Kajütenmitte war gerade sechzig Zentimeter breit. An der Steuerbordseite gab es einen langen Kartentisch, darüber die Anzeiger für Wind- und Fahrtgeschwindigkeit; auf dem Tisch waren ein abnehmbarer Schraubstock für Reparaturarbeiten montiert und davor ein kleinerer Tisch für das Marconi-Kestrel-Sprechfunkgerät. Die Backbordseite bestand zur einen Hälfte aus einer Pantry mit Herd und Spüle und zur anderen aus einem kleinen Einbautisch mit rotem Polstersitz. Hier pflegte Donald Crowhurst zu essen, nachzudenken und seine Logbücher zu schreiben.

An der Stirnseite der Kajüte befand sich ein Schott, an dem Peter Beards Barometer hing, außerdem ein Lautsprecher und eine Girlande verwickelter Drähte für das Marconi-Sprechfunkgerät, einen Racal RA 6217-Empfänger und einen Shannon Mark 3-Sender-Empfänger – dazwischen die dazugehörigen Netzgeräte, Antennenanschlüsse, Mikrophone, Kopfhörer, Morsetasten und Schaltbretter: eine Ausrüstung, die der Dachkammer eines Funkamateurs zur Ehre gereicht hätte. Tatsächlich waren für jeden, der die Kajüte der *Teignmouth Electron* betrat, Drähte und Kabel der erste und vorherrschende Eindruck. Sie hingen überall herum. Entlang der Backbordseite verlief ein dicker Strang ordentlich farbcodierter Kabel und verschwand hinter dem roten Polster von Crowhursts Sitz: das Rückgrat des vielgepriesenen Elektrik- und Elektroniksystems, das sich über Deck fächerförmig in den Mast und in verschiedene Teile der Schwimmkörper und der Takelung verteilte. Es sah alles recht beeindruckend aus – die schwärmerischen Reden über das »Wunder an elektronischem Hokuspokus« schienen nicht übertrieben. Donald Crowhurst indes war weniger beeindruckt, als er Ordnung in seine Kajüte brachte. Wenn er das Sitzkissen aufhob, legte er einen wüsten Kabelverhau bloß, der hier abrupt endete. Es war einfach keine Zeit mehr gewesen, den magischen »Rechner« zu entwerfen, geschweige denn zu bauen; trotzdem war unterhalb des Sitzes eigens ein klaffendes Loch für seine Unterbringung ausgeschnitten worden. (Es war deshalb nicht weiter verwunderlich, daß auch die anderen Enden der Kabel nicht an ihren jeweiligen Bestimmungsort im Boot angeschlossen waren und nutzlos herumhingen.)

Durch einen niedrigen Bogen, in dem sich die beiden Henderson-Membranpumpen befanden, gelangte man zur einzigen Koje des Trimarans, vor der Hauptkajüte. Sie war kaum breiter als sechzig Zentimeter und an beiden Seiten von Regalen mit Tupperware-Behältern eingefaßt, die Crowhurst nach und nach mit einer unsystematischen Mischung aus Vorräten und Ersatzteilen anfüllte – Trockengemüse, Werkzeugen, Beschlägen und Armaturen, der BBC-Kamera und Tonbändern, fertigen Currymischungen, Mehl, Batterien, Milchpulver und, vor allem, Zubehör für die Funkgeräte. Funkzubehör! Nicht im Dutzend, sondern im Gros. Kisten über Kisten mit Transistoren, Kondensatoren, Widerständen, Relaisschaltern, Ventilen, Kabeln, vorgedruckten Schaltplänen, Wärmeschellen, Steckern und Fassungen... sie füllten mindestens zehn Behälter. Warum so viel? Vielleicht weil jeder Mensch im Angesicht des Chaos unter dem Zwang steht, alles zu tun, damit wenigstens die eine Sache, in der er sich wirklich auskennt, ihn mit Sicherheit nicht im Stich läßt.

Andere Einzelteile wurden rund um die Koje und überall in der Kajüte verstaut. Hinter der Leiter des Niedergangs waren zwei Schwimmwesten untergebracht, drei Sicherheitsgurte, mit denen Crowhurst sich an Deck festbinden konnte, um nicht über Bord zu gehen, sowie sechs Satz M. I. K.-Signalflaggen der *Sunday Times*, ungeöffnet; dazwischen acht Container mit einem Teil seines Trinkwasservorrates – einer der großen festinstallierten Wassertanks befand sich unmittelbar darunter.

Über dem Kartentisch war ein Bücherbord montiert, auf

dem das *Seehandbuch* und das *Ozeanhandbuch* der Admiralität sowie drei der fünf Funkhandbücher standen; außerdem Navigations- und Gezeitentafeln, Reeds *Nautisches Jahrbuch* für 1968 und 1969, die Bedienungsanleitungen für den Generator, die Selbststeuerungsanlage und die Funkausrüstung. Zur persönlichen Lektüre hatte Crowhurst nur ein paar Bücher mitgenommen: *Shanties from the Seven Seas* (»Seemannslieder von den Sieben Meeren«), eine Anthologie von Stan Hugill; *Held der sieben Meere* von Sir Francis Chichester; *Servomechanismen* von P. L. Taylor; *Mathematik für Ingenieure*, und die *Besondere und die Allgemeine Relativitätstheorie* von Albert Einstein. Romane wolle er nicht, hatte er seiner Frau gesagt, mathematische Bücher würden ihn lang genug in Anspruch nehmen.

Auf einem der oberen Regale stand, mit einem rosaroten Band geschmückt, der Hals der Champagnerflasche, mit der das Boot getauft worden war. In mehreren Schubladen waren Teller, Messer, Gabeln untergebracht, Crowhursts Sextant und eine Hohner-Mundharmonika, ein Topf mit Senf, die Bordapotheke, eine Wärmflasche, ein Spruchband »von den Teignmouther Hoteliers«, die ihm – natürlich – »*bon voyage*« wünschten, ein paar Büchsen Bier und eine Flasche Methylalkohol, um den Kombüsenherd anzuzünden.

Schon an seinem dritten Tag auf See machte Crowhurst sich wegen des Methylalkohols Sorgen. Er hatte sich aufgrund der Angaben in dem Buch *Lebensjahre unter Segel* von Eric Hiscock ausgerechnet, wieviel er brauchen würde. Hiscock hatte zweieinviertel Liter für zwei Personen in einundachtzig Tagen veranschlagt; Crowhurst halbierte die Menge und bedachte nicht, daß eine Person ebenso oft kocht wie zwei und deshalb ebenso viel braucht. Er hatte also nur knapp sieben Liter an Bord. »Das wird schon o. k. sein, denn nach der Rechnung sollte der Brennstoff $81 \times 3 = 243$ Tage reichen.« (Er reichte in der Tat. Es war eine makabre Ironie, daß Donald Crowhursts Fahrt genau 243 Tage dauerte. Am Ende war noch ein knapper Viertelliter übrig.)

Am selben Tag versuchte er seine Funkausrüstung in Betrieb zu nehmen, aber er kam nicht damit zu Rande. Wieder beschwerte er sich über den sonderbaren Knoten, der in den Vorsegelfallen entstanden war: »Einer von den üblen Scherzen, die einem die See spielt. Das kunstvolle Verknoten würde Stunden in Anspruch nehmen, und noch mehr Stunden wird es dauern, das Ganze da oben zu entwirren.«

An dieser Stelle – noch in Sichtweite von Falmouth an der südlichsten Spitze Englands – fingen die wahren Probleme an. Die Hasler-Selbststeuerungsanlage war das erste, was Schwierigkeiten machte.* Ins Logbuch schrieb er, sie habe trotz der in Teignmouth vorgenommenen Änderungen zwei Schrauben verloren. Crowhurst ersetzte sie durch zwei andere, die er weniger wichtigen Teilen der Anlage entwendete, aber er hatte praktisch keinerlei Ersatzschrauben oder -bolzen. Wenn noch mehr Schrauben herausfielen, dann würde er die Kontrolle über die *Teignmouth Electron* verlieren, sobald er einmal nicht am Ruder saß. Während er sich mit dem Problem befaßte, stellte er fest, daß die Logleine (die er achtern ausgesetzt hatte, um die zurückgelegte Entfernung zu messen) sich im Ruder verfangen hatte und der Propeller klemmte: laut Anzeige der Loguhr war er nur sieben Meilen gesegelt. Er zurrte die Logleine an der Ruderpinne fest, um sie von anderen Maschinenteilen fernzuhalten, und machte eine neue Leine klar, um endlich exakte Meßdaten zu erhalten. Es wurde allmählich dunkel, und deshalb beschloß er, den Radarreflektor am Mast höher zu setzen. Die Metallplatte schnellte ihm aus der Hand und schnitt ihn tief in den linken Zeigefinger. »Überall Blut – und kein Verbandskasten. Wir sind wahrlich bestens bestückt in dieser Abteilung!!«

* Der Fairneß halber sei jedoch daran erinnert, daß die Hasler-Selbststeuerung für Einrumpfboote entworfen wurde und nicht für die phänomenalen Geschwindigkeiten, wie Trimarane sie manchmal erreichen. Wird das System wie vorgesehen eingesetzt, dann ist es äußerst effizient und zuverlässig. Crowhursts Windfahnen-Selbststeuerungsanlage vom Typ 1AQH war faktisch identisch mit der Anlage, die Dr. Guy Cappeliez bei seiner erfolgreichen Weltumsegelung mit der *Procax* benutzte.

Die Probleme mit der Hasler-Selbststeuerung hatten Crowhurst offensichtlich deprimiert. Als Entschädigung nahm er sich vor, sich zum nächsten Frühstück ein Festmahl zu gönnen, und er setzte sich hin, um einen flotten Eintrag ins Schiffstagebuch zu verfassen; er war als wichtig gekennzeichnet und zweifellos zur Veröffentlichung vorgesehen:

> Vorhin kamen die Delphine, mich zu begrüßen, begleitet von einem Schwarm Möwen. Ungefähr 30 tummelten sich rund ums Boot und spielten, manchmal sprangen bis zu 6 Paare in einer Linie (offenbar schwimmen sie lieber paarweise) steuerbords und schwammen quer vorm Bug nach Backbord. Rund ums Boot hüpften sie herum und beäugten mich! Mir fiel die alte Redensart ein: »Wenn die Tümmler springen...«

Crowhurst blieb den größten Teil seiner dritten Nacht an Bord wach und studierte die von der Admiralität empfohlenen Routen für Dampf- und Segelschiffe, das sogenannte *Ozeanhandbuch*. Dieses Buch, die Essenz jahrhundertelanger See-Erfahrung, beschreibt die – auch je nach Jahreszeit – günstigsten Routen zu verschiedenen Bestimmungsorten und nennt die im jeweiligen Gebiet vorherrschenden Winde. Wegen ebendieser Winde empfiehlt das *Ozeanhandbuch* jedem Segelboot, das den Atlantik südwärts durchquert, der alten Klipperroute zu folgen – sich also ziemlich lange erst westlich zu halten, dann an Portugal und Madeira vorbei nach Süden abzudrehen, um schließlich einen weiten Bogen durch den Südatlantik nach Westen zu ziehen. Crowhurst muß dank seiner früheren umfangreichen Lektüre alles darüber gewußt haben, aber aus irgendeinem Grund fühlte er sich in jener Nacht verpflichtet, sich seiner Kenntnisse zu vergewissern. Anders als Chichester, der seinen Kurs vor dem Start sorgfältig ausgearbeitet hatte, entschied er anscheinend erst unterwegs, wie er segeln wollte.*

* Knox-Johnston, der diese Strecke viereinhalb Monate zuvor gefahren war, arbeitete einen genauen Routenplan ebenfalls erst nach seinem Aufbruch

Am Sonntag morgen verspeiste er sein versprochenes Feiertagsfrühstück mit »Tee, Porridge, Rührei auf Toast, Toast mit Marmelade und noch mehr Tee«, und dann schlief er. Der Wind zumindest war perfekt: eine Brise mit fünfzehn Knoten blies aus Nordost, vor der die *Teignmouth Electron* rasch in den Atlantik auslief. Er stellte fest, daß sein Funkempfänger nicht funktionierte: »Ist mir jetzt so nützlich wie ein Muringstein. Hoffe ihn wieder in Gang zu bringen.« Zum Ausgleich gab es dann wieder einen lyrischen – publikationsfähigen – Logeintrag:

> Nachdem ich das Ozeanhandbuch gelesen hatte, beschloß ich, Kurs nach Westen zu nehmen. Das Wetter hätte jeden Klipperkapitän entzückt... Ständig flüstert eine Stimme mir zu: »Carozzo kommt«, und drängt mich, Ushant* messerscharf zu schneiden, aber verdammt, was soll's, ich segle dieses Boot wie einen Klipper! Mag sein, daß ich ein paar Tage verliere – so ist es auf jeden Fall sicherer, und ich kann genausogut ein paar Tage gewinnen, wenn ein West- oder Südwestwind aufzieht – was durchaus möglich ist.

(Wie es so geht, war die Stimme, die ihn verfolgte, falsch informiert. Carozzos Start war genauso überstürzt gewesen, aber er hatte einen anderen Weg gewählt als Crowhurst. Um die Regeln einzuhalten, war er pünktlich am 31. Oktober aufgebrochen, dann aber nicht weit von der Küste vor Anker gegangen und hatte eine ganze Woche damit verbracht, seine Sachen zu verstauen, seine Ausrüstung in Ordnung zu bringen und das Boot seeklar zu machen, bevor er sich hinaus in den Atlantik wagte.)

Crowhurst erfuhr nun, welche Probleme anfänglich belang-

aus. »Man kann zwar eine detaillierte Route für ein Segelschiff planen«, erklärte er, »aber man darf nicht damit rechnen, daß man sich dann auch daran halten kann.«

* Insel vor der Nordwestküste Frankreichs.

lose Schwachstellen auf offener See, zweihundert Meilen vom Land, nach sich ziehen können. Er begann methodisch nach dem Fehler im Racal-Funkempfänger zu forschen, und nachdem er Stunden damit verbracht hatte, das Gerät auseinanderzunehmen, stellte er schamrot fest: der einzige Defekt war eine durchgebrannte Sicherung. Die Hasler-Selbststeuerungsanlage machte schon wieder Ärger. Über Nacht hatte der Wind nach Südost gedreht, und als Crowhurst am Morgen aufwachte, segelte die *Teignmouth Electron* nach Norden. Crowhurst versuchte, die Steuerung auf die neue Segelstellung zu adjustieren und schlug sich damit fast den ganzen Vormittag herum. Schließlich mußte er das Großsegel niederholen, um das Boot zu bremsen, denn nur bei einer Geschwindigkeit zwischen zwei und sieben Knoten konnte er die Hasler dazu bringen, den Kurs zu halten. Dann wandte er sich seinen häuslichen Aufgaben zu und kochte Curry mit Reis für drei Tage im voraus. Der Furunkel, der ihm während seiner Fahrt um die Küste auf der Stirn gewachsen war, schwoll von neuem und zog bereits sein linkes Auge in Mitleidenschaft, so daß er sich entschloß, sich auf die Suche nach seinen Vitaminpillen zu machen, die noch in einem der Schwimmer lagerten.

Am Dienstag, dem 5. November, trat das zweite wirklich schwerwiegende Problem auf:

> RACHELS GEBURTSTAG. ALLES GUTE, RACHEL! Für mich allerdings ein katastrophaler Vormittag. Nachdem ich das Großsegel gesetzt und auf SW-Kurs gegangen war, wollte ich's mir gemütlich machen, als ich Luftblasen aus der Luke sprudeln sah, wenn die *Teignmouth Electron* ins Rollen kam. Meine Befürchtungen bestätigten sich: der Backbordrumpf lag bugseitig schrecklich viel tiefer als erlaubt, wenn wir auf Steuerbordbug segelten. Alles deutete darauf hin, daß die Abteilung, die wasserdicht hätte sein sollen, voll Wasser war.
>
> Ich ging auf westlichen Kurs und schraubte die Flügel-

muttern ab. Tatsächlich war die ganze vordere Abteilung überflutet, bis auf Deckhöhe. Ich öste mit einem Kübel, machte sauber und schraubte die Muttern auf einer Sylglas-Fiberglasdichtung wieder fest. Das wird mir wohl weiteren Ärger ersparen. Das Ganze hat mich 3 Stunden gekostet, nach denen ich ziemlich fertig und naß war. Vier bis fünf Meter hoch waren die Wellen, und der Wind blies mit Stärke 7, so daß ich noch so schnell ösen konnte – es kam alles wieder zurück!

Dann folgte Crowhursts erster Ausbruch von Verzweiflung, vorübergehend zwar, aber echt:

> Ich verfluchte die Leute, die so freundlich gewesen waren, mir beim Verstauen zu helfen, ich schimpfte mich selbst einen Idioten, ich beschimpfte das Boot – eine Seifenkiste, die bestenfalls für die Themse taugt oder irgendeinen See. Aber nachdem ich damit fertig war, Curry und Reis gegessen hatte mit Tee und einem Apfel, spürte ich die große Befriedigung, daß etwas, wovor ich mich gefürchtet hatte, tatsächlich eingetreten war, ich aber damit klarkommen konnte. Jetzt muß ich alle anderen Luken abdichten. Ich schaute in die Hauptluke backbord, dort schien alles in Ordnung. Ich habe die Vitamintabletten gefunden. Ein Walfänger, Franzose oder Spanier, hat mich gegrüßt.

Vielleicht glaubte er, daß die Leute, die ihm beim Verstauen geholfen hatten, die Luken nicht anständig zugeschraubt hatten; daher sein Zornausbruch. Aber Crowhurst gab zu, daß er sich bereits vor Lecks gefürchtet hatte, und ein Leck wäre vermutlich weniger leicht zu beheben gewesen. Verwunderlich ist es also, daß er Clares Bemerkung über den tropfenden Schwimmer nicht nachgegangen war und seine Vorrichtungen und Geräte zum Lenzen nicht genau überprüft hatte, bevor er Teignmouth verließ.

An diesem Abend versuchte Crowhurst, den Furunkel zu öffnen – der, wie sich zeigte, bodenlos war – und fand, daß nicht nur Vitamine nötig sein könnten, sondern auch Penizillin. Er lud seine Batterien auf und versuchte vergeblich, den Sender Portishead über Funk zu erreichen. Dieser letzte, vergleichsweise belanglose Fehlschlag demoralisierte ihn offenbar mehr als die vorhergehenden Ereignisse des Tages. »Ging mit Abscheu zu Bett«, schrieb er.

In dieser Zeit hielt Crowhurst fest, wie schnell er vorankam. Im Logbuch stellte er ein paar Berechnungen an. Vom 2. bis zum 6. November hatte er 538 Meilen zurückgelegt, das war ein Schnitt von 134 Meilen am Tag, womit er – auf den ersten Blick – Chichester in nichts nachstand. Was er nicht festhielt, war, daß ein Teil der gemessenen Strecke ein Vor- und Zurückkreuzen gegen den Wind gewesen war, der nun schon seit zwei Tagen stetig aus dem Süden blies. Hier zeigte sich wieder die Schwäche des Trimarans gegen den Wind. Tatsächlich hatte er in diesen vier Tagen nur 290 Meilen entlang seiner geplanten Route geschafft.

An demselben Mittwoch begann er auch damit, seine Position mittels astronomischer Navigation zu bestimmen (bis dahin hatte er sich, mit Ausnahme einer Funkpeilung mit seinem Navicator, um genaue Positionen nicht gekümmert). Crowhursts Navigationsmethoden waren noch immer so, wie Peter Eden sie beschrieben hatte: »eine ziemliche Schlamperei«*. An den meisten Tagen nahm er mit dem Sextanten eine gewöhnliche Höhenmessung der Sonne zu Mittag vor und recht häufig noch eine zweite abends oder morgens, und mit Hilfe des *Nautischen Jahrbuchs*, summarischer Tabellen (*»Short-Method«*-Tafeln) und seiner Uhr war er in der Lage, seinen Standort halbwegs genau zu bestimmen. Selten benutzte er gleichzeitig andere Gestirne, und wenn er es tat (wie gelegentlich die Venus), dann mit sehr sonderbaren Ergebnissen.

Häufig wandte er jedoch eine wesentlich gröbere, freilich auch einfachere Methode an: er verglich die Zeit, zu der die

* Siehe Anhang.

Sonne am höchsten stand, mit der Zeit des Sonnenhöchststandes in Greenwich und berechnete danach den Längengrad. Die Breite kann mit der Mittagshöhe exakt bestimmt werden, die Länge leider nicht. Der genaue Zeitpunkt, zu dem die Sonne im Zenit steht, läßt sich nicht zuverlässig ermitteln, und deshalb können Navigationsfehler von vierzig Meilen oder mehr auftreten – mit ungenauen Uhren sind sogar doppelt so große Abweichungen möglich.

Sein erster Versuch an jenem Mittwoch stand unter keinem günstigen Stern. »Habe ein paar Sonnenmessungen zur Standortbestimmung durchgeführt«, schrieb er ins Logbuch, »und später bestätigt sich: das Chronometer geht um 3 Min. falsch – wäre mir ohne Armbanduhr nicht aufgefallen!« Der Versuch, das Hamilton-Chronometer, das Zenit-Deckschronometer und seine Armbanduhr auf synchrone Zeit einzustellen, verursachte ihm derartige Schwierigkeiten, daß er sich auf stundenlange, geduldige Kontrollen einließ; sie wurden ihm später zur Manie.

Crowhurst befand sich nun, soweit seine Informationen korrekt waren, etwa achtzig Meilen westlich der Bretagne. Der Wind begann nach Westen zu drehen, und zum erstenmal war er in der Lage, Kurs nach Süden zu setzen. Er schaffte es, eine Verbindung nicht nur mit der Funkstation Rugby herzustellen und ein Funkgespräch zu führen, sondern auch mit Portishead, von wo aus er ein Geburtstagstelegramm an seine Tochter Rachel schickte. »Großer Tag heute«, schrieb er, wieder euphorisch.

Mit dem nächsten Tag brach die zweite Woche auf See an, und die Hasler-Steuerung machte schon wieder Ärger. Zwei weitere Schrauben waren herausgefallen. Crowhursts Laune änderte sich jäh und total, und er erging sich in ausdrucksstarken Klagen:

> Jetzt sind vier [Schrauben] beim Teufel – kann nicht dauernd anderswo klauen! Das Teil wird bald in Stücke zerfallen! Außerdem Ärger mit Drahtstropp. Beim Kampf mit

der Hasler verwickelte sich die Logleine im Ruder und den Propellerflügeln! Dieses Heckbord ist ja sehr gut, aber man muß bei jedem Wenden die Logleine mitnehmen!!! Die Antwort auf das Problem ist, nehme ich an, zu halsen.
Die Schrauben festzuziehen (was ich jeden Morgen und jeden Abend tun muß) ist dasselbe, wie einen Fleischwolf zu reparieren, während er läuft. Bei hoher Geschwindigkeit entwickelt das Servoruder eine ziemliche Gewalt und würde einen Finger scheußlich zurichten.

Den Rest dieses Tages verbrachte Crowhurst damit, weitere Bestände von den Auslegerschwimmern in die Kajüte zu schaffen – »dort sieht es aus wie in Steptoes Wohnzimmer«* – und mit diversen Versuchen, seine Position zu bestimmen und die gefahrene Strecke abzuschätzen. Der Furunkel auf der Stirn ging allmählich zurück, aber die Kajüte begann zu riechen, und er machte sich Gedanken über die Hygiene. Nach dem entmutigenden Tag war wieder einmal ein beherzt-forscher Eintrag ins Schiffstagebuch fällig:

> Ich habe Brot und Toaster ausgepackt und zum Abendessen Brot getoastet: 4 Scheiben – 2 mit dem Rest Curry und 2 mit Butter und Schinken. Der Toaster ist bemerkenswert – Windstärke 7 (mit Böen – bis zu 70 kmh, und ich fuhr!), und es war ziemlich unglaublich, wie diese 4 Scheiben Brot nicht herunterfielen. Das hat mich stark an Clare erinnert – die Art, wie das Ding unter unmöglichen Bedingungen trotzdem funktionierte, war großartig. Ich würde sagen: es erfüllte alle nur denkbaren Erwartungen. Bin ich froh, daß ich so einen Toaster habe!

* Die Steptoes, eine Lumpensammlerfamilie in London, sind Helden einer englischen TV-Serie. A. d. Ü.

»Bin ich froh, daß ich so einen Toaster habe!« – der Ton dieses und noch einiger anderer Abschnitte, diese nachdrückliche Tapferkeit fürs Publikum, fällt stark aus dem Rahmen der übrigen Logeintragungen. In der Populärliteratur über Einhand-Langstreckenfahrten finden sich verschiedene, immer wieder gern aufgegriffene Standardthemen: eines ist die Gesellschaft von Delphinen, Seevögeln, Tümmlern und sonstigen Meerestieren; ein anderes die Vision der Klipper auf ihren heroischen Fahrten; ein drittes der Trost, den die Erledigung häuslicher Routinearbeiten dem einsamen Seemann spendet – Brotbakken zum Beispiel, oder die Zubereitung Fliegender Fische zum Frühstück und andere Kreationen männlicher Kochkunst. Nach einer Woche hatte Donald Crowhurst in seinen Tagebuchschilderungen bereits alle drei Themen behandelt, und das in unverhohlener Nachahmung der Segelliteratur, die er mit soviel Hingabe und Begeisterung gelesen hatte. Ein Eric Hiscock, ein Sir Alec Rose und selbst der subtilere Sir Francis Chichester mochten imstande gewesen sein, sich über solche Seefahrerthemen mit einer redlich-naiven Offenheit zu verbreiten, die echt und durchaus unbefangen war. Bei Donald Crowhurst, dem Intellektuellen mit seiner Schwäche fürs Theatralische, war sie es nicht.

Wer immer versucht, Crowhursts Fahrt zu rekonstruieren und zu interpretieren, steht vor dem Problem, zwischen fremden Rollen, die er spielte, und echtem, eigenem Erleben differenzieren zu müssen. Natürlich ist beides oft nicht voneinander zu trennen. Bei näherer Betrachtung jedoch läßt sich sehr wohl zwischen dem öffentlichen Stil von Crowhurst dem Helden und dem privaten Ton des echten, des leidenden und unglücklichen Donald Crowhurst unterscheiden. Es ist zum Beispiel der Unterschied zwischen den hochtrabenden und anmaßenden Briefen, wie er sie an Frank Carr oder Stanley Best schrieb, und seinem posthumen Brief an seine Frau. Er verzichtete niemals ganz auf die Pose (wer tut das schon?), aber der Kontrast ist immerhin so auffällig, daß wir wohl sagen können: es ist der Unterschied zwischen Aufrichtigkeit und Verstellung. In seinen Logbüchern schreibt Donald Crowhurst manchmal – wie in den drei oben wiedergegebenen »öffentlichen« Abschnitten – als DER HELD, und dann imitiert er; an anderen Stellen, normalerweise dann, wenn er wirklich deprimiert ist, tritt sein wahres Ich viel stärker zutage.

In seinen Tondbandaufzeichnungen für die BBC war er fast immer unecht und manieriert. Seiner Frau fiel das auf, und später sagte sie häufig, wie abscheulich sie diese Tonbänder finde. »Das ist nicht wirklich er«, sagte sie, »das sind abgedroschene Phrasen.« Es läßt sich nicht leicht nachweisen, wo Crowhursts Tonbandaufzeichnungen über seine Fahrt eindeutig eine Imitation sind; es ist eher ein Gesamteindruck. An einer Stelle jedoch ist das Plagiat offensichtlich: diese Passage wurde zwar erst später aufgenommen, aber sie paßt hierher. Crowhurst sprach auf Band und sprühte vor Witzigkeit. Mitten während der Aufnahme fiel ihm ein, daß die BBC Heldenmut vielleicht mehr brauchte als amüsante Unterhaltung, und so nahm er sich zusammen, die Vorstellung fing an. »Also gut, wie wär's jetzt mit ein wenig zeitloser Prosa, hm? Ein bißchen was vom guten alten Hemingway...«, sagte er, senkte die Stimme und begann in dramatischem Ton seine Rede:

»...eine unabsichtliche Halse hatte meinen Kopf gegen die Cockpitwand geschleudert, und jetzt war mir bewußt, daß mein Kopf schmerzte und mein Rücken schmerzte. Ich fragte mich, ob ich mich irgendwie ernsthaft verletzt hatte. Sehr vorsichtig bewegte ich einen Fuß und ein Bein, dann das andere. Etwa eine Minute lag ich so und dachte, wie leichtsinnig ich gewesen war, dann setzte ich mich ganz langsam auf. Ich saß dort, vielleicht drei Minuten lang, ganz still, und dann stand ich äußerst schwungvoll auf. Offenbar war alles in Ordnung. Da wußte ich noch nicht, daß es drei Tage dauern würde, bevor ich mich wieder rühren konnte. Ich nahm mich also zusammen, stand auf und befestigte das Trisegel am Baum, wie ich das vorher hatte tun wollen, und setzte meinen Weg fort in Richtung Osten...«

Hochdramatischer Stoff in der Tat, aber es war nicht Hemingway, der ihn inspiriert hatte, sondern Chichesters *Held der sieben Meere*; er hatte das Buch an Bord. Dort schreibt Sir Francis:

> ... Ich wurde auf der anderen Seite des Cockpits glatt zu Boden geschleudert. Regungslos blieb ich, wo ich war, und fragte mich, ob ich mir wohl das Bein gebrochen hatte. Ich entspannte alles, während ich mich das fragte. Ungefähr eine Minute lang machte ich keine einzige Bewegung, dann streckte ich mich. Zu meiner Verwunderung – und unendlichen Erleichterung – schien nichts gebrochen zu sein... Ich rappelte mich hoch, nahm alle meine Sinne zusammen und machte meine Arbeit am Funkgerät weiter... In der Nacht hatte ich Schwierigkeiten, wenn ich die Rippen und den Fußknöchel bewegte, und ich befürchtete, am anderen Morgen ganz steif zu sein... An diesem Abend brachte ich die brüllenden Vierziger hinter mich... Ich versuchte, das Ereignis mit einer Flasche Veuve Cliquot* zu feiern, aber allein zu trinken war eher ein Reinfall...

Nach neun Tagen auf See rechnete Crowhurst mit dem Consol-Navigationsfunkfeuer in Lugo, Nordspanien, seine ungefähre Position aus und stellte fest, daß er sich weit genug westlich des gefährlichen Kap Finisterre befand. Er hielt Kurs nach Südwest und beschloß deshalb, sich einen langen Schlaf zu gönnen, anderntags wachte er nicht vor elf Uhr auf. Das war nicht sehr klug, denn er befuhr die Schiffahrtsrouten und lief Gefahr, ge-

* Auch Crowhurst trank, unmittelbar bevor er sein Pasticcio auf Band sprach, ein Glas Champagner aus der Flasche, die er an Bord hatte. Chichester hatte die Roaring Forties glücklich überwunden; Crowhurst wünschte, er hätte sie hinter sich. Chichester erwarb sich Ruhm durch seine Heldentat und feierte mit Veuve Cliquot; Crowhurst wollte ähnlichen Ruhm und trank Moët et Chandon. Stellte er sich dabei vor, er sei in derselben Lage wie Chichester, und stand deshalb hinter seinem Theater keine bewußte Absicht? Dies ist eine der zentralen Fragen, die Crowhursts Reise aufwirft.

rammt und versenkt zu werden. Als er aufwachte, streckte er den Kopf aus der Kajüte und erblickte achteraus ein großes Linienschiff, das ihm auf WSW-Kurs mehr oder weniger folgte. Er verspeiste wieder ein gewaltiges Frühstück und setzte das Großsegel. Als er auch den Besan setzen wollte, stellte er fest, daß einer der Fallenschäkel, an denen das Segel normalerweise zu befestigen war, über Nacht verschwunden war und die Fallleine selbst auf halber Masthöhe hing: er mußte hinaufklettern, um sie wiederzubekommen. Wie er später ins Logbuch schrieb, bestand seine erste Tat darin, ein eineinhalb Zoll starkes geflochtenes Tau achtern auszusetzen, damit er, falls er vom Mast fiel, zum Tau schwimmen und zurück an Bord gelangen konnte. Einhandsegler leben in ständiger Furcht vor einem derartigen Sturz, und dieser Logeintrag ist ein klarer Beweis dafür, daß Crowhurst – jedenfalls zu diesem Zeitpunkt – die sorgfältigsten Vorkehrungen traf, um sein Boot nicht zu verlieren. Er stieg also glücklich auf den Mast und holte sich das Fall wieder, und dabei fiel ihm auf, daß der Auftriebssack nach wie vor so nachlässig ans Topp gezurrt war, daß die ganze untere Hälfte lose baumelte, der Schlauch zum Aufblasen mit dem Sack nicht verbunden war und die grüne Topplaterne jeden Augenblick herunterfallen konnte. Er verbrachte den Abend damit, seinen Funkempfänger auf die Station Portishead einzustellen, aber statt nautischer Hinweise oder Warnungen hörte er eine Radiomeldung über Yoko Ono, die eine Fehlgeburt erlitten hatte.

Er hörte aber auch eine von der Admiralität herausgegebene Warnung vor einem »treibendem Bugteil«; es war in dem Gebiet, das er soeben verlassen hatte, gesichtet worden. Ein Glück, daß es keinen Zusammenstoß gegeben hatte! Oder war der angebliche Bugteil etwa die *Teignmouth Electron*, die unter Fock gesegelt, beinahe gerammt und nicht identifiziert worden war? Schließlich war da am Vormittag dieses Linienschiff gewesen. »Vielleicht bin ich mit knapper Not davongekommen und wußte nichts davon? Wenn tatsächlich von der *Teignmouth Electron* die Rede war, dann nahm ich es doch irgendwie übel, daß man ihre Bewegungen als ›treibend‹ bezeichnete.«

Es folgte eine Zeit, in der er sehr langsam vorankam. Ständig drehte der Wind, und immer wieder halste das Boot und segelte in die falsche Richtung. Jede Nacht barg Crowhurst das Großsegel; damit hielt er zwar einigermaßen seinen Kurs, aber er verlor katastrophal an Geschwindigkeit. Drei Tage lang ging das so, und er wurde immer deprimierter und immer träger. Er schrieb, er sei ständig schläfrig und benommen, offenbar mache sich der Mangel an Sauerstoff in der Kajüte bemerkbar.

Am Samstag stellte er fest, daß aus der Saling des Besanmastes eine Schraube herausgefallen war: »Dieses Scheißschiff zerfällt einfach! – und zwar wegen fehlender technischer Sorgfalt!!!«*

Bestürzend waren unterdessen die Ergebnisse seiner Navigation. Jede Höhenmessung, die er vornahm, ergab faktisch Tag für Tag dieselbe Position. Entweder segelte er im Kreis, schrieb er, oder es stimmte etwas mit seinen Sonnenmessungen nicht. Vermutlich war beides der Fall. Ganz gewiß war seine Navigation zu dieser Zeit unregelmäßig und fehlerhaft; andererseits brauchte er eine ganze Woche bei widrigen Winden, um die 210 Meilen vom Kap Finisterre die spanische und portugiesische Küste entlangzusegeln. Der Dienstag war bezeichnend. Um zwei Uhr morgens drehte der Wind, und die *Teignmouth Electron* segelte geradewegs nach Norden. »Zu müde, um was zu unternehmen«, schrieb er, aber am Morgen packte ihn das schlechte Gewissen:

* In seiner Verzweiflung begann Crowhurst nun auch auf belanglose Schäden und Fehler maßlos zu reagieren. Eine in der Besansaling fehlende Schraube ist etwas, womit jeder Fahrtensegler regelmäßig rechnen muß. Er unternahm nichts weiter dagegen, am Ende der Fahrt fehlte die Schraube noch immer, obwohl er seither immerhin mehrere tausend Meilen gesegelt war. Die Schwierigkeiten mit der Selbststeuerungsanlage und die leckenden Rümpfe waren dagegen von Anfang an sehr schwerwiegende Probleme, wie eine spätere gründliche Untersuchung des Bootes bestätigte. Fairerweise hätte Crowhurst die Schuld nicht auf mangelnde technische Sorgfalt schieben sollen, sondern auf die Umstände, die eine Folge seines überstürzten Aufbruchs waren – was er später auch tat.

Bin wieder spät aufgestanden, nach 7 Stunden auf direktem Kurs nach Norden! Das ist nicht gut genug. Ich darf mich nicht so gehenlassen. Sicher, es war den ganzen gestrigen Tag stark windig, und ich war müde, aber ich bin nicht hier, um mich auszuruhen oder Schlaf nachzuholen. 4 Stunden werde ich brauchen, um den Rückschlag wettzumachen, das ist ein Zeitverlust von insgesamt 11 Stunden – ein halber Tag. Wenn ich das jeden Tag so mache, dann brauche ich mehr als ein Jahr. ICH DARF MICH NICHT GEHENLASSEN.

Die Hauptfeder des Hamilton-Chronometers war verbogen, der Racal-Empfänger schon wieder außer Betrieb, und er hatte das falsche Funksignalbuch mitgenommen:

Ich habe Hiscock geglaubt, der behauptet, die Zeitsignale stehen im »Nautischen Funkdienst« Band 2. Sie stehen im 4. Band! * Den habe ich nicht! Ich hab mich nicht allzusehr darüber aufgeregt, weil ich dachte, mit dem Racal-Empfänger kann ich immer noch WWV-Zeitsignale bekommen, aber jetzt nützt mir der auch nichts!
Diese verdammte Hetze beim Start, die vielen Dinge, die sorgfältig hätten überprüft werden müssen, aber nicht geprüft wurden, das macht eine fast endlose Liste. Dann das nicht funktionierende Alarmsystem, das vor Kursverlust warnen sollte – mit ein paar Tagen Aufschub hätte sich das vermeiden lassen; die grauenhaft schlechte Frequenzabstimmung, usw. usw. 14 Tage Aufschub hätten einen so gewaltigen Unterschied gemacht; aber das ging natürlich nicht.

Der nächste Tag auf See – es war Mittwoch, der 13. November – brachte, nach dem Ärger mit der Selbststeuerungsanlage und dem leckenden Auslegerschwimmer, die dritte große Katastrophe mit sich. Nun war der Stromgenerator in Gefahr:

* Auch Crowhurst irrte sich. Die Zeitsignale stehen in Band 5.

Mittwoch, der 13. Ein ungutes Gefühl am Morgen wegen des Datums hatte ich beiseite geschoben – schließlich hat mir der 13. noch nie besonderes Unglück gebracht. Diesmal schon. Während das Boot sich bei starkem Südwind mühsam westwärts vorankämpft, wird die Luke im Cockpit undicht, der Maschinenraum steht unter Wasser, Elektrik und Generator. Wenn ich den Generator nicht wieder zum Laufen bringe, muß ich mir ernsthaft überlegen, ob ich mein Vorhaben nicht abbrechen muß. An dem Boot ist so viel im argen, in so vieler Hinsicht, daß es vielleicht idiotisch wäre, weiterzufahren – oder jedenfalls eine subjektive Entscheidung. Ich werde versuchen, den Generator in Gang zu bringen, und dann darüber nachdenken, was für Alternativen ich habe.

Das war eine echte Katastrophe. Der drohende Verlust der Steuerung oder auch der Schwimmfähigkeit seines Bootes war für Crowhurst keine so unmittelbare Gefahr wie der Ausfall seiner Stromversorgung (obwohl für großenteils ohnehin nicht vorhandene Sicherheitsvorkehrungen). Die undichte Cockpitluke hätte ihn nicht mehr überraschen dürfen als seine anderen Katastrophen. John Eastwood hatte ihn von Anfang an, schon bei der Diskussion über den Bauplan, gewarnt und auf die Störanfälligkeit dieser Konstruktion hingewiesen; sie hatte bereits auf der Fahrt rund um die Küste versagt; und bei der Probefahrt hatte sie gezeigt, wie unzulänglich sie war. Jedoch machte die Tatsache, daß er darauf hätte vorbereitet sein sollen, den Schlag nicht weniger vernichtend. Im Gegenteil.

»Ich werde darüber nachdenken, was für Alternativen ich habe.« – Zum erstenmal hatte er den Gedanken zugelassen, daß er vielleicht aufgeben mußte. Zu diesem Zeitpunkt war Donald Crowhurst noch rückhaltlos offen: wann immer er Angst hatte oder verzweifelt war oder bereit aufzugeben, schrieb er es nieder, unmittelbar und ohne Hintergedanken.

8
Zwei widersprüchliche Aussagen

Man hätte vielleicht erwartet, daß Donald Crowhursts psychische Veranlagung ihn in diesem Augenblick völliger Verzweiflung zu einem weiteren munteren Logeintrag zwingen würde – Plaudereien aus dem Alltag eines Seemanns. Dem war nicht so; im Gegenteil: wir kommen nun zu seiner längsten, aufrichtigsten und konsequenterweise deshalb auch verheerendsten Beurteilung seiner hoffnungslosen Lage. Eine gewisse Entschädigung fand er jedoch in der ersten Tonbandaufzeichnung mit der BBC-Ausrüstung, die er an Bord hatte: dies war der Augenblick, den Crowhurst sich aussuchte, um das erste Band zu besprechen, und seine Entscheidung war zweifellos überlegt. Von nun an benutzte er den öffentlichen Auftritt mittels Tonbandgerät als Therapie zum Zweck der Ermutigung.

Das folgende Kapitel besteht im wesentlichen aus diesen beiden langen, widersprüchlichen Aussagen Crowhursts. Sie sind beide informativ und eine genaue Rekapitulation seiner Lage. Die erste, die Tonbandaufnahme, zeigt in ihrem vordergründigen Optimismus Crowhurst den Helden, der er gern sein wollte. Die zweite (aus dem Logbuch) zeigt ihn als den, der er wirklich war. Jeder, der versucht ist, Donald Crowhurst zu unterschätzen, sollte sich vor Augen halten, um wieviel beeindruckender der zweite Text ist.

Donald Crowhurst auf Tonband:

> Dieses kleine Boot ist die Teignmouth Electron. Ich bin jetzt seit beinahe vierzehn Tagen auf See und unterwegs zu einem Rendezvous mit Kap Hoorn. Der Grund – sofern man einen Grund dafür braucht – ist, daß keiner je zuvor diese Fahrt unternommen hat... Vielleicht habe ich nicht die geringste Chance, den Goldenen Globus zu gewinnen, aber ich glaube, ich habe eine Chance, den Preis zu be-

kommen: das erklärt, warum ich hier mitten im November im Nordatlantik in einem kleinen Schiff sitze und auf Tonband spreche. Soviel zum Grund.
Wie ist es? Na ja, wenn Sie irgendeine Ahnung von Segelbooten haben, dann können Sie sich vorstellen, wie es ist. Wenn nicht, dann, glaube ich, können Sie sich auch keinen Begriff davon machen. Ich glaube, die meisten Leute verbinden mit Segelbooten die Vorstellung von herrlichen Nachmittagen in der Südsee und hübschen Mädchen im Bikini, die an Deck eines großen, geräumigen Schoners in der Sonne liegen, während die Männer in schmucker Segelkleidung mit wettergegerbtem Gesicht und entschlossenem Blick, die Pfeife fest zwischen die Zähne geklemmt, ohne zu wanken das Steuerrad halten und ein wunderschöner Sturmvogel majestätisch über die blauen Wasser gleitet. Sicher, es gibt wahrscheinlich Umstände, unter denen ein solches Bild gerechtfertigt ist; mir sind sie leider nie begegnet. Die Lebensbedingungen auf einem Segelboot sind so außerordentlich verheerend, daß man sich fragt, weshalb die Leute sich mit Segelbooten überhaupt abgeben. Alles auf dem Schiff ist naß, und ich meine: naß, nicht feucht. Naß. An der Decke sammelt sich das Kondenswasser und tropft Ihnen ins Ohr, wenn Sie zu schlafen versuchen, jedes Loch ist ein mögliches Leck, und der Lärm ist, wie Sie hören, dauernd und manchmal ohrenbetäubend. Sie haben ganz selten eine Gelegenheit, sich gründlich zu waschen, baden kommt nicht in Frage, außer in Salzwasser, und das Essen ist – was soll ich sagen – es ist das, was Sie daraus machen. Klar, ich gebe zu, daß die Bedingungen bei einer Einhand-Regatta nicht ganz dieselben sind wie bei einer Kreuzfahrt mit der Familie oder einer Crew – dabei geht alles sehr viel gemütlicher zu.
Natürlich hat das Einhandsegeln auch seine Vorteile. Sie können so schizophren sein, wie Sie wollen – Sie werden sich jedenfalls nicht leicht mit der Crew überwerfen, es sind alles exzellente Leute, vom Kapitän bis zum kleinen Moses. Das heißt aber, daß der Moses navigieren muß,

während der Kapitän die Socken wäscht. Freilich, solange Sie sich Ihren Sinn fürs rechte Verhältnis bewahren, ist das nicht so schlimm. Aber Scherz beiseite: Einhandsegeln setzt einen ziemlich stark unter Druck, es fördert die Schwächen, die man hat, mit einer solchen Unerbittlichkeit zutage wie kaum eine andere Beschäftigung. Das heißt: Wenn einer faul ist, dann ist er zweimal so faul, sobald er für sich allein ist; wenn er leicht den Mut verliert, dann haut es ihm schneller, als er schauen kann, den Mumm aus den Knochen; und wenn er sich leicht erschreckt, dann bleibt er am besten daheim – das täte ich im Augenblick selber ganz gern.

Also gut, dieses Rennen also, und insbesondere meine Teilnahme. Zunächst in Sachen Rekord: Ich bin am Donnerstag, dem 31. Oktober, dem laut Teilnahmebedingungen letzten möglichen Termin gestartet, und es war die schlimmste Hetzjagd meines Lebens. Nie zuvor bin ich in einem so absolut unvorbereiteten Zustand ausgelaufen. Ich habe nicht einmal die Segel gesetzt, die ich benutzen wollte; auf einer Fahrt wie dieser grenzt das ziemlich stark an Dummheit. Nichtsdestotrotz, die Bestimmungen lauteten, daß alle Teilnehmer spätestens am 31. aufbrechen mußten, und das habe ich getan. Ich sagte mir, wenn ich die Sache in den ersten paar Wochen nicht wirklich in den Griff kriege, dann kann ich zumindest umkehren und nach Hause fahren. Die Entscheidung wäre mich schrecklich hart angekommen, aber ich glaube, ich hätte sie getroffen, wenn es wirklich nötig gewesen wäre. Ich habe noch immer Probleme, aber ich glaube, sie ... sie können überwunden werden, und mir bleibt eine ziemlich lange Zeit im Passat und den Kalmen, in der ich das Boot auf seine Zerreißprobe wirklich vorbereiten kann: den Südatlantik und die hohen Breiten und Kap Hoorn selber.

Ich mache mir ein wenig Sorgen, wann ich Kap Hoorn erreichen werde – die Zeit vergeht, und ich bin schon eine Woche im Verzug wegen ständigem Gegenwind, und das laut Admiralitätsroutenkarte zu erwartende Wetter ist nicht eingetroffen. Ich bleibe trotzdem bei meiner Entscheidung, Madeira westlich zu passieren, weil ich glaube, das ist bei den Segeleigenschaften, wie mein Boot sie hat, der einzige sichere Kurs; und Sicherheit wird auch für die ganze restliche Fahrt meine Entscheidungsgrundlage sein. Ich werde dieses Boot segeln, als wäre es ein Klipper, und ich halte mich an die traditionellen Klipperrouten, selbst wenn es mich einen Monat zusätzlich kostet, das werd' ich tun. Im Augenblick bin ich natürlich stark versucht, die Sache abzukürzen und Madeira östlich zu passieren, nahe der afrikanischen Küste, aber der Versuchung widerstehe ich.

Was ich nicht verstehe: Woher kommen diese ganzen Südwestwinde? – Tag für Tag blasen sie aus dem südwestlichen Quadranten, eigentlich sollten sie das nicht – es ist außerordentlich entmutigend. Und es sind auch noch starke Winde, Stärke 7, 8 und 9 die meiste Zeit, es sei denn, sie sind so schwach, daß sie nicht zu gebrauchen sind. Eines allerdings hat mich überrascht, und das ist die Art, wie dieser Tri dem Segeldruck standhält, er ist wirklich phantastisch stabil und kann wohl auch dann noch weitersegeln, wenn ein normales Boot derselben Länge sicher längst beidrehen müßte.

Angesichts der Probleme, die Crowhurst mit seiner Hasler-Steuerung und überhaupt mit seinem Segeltrimm hatte, fragt man sich in der Tat, wie er seinen Trimaran derart überschwenglich loben konnte.

Zum Vergleich die Beurteilung seiner damaligen Lage, wie er sie im Logbuch festhielt. Der Bericht, verfaßt beim Licht der Taschenlampe in der Kajüte, geht über neun eng beschriebene Seiten und beeindruckt durch seinen logischen Zusammenhalt:

Freitag, 15.11. ... Der Zeitpunkt, zu dem ich entscheiden muß, ob ich angesichts der gegenwärtigen Lage weitermachen kann oder nicht, rückt immer näher; das belastet mich sehr. Eine scheußliche Entscheidung – in dieser

Phase alles hinschmeißen – eine wirklich scheußliche Entscheidung! Aber weitermachen heißt zweierlei:

1: Ich breche das Versprechen, das ich Clare gegeben habe: nur weiterzumachen, wenn ich mit allem zufrieden bin und alles so läuft, wie es soll, und die Sache zu einem sicheren Ende gebracht werden kann. Diese Bedingung ist, offen gestanden, bestimmt nicht erfüllt, wenn ich weiterhin ohne Strom bin. Außerdem versetze ich Clare in die schreckliche Lage, daß sie 7 bis 9 Monate keine Nachricht von mir haben wird, denn ohne Strom bin ich natürlich auch ohne Funk.

2: So, wie das Boot steht, werde ich in den Vierzigern kaum mehr als 4 Knoten machen können. Die Hasler verursacht wilde Querschläge, die bei schneller Fahrt in hohen – wirklich hohen – Seen fatal wären. Ich dürfte also nur die beiden Vorsegel am Bug setzen, und die habe ich praktisch nie ausprobiert. Auf jeden Fall sehe ich keine vernünftige Möglichkeit, in den Vierzigern einigermaßen gefahrlos schnelle Fahrt zu machen, ohne daß der Selbstaufrichtungsmechanismus und der Kenterschlauch funktionieren. Das ist von um so größerer Bedeutung, als ich spät aufgebrochen bin, am 31. Oktober, denn das heißt, daß ich das Hoorn viel später als ursprünglich angenommen erreiche, nämlich in sechs oder sieben Monaten: April/Mai. Beim derzeitigen Zustand des Schiffes wären meine Überlebenschancen, glaube ich, wahrscheinlich nicht besser als 50:50, was ich eigentlich nicht akzeptabel finde.

»Der derzeitige Zustand des Schiffs«: was heißt das? Eine Liste:

1: Kein Strom: –
   (a) kein Funkverkehr
   (b) kein Luftsack am Masttopp
   (c) keine Zeitsignale, und das Chronometer ist unbrauchbar
   (d) kein Licht – wahrscheinlich nicht wichtig

(a und d sind auszuhalten, b schließt das Hoorn im April/Mai aus – wenn nicht überhaupt die Vierziger. Ich könnte den Mechanismus so umbauen, daß er sich von Hand auslösen läßt, und hoffen, daß mir genügend Zeit dafür bleibt. Ich könnte irgendwas auf dem Deck montieren, womit der Kenterschlauch sich aufblasen läßt, auch unter dem Deck. Hilfreich wäre es, wenn ich wüßte, wieviel Zeit ich habe. c ist ziemlich schlimm, aber nicht lebensgefährlich. Ich könnte versuchen, einen Navicator auf 10 und 15 Megahertz für WWV umzubauen, aber ich kann den Lötkolben nicht verwenden – allerdings habe ich eine Lötlampe.)

2: Undichte Luken: –
(a) Die Vorderluke im Backbordschwimmer hat in 5 Tagen ungefähr 550 l eingelassen, aber das ist, glaube ich, jetzt behoben.
(b) Durch die Cockpitluke sind in einer Nacht 340 l eingedrungen. Ich sehe keinen anderen Ausweg, als sie ein für allemal dichtzumachen, womit die elektrische Ausrüstung unzugänglich ist. Das heißt natürlich, daß es dann vollkommen unmöglich ist, etwaige Lecks zu beheben – was außerordentlich gefährlich wäre.

(Nehmen wir an, die Sache mit den Luken läßt sich in Ordnung bringen – ich säge den Rand der Cockpitluke ab und versiegle sie mit Glasfiber. Die Rümpfe lassen sich dann nicht mehr lenzpumpen.)

3: Falsch geschnittene Segel: –
Das Groß- und das Besansegel stehen so voll, daß sie in allen Stellungen – es sei denn dichtgeholt – an den Wanten schamfilen.

4: Wantenplazierung und Schamfilschutz unbefriedigend.

(Ein Mißstand: wirklich hohe Geschwindigkeiten sind damit unmöglich. Aber erträglich und an sich nicht gefährlich.)

5: Keine Möglichkeit, die Luken vorn und achtern in

den Schwimmern und die vordere oder die hintere Hauptluke zu lenzen, ohne daß man die Lukendeckel öffnet – was äußerst gefährlich werden kann – und öst.

6: Keine Möglichkeit, die Kajüte lenzzupumpen: sie muß geöst werden. Daß Pumpen unmöglich ist, liegt daran, daß der Schlauch, den ich angefordert habe, nicht an Bord ist und die vorgesehene Pumpe lächerlich unzureichend ist.

(Lebenswichtig. Wenn ich einen Schlauch an Bord hätte, ginge es vielleicht. Hier sehe ich keinen Ausweg. Es wäre verrückt, mit einer solchen Pumpvorrichtung die Vierziger anzulaufen.)

7: Das Konzept einer Luke im Boden des Cockpits ist falsch, davon bin ich mehr denn je überzeugt. Ich bin erst dann zufrieden, wenn das Cockpit einen anständigen, soliden Boden hat, aber das, glaube ich, läßt sich machen, selbst wenn ich dafür ins hintere Schott oder ins Kajütenschott ein Loch schneiden muß.

(Siehe Punkt 2 oben.)

8: Das Kollisionsschott achtern leckt. Das beweist das braune Wasser in der Kajüte. Es färbt sich offensichtlich auf dieselbe Weise wie das Wasser im Maschinenraum. Ich sehe keine Möglichkeit, das Leck auf See ausfindig zu machen.

(Ärgerlich, aber erträglich – mit einem gewissen Risiko im Fall eines Heckschadens.)

9: Die Aufblasvorrichtung für den Kenterschlauch am Masttopp und der Mechanismus zum Fieren der Schoten funktionieren nicht. Das ist meine Schuld. Der Sack ist am Topp miserabel befestigt, ebenfalls meine Schuld.

(Siehe Punkt 1. Die Befestigung läßt sich allerdings auf See halbwegs korrigieren.)

10: Die Verstauung der Vorräte könnte besser sein. Die verderblichen Sachen werden bald dem Schimmel zum Opfer fallen. Ich denke dabei vor allem an Reis und Mehl.

(Wohl kein Kommentar erforderlich. Dieser Umstand, obwohl recht ärgerlich, wird mich gewiß nicht aufhalten.)

11: An der Hasler-Steuerung müssen alle paar Stunden die Schrauben kontrolliert werden, trotzdem fallen sie nach wie vor heraus.

(Viel schwerwiegender. Ich hab's mit Lack und Kleber versucht, beides offenbar ohne Erfolg. Ich könnte jeden Schraubenkopf mit einem 4BA-Gewindebohrer ausbohren und kleine Sicherungsschrauben hineindrehen. Würde mich einen oder zwei Tage kosten, ist aber eine halbwegs praktikable Lösung, vorausgesetzt, ich breche wegen der Schiffsbewegungen nicht den Gewindebohrer ab. Trotzdem: selbst wenn es funktioniert, wie es soll, ist die Anlage bei Fahrten in hohen Seen nicht zuverlässig. Bei schwerem Seegang müßte man Zwillingssegel setzen. Meine kleinsten Zwillingssegel sind die beiden Arbeitsfocken, eine zweite Sturmfock habe ich nicht. Das heißt, bei wirklich schwerem Sturm bleibt mir nichts anderes übrig, als Trossen übers Heck auszubringen.* Das System ist nicht getestet, und ich zweifle,

(a) ob die Belegklampen halten,

(b) ob es möglich ist, eine Bucht um die Hasler zu schlagen, ohne sie zu beeinträchtigen.

Muß auf jeden Fall irgendwie ausprobiert werden, das kann ich aber jetzt, auf See machen.)

In ihrer Klarheit, ihrer Rückhaltlosigkeit, die nichts beschönigt und die Situation, wie sie tatsächlich war, erkennt und hinnimmt, würde diese Analyse jedem Seemann Ehre machen. Dieses Mal, ausnahmsweise, schonte Donald Crowhurst weder das Boot noch sich selbst und unternahm keinen Versuch, dem unmittelbaren Problem aus dem Weg zu gehen, indem er sich

* Dies bezieht sich nicht auf die normale Methode, Trossen auszuwerfen, um das Boot zu verlangsamen, ohne das Heck beizudrehen, sondern auf ein kompliziertes Verfahren zur Selbststeuerung, das Crowhurst sich ausgedacht hatte; siehe Anhang 2.

eine neue, künftige Herausforderung ausdachte, der er sich statt dessen stellen könnte. Eine Voreingenommenheit war allenfalls seine Weigerung, sich einzugestehen, daß manche Fehler, wie die undichte Luke im Cockpitboden über dem Generator, zum Teil seine eigene Schuld waren. Zum erstenmal erwähnt er in seiner Analyse auch den fehlenden Heliflex-Schlauch zum Pumpen – bis dahin hatte er offensichtlich geglaubt, der Schlauch befinde sich, entsprechend seinen Anweisungen, an Bord.

Nach der Analyse der Probleme und ihrer potentiellen Lösbarkeit fährt Crowhurst fort:

> Das mag wie ein Haufen Entschuldigungen fürs Aufgeben klingen. Das ist nicht das, was ich *will*. Wenn ich aufgebe, dann enttäusche ich eine Menge Leute – Stanley Best vor allen anderen, auch ein paar weniger wichtige, Rodney Hallworth, die Leute von Teignmouth, die das Projekt unterstützt und gefördert haben, und meine Familie. Ich müßte etlichen Spott einstecken, aber das ist irrelevant. Wenn ich nächstes Jahr im August noch einmal starte, wäre ich wahrscheinlich nicht schlechter dran, denn meine einzige Chance besteht darin, daß alle anderen aus dem Rennen ausscheiden. Und auch dann wäre meine Chance zu überleben höchstens 50 : 50 – viele würden mir noch weniger geben. Wenn ich Stanley überreden kann, bis zum nächsten Jahr dabeizubleiben, dann könnte ich jedenfalls versuchen, den Rekord zu brechen – falls es diesmal jemand schafft –, oder den Goldenen Globus zu gewinnen, der dann noch nicht vergeben wäre, und wahrscheinlich auch den Preis, sofern er nicht dem zugesprochen wird, der am weitesten kommt.

Schon suchte Crowhurst wieder Zuflucht bei zweien seiner bevorzugten Manien: dem absoluten Primat der Logik und der Verlockung einer späteren, größeren Herausforderung – die Weltumsegelung im nächsten Jahr –, um sein augenblickliches Versagen vergessen zu machen. Jede mögliche Lösung wandte er hin und her, jede verwarf er als unannehmbar. Und das finanzielle Problem wurde immer größer und immer bedrückender, selbst hier, mitten im Nordatlantik:

> Aber wenn Mr. Best das Projekt Weltumsegelung und die Electron Utilisation Ltd. fallenläßt, dann sieht es böse aus, denn dann könnte er seine Verkaufsoption gegen E. U. einlösen. Würde diese Entscheidung substantiell beeinflußt werden, wenn ich bis Australien käme? Das hinge davon ab, wie richtig ihm der Entschluß, aus dem Rennen auszusteigen, vorkäme. Aber ohne Funk habe ich keinerlei Anhaltspunkt, abgesehen von den logischen Folgerungen, die ich selber ziehe. Wenn sie *wirklich* logisch sind, dann sind sie auch triftig. Also: was soll ich tun? Weitersegeln nach Australien, »eine Schau abziehen« und ein Jahr vergeuden? Wäre es ein vergeudetes Jahr? Es läuft auf die Frage hinaus, ob eine Nonstop-Fahrt nächstes Jahr genausoviel gilt, wie die Fahrt für dieses Jahr abzubrechen. Ich glaube nicht, daß ich den Törn dieses Jahr halbwegs sicher hinter mich bringen kann.
>
> Das heißt: welche der beiden Lösungen bringt voraussichtlich mehr Nutzen bzw. macht weniger Verluste? Was würde ich an seiner [Stanley Bests] Stelle tun? Das käme wahrscheinlich darauf an, in welcher Höhe mir meine Auslagen zurückerstattet würden: bei 80 Prozent oder mehr würde ich mich wohl darauf einlassen. Electron Utilisation bringt soviel nicht auf. Aber geht es allein ums Finanzielle, oder geht es um mehr? Spielt dabei nicht auch die Herausforderung mit, die in der Sache liegt? Ziemlich stark sogar, würde ich sagen. Man kann unmöglich vorhersagen, ob er alles Interesse verlieren wird oder nicht. Ich werde mich auf die Logik verlassen müssen, und wenn bei ihm auch noch ein persönlicheres Motiv eine Rolle spielt, dann kann das doch nur ein Bonus sein. Aber ich glaube bestimmt, nein: ich weiß fast mit Sicherheit, daß es so ist. Der logische Weg also, denn das ist die Hauptsache und am Ende ausschlaggebend.

Welche Wege stehen offen? Entweder ich verzichte auf die Nonstop-Fahrt oder ich mache weiter. Wenn ich weitermache, sind meine Aussichten, den Törn entweder zu Ende zu bringen oder zu ertrinken, gleich groß. Vielleicht gewinne ich die 5000 Pfund oder sogar den Goldenen Globus: wenn die anderen ausscheiden. Andernfalls ist das sehr zweifelhaft. Angenommen, es sind bereits alle anderen ausgeschieden, wäre dann eine fünfzigprozentige Chance annehmbar? Es steht eins gegen das andere: der Nutzen, wenn ich gewinne, gegen den Schaden, falls das Wagnis mißlingt. Clare würde das Risiko für unannehmbar halten, und ihr bin ich vor allen anderen verpflichtet. Ich halte zwar den Nutzen, der in verschiedener Hinsicht damit verbunden ist, für verlockend, aber alles in allem ist das Risiko für einen verheirateten Mann mit einer mäßig großen Familie zwangsläufig unannehmbar. Es wäre eine furchtbare Belastung für die arme Clare – sie kann ihr vielleicht nicht standhalten.

Hier war Crowhurst – wie in Teignmouth – unfähig zuzugeben, daß es womöglich seine eigenen Gefühle waren, die ihn zum Aufgeben bewogen. Statt dessen versuchte er, die Verantwortung auf seine Frau abzuschieben.

Dieses Argument beruht auf der Annahme einer fünfzigprozentigen Gewinnchance. Wie richtig ist diese Einschätzung? Die Wahrheit ist: ich weiß es nicht. Sie mag zu hoch oder zu niedrig sein – aber aufgrund von allem, was ich darüber gelesen habe, glaube ich nicht, daß ich das Risiko als zu hoch einschätze. Bardiaux ist vor dem Hoorn zweimal gekentert, ebenso die Smeatons. In einem Kielboot überlebt man mit etwas Glück. In einem Trimaran ist das ganz und gar nicht wahrscheinlich. Nein, um irgendeine Chance zu haben, die das Risiko wert ist, muß das Schiff selbstaufrichtend sein – oder jedenfalls aufrichtbar. Dann ist da das Problem mit den Pumpen. Nein, es ist nicht machbar.

In Rede und Gegenrede war er – mit typischer, unwiderlegbarer Spitzfindigkeit – zur letzten, zwingenden Schlußfolgerung gelangt: er mußte aufgeben. Zwar trat später seine alte Neigung, Mißerfolge einfach nicht zur Kenntnis zu nehmen, hier und dort wieder auf, aber allfällige Hoffnungen klangen nie sehr überzeugend. Das Argument – mit seiner Konsequenz – blieb unantastbar.

Dann begann Crowhurst die gegebenen Alternativen abzuwägen und überlegte, ob ein offen eingestandener Fehlschlag möglich sei. Seine Hoffnung war, selbst noch den Mißerfolg zu einem PR-Coup zu machen, die abgebrochene Fahrt zu einer Marketingreise:

> Also: Irgendwie muß die Sache gerettet werden. Aber wie läßt sie sich am wirkungsvollsten auswerten?
> 1. Nach Australien fahren oder
> 2. das Gesicht wahren und Kapstadt anlaufen?
>
> [Kapstadt] ist weiter, als Ridgway gekommen ist, und so weit wie King und Blyth; das ist also keine Schande. Aber was für eine Verschwendung von wertvoller Zeit! Es gibt dort keinen Markt für Navicatoren oder Trimarane; also ist Australien der logische nächste Schritt. Der Vorteil dabei ist, daß das immerhin schon als eine Leistung gilt – aber das haben schon mindestens zwei andere vorher getan, und wahrscheinlich werden es auch etliche von der Sunday-Times-Flotte tun. Knox-Johnston und Tetley (wenn er überhaupt so weit kommt) und Fougeron sind, in meinen Augen, allesamt potentielle Abbrecher. Moitessier macht vielleicht weiter – wenn er weitermacht, dann bringt er den Törn wahrscheinlich auch hinter sich; aber es besteht eine *gute* Chance, daß keiner es ganz um die Welt schafft, und Australien wird dann zur Anlaufstelle für ausgeschiedene Regattateilnehmer. Für die Firma oder das Boot ist das zwar keine berauschende Werbung, aber es wäre immerhin eine nützliche Übung, wenn ich das Boot und ein paar Navicatoren verkaufen könnte...

An diesem Punkt hielt Crowhurst offensichtlich mit dem Schreiben inne und dachte nach, angestrengt. War es wirklich sinnvoll, Australien anzulaufen? Als er fortfuhr zu schreiben, war der Bleistift frisch gespitzt, und er hatte sich offenbar gegen Australien entschieden. Er beendete den Satz mit einem zweiten »aber«:

> ...aber es rechtfertigt kaum den gewaltigen Aufwand an Zeit und Geld.
>
> Zeit und Geld. Wenn es allein um die Zeit ginge, dann gäbe es nur eins: jetzt sofort umkehren, keinen Tag länger segeln. Was wird aber aus der finanziellen Seite? Tatsache ist, daß dieses Schiff für eine Regatta *sehr* teuer ist; aber das Rennen kann nicht gewonnen werden – das heißt, ich glaube, es kann nur dann gewonnen werden, wenn alle anderen ausscheiden und ich selber mit einem *Riesenhaufen* Glück die Fahrt zu Ende bringe. Die Einschätzung ist vernünftig: ohne Glück kann ich das Rennen nicht gewinnen. Trotzdem muß die Enttäuschung, wenn ich jetzt sofort aussteige, zwangsläufig groß sein – für alle Beteiligten, mich eingeschlossen, aber ganz besonders für Mr. Best. In einem britischen Hafen aufzukreuzen und zu sagen »Ich bin wieder da, Leute«, das ist nicht machbar. Denn
>
> 1. bedeutet es 14 Tage unnötige Sorgen für Clare, und
> 2. schränkt es künftige Aktionsmöglichkeiten einigermaßen ein – ganz beträchtlich.
>
> Deshalb sollte ich wahrscheinlich einen Ort anlaufen, von wo aus ich
>
> 1. mit Mr. Best in Verbindung treten kann,
> 2. nach Amerika, Australien, Südafrika oder zurück nach England segeln kann,
> 3. die Arbeiten durchführen kann, die nötig sind, wenn ich weitermache.
>
> *Geld.* Das ist die beunruhigendste Seite. Die Kosten steigen, und die Aussicht auf spätere Einnahmen schwindet natürlich. Wenn ich Mr. Bests Unterstützung kriege, so daß ich es nächstes Jahr noch einmal versuchen kann, dann

wären die meisten Probleme aus dem Weg – jedenfalls wären die größten Probleme lösbar.

In diesen Absätzen nahm Crowhurst offenbar abermals Zuflucht zu der Vorstellung von einem zweiten Versuch: eine neue Herausforderung. Von den Alternativen, die ihm offenstanden, falls er aufgab, erschien jede gleichermaßen untragbar. Es ist ersichtlich, daß er hier wieder im Schreiben innehielt, und als er fortfuhr, hatte er beschlossen, die Entscheidung aufzuschieben:

> Ich werde weiter südwärts fahren und versuchen, den Generator in Gang zu bringen, so daß ich mit Mr. Best reden kann, bevor ich mich endgültig auf den einen oder anderen Kurs festlege oder aus dem Rennen aussteige. Drücke ich mich vor der Entscheidung? Nein. Es ist viel besser, wenn er Bescheid weiß, daß ich ans Aussteigen denke, bevor ich mich festlege, und ich erfahre, was er davon hält. Wenn er mit einer Weltumseglung ohne Zwischenlandung (unabhängig vom S. T.-Rennen) nichts mehr zu tun haben will, dann sieht es allerdings böse aus – aber wenigstens weiß ich, wo er steht. Letzten Endes – wenn alles total schiefgeht: Electron Utilisation bankrott und das Haus verkauft, zehn Jahre Arbeit und Sorgen umsonst, dann hab ich noch immer Clare und die Kinder. *If you can make a heap of all your worries / And risk it on one turn of pitch and toss, / And lose, and start again at your beginnings, / And never breathe a word about your loss –**
> Habe ich versagt? Nicht, wenn ich es nächstes Jahr noch einmal versuchen kann. 4½ Monate, seitdem die erste Planke gesägt wurde, das ist an sich eine ganz schöne Leistung, aber noch nicht gut genug. Der Plan ist schon o. k., aber die Ausführung entspricht nicht den hohen Anforde-

* »Wenn du alle deine Sorgen aufeinanderstapeln / und sie mit einem einzigen Wurf aufs Spiel setzen / und verlieren und noch einmal von vorn anfangen kannst / und nie ein Wort darüber verlieren –«

rungen, die ein so gewaltiges Unternehmen stellt. Oberflächliche Beurteilungen, was Erfolg und was Mißerfolg sei, taugen nichts. Welches Nazi-Parteimitglied hätte 1941 Hitler für einen Versager gehalten? Welcher Pharisäer hätte den Zimmermann für einen Gewinner gehalten, als er sterbend zwischen den beiden Schächern am Kreuz hing? Erfolg liegt in der Befriedigung, sein Bestes gegeben zu haben, glaube ich, mehr als in irgend etwas anderem. Aufrichtig versucht zu haben, den besten Weg zu finden und ihn dann zu gehen.

Alles Philosophieren ist freilich sinnlos und muß aufhören. Arbeit wartet auf mich! Außerdem verschwendet es die Batterie.

9
Die gefälschten Aufzeichnungen

Ab diesem Zeitpunkt sind Donald Crowhursts Aufzeichnungen über seine Fahrt nicht mehr zuverlässig. Er ist nicht mehr uneingeschränkt offen, seine wichtigsten Überlegungen hält er oft absichtlich nicht mehr schriftlich fest. Deshalb ist die Geschichte nicht mehr nur Schilderung der Ereignisse, gestützt auf Crowhursts eigene Äußerungen; sie wird zur Kriminalgeschichte, und alle seine Aufzeichnungen sind Beweismaterial (manches zutreffend, anderes nicht), aus dem wir herleiten müssen, was wirklich geschehen ist. Das wichtigste Beweisstück sind nach wie vor die Logbücher, die an Bord der *Teignmouth Electron* gefunden wurden. Die BBC-Tonbänder sind informativ, aber, wie wir ja gesehen haben, kaum je aufrichtig. Darüber hinaus liegen uns die vielen Papiere, Karten, Notizzettel und sonstigen Gegenstände aus der Kajüte des Trimarans vor: wir haben sie eingehend untersucht. Sie zeigen, daß nach weiteren drei Wochen Donald Crowhurst bereits begonnen hatte – zumindest in einer Hinsicht –, absichtlich zu betrügen.

Nach der umfassenden Analyse seines Dilemmas am 15. November schrieb Crowhurst fast einen Monat lang weiterhin regelmäßige Einträge in dasselbe Logbuch, das er seit Beginn seiner Fahrt geführt hatte; wir nennen es Logbuch 1. Es ist (wie die anderen) ein dickes, liniertes Schreibheft, großformatig, 192 Seiten stark, mit hartem dunkelblauem Einband.*

Die rechten Seiten sind der Navigation vorbehalten: Sonnenmessungen und Standortberechnungen, und am Rand zwei Spalten mit den zurückgelegten Meilen und dem Kurs.

* Das Heft besteht aus sechs Bögen mit je 32 Seiten: man sieht, daß keine Seite herausgetrennt wurde.

Die linken Seiten halten die jeweiligen Ereignisse des Tages fest: es sind erzählende Berichte wie die bereits zitierten. Bei besonders langen Einträgen – wie eben am 15. November – läuft der Text auch auf den rechten Seiten weiter, aber die ursprüngliche Einteilung wird unmittelbar danach wiederhergestellt. Im Vergleich zu seinen früheren Versuchen, ein Logbuch zu führen, ist dies alles erstaunlich methodisch. Wenn eine Seite voll war, schnitt er die rechte obere Ecke säuberlich ab, damit er die Stelle, an der er aufgehört hatte, sofort wiederfand. Er schrieb stets mit Bleistift. Gelegentlich ist ein Wort ausradiert, aber zu diesem Zeitpunkt war er noch nicht in die alte Gewohnheit zurückgefallen, seine Texte mit tausenderlei Streichungen und Einfügungen zu überarbeiten. Doch wegen seiner oft falschen Rechtschreibung und seiner Bevorzugung extrem harter Bleistifte, die sich tief ins Papier eingruben, sind seine Logeintragungen selbst in diesem frühen Stadium schwer zu entziffern.

Ein ähnliches Heft, eigens gekennzeichnet mit weißem Klebeband auf dem Umschlag, war für die täglichen Funkmeldungen vorgesehen. Darin steht, in säuberlichen Großbuchstaben, der Wortlaut der Telegramme, die er mit dem Morseapparat durchgab. Sie sind während der ganzen Fahrt offenbar mit größter Sorgfalt aufgezeichnet worden, denn sie stimmen exakt mit den Meldungen überein, die in England eintrafen. Hier und da wird ein Funkgespräch erwähnt, manchmal mit einer kurzen Notiz über den Inhalt. Aber nachdem solche Notizen nur sehr vage sind, läßt sich nicht mit Sicherheit exakt bestimmen, welche Informationen dabei ausgetauscht wurden. Massenhaft finden sich Funksprüche, die zwischen Sendestationen und Schiffen in verschiedenen Teilen der Welt hin- und hergingen, dem Anschein nach ganz unwichtig und meistens wohl nur zum Zweck der Übung im Morsealphabet niedergeschrieben; aber wie wir sehen werden, haben manche eine andere Bedeutung.

Im Augenblick jedoch schlug Crowhurst sich noch mit unmittelbar praktischen Problemen herum. Bis zum 15. November, als sein sechzehnter Tag auf See begann, hatte sein Log etwa 1300 Meilen aufgezeichnet, aber er war so sehr im Zickzack gesegelt, daß er auf seiner geplanten Route kaum achthundert Meilen zurückgelegt hatte (und 30000 Meilen waren es insgesamt). Jedes Besteck, das er nahm, zeigte ein miserables Ergebnis – schlechter als bei jedem anderen Teilnehmer in der entsprechenden Etappe. Er war noch immer vor der portugiesischen Küste, etwa 120 Meilen WNW von Lissabon. Francis Chichester hatte nur sechs Tage gebraucht, um so weit zu kommen – Crowhursts Ziel waren fünfeinhalb gewesen.

In seiner langen Sitzung bei schwindendem Lampenlicht war er zu der Überzeugung gelangt, daß er eine Weltumsegelung niemals schaffen würde; aber er hatte auch erkannt, daß keine der Alternativen tragbar war. Obwohl am Ende der Fatalismus durchbrach (war er wieder zur öffentlichen Verwendung bestimmt?), war er vor jeder anderen Lösung zurückgeschreckt; er hatte sich entschieden, Kurs nach Süden zu nehmen, aber noch keine grundsätzliche Entscheidung getroffen, was er tun sollte. In wachsender Verzweiflung spielte er immer wieder verschiedene Vorgehensweisen durch, gelangte jedoch stets zum selben düsteren Schluß wie zuvor: es gab keinen akzeptablen Ausweg. Seine größte Sorge zu diesem Zeitpunkt war, den Generator wieder in Gang zu bringen, damit er über Funk mit Stanley Best sprechen und ihn um Rat fragen konnte. Sein Logeintrag vom Samstag, dem 16. November, klingt tapfer, aber unglücklich. Er hatte endlich den Generator repariert; aber jetzt machte das Hamilton-Chronometer erneut Ärger:

> Generator um ca. 13.00 zum Laden gebracht. Was für ein Kampf! Habe die Wirkung beseitigt – vorausgesetzt, es ist kein Salzwasser in die Batterie eingedrungen –, aber an der Ursache hat sich nichts geändert: diese undichte Cockpitluke. Wann immer eine Gefahr bestand, daß das Cockpit überflutet werden könnte, habe ich sofort beigedreht. Ein-

mal sind bestimmt hundert Liter auf einmal hereingebrochen. Auf die Weise gewinnt man ganz bestimmt keine Rennen!

Elektriktest: Zähler unter Wasser – mit Lampe geprüft – schien o. k. Funkgerät eingeschaltet. Funktioniert! Tolles Geräusch.

Zeitmessung. Hamilton noch im Eimer. Unruhfeder gründlich untersucht. Scheint noch leicht anzustoßen, deshalb habe ich den Rücker ziemlich weit positiv gestellt, sollte jetzt in Ordnung sein. Aber wird das Ding anständig gehen? Normalerweise würde ich nicht zu solchen groben Methoden greifen, aber was bleibt einem hier draußen anderes übrig! Ich hätte eine Sorge weniger, wenn ich die Uhr dazu brächte, gleichmäßig zu gehen.

Spätabends am selben Tag gelang es ihm mit Hilfe des endlich arbeitenden Generators, einen verspäteten Pressebericht an Rodney Hallworth abzuschicken, in dem er die Funkstille erklärte. Obwohl er seit der letzten Pressemeldung – derzufolge er »Kurs nach den Azoren« hatte – nicht einmal zweihundert Meilen weitergekommen war, hatte er sich nun für ein anderes Ziel entschieden:

FUNKSTILLE WEIL MASCHINENRAUM BEI SCHWEREM STURM ÜBERFLUTET STOP MAGNET AUSGEBAUT SPULENSTREIFEN ERSETZT GENERATOR GETROCKNET BÜRSTEN ÜBERHOLT STOP WEITER NACH MADEIRA.

Wie die meisten Mitteilungen, die Crowhurst zur Veröffentlichung abschickte, enthielt auch diese keine Positionsangabe, sondern nannte lediglich einen Zielort. In Wahrheit waren sowohl die Azoren wie auch Madeira noch mehrere hundert Meilen entfernt. Hallworth indessen legte die Situation so positiv wie möglich aus, bevor er die Mitteilung an Fernsehen und Zeitungen weitergab. So gab denn auch die darauffolgende

Pressemeldung pflichtschuldig Crowhursts Position als »nahe Madeira« an. Hallworths Lokalblatt in Exeter berichtete, schwere Stürme hätten Crowhursts Geschwindigkeit auf »weniger als hundert Meilen am Tag« absinken lassen (»weniger als fünfzig« wäre der Wahrheit nähergekommen), beeilte sich jedoch hinzuzufügen, sein Schiff sei zu »mehr als doppelt soviel« imstande. – Dies sollte bald das Muster werden, an das sich die Berichterstattung über Crowhursts Fahrt hielt: die Kombination aus vagen (und später irreführenden) Telegrammen und Hallworths optimistischen Interpretationen brachte am Ende einige groteske Ergebnisse hervor.

Nachdem er das Pressetelegramm durchgemorst hatte, schrieb Crowhurst seinen letzten Eintrag des Tages ins Logbuch: offenbar war ihm jäh zum Bewußtsein gekommen, wie gravierend das Fehlen des Heliflex-Lenzpumpenschlauches war, ein Umstand, den er am vorhergehenden Tag bei der Erstellung seiner Mängelliste nur kurz gestreift hatte:

> Gutes Abendessen – Paëlla Electron. Funksprüche, Generator läuft, Wetter mild. Prächtige Umstände, aber das ändert nichts an meinem Pessimismus. Ich befürchte Schlimmes. Morgen durchsuche ich das ganze Schiff vom Bug bis zum Heck. Wenn dieser Schlauch an Bord ist, werde ich ihn finden, obwohl er sich bis jetzt nicht gezeigt hat und auch nicht auf den Staulisten steht. Ich dachte zuerst, ich hätte ihn auf der Seiltrommel mit dem Reservetauwerk gesehen. Ziemlicher Schock – obwohl mir zu dem Zeitpunkt noch nicht voll bewußt war, was das heißt.

Am nächsten Tag stellte er das Boot gründlich auf den Kopf und notierte dann nur knapp: »Eindeutig kein Schlauch an Bord.« Sein Fehlen sollte er bald noch schmerzlicher zu spüren bekommen; am Montag öffnete er die Luke zur vorderen Kammer des Steuerbordschwimmers und stellte fest, daß auch dort alles unter Wasser stand, genauso wie in der vorderen Kammer des Backbordschwimmers. Und dies trotz der Glasfiberversiegelung. Zu allem Überfluß hatte er hier seinen Vorrat an Pulverkaffee verstaut:

> Zu zwei Dritteln voll Kaffee. Aufwischen dauert Jahre. Mit Ölzeug oder ohne? Entschied mich für letzteres. Tauchte braungesprenkelt und beklebt mit aufgeweichter Pappe wieder auf – irgendwas Schreckliches aus der Tiefe. Ösen; wobei ich von einer kabbeligen See geduscht wurde. Erneutes Versiegeln. Dann holte ich gut dreihundert Liter aus der vorderen Luke. [Also leckte auch die mittlere Kammer.]

Eine anschauliche Schilderung des Kaffee-Ösens findet sich auf einem Tonband, das er sehr viel später aufnahm:

> Ich muß mich jetzt mit Kakao begnügen, der Kaffee ist zu Ende. Die Hälfte meines Kaffees habe ich bei der Überflutung... in den ersten Tagen verloren. Die Hälfte meines Vorrats war in Papierbeuteln, und ein Paket mit diesen Beuteln geriet unter Wasser. Das Ergebnis war eher komisch. Das Leckwasser im Schwimmer war in Wahrheit Salzkaffee – kalter, salziger Kaffee! – und beim Schöpfen habe ich selber mehr als eine ordentliche Portion davon abgekriegt... Ich hab die Aufgabe nackt in Angriff genommen und bekam dank dem kaffeegefärbten Wasser eine vorzeitige Sonnenbräune. Na ja... eigentlich sah ich ziemlich fürchterlich aus: dunkelbraune Flecken am ganzen Körper. Als ich fertig war, sah ich aus, als hätte ich irgendeine schreckliche Krankheit. Es ließ sich aber abwaschen.

Crowhurst hatte für Montag, den 18. November, zwei Funkgespräche angemeldet – eines mit seiner Frau, das andere mit Stanley Best. Er bereite sich gründlich darauf vor: zwei Tage verbrachte er mit einer weiteren Analyse möglicher Alternativen. Zuerst stellte er eine Tabelle auf: die verschiedenen Anlaufstellen mit je unterschiedlichen Geschwindigkeiten. Als niedrigste Werte setzte er Geschwindigkeiten von neunzig und sogar sechzig Meilen am Tag ein: ein gewaltiger Gegensatz zu den 220 Tagesmeilen in seiner Planung zu Hause auf dem Flügel in Woodlands...

Meilen pro Woche	Meilen pro Tag	Geschw. im Schnitt	Kap der Guten Hoffnung	Australien	Hoorn	GB	Ausstieg	GB
420	60	2,5	Feb. '69	Mai (5.)	Sept. '69	Feb. '70	Kap d. GH	Mai
630	90	3,5	Jan.	März (7.)	Juli	Okt.	Aust.	Feb. '70
840	120	5	Dez.	Feb. (8.)	Mai	Aug.	Aust.	Feb. '70
1050	150	6,25	Dez.	Jan. (9.)	April	Juni (?)	Aust.	Feb. '70
1400	200	8,3	Anfang Dez.	Jan.	Feb.	April		

Der Zweck der Tabelle war, festzustellen, ob er das Hoorn umrunden oder nach Australien gelangen konnte, bevor im April oder Mai auf der Südhalbkugel der Winter zuschlug. Das kam bei einer realistischen Einschätzung der Geschwindigkeit eindeutig nicht in Frage. Crowhurst schrieb die Tabelle am 17. November ins Logbuch, und am folgenden Tag fuhr er fort:

Am Abend Funkgespräch.
Zusammenfassung:

1. Sämtliche Luken lassen sehr viel Wasser ein, die Versiegelung hat nicht standgehalten, als das Boot schnelle Fahrt machte. Fast 700 Liter Wasser in einer Nacht.
2. Es gibt keine Möglichkeit, die Rümpfe bei geschlossenen Luken zu lenzen. Das heißt: wenn das Schiff mehrere Tage hintereinander in schlechtes Wetter gerät, läuft es Gefahr zu sinken. Ich halte es über Wasser,

indem ich vermeide, bei rauhen Bedingungen am Wind zu segeln.*

Ich würde das Risiko eingehen, Kapstadt anzulaufen. Wenn ich irgendeinen Weg finde, das Wasser aus den Luken zu pumpen, dann schaffe ich es möglicherweise bis Australien, aber *sicher nicht weiter*, denn das würde bedeuten: das Hoorn im Winter. Wenn ich Kapstadt anlaufe, könnte ich im Mai 69 zurück in England sein. Wenn Australien, dann frühestens im Februar 70.

Zusammenfassung:

1. Weitermachen. Ankunft Hoorn im Juni oder April. Chance 50 Prozent (Aussicht zu kentern: 60 Prozent?)
2. Aufgeben – in Kapstadt ausscheiden (England im Mai).
3. Nach Amerika segeln, wo ich das Boot zum bestmöglichen Preis verkaufen könnte.
4. Nach England zurückkehren und versuchen, den Rekord zu brechen.

Es ist ein sehr hoffnungsloses Bild. Aber als er über Funk mit seiner Frau sprach, gab er nichts davon zu erkennen. Die Punkte, über die er während des Gesprächs reden wollte, faßte er in einem Eintrag ins Funkbuch zusammen:

* Dieser Abschnitt ist ein interessanter Beweis dafür, daß Crowhurst immer öfter über seine Notlage nachdachte. Er war sich mittlerweile klargeworden, daß das Problem mit den Pumpen sehr viel schwerwiegender war, als er zunächst angenommen hatte. Selbst wenn das fehlende Schlauchstück an Bord gewesen wäre, hätte er nichtsdestoweniger die Luken öffnen müssen, um die Schwimmer zu lenzen – sein grundlegendes Problem hätte der Schlauch deshalb nicht vollständig gelöst, obwohl der Lenzvorgang bei heftiger See natürlich weitaus weniger gefährlich gewesen wäre. Tetley hatte das Problem vorausgesehen und in die vorderen Kammern seiner *Victress* feste Pumpen installiert. Aber im ständig stürmischen Wetter der brüllenden Vierziger wäre die *Teignmouth Electron* auf keinen Fall mit Lecks zu Rande gekommen.

1. Wie geht's dir?
2. Alles o. k.
3. Ärger mit Bestellung mechanischer Teile – Dave Baker kann sich darum kümmern. [Dies bezog sich auf ein Problem bei der Produktion des Navicators zu Hause.]

Über anderes sei tatsächlich nicht gesprochen worden, sagt Clare Crowhurst. Auch Stanley Best gegenüber erwähnte Crowhurst nicht seine Zwangslage, seine Zweifel, ob er weitersegeln sollte oder nicht; obgleich das doch der eigentliche Grund für das Gespräch war. Ganz offensichtlich hatte Crowhurst seine Meinung geändert. In seinem Funkbuch findet sich kein Hinweis auf das Gespräch, aber Best ging in seinem Bericht darauf ein: Crowhurst sagte, er sei bei guter Gesundheit, aber enttäuscht über das langsame Fortkommen bisher. Seine Position gab er (optimistisch) als einige hundert Meilen nördlich Madeiras an. Aber hauptsächlich ging es um das Problem des Pumpens – Best solle nachforschen, ob überhaupt ein Schlauch an Bord gebracht worden war, und innerhalb von drei Tagen, bis zum nächsten Funkgespräch, sich erkundigen, was dagegen unternommen werden könne.*

Am darauffolgenden Wochenende erschien ein langer Artikel von Murray Sayle in der *Sunday Times*; darin bezeichnete er diese Phase des Rennens als »die Woche, in der alles geschah«. Alex Carozzo schleppte sich mühsam nach Lissabon und schied aus. In seinem Fall hatte sich die Belastung des überstürzten Aufbruchs nicht auf das Schiff ausgewirkt, sondern zum Schaden seiner Gesundheit – ein Magengeschwür hatte ihn niedergestreckt. Bill Kings *Galway Blazer* wurde mit gebrochenem

* John Elliot schlug vor, die Luken mit Seelastic abzudichten oder die wasserdichten Schotten zu den mittleren Kammern der Schwimmer zu durchbohren, wo es als Teil des Selbstaufrichtemechanismus festinstallierte Pumpen gab. Best selbst hatte mehrere Vorschläge, zum Beispiel die Schwimmer mit leeren Tupperware-Behältern zu füllen, um auf diese Weise einen permanenten Auftrieb zu erzielen.

Mast in den Hafen von Kapstadt geschleppt, nachdem er in einem Sturm im Südatlantik durchgekentert war. Knox-Johnston hatte Chichesters Streckenrekord für eine Fahrt ohne Zwischenlandung gebrochen. Er lag vor Neuseeland, sein Boot war gekentert und schwer angeschlagen, die Selbststeueranlage zertrümmert und das Ruder nicht mehr zu gebrauchen; aber er hatte das Schiff notdürftig geflickt und kämpfte sich kühn weiter voran. Tetley hatte ebenfalls einen Rekord gebrochen – er hatte die längste Fahrt in einem Mehrrumpfboot unternommen; jetzt war er auf dem Weg zum Kap der Guten Hoffnung. Von Moitessier wußte man – obwohl er kein Funkgerät an Bord hatte (er hatte allen, die ihm einen Sender aufdrängen wollten, entgegengehalten, wie irritierend und überdies gefährlich derlei Apparate seien, denn sie hielten einen nur vom ernsthaften Segeln ab) –, daß er den Abstand zu Knox-Johnston aufgeholt hatte. Unterdessen füllte er sein Logbuch mit maßvollen Schmähreden gegen die Zivilisation und genoß uneingeschränkt die brüllenden Vierziger. Sein Landsmann Fougeron hingegen hatte die Roaring Forties keineswegs genossen, die sein Boot untergemangelt und den größten Teil seiner Ausrüstung hatten zerschellen lassen. Er fand die Zivilisation dann doch nicht so übel und lief dankbar festes Land an.

Der einzige Teilnehmer, an dem Sayle kaum ein Interesse fand, war Crowhurst. Dabei war es für ihn mehr als für alle anderen »die Woche, in der alles geschah«. Er hatte es nur niemanden gesagt.

Die Neuigkeiten über die anderen Teilnehmer, die Stück für Stück über Crowhursts Radio hereintröpfelten, müssen ihn entsetzt und zugleich ermutigt haben. Sie hielten ihm die Gefahren in einem kleinen Schiff mitten im Ozean deutlich vor Augen. Andererseits nahm die Zahl seiner Gegner ab, und das ließ eine schwache Hoffnung in ihm aufkeimen, daß er, wenn er es irgendwie schaffte, die Fahrt zu Ende zu bringen, vielleicht der einzige war, dem das gelang. Selbst bei Knox-Johnston und seinem übel zugerichteten Boot schien eine siegreiche Rückkehr nach England eher unwahrscheinlich – obwohl Crowhurst, als er in den Ein-Uhr-Nachrichten vom 19. November hörte, sein Rivale habe Neuseeland passiert, mit Bewunderung ins Logbuch schrieb: »Er macht es bestimmt gut. Viel Glück dem Mistkerl.«

Seine Unschlüssigkeit lähmte ihn, und er war beinahe an einem toten Punkt angelangt. In den nächsten drei Tagen segelte er bei scheußlichem Wetter einen langsamen Kreis nördlich von Madeira, und in der ganzen Woche machte er nur 180 Meilen Süd.

Mehrere Spuren weisen darauf hin, daß er an diesem Punkt nahe daran war, den nächsten Hafen anzulaufen, Funchal (die Hauptstadt von Madeira), und sofort aufzugeben. Crowhurst hatte außer seinen Logbüchern einen großformatigen Notizblock an Bord, und es sind etliche beschriebene Seiten erhalten; auf einem Blatt hatte er eine detaillierte Karte von Funchal gezeichnet, mit allen Informationen, die er brauchte, um dort anzulegen, einschließlich Gezeiten, Landmarken, Liegeplätzen. Außerdem hatte er die für seine Fahrt wichtigen Bände des *Lotsenhandbuchs* der Admiralität an Bord, in dem alle Küstenlinien der Welt mit sämtlichen möglichen Gefahren für einlaufende Schiffe beschrieben sind. Bei Crowhursts Aufbruch waren alle Bände neu und noch ungeöffnet; nach der Fahrt waren die Seiten über Madeiras Häfen stark abgegriffen und mit zahlreichen Anmerkungen versehen.

Am Donnerstag, dem 21. November, führte er sein zweites Funkgespräch mit Stanley Best. Sein Verhalten wurde nun vollends mysteriös. Wir wissen, daß er seinem Sponsor über alle seine Zeit- und Geldschwierigkeiten sein Herz ausschütten wollte. Eine genügend pathetische Darstellung seiner Probleme hätte Best vielleicht sogar bewogen, ihm die Schande zu ersparen und von sich aus den Vorschlag zu machen, aufzugeben. Vor dem zweiten Gespräch übertrug Crowhurst sogar seine verschiedenen Rückzugsalternativen aus dem Logbuch 1 ins Funktagebuch, damit er sie eine nach der anderen aufzählen konnte.

Aber auch diesmal, so Stanley Best, sei keine Rede vom Aufgeben gewesen. Das Gespräch dauerte sieben oder acht Minuten, und es war, sagt Best, eine technische Diskussion über das Problem des Lenzens. Außerdem kündigte Crowhurst an, daß wegen der Schwierigkeiten mit dem Generator vielleicht bald Funkstille herrschen würde.

Dieser letzte Punkt ist der erste Hinweis auf Crowhursts wahre Absichten. Eine Erklärung für seine mangelnde Offenheit könnte sein, daß er – wie damals in Teignmouth gegenüber Clare – das demütigende Eingeständnis, versagt zu haben, nicht über die Lippen brachte. Es gibt freilich auch eine andere Möglichkeit: eine ganz andere Lösung des Problems – eine, die sein gegenwärtiges Scheitern auslöschen würde – könnte zwischen der Vorbereitung und dem tatsächlichen Gespräch mit Best begonnen haben, in seinem Kopf Gestalt anzunehmen – eine Lösung, die man mit Best nicht besprechen konnte.

Nur Crowhursts effektives Handeln kann uns bestätigen, ob dies tatsächlich der erste Hinweis auf den künftigen Betrug war, denn sein Schiffstagebuch ist jetzt nicht mehr mitteilsam. Für diese beiden Tage, den 20. und den 21. November, findet sich lediglich ein knapper, zurückhaltender Eintrag: »Übles Wetter, mußte beidrehen. Bin ziemlich niedergeschlagen wegen Luken.« Trotzdem war er ganz offensichtlich zu einer Entscheidung gelangt, denn in seinen Aufzeichnungen wird spürbar, daß er mit neuem Mut an die Sache herangeht, die quälende Auseinandersetzung mit seinem Dilemma nimmt jäh ein Ende.

Am nächsten Morgen machte er sich sogleich ans Werk, das Servoruder der Hasler-Steuerung auszuwechseln, das im Sturm vom 20. November zu Bruch gegangen war. Es war eine heikle Aufgabe, denn ein Bolzen und eine Befestigungsklemme waren mit dem gebrochenen Ruderblatt verlorengegangen, und er mußte improvisieren. Dann klarte der Himmel auf, und er nahm entschlossen Kurs nach Südwesten.

Am Samstag beschloß er sogar, auf den Mast zu klettern, um den doppelten Türkenbundknoten im Fockfall zu entwirren – eine Arbeit, die er seit Teignmouth immer vor sich hergeschoben hatte. Die Erfahrung stellte mit einem Schlag seine muntere Unbekümmertheit wieder her – er verbreitete sich über Klipper, unterlegt mit einer sehr speziellen, Crowhurstschen Gebrauchsmathematik:

> Oben auf dem Mast muß man sich verdammt gut festhalten, denn selbst bei den jetzt vergleichsweise kleinen Seen (2 Meter) herrscht dort oben eine enorme Beschleunigung! Ich habe mich gefragt, wie es dagegen auf dem Mast eines Klippers wäre. Niedriger, aber wahrscheinlich genauso wild, nehme ich an, weil ein größeres Schiff sich langsamer bewegt. Auf einem Klipper wäre die tatsächlich zurückgelegte Strecke viel größer, aber die Beschleunigung ungefähr dieselbe, auch beim schlimmsten Wetter. Interessantes dynamisches Problem. Wie auch immer, Mastklettern ist eine gute Übung – ich bin erschöpft. »Ich werde jetzt meinen Verdauungsspaziergang machen«, sagt er und verschwindet zweimal am Tag in der Takelung.

Er schaffte nun Tagesetmale von gut hundert Meilen im Schnitt. Einen unnötig weiten Bogen nach Westen zog er, um nicht auf Madeira zu prallen – mit dem verdächtigen Chronometer war seiner Navigation kaum zu trauen. »Leider keine Sicht auf Madeira«, schrieb er wehmütig. »Auch recht. Funchal klingt entzückend.« Und er entwarf etliche vergnügte Pressetelegramme an Rodney Hallworth, die er wegen der atmosphärischen Verhältnisse nicht absenden konnte. In jedem ließ er sich aus über die Probleme mit seinem Schiff (um zu erklären, weshalb er die ganze Woche über so langsam vorangekommen war), aber dann kam er zu der sensationellen Meldung: »BOOT REGATTAKLAR RENNEN BEGINNT«.

Unterdessen hatte er die vorherrschenden Westwinde endlich hinter sich gebracht, vor ihm lagen der Passatgürtel und mehr als tausend Meilen gerader Fahrt bei achterlichem Wind. Jetzt endlich konnte der Trimaran zeigen, was in ihm steckte. Damit seine Fahrt wenigstens halbwegs wieder an Glaubwürdigkeit gewann, mußte die *Teignmouth Electron* eine wahrlich aufsehenerregende Leistung erbringen.

Der zweite Hinweis auf Crowhursts geänderte Absichten taucht am 26. November auf. Aus keinem ersichtlichen Grund schrieb er plötzlich: »Natürlich werden mir meine Logbücher nicht reichen«, und verkündete, er müsse viel enger schreiben, einzeilig statt mit doppeltem Zeilenabstand wie bisher. Alle weiteren Eintragungen im Logbuch 1 sind in so winziger Schrift geschrieben, daß auf eine Seite über tausend Worte passen. Ein sonderbarer Beschluß: im ersten Logbuch waren noch 150 Seiten frei, und wie wir wissen, hatte er, außer dem Funktagebuch, überdies noch zwei weitere Logbücher in Reserve. Natürlich hätten ihm seine Logbücher gereicht... Es sei denn, er brauchte seine Reservebücher zu anderen Zwecken.

Gleichzeitig gab Crowhurst seine bisherige Einteilung auf: Navigation auf der rechten Seite, Bericht auf der linken. Statt dessen begann er zwischen seine nautischen Berechnungen kurze Kommentare zu streuen. Die Kommentare selbst erscheinen auf einmal forciert, gestelzt und ohne Zusammenhang:

> Caprihuhn ist recht fein, wenn man eine frische Zwiebel, Trockenerbsen und Käse dazugibt.
>
> Versuchte den Flieger auszubaumen. Problem: beim Segelsetzen den Baum *und* das Segel kontrollieren.
>
> Beim Mittagsbesteck: runden Gegenstand gesichtet, rostig, zu ⅔ unter Wasser, 4 Kabellängen entfernt. Abfälle längsseits. Vielleicht überzähliger Verschlag? Durchmesser geschätzt auf ca. 1 m.

Auch sind die Seiten nun unnatürlich sauber und ordentlich. Seine Navigationsergebnisse sind auf pedantische Weise doppelt unterstrichen, regelmäßig erscheinen Ausreden für Widersprüchlichkeiten in der Navigation: »Die Venushöhenmessung ist besorgniserregend«; »Hamilton steht...«; »Morgenbesteck wiederholen«; »DA also sind wir!« An einer Stelle – am Fuß einer Seite – fehlen in der Reihe von Logmessungen plötzlich etwa hundert Meilen. Natürlich kann das Log einfach falsch abgelesen worden sein – aber dann wäre bei der nächsten Messung der Irrtum berichtigt worden. Alles in allem erwecken diese Seiten stark den Eindruck, als seien sie von einem früheren Entwurf abgeschrieben worden.

Wir glauben jedoch, daß die wichtigsten nautischen Eintragungen im Logbuch 1 bis zum 5. Dezember weitgehend korrekt sind. Nach diesem Datum sind sie zweifellos gefälscht.

Wir haben nur Indizienbeweise für diese Annahme, aber sie sind überzeugend. Zum einen hatte Crowhurst keinen Grund, seine Navigationsaufzeichnungen vor dem 5. Dezember zu fälschen; aber er hatte einen sehr speziellen Grund, es danach zu tun. Zum anderen sind sämtliche Berechnungen Crowhursts von unserem Navigationsberater* nachgeprüft worden: vor dem 5. Dezember sind keine schwerwiegenden inneren Widersprüche festzustellen. Dazu kommt noch ein drittes Beweisstück, das nicht aus den Logbüchern stammt, sondern aus den Unterlagen, die auf seinem Boot gefunden wurden. Vor dem Aufbruch erhielt Crowhurst einen Stapel Formulare, gedruckt auf dem Briefpapier des Stadtbezirksrates Teignmouth, mit folgendem Inhalt:

VON DONALD CROWHURST,
DER ALLEIN, OHNE ZWISCHENLANDUNG
UM DIE WELT SEGELT

Die Flasche mit dieser Botschaft wurde am .... 196... um .... Uhr ins Meer geworfen. Meine Position ist .... und mein Log zeigt .... Meilen an.

Gezeichnet:

Der Finder dieser Botschaft erhält eine Belohnung, wenn er sie an Mr. D. H. Sharpe, Bitton House, Teignmouth, England, schickt.

* Captain Craig A. Rich, Ausbilder an der *School of Navigation*, London.

Die Idee war natürlich, daß Crowhurst solche Botschaften auf allen Meeren der Welt ins Wasser werfen sollte – alle paar Tage eine: ein Publicitygag. Wir erinnern uns, daß Crowhurst stets einen sehr harten Bleistift benutzte: wenn er ein Formular ausfüllte, drückte sich deshalb die Schrift auf das darunterliegende Blatt durch. Tatsächlich fanden wir bei näherer Untersuchung den Abdruck von zwei ausgefüllten Formularen auf dem obersten Blatt des Stapels. Das eine stammte vom 24. November, das andere vom 1. Dezember.

Wir wissen aufgrund seiner späteren Handlungen, daß Crowhurst, solange er betrog, einen außerordentlichen Widerwillen hegte, *präzise* Informationen über seinen Standort preiszugeben, mochten sie wahr oder falsch sein; gewiß hätte er niemals freiwillig eine Flasche mit korrekten Zeit-, Längen- und Breitenangaben ins Meer geworfen. All dies legt nahe, daß er bis zum 1. Dezember und vielleicht noch ein paar Tage danach korrekte Positionen ins Logbuch eintrug. Bezeichnend ist auch, daß seine Flaschenpostsendungen Anfang Dezember jäh endeten.

Wahrscheinlich war der Grund, weshalb er am 26. November von seiner bisherigen Gepflogenheit abwich, der Wunsch, einen neuen, weniger informativen Tagebuchstil auszuprobieren, der spätere Fälschungen erleichtern würde. Er gab sich zehn Tage, um sich an den neuen Stil zu gewöhnen. Dann, in der zweiten Dezemberwoche, die am Freitag, dem 6., begann, fing Crowhurst an, seine Navigationsaufzeichnungen überlegt und konsequent zu fälschen. Der Beweis dafür ist sehr schlüssig. Wahrscheinlich bewahrte er diese Aufzeichnungen sogar absichtlich auf, weil er wußte, daß man sie finden würde.

Am 10. Dezember, als Crowhurst sich dem Ende des Passatgürtels näherte, traf für Rodney Hallworth in Exeter das folgende dramatische Telegramm ein: die Etmale der vergangenen fünf Tage.

PRESSE - DEVONNEWS EXETER
NACH SÜDEN GERAST - FREITAG 172 FOCKBAUM GEBROCHEN
SAMSTAG 109 SONNTAG 243 NEUER EINHANDREKORD
MONTAG 174 DIENSTAG 145
NO-PASSAT VORBEI

Hallworth muß entzückt gewesen sein. Die Telegramme der letzten beiden Wochen hatten zwar durchaus heiter geklungen – er komme ganz gut voran, hatte es geheißen, und es war die Rede vom unvermeidlichen »Frühstück aus Fliegenden Fischen«, als er sich den Kapverdischen Inseln näherte. Aber jetzt, endlich!, hielt der Junge all seine rekordbrechenden Versprechungen. Am 11. Dezember erhielt Hallworth einen Funkanruf von Crowhurst, der ihm weitere Einzelheiten bekanntgab. Daraufhin hatte er es brandeilig, die glorreiche Rekordfahrt den Zeitungen mitzuteilen. Typisch war der Artikel im *Daily Mirror*:

SOLOSEGLER STELLT NEUEN REKORD AUF

Der Weltumsegler Donald Crowhurst stellte gestern einen neuen Einhand-Rekord auf.

Am vergangenen Sonntag segelte er 243 Meilen – seines Wissens die größte Strecke, die ein Solosegler je in vierundzwanzig Stunden zurückgelegt habe.

Captain Terence Shaw, Schriftführer des Royal Western Yacht Club, sagte gestern: »Ich bezweifle, daß irgend jemand je mehr zustande gebracht hat.«

Donald Crowhurst aus Bridgwater in Somerset ist einer der vier Segler, die noch im Rennen sind – dem von der Sunday Times veranstalteten Rennen der Solosegler um die Welt.

Er befindet sich nun südlich des Äquators und hat Kurs auf Kapstadt.

243 Meilen waren fast mit Sicherheit ein Rekord: der schnellste Segler, von dem man bis dahin gehört hatte, war Geoffrey Williams, der ein halbes Jahr zuvor im Transatlantikrennen des *Observer* 220 Meilen geschafft hatte. Crowhursts euphorische Kommentare über Funk wurden im Artikel der *Sunday Times* drei Tage später ausführlich gewürdigt. Zum ersten Mal erhielt Crowhurst nicht einfach einen herablassenden letzten Satz in der Berichterstattung über den Stand des Rennens – nein, sein Name stand an der Spitze:

> CROWHURST GESCHWINDIGKEITSREKORD?
>
> Donald Crowhurst, der als letzter Teilnehmer zum Sunday-Times-Rennen der Solosegler um die Welt aufbrach, legte in seinem 12,5-m-Trimaran »Teignmouth Electron« am vergangenen Sonntag die atemberaubende Strecke von 243 Meilen zurück und stellte damit wahrscheinlich einen neuen Rekord auf. Um so beachtlicher ist dieser Erfolg im Licht seiner äußerst schwachen Leistungen während der ersten drei Wochen seiner Fahrt – um die Kapverdischen Inseln zu erreichen, brauchte er länger als jeder andere Teilnehmer.
>
> Als er sich zum letzten Mal über Funk meldete, sagte Crowhurst, er sei die ganzen 24 Stunden über wach geblieben: »Es hat mich gewaltige Nerven gekostet. Ich bin nie in meinem Leben so schnell gesegelt, und ich habe Geschwindigkeiten von 15 Knoten und mehr zustande gebracht, denn die Seen waren nie höher als drei Meter. Wenn ich noch einmal so eine Chance bekomme, die Wellen aber nur um weniges höher sind, dann werde ich sie wohl nicht wahrnehmen können, denn das könnte zu riskant sein...«

Was die Öffentlichkeitswirkung anlangte, so war Crowhursts Rekordfahrt ein überwältigender Erfolg, der neue Hoffnungen weckte, es ließe sich – selbst noch in diesem fortgeschrittenen Stadium – ein industrieller Sponsor finden. Nachdem außer ihm nur noch drei Teilnehmer im Rennen waren – Knox-Johnston, Moitessier und Tetley –, hielten manche Crowhurst sogar für den möglichen Gewinner. Hallworth gelang es auf geniale Weise, das Interesse der *Sunday Times* an der Story noch eine weitere Woche wachzuhalten, indem er den aktuellen, historischen, den nicht veröffentlichten Text preisgab.

Es darf allerdings nicht verschwiegen werden, daß es unter Nichtjournalisten einen oder zwei Skeptiker gab. Sir Francis Chichester rief bei der *Sunday Times* an und sagte, Crowhurst sei »ein kleiner Witzbold«, und die Sache müsse sorgfältig geprüft werden. Seine Anregung wurde jedoch – aus naheliegenden Gründen – als undurchführbar abgelehnt. Und Captain Craig Rich, der die Veranstalter in allen navigatorischen Belangen beriet, tat sein Erstaunen und Befremden kund. Er hatte einen »Leistungsindex« aufgestellt, der die von den Teilnehmern erreichten Geschwindigkeiten im Verhältnis zu Chichesters Geschwindigkeit in der jeweils vergleichbaren Etappe angab. Bei allen anderen war dieser Index bemerkenswert konstant geblieben; bei Crowhurst hingegen hüpfte er auf und ab wie ein Jo-Jo. Aber Richs Skepsis schlug sich im Bericht der *Sunday Times* lediglich im überraschten Ton des ersten Abschnitts nieder. Ansonsten äußerte allein Frank Page, der Segelberichterstatter vom *Observer*, einen leisen Zweifel an der Wahrheit dieser Behauptung, über die er sagte, sie sei »bezeichnend freimütig für einen, der an armseliger vierter Stelle liegt«. In der großen Mehrheit aber hatte man in den Medien wie auch in Segelkreisen Crowhursts Geschichte geschluckt.

Wir können nun zur *Teignmouth Electron* zurückkehren, um herauszufinden, was wirklich geschehen ist. In der ersten Woche, in der er vor dem Passatwind lief, hatte der Trimaran ein anständiges, aber gewiß nicht spektakuläres Tempo zustande gebracht. Crowhurst hatte wahrscheinlich wirklich ernsthaft versucht, Rekordetmale aufzustellen, aber seine besten Ergebnisse betrugen um die 160 Meilen. Er war sich im klaren, daß er bald am Ende des Passatgürtels angelangt sein würde, und wenn er je eine dramatische Leistung vorweisen wollte, die seine Glaubwürdigkeit wiederherstellte, dann mußte es sofort sein.

Vom 7. bis zum 11. Dezember begann er also, seine echten Logdaten auf der linken oberen Ecke eines großen weißen Zeichenblattes zu notieren, dem ersten Blatt eines Blocks, den er auf seinem Kartentisch hatte. Er schrieb seine Berechnungen in ordentlichen Spalten untereinander, wie er das auch im normalen Logbuch getan hätte, aber darüber hinaus notierte er ungewöhnlich viele Sonnenmessungen. Nicht um leichter fälschen zu können, verwandte er soviel Sorgfalt auf die Navigation, sondern weil er in wenigen Meilen die Kapverdischen Inseln passieren würde, und auf seine üblichen fehlerbehafteten Methoden war kein Verlaß. Vom Land aus gesichtet zu werden, wäre ihm außerordentlich peinlich und ungelegen gewesen; noch schlimmer war es, auf Grund zu laufen. Seine Einschätzung war, wie sich herausstellte, ziemlich gut, denn er passierte die Spitze der Insel Sto. Antão in genau vierzehn Meilen Entfernung. Diese Aufzeichnungen, die authentisch sind, zeigen, daß Crowhurst auf einem nahezu schnurgeraden SSW-Kurs tatsächlich sehr gute Fahrt machte – aber Rekorde brach er nicht.

Crowhurst nahm daraufhin ein zweites Zeichenblatt, legte es neben das erste und fing an, eine zweite, komplementäre Reihe navigatorischer Angaben niederzuschreiben, die reine Erfindung waren. Diese Fälschung ist während der ganzen Fahrt der in vieler Hinsicht eindrücklichste Beweis für technischen Sachverstand und Können. Von einer erfundenen Strecke zu einer Reihe täglicher Positionen zurückzurechnen und mit Hilfe von Deklinationen und anderen Tabellen deren korrekte Sonnenmessungen zu rekonstruieren, das ist eine fürchterliche und mühsame Aufgabe, viel schwieriger als ehrliche Navigation.

Er wußte genau, welche Vorgabe es zu schlagen galt – Williams' 220 Meilen –, und setzte seine Leistung zur Sicherheit ein wenig höher, aber nicht zu hoch an: 243 Meilen. Die angeblichen Bedingungen für einen neuen Rekord waren plausibel: ONO-Wind mit 6 Stärken, der in Böen bis zu 25 Knoten erreichte, aber nur mäßige Dünung. Und er dachte sich einen

Weg aus, um zwei scheinbar exakte Höhenmessungen von der Sonne zu erhalten. Dann schrieb er auf das erste Blatt eine von seinen akribischen kleinen Tabellen. Sie war zweispaltig: rechts stand das tatsächliche Etmal, die von Mittag bis Mittag gelaufene Strecke; links, mehrmals ausradiert, bis sie in der endgültigen, der überzeugendsten Form dastanden, die »behaupteten« Strecken:

	behauptet	*tatsächlich*
Donnerstag 5. 12.		
Freitag 6. 12.	172	60
Samstag 7. 12.	109	110
Sonntag 8. 12.	243	170
Montag 9. 12.	174	170
Dienstag 10. 12.	145	177
	843	687

Hier war sein Fälschertalent bis zum äußersten gefordert. Damit alles auch echt und plausibel klang, brauchte es ein paar geringfügige, überzeugende kleine Katastrophen, und deshalb versah er die Fahrt von Donnerstag auf Freitag mit dem knappen Kommentar: »Baum gebrochen«, den er später, im Logbuch, noch verschönte.

Bei der Übersetzung dieser Strecken in Positionen und Sonnenmessungen füllte er beide Blätter mit Berechnungen, Navigationsdiagrammen und komplizierten Überprüfungen. Zweierlei Fallstricke galt es zu vermeiden: In diesem Abschnitt seiner Fahrt, wo er durchaus noch von anderen Schiffen gesichtet werden konnte, wollte er seinen angeblichen Kurs nicht zu weit vom tatsächlichen abweichen lassen. Dafür fand er eine elegante mathematische Lösung: Er zog seinen falschen Kurs zuerst nach Westen und dann wieder zurück – die meisten seiner zusätzlichen Rekordmeilen lieferten ihm also die beiden Seiten des imaginierten Dreiecks. Außerdem achtete er penibel darauf, daß ihn weder der falsche noch der wahre Kurs in

Sichtweite einer der Kapverdischen Inseln brachte – um ganz sicherzugehen, schraffierte er auf dem Zeichenblatt mit der falschen Route die Gefahrenzone. Das Endergebnis war eine säuberliche Liste von Sonnenhöhen, Positionsbestimmungen und Logmessungen auf der rechten Seite des zweiten Blattes, die nun ins Logbuch übertragen werden konnte.

Auf die beiden Zeichenblätter stießen wir nach der Fahrt an Bord der *Teignmouth Electron*, sie sind jetzt in unserem Besitz. Von allen Papieren und Karten, die wir fanden, waren sie am meisten vergilbt, abgegriffen, voller Eselsohren. Sie lagen offen in der Kajüte – er hatte keinen Versuch unternommen, sie zu verbergen.

Wir werden nie mit Sicherheit sagen können, wann Crowhurst diesen gefälschten Bericht ins Logbuch übertrug. Wahrscheinlich arbeitete er noch am 20. Dezember daran, denn auf einem der Blätter findet sich eine Bemerkung über den Sankt-Pauls-Felsen nahe dem Äquator, den er zu diesem Zeitpunkt noch nicht passiert hatte. Aber irgendwann danach machte er die Sache offiziell. Zuvor mußte er noch ein paar Kleinigkeiten ausradieren, die er bereits unter dem 6. Dezember notiert hatte und die sich vermutlich mit der Fälschung nicht in Einklang bringen ließen. Einen Hinweis auf dieses akribische Vorgehen gibt die Erklärung, die er im Anschluß daran niederschrieb: »Ungenaue Sonnenhöhe. Wahrscheinlich beim Zurückklettern in die Kajüte versehentlich Einstellung am Sextanten verstellt.« Über ein paar kleinere Schwierigkeiten mit widersprüchlichen Logmessungen ging er hinweg, aber das war wohl auch nicht so wichtig, denn seine Fahrtstrecken sind immer und überall falsch registriert.

Als er die Daten in seine Logbücher übertrug, konnte er der Versuchung nicht widerstehen und fügte um der größeren Glaubwürdigkeit willen noch etliches an Kommentaren hinzu. Diese Berichte sind als Studienmaterial sehr nützlich; sie haben denselben schneidigen Tonfall wie immer, wenn Crowhurst mit Sicherheit lügt:

Freitag, 6. Dezember
Weiter Kurs nach Süden. 69 Meilen in knapp 24 Stunden abgelaufen – nicht gerade überwältigend, aber gemütlich und sicher in der Nacht – nicht mehr und nicht weniger. 240 von Mittag bis Mittag zu versuchen, müßte sich lohnen. Muß über Methoden nachdenken, um das Mittagsbesteck mit minimalen Fehlern zu machen. Werde Rodney sagen, wir sind jenseits der Kapverdischen, und zwar um 18.00, nicht früher und nicht später. Baumgei gerissen, Fockbaum über Wanten geknickt – VERDAMMT!

Das Wort »VERDAMMT!« ist nachträglich hinzugesetzt – in äußerst leidenschaftsloser, sauberer Bleistiftschrift. Wir wissen, daß Crowhursts Fockbaum irgendwann zu Bruch ging. Interessant ist allerdings, daß einer der denkwürdigsten Zwischenfälle in Chichesters *Held der sieben Meere* ein gebrochener Fockbaum ist.

Samstag, 7. Dezember
13.37 Diese Höhen scheinen in Ordnung. Sonne recht voraus.
13.40 Kurswechsel. Zweite Großfock gesetzt.
14.00 Läuft sehr gut. Wind ONO 6, Böen über 25 kn.
16.00 Exzellente Bedingungen, stetiger frischer Wind. Seen nie höher [als] 3 m. 10,5 Knoten. [Hier folgt eine kleine Rechnung, die den Eindruck erwecken soll, er habe aufgrund der Logmessungen die Geschwindigkeit ermittelt.]

Wenn das so bleibt, schaffen wir es sicher – ein Bonus sind Strömung und Zeit auf Westkurs. Kolossale Fahrt; habe aber ein merkwürdiges Floß gesehen, Umfang etwas mehr als 1 m^2, knapp unter Wasser, mit zwei kugeligen Auswüchsen auf beiden Seiten – offenbar Handgriffe. Es sauste in 6 m Entfernung vorbei – nur um mich daran zu erinnern, daß die Seeoberfläche nicht BLOSS Wasser ist! Wind scheint zu halten und steht gut. Williams ist, glaube ich, 232 gelaufen*. Ich muß 32,10 Std. durchsegeln, um sein Ergebnis ganz bestimmt zu erreichen (13.40 h + 12 = 01.40 h – 2994 Meilen). Habe vom Bug aus spektakulären Sonnenuntergang betrachtet. Stellte fest, daß die See eine deutliche purpurrote Färbung annimmt, wenn das Rot des Himmels sich im Blau des Wassers spiegelt. Der Himmel klarte gegen Abend auf, aber der Wind hält.

Sonntag, 8. Dezember

01.10 Wenn der Wind hält, schaffe ich's! Es sieht aus, als würde es ewig blasen!

13.35 Geschafft! Sonne steigt noch. [Hier folgen Navigationsrechnungen, die seine Rekordfahrt »beweisen« sollen.]

16.38 Heute werde ich nicht alt. Tolles Essen gekocht, Rindfleischcurry und Paëlla, in Bier gekocht. Das Ergebnis war vorzüglich, verführte aber zu gewaltigen Extraportionen, jetzt bin ich am Platzen, kann mich kaum noch rühren, aber werde vermutlich gut schlafen. Dieser Vogel, eine Seemöwenart, ist noch immer da – habe ihn Peter den Prior getauft. Ich frage mich, wovon er sonst lebt. Es ist wohl immer derselbe, nehme ich an. Es muß derselbe sein, weil ich immer nur einen sehe. Wenn sie ihren Standort wechseln würden, müßte ich doch gewiß andere zu sehen bekommen. Was für ein Leben! Er scheint nicht gerade scharf aufs Wasser zu sein, aber ich nehme doch an, er kann schwimmen?

Montag, 9. Dezember

Das Log zeigt heute 174 Meilen Fahrt, und das ohne wirkliche Anstrengung!

* Crowhursts Schätzung war, wie meistens, ein wenig zu hoch.

Hätte die Öffentlichkeit Crowhursts gefälschte Aufzeichnungen geglaubt, wenn er im Triumph von seiner Fahrt heimgekehrt wäre und seine Logbücher zur Prüfung vorgelegt hätte? Diese Frage können wir sogar beantworten. Als wir die Unterlagen aus Crowhursts Boot untersuchten, war uns die Bedeutung der beiden Zeichenblätter zunächst nicht klar. Deshalb baten wir Captain Rich, in den Logbüchern nach Widersprüchen in der Navigation zu suchen, ohne die Möglichkeit einer Fälschung anzudeuten, denn zu diesem Zeitpunkt hielten wir das Logbuch 1 noch für vollkommen aufrichtig.

Captain Rich fielen an den Aufzeichnungen über die Rekordfahrt ein oder zwei Merkwürdigkeiten auf, jedoch nichts, was ihn zu dem Schluß veranlaßt hätte, die Höhenmessungen der Sonne seien fingiert.

Zweifel kamen ihm hingegen aufgrund des Textes. Er stellte fest, daß die Eintragungen der gesamten Woche mit ein und demselben Bleistift gemacht worden waren, der gleichbleibend spitz war, und keinerlei Veränderungen in der Schrift oder der Schreibgeschwindigkeit aufwiesen, wie man sie unter derart hektischen Umständen durchaus erwartet hätte. Und auch der Wortlaut klang unwahr.

Einen Skeptiker hätte Crowhurst mit diesem Logeintrag nicht von der Wahrheit seiner Behauptung überzeugt. Es gab vieles, was einen etwaigen Verdacht gestärkt hätte. Aber andererseits – zumal angesichts der Gefahr einer Verleumdungsklage, mit der ein Ankläger hätte rechnen müssen – reichte das Beweismaterial nicht aus, um Crowhurst öffentlich zu beschuldigen. Es ist mehr als wahrscheinlich, daß er damit durchgekommen wäre.

10
Der Plan

Einen Geschwindigkeitsrekord zu fälschen ist freilich etwas ganz anderes als eine vollständige Weltumsegelung vorzutäuschen, und was uns bis zum Donnerstag, dem 12. Dezember, an Material vorliegt, beweist nicht eindeutig, daß Crowhurst sich bereits auf den größeren Betrug eingelassen hätte. Allerdings finden wir an diesem Tag einen klaren Hinweis auf das, was Crowhurst im Sinn hatte: er holte ein zweites dickes, blaues Schreibheft hervor und fing an, es als Logbuch zu benutzen.

Der Grund liegt auf der Hand. Jeder Seemann ist zur Navigation auf ein echtes und ursprüngliches Tagesprotokoll seiner Fahrt angewiesen. Das war es, was Crowhurst mit dem neuen Heft – Logbuch 2 – vorhatte. Logbuch 1 wurde einstweilen beiseite gelegt, so daß er es später mit einem fiktiven Bericht fortführen konnte: über eine Fahrt am Kap der Guten Hoffnung, Australien, Kap Hoorn vorbei und wieder zurück in den Atlantik – vorausgesetzt natürlich, daß er sich zum Betrug entschloß.

Diese Voraussetzung ist wichtig. Alles deutet darauf hin, daß ihm mit diesem Plan nicht recht wohl war. Er hatte gewiß noch nicht alle damit verbundenen Probleme bedacht, aber eins war ihm klar: selbst der unkomplizierteste Teil – die Erfindung eines überzeugend geschriebenen Berichts – würde nicht gerade leicht sein. Schon die eine fingierte Seite, die seine »Rekordfahrt« dokumentierte, hatte ihn Stunden geduldiger Arbeit gekostet. Es würde zwar im Lauf der Zeit einfacher werden, navigatorische Details zu fälschen, wenn sie nicht mehr mit präzisen Angaben über die abgelaufene Strecke übereinstimmen mußten; trotzdem gab es noch unzählige andere Fallgruben. Was, wenn Wetterberichte nachgeprüft würden? Wie sollte er Segelverhältnisse beschreiben, die er nie erlebt hatte? Würde man seinem Pasticcio aus Chichester, Rose, Slocum und Dumas auf die Schliche kommen? Und eine ganz konkrete

Gefahr: Was war, wenn er gesehen und gemeldet wurde oder wenn er in Seenot geriet und Hilfe brauchte? – die Entdeckung wäre erniedrigend. Schließlich – und das würde am schwersten durchzuhalten sein – der Empfang des Helden, die Pressekonferenz, die Fernsehinterviews, die Zusammentreffen mit anderen Seglern, das Festessen für den Preisträger und der Austausch von Erinnerungen mit Chichester... Würden Crowhursts schauspielerische Fähigkeiten, die immerhin beachtlich waren, dafür ausreichen? Allein die Tatsache, daß er dies für möglich hielt, zeigt, daß ihn sein Realitätssinn in dieser qualvollen, hoffnungslosen Situation allmählich verließ.

Nach dem Logbuchwechsel wußte er eine Zeitlang noch nicht endgültig, was er tun sollte. Seine Funksprüche beschränkten sich auf das, was unumgänglich notwendig und mit einer tatsächlichen Weltumsegelung noch vereinbar war. Es sah ganz so aus, als wollte er sich die Option vorbehalten, eine Fahrt um die Welt vorzutäuschen, ohne sich bereits unwiderruflich festzulegen. Aber Optionen lassen sich nicht ewig offenhalten: selbst seine zweideutigen, ungreifbaren Telegramme mußten irgendeinen Hinweis darauf enthalten, daß er vorankam. Als aber die Tage verstrichen, wurde die Alternative, einfach einen beliebigen Hafen anzulaufen, mit dem niemand rechnete, und ehrenvoll aus dem Rennen auszuscheiden, immer weniger plausibel. Schließlich entschied die Zeit an seiner Stelle.

Wir können davon ausgehen, daß das Logbuch 2 ein vollkommen aufrichtiger Bericht über Crowhursts echte Fahrt ist – zum einen, weil es keinen Grund gab, weshalb dem nicht so sein sollte (zweifellos hatte er die Absicht, das Heft vor seiner Rückkehr zu vernichten), und zum anderen, weil es sich überall dort, wo eine Nachprüfung möglich ist, als absolut korrekt erwiesen hat. Es enthält einen vollständigen Navigationsbericht, der den späteren Eintragungen in Logbuch 1 sehr ähnlich ist, aber nicht den Eindruck erweckt, als sei er von einem früheren Entwurf abgeschrieben worden. Die begleitenden Kommentare indes werden immer spärlicher und fehlen später ganz. Sie dienen offenbar in erster Linie als persönliche Gedächtnisstützen, enthalten wenig Erklärungen und sind nicht stilistisch ausgefeilt: schließlich war Logbuch 2 nicht für die Öffentlichkeit gedacht.

Dennoch können wir anhand dieser Aufzeichnungen, zusammen mit dem Funktagebuch, mit Crowhursts sonstigen Texten (er wurde bald ein überaus produktiver Schreiber), den Unterlagen aus dem Boot, den BBC-Tonbändern und unseren späteren Nachforschungen, den Gang der Ereignisse weiterhin sehr genau und detailliert rekonstruieren.

In den frühen Morgenstunden des 12. Dezember, donnerstags, lag Crowhurst in einer Flaute sieben Grad nördlich des Äquators, 3300 Meilen von Kap Lizard, dem südlichsten Punkt Englands, entfernt. Die nordöstlichen Passatwinde hatte er hinter sich – voraus lagen laut Monatskarte der Admiralität für den Südatlantik (die er zu studieren begonnen hatte) die Flauten und launenhaften Böen der Kalmen und des Südostpassats: Bedingungen, unter denen, das wußte er, sein Trimaran keine gute Fahrt machte. Aber er mußte ihn vorwärtstreiben, durfte seinen imaginären Kurs nicht zu sehr von seiner tatsächlichen Position abweichen lassen – die Gefahr, entdeckt zu werden, war zu groß. Aber genau dort wurde er aufgehalten, wo er auf keinen Fall sein wollte: auf den vielbefahrenen Dampferrouten. Laut Karte befand er sich an einem Weltverkehrsknotenpunkt – dort kreuzen sich nicht weniger als drei internationale Routen: Nordamerika–Kapstadt, Südamerika–Europa und Westafrika–Panamakanal. Er beschloß, auf weitere Meldungen über dramatische Streckenrekorde einstweilen zu verzichten.

Bei Tagesanbruch zog ein Ostwind mit zwanzig Knoten auf. Er führte zu einer weiteren Katastrophe – und zu weiterer Verzögerung. Crowhurst notierte knapp: »Seitenplatte der Hasler abgefallen. Pinne auf Westkurs festgezurrt.«

Am nächsten Abend war die Hasler-Steuerung noch immer außer Betrieb, und die Böen frischten auf; er konnte nur noch unter der Fock mit zwei Knoten Geschwindigkeit laufen und mußte für mehrere Stunden beidrehen. Doch sein neuer Plan verlangte die Demonstration von Optimismus. In dieser Nacht telegraphierte er an Hallworth:

FRONTBÖ MIT 45 KNOTEN ZERTRÜMMERT GESTERN HASLER-WINDFAHNE UND HAUPTSERVO-VERBINDUNGSPLATTEN DENKE REPARATUR MÖGLICH

Am Samstag sah er innerhalb von vier Stunden drei Dampfer, und vor Aufregung verfiel er – zum ersten und einzigen Mal im Logbuch 2 – in seinen »öffentlichen Ton«:

22.05: Dampfer auf SW-Kurs hinterm Heck. Signalflaggen MZUW MIK. Keine Reaktion. Beantwortete ·–·–·– mit ·–·–·–Zweifelhafte Aussichten.

01.30 (Sonntag): ZWEI Dampfer passierten jeder 1½ Meilen achtern! Beide in entgegengesetzter O–W-Richtung. Das macht ungefähr einen Dampfer pro 1000 Meilen, wenn kein Land in Sicht. Das wird aber am Hoorn wohl nicht so sein!

Interessant ist die Bemerkung, er habe mit der Lampe Signale gegeben. MZUW war der Morsecode der *Teignmouth Electron*, um andere Schiffe anzurufen, und M.I.K. bedeutet: »Bitte melden Sie meinen Schiffsort an Lloyd's in London.« Wenn er das wirklich tat, dann mit Sicherheit erst gegen Ende seiner Fahrt. In der ganzen Zeit vorher wurde er Lloyd's nur ein einziges Mal gemeldet, und zwar im November, wenige Tage nachdem er Teignmouth verlassen hatte. Die sechs M.I.K.-Flaggensätze, die er mitnahm, um sie tagsüber aufzuziehen, die auch für einen Dauereinsatz gereicht hätten, waren fast nie benutzt worden: nach der Fahrt sahen fünf davon ziemlich neu aus, der sechste Satz hatte noch die Falten von der Verpackung, obwohl leichte Rostspuren an den Metallklammern darauf hindeuteten, daß die Flaggen kurze Zeit der Seeluft ausgesetzt worden waren. Von nun an würde er also keine Flagge mehr setzen und Dampfern nach Möglichkeit aus dem Weg gehen.

Der nächste Abschnitt seiner Route – südwestlich in Richtung Äquator und von dort zur brasilianischen Küste – brachte noch immer ein gewisses Risiko mit sich, von Schiffen mit Kurs auf Südamerika gesichtet zu werden – aber ein kalkuliertes Risiko, fand er jetzt, konnte er eingehen, um auf seinem fingierten Kurs voranzukommen. Vorerst mußte er nur wenig lügen.

Mit Hilfe der Monatsroutenkarte der Admiralität begann er einen Plan auszuarbeiten. Am linken Rand der Karte stellte er zunächst eine kleine Berechnung an: 24 Stunden mal 4 Knoten ergeben 96 Meilen am Tag, und 7 Tage hindurch 96 Meilen, das sind 672 Meilen in der Woche. Dieses Resultat, das ziemlich realistisch war, reichte ihm offenbar nicht, denn er fing an, falsche Positionen zu zeichnen, denen zufolge er weitaus schneller vorankam:

	Falsche Position	*(Wahre Position)*
18. Dezember	3° südlich Äquator	(2° N)
22. Dezember	10° Süd; vor NO-Brasilien	(2° Süd)
24. Dezember	15° Süd; nordöstlich Rio de Janeiro	(6° Süd)
5. Januar	35° Süd; zwischen Buenos Aires und Kapstadt	(17° S)
15. Januar	42° S, 12° W; südöstlich Goughinsel in den Vierzigern	(22° S, 33° W)

Nachdem er seine angeblich gelaufene Strecke ausgerechnet hatte, schickte er am späten Nachmittag des 17. Dezember das erste absichtlich irreführende Telegramm an Rodney Hallworth:

KALMENGÜRTEL PASSIERT ÜBER ÄQUATOR WIEDER SCHNELLE FAHRT

Das Telegramm enthielt drei Lügen. Crowhurst lag noch immer etwa 180 Meilen nördlich des Äquators. In vier Tagen war er nicht mehr als 150 Meilen südwärts gekommen – und da behauptete er, er habe schneller als irgend jemand vor ihm die Kalmen passiert. Aber nach Crowhursts vorhergehenden Rekorden hatten Hallworth und die Welt nichts Geringeres erwartet: die Nachricht wurde in der Presse kaum erwähnt.

Am 20. Dezember ließ Crowhurst eine dramatischere Meldung los. Zuvor aber übertrug er seine fingierte Position vom 22. Dezember, Breiten- und Längengrade, ins Funkbuch. Das heißt, seine Telegramme eilten nun bereits seinem eigenen Plan voraus:

> VOR BRASILIEN IM SCHNITT 170 MEILEN AM TAG STARKER SÜDWESTPASSAT STOP FROHE WEIHNACHTEN UND GUTES NEUJAHR TEIGNMOUTH

Dies war die einzige Panne aus Leichtsinn, die ihm in all seinen erlogenen Pressetelegrammen je unterlief. Er bezeichnete den Südostpassat, der von der brasilianischen Küste her weht, als *Südwestwind* – ein Fehler, den er wohl kaum gemacht hätte, wenn er tatsächlich dort gewesen wäre. Er fiel freilich keinem auf – und wenn: die entzückten Fans zu Hause hätten eine entsprechende Bemerkung nur als lächerliche Pedanterie oder mißgünstige Skepsis abgetan. Sie hatten mittlerweile nur noch eine vage Vorstellung davon, wo er eigentlich war. »Vor Brasilien« – noch ungenauer konnte man es kaum beschreiben: das konnte theoretisch überall im Mittel- oder Südatlantik sein. Und was die Behauptung »170 Meilen am Tag« anlangte: es ist eine Ironie, daß Crowhurst ausgerechnet an diesem Tag langsamer vorankam als jemals sonst – von Mittag zu Mittag schaffte er gerade 13 Meilen. (Vielleicht arbeitete er an der Hasler-Steuerung? Er erwähnt es nicht.) Die Telegraphisten in der Funkstation Portishead fragten daraufhin routinemäßig nach: »Bitte bestätigen Sie 170 Meilen am Tag.« Ja, 170 stimmt, morste Crowhurst.

Doch bei allem betrügerischen Selbstbewußtsein, das er an den Tag legte, wurde Crowhurst unvermindert vom Zweifel geplagt, die Alternative zwischen ehrlicher Weiterfahrt oder ehrenvollem Ausstieg spukte noch immer in seinem Kopf herum. Für diese Behauptung sprechen zwei Beweisstücke.

Das erste zeigt, daß er selbst in diesem fortgeschrittenen Stadium die Hoffnung nicht vollkommen aufgegeben hatte, sein Schiff doch noch soweit in Form bringen zu können, daß er mit ihm um die Welt segeln konnte, – obwohl die Logik ihm sagte, es sei unmöglich. Hinten in Logbuch 1 steht eine Liste von Arbeiten, die zu tun waren. Sie ist undatiert, entstand aber höchstwahrscheinlich zwischen dem 12. und dem 21. Dezember*. Sie enthält folgende Punkte:

1. Lukenversiegelung prüfen. Immersionssensoren anschließen
2. Isolationsschirm für die Antenne machen
3. Notpaket packen und Sofortmaßnahmen auflisten
4. Lösung für das Lenzproblem finden
5. Auftriebssack verstauen. Grünes Masttopplicht anschließen. Sack mit Schlauch verbinden
6. Leitungen zu den Immersionssensoren installieren
7. Schalttafel samt Elektronik montieren
8. Shannon auf Nieder- und Sendefrequenz umbauen
9. Sachen in der Kajüte verstauen
10. Fockbaum reparieren
11. Schotenausholermechanismus einrichten
12. Aufpumpvorrichtung für den Auftriebssack zusammenbauen
13. Generator zusammenbauen
14. Generatorsteuerung erneuern

* Logbuch 1 blieb insofern in regelmäßigem Gebrauch, als er die letzten Seiten für Notizen verschiedener Art benutzte, eine Zeitvergleichstabelle für das Chronometer und persönliche Texte, seine literarischen Versuche. Der 12. Dezember ist der früheste Termin, der mit Schäden wie dem gebrochenen Fockbaum und der defekten Selbststeuerung übereinstimmt. Der 21. Dezember ist der Tag, an dem am Boot ein anderer großer Schaden entstand (auf den wir gleich zu sprechen kommen), der nicht auf der Liste steht. Für diese zeitliche Einordnung sprechen auch die Logbucheintragungen in der nächsten Umgebung.

15. Besanschote anders verlegen
16. Hasler-Anlage reparieren

Wie man sieht, enthält die Liste sämtliche ursprünglich vorgesehenen Bestandteile des Selbstaufrichtemechanismus, den Crowhurst für unumgänglich hielt, wenn er die Meere der Südhalbkugel befuhr: den Anschluß der Elektroden, die eine Immersion melden sollten, die Schalttafel (in besseren Tagen war das sein »Rechner« gewesen), der Mechanismus zum Aufblasen des Luftsacks mit Kohlendioxid nebst Verbindungsschlauch und Halterung. Und obendrein dachte er daran, den Schotenregulierungsmechanismus einzurichten, der automatisch die Segel fieren sollte, wenn das Boot Gefahr lief zu kentern. Andere Punkte, wie zum Beispiel der Isolationsschirm für die Antenne (zum Schutz gegen Sprühwasser bei hohen Seen) und das Notpaket (falls das Schiff sinken sollte), deuten darauf hin, daß Crowhurst sich durchaus auf Schwerwettersegeln gefaßt machte.

Am 21. Dezember, kurz nach Fertigstellung der Liste, trat ein neues Problem auf: »Sprung in der Außenhaut des Steuerbordschwimmers entdeckt. Beigedreht«, schrieb er ins Logbuch 2. Dieser Schaden machte ihm immer mehr zu schaffen: wahrscheinlich war er es, der aller Hoffnung auf eine tatsächliche Weltumsegelung schließlich den Garaus machte. Auf jeden Fall wissen wir, daß er kaum eine der Arbeiten auf seiner Liste in Angriff nahm. Eine spätere Untersuchung des Schiffs ergab verschiedene primitive Reparaturen an der Hasler-Steuerung, Spuren einer Arbeit am Generator sowie umfangreiche Umbauten am Shannon-Funkgerät. Sonst hatte er nichts unternommen.

Der zweite Beweis ist ein großes Stück braunes Packpapier; es wurde, säuberlich gefaltet, in einer Aktenmappe gefunden, die Crowhurst zur Aufbewahrung seiner Unterlagen benutzte. Darauf stehen verschiedene Notizen, elektrische Berechnungen sowie ein Schaltplan für einen neuen Umschaltmechanismus in einem Funksender. Dieses Papier kann genau datiert werden, denn er schrieb auch eine Reihe von Funksprüchen nieder, vorwiegend Grußtelegramme zu Weihnachten, die andere Schiffe in der Nähe empfangen hatten.

An einer Stelle des Packpapiers machte Crowhurst eine Bestandsaufnahme des Rennens. Er schrieb die Namen King, Ridgway, Blyth und Fougeron auf, dann strich er sie durch. Hinter Tetleys Namen setzte er ein Fragezeichen, um Moitessier und Knox-Johnston, die in Führung lagen, zog er einen Rahmen. Er fing eine Tabelle an mit den Spalten »Australien« und »Fahrtdauer Hoorn und zurück«, die auch frühere Weltumsegler berücksichtigte, Dumas, Chichester und Rose. Dann ließ er die Tabelle bleiben und wandte sich der nächsten Aufgabe zu, einer detaillierten Skizze des Hafens von Rio de Janeiro – ähnlich, wie er sechs Wochen zuvor den Hafengrundriß von Funchal, Madeira, gezeichnet hatte. Dort trug er alle Informationen aus seinen Seekarten und dem Segelhandbuch ein, mit Leuchtfeuern, Entfernungen, Landmarken und Gefahren beim Ansteuern des Hafens.

In einem so großen Hafen wie Rio de Janeiro anzulegen hätte unvermeidlich zur Entdeckung und Disqualifizierung geführt. Die einzig mögliche Erklärung für diese Landkarte ist, daß Crowhurst an den beiden Tagen vor Weihnachten ernsthaft daran dachte aufzugeben.

Nachdem Crowhurst sich lange mit der Entscheidung herumgequält hatte – was war schlimmer: Versagen oder Bankrott, Betrug und die Gefahr einer Bloßstellung, oder das Leben aufs Spiel setzen und weitermachen? –, nahm er erneut Zuflucht zu seemännischem Heldentum.

Zunächst schickte er ein weiteres Telegramm an Rodney Hallworth, diesmal mit einem kleinen Hinweis auf seine Position – er nannte als nächsten Bestimmungsort die Insel Trinidade, 350 Meilen südlich des Punktes, den er in seiner Routenkarte für den 24. Dezember eingetragen hatte. Bis das Telegramm aber bei der Devon News eintraf, hatte die Insel unterwegs leider ihren letzten Buchstaben verloren.

GENOSS HOORNFAHRT NACH TRINIDAD MIT LETZTEM SÜDOSTPASSAT UND BRASILIANISCHER STRÖMUNG

Hallworth nahm zu Recht an, daß unter »Hoornfahrt« Bedingungen wie am Hoorn zu verstehen waren. Und es war ihm auch klar, daß Crowhurst nicht meinen konnte, er halte Kurs auf die Westindische Insel Trinidad. Aber irgendwie hieß es dann in der Telegramminterpretation, die in der darauffolgenden Woche in verschiedenen Zeitungen erschien, Crowhurst sei auf dem Weg nach Tristan da Cunha (das er kurz darauf passiert haben solle). Crowhurst hatte Tristan da Cunha in seinen Telegrammen nie erwähnt, und wir können nur vermuten, daß Hallworth in einer Mischung aus Euphorie, Optimismus und Arglosigkeit diese Insel als die wahrscheinlichste Korrektur von »Trinidad« ausgesucht hatte.

Es sollte erwähnt werden, daß Tristan da Cunha tatsächlich auf der Klipperroute liegt, freilich 1800 südlich von Trinidade, der Insel, die Crowhurst, wie er sagte, ansteuerte. Trinidade aber lag 350 Meilen jenseits der auf Crowhursts fingiertem Kurs eingetragenen Position. Und diese wiederum lag 550 Meilen von der Stelle, an der Crowhurst sich in Wahrheit befand.

Von diesem Augenblick an wurde die Presseberichterstattung über Crowhursts Weltumseglung absurd. Der einzige Journalist, der dabei sein Gesicht wahrte, war Frank Page, Segelkorrespondent beim *Observer*, der, vielleicht verwirrt über die kursierenden Meldungen, Crowhurst irgendwo im Südatlantik »vermutete«. (Er hatte vollkommen recht: Nur fünf Tage zuvor hatte die *Teignmouth Electron* den Äquator zum Südatlantik überquert.)

Auch an diesem Weihnachtsabend, wie immer in kritischen Augenblicken, holte Crowhurst sein BBC-Tonbandgerät hervor und fing an, ins Mikrophon zu sprechen.

11
Weihnachten

Da sind wir wieder, auf dem braven Schiff Teignmouth Electron, laut meiner Kalenderuhr haben wir den 24., es ist elf Minuten vor Mitternacht, und der Monat ist Dezember. Mit anderen Worten, es ist Heiligabend, und ich bin sicher, es ist der einsamste Heilige Abend, den ich je erlebt habe. Seit fast zwei Monaten bin ich jetzt allein, und in der Zeit habe ich nicht einen Fetzen Land gesehen, nur den Leuchtturm auf der Insel Fernando de Noronha, die knapp vor der Küste Brasiliens, knapp unterhalb des Äquators liegt. Im Segelhandbuch lese ich, daß sich hier eine Strafkolonie befindet – ich hoffe, die Gefangenen feiern schön Weihnachten.
Jetzt ist also schon Weihnachten, und was habe ich bisher getan? Also, es ist erstaunlich, wieviel Arbeit einem ein Unternehmen wie dieses macht. Die Liste der Dinge, die zu erledigen sind, wächst ununterbrochen, und jeder Tag bringt einen neuen Berg von Mängeln, oder es tritt ein neuer Umstand ein, der besondere Aufmerksamkeit verlangt. Nicht zu vergessen den Verschleiß und die Abnutzung des Schiffs, die Segel scheuern sich ab und genauso die Taue, die zum Trimmen der Segel benutzt werden: das alles muß man kontrollieren und oft erneuern.
Nicht gut ist, wenn man glaubt, man müßte mitten in den Tropen am hellen Nachmittag einen gewaltigen Kraftaufwand betreiben, denn nach ein paar Stunden ist man geschafft und für den Rest des Tages zu nichts anderem mehr imstande. Es ist viel besser, alles, was man so zu tun hat, auf den späten Abend zu verschieben und wenn nötig auch noch die Nacht dranzuhängen. Auf die Weise erreicht man viel mehr und setzt seine Energie sehr viel sinnvoller ein.
Am allerwichtigsten ist es natürlich, gute Fahrt zu ma-

chen, und deswegen ist der ganze Tagesablauf darauf ausgerichtet, alle Verzögerungen tunlichst zu vermeiden. Zur Zeit zum Beispiel gibt es immer wieder Gelegenheiten, wo es passieren kann, daß man einen halben Tag zurückgeworfen wird, wenn man sich nur eine Stunde lang gehenläßt.

Diese Worte stammen von Donald Crowhursts Weihnachtstonband. Offenbar hatte er wieder einmal das Gefühl, zur Aufmunterung einen öffentlichen Auftritt zu brauchen, und als Therapie griff er zum BBC-Mikrophon. Zwar erwähnt er geflissentlich, wie sehr er darauf bedacht sei, rasch voranzukommen, aber in Wahrheit kümmerten Verzögerungen ihn kaum noch. Der einzig wirkliche Druck, unter dem er stand, war ein psychischer: er mußte sich endlich entscheiden, ob er aufgeben oder seinen Betrug fortsetzen sollte. Und diesen Druck spürt man sogar in der Tonbandaufnahme, zum Beispiel im folgenden Abschnitt, nachdem er auf der Mundharmonika »Stille Nacht, heilige Nacht« gespielt hatte:

> Ach ja, das ist ein schönes und melancholisches Weihnachtslied... ja, sicher, nicht fürchterlich gut gespielt, trotzdem ist da etwas, gerade in diesem Dilettantismus... diese schlecht geblasene Mundharmonika läßt einen an Einsamkeit und vielfache Gefahren denken, Situationen, die sehr viele Leute zweifellos mit der Mundharmonika assoziieren. Es ist die Art von Instrument, die jemand beim Luftangriff spielen würde, oder beim Ausgraben der Verschütteten, oder in tausendundeiner Situation, in denen der Mensch unter großem seelischem Druck steht. Es ist also nicht ganz unangemessen.
>
> Nicht, daß ich unter großem Streß stünde – aber diese Gegend des Atlantiks hat etwas ziemlich Melancholisches und Trostloses an sich, und irgendwie paßt es, wenn ich am Heiligen Abend Mundharmonika spiele.
>
> Nicht, daß ich deprimiert wäre oder mir sonst irgendwie leid täte, aber es ist etwas Spirituelles an diesem Ort und

auch an der Zeit, Weihnachten, das einen schon ein bißchen wehmütig machen kann. Und man denkt an seine Freunde und an die Familie, und man weiß, daß auch sie an einen denken, und das Gefühl des Getrenntseins wird irgendwie verstärkt durch die ... die Einsamkeit dieses Flekkens hier, und, na ja, das Stück, das ich vorhin gespielt habe, drückt viel vom Geist und der Stimmung aus, die hier herrschen. Aber genug davon – jetzt gibt es was Lustiges.

Woraufhin Crowhurst wieder zur Mundharmonika griff und einen Tanz spielte: *»God Rest Ye Merry, Gentlemen«*.

Das Verhältnis zwischen dem Helden für die Öffentlichkeit und dem Privatmann wurde merklich gespannter. Crowhurst spielte zwar noch den Part des Tapferen, der unter verständlichem Druck steht, aber er begann die Kontrolle zu verlieren. Seine Stimme verrät die Gemütsschwankungen, die in ihm vorgingen, fast mit jedem Satz, er flehte um Mitgefühl und bestritt gleichzeitig, daß er es brauchte. Seine Attitüden, die echten wie die falschen, wurden immer persönlicher.

Viel Zeit stand ihm jetzt zur Verfügung, er hatte es ja nicht eilig. Der stetige Südostpassat, den er unterdessen erreicht hatte, ließ ihn in Bewegung bleiben, ohne daß er sich besonders um die Segel zu kümmern hatte, und so, wie es vielen in Augenblicken unverhoffter Muße geht, suchte auch er Trost in der dilettantischen Ausübung hehrer Künste, in literarischem Schaffen und höherer Mathematik. Er fing an, die Bücher zu lesen, die er mitgenommen hatte. Wahrscheinlich begann er um diese Zeit herum, Albert Einsteins *Relativität* zu studieren, ein Erklärungsversuch der Relativitätstheorie in allgemeinverständlicher Form. Vielleicht bedauerte er, daß er außer technischen Anleitungen und mathematischen Lehrbüchern sowenig zu lesen an Bord hatte.

Er schrieb Bruchstücke aus Händels *Messias* nieder, die ihm durch eine Rundfunksendung wieder eingefallen waren: »Der du Zion frohe Kunde gebracht ...«, »Pracht und Herrlichkeit Gottes ruhen auf dir ...«, »Und sie lebten im Land der Schatten des Todes...« Er fing auch an, Gedichte zu schreiben. Auf den letzten Seiten des ersten Logbuchs brachte er, bisweilen mit Änderungen oder Streichungen, seine Verse zu Papier.

Sein erstes Gedicht, das er wahrscheinlich irgendwo in der Nähe des Äquators verfaßte, war visionärer, heroischer und – inhaltlich wie orthographisch – falscher als alle anderen. Als er es schrieb, war er mehr als zweitausend Meilen von der Südsee entfernt:

GESETZE
Ein Lied der Südsee

Zwischen dem dreißigsten und dem sechzigsten Grad Süd
liegt die unendliche Weite des südlichen Meers.
Und wenn du wissen willst, was die See ist,
dann fahr dorthin, dort wirst du's lernen.
Und der Rest der Welt mag untergehen.
Aber die alte Natur fordert einen grausamen Zoll
von den Langsamen, den Leichtsinnigen, Kranken oder Schwachen
dort, wo diese kalten Graubärte rollen.

Such nicht nach Bojen noch Baken
dort in der Tiefe von viertausend Faden,
auch nicht nach Dampfern, die dein Fahrgeld nehmen,
sondern rechne mit Nässe und wenig Schlaf.
Denn in all den Jahren seit dem ersten Blitz,
aus dem alle Proteine entstanden,
sind der Frieden der Tiefe und das Donnern der Wogen
Lohn genug, trotz alledem.
Dort erfahren die Menschen das Wesen der See,
das unmittelbare und unwandelbare Gesetz,
das noch steht, wie es stand seit Jahrhunderten,
lang bevor der Mensch vom Ufer wiederkam.
Anders als das verworrene Menschengesetz,
ist das Gesetz der See einfach und wahr.

Sie schlägt selten blindlings, doch zerstört, wo sie kann,
alles Schlechte, Unzulängliche, nicht nur das Neue.

Und du findest wieder Zeit zu denken,
wie du an Land niemals Zeit hast,
Schichten von Vorurteil, Eigennutz, Mühsal
werden aus staubigen Augen gespült, und legen, einmal mehr,
unwillkommene Einzelheiten bloß und den verlorenen Horizont
jenes scharfsichtigen Tages der Kindheit,
bevor du lerntest, deinen Blick zu trüben
und dich mühsam auf dem Weg des Menschen voranzuschleppen.

Gewiß, die theatralische Pose ist so zweifelhaft wie der Rhythmus; aber das Gedicht gibt zwei von Crowhursts ureigenen fixen Ideen wieder: das poetisch-naturwissenschaftliche Moment – die Entstehung der Proteine in einem Urknall – und die Neuerschaffung kindlicher Unschuld durch die einsame Unberührtheit der See. Das waren Begriffe, Vorstellungen, die eine große Faszination auf ihn ausübten, schon jetzt und später noch viel mehr.

Dann gab es ein zartes Gedicht an eine Rose, das, sofern es überhaupt eine Bedeutung hatte, wahrscheinlich auch ein Liebesgedicht war, ein Zeichen, daß er an eine seiner verflossenen Lieben dachte, an Enid vielleicht. Zum erstenmal bezeichnete er sich selbst als eine gequälte Seele:

ROSENKNOSPE

Schlankstengelige,
Kaum Duftende,
Schön
Jenseits aller
Flachen Worte.

Warum neigst du dich
(Wunder aller Wunder)
Zu einer gequälten
Seele
Hernieder?

Leise, leise
Trauer und
Sehnsucht im Übermaß
Selten
Lachend.

Sterne gäbe ich,
Strahlende Sonnen.
Alles, was ich geben kann
Sind zwei
Kleine Dinge.

So nimm zuerst
Heimlich
Mein innerstes Herz
Meine Gedanken
Immer.

So wende ich mich
Traurig ab.
Knospende Rose
Erblühe
Vollendet.

Vorsehung, immerwährender
Schutz,
Bewache eifersüchtig
Deine Freuden
Für immer.

Es ist an dieser Stelle interessant, Crowhursts Texte mit der Prosa eines anderen Einhandseglers zu vergleichen: Bernard Moitessier. Obwohl seine Fahrt sehr viel härter, anstrengender war als die Crowhursts, reagierten beide in mancher Hinsicht ähnlich auf die Einsamkeit. Auch Moitessier ließ sich zu außerordentlich farbenprächtigen Stimmungsbildern hinreißen:

> Für unsereins läßt sich ein großes Kap nicht einfach in Länge und Breite ausdrücken. Ein großes Kap hat eine eigene Seele, besitzt seine eigenen Schatten und Farben, sehr sanfte und sehr grimmige. Eine Seele so schlicht wie die eines Kindes, so hart wie die eines Verbrechers. Und das ist der Grund, weshalb man sie aufsucht. Nicht für Geld oder Ruhm, sondern aus Liebe zum Leben.

Aber auf der anderen Seite drückte Moitessier sich mit einer natürlichen Offenheit und Unmittelbarkeit aus, die keinen Zweifel an der Echtheit seiner Erlebnisse ließ – daran war nichts nachgeahmt oder erfunden:

> Gott, wie gut es tut, wie ein Tier zu leben, von einem lauen Wind sanft sich streicheln zu lassen! Wie gut es tut, das Kreuz des Südens zu betrachten, das dem Horizont jede Nacht ein wenig näher rückt. Zu schlafen wie ein Säufer, sich den Bauch vollzuschlagen und genüßlich zu rülpsen, sich in der Sonne auszustrecken, bis man nahezu betäubt ist. Ich fürchte mich nicht mehr vor der Begegnung mit Menschen. Meine Seele ist im Frieden.

Selbst seine hochfliegenden, mystischeren Passagen klingen wahr:

> Wenn man monatelang dem Rauschen des Windes und der See, der Sprache der Unendlichkeit so lange gelauscht hat, dann hat man Angst, brutal wieder in die Gesellschaft von Menschen zurückgestoßen zu werden, diesen leeren, sinnlosen Gesprächen, diesem Geschwätz zuhören zu müssen.

Ich meine nicht, daß ich besser als sie geworden sei, nur bin ich in mancher Hinsicht anders geworden. Was früher wichtig war, zählt jetzt weniger oder zählt überhaupt nicht. Und es gibt Dinge, die vorher unwichtig waren und jetzt sehr viel zählen. Zeit und materielle Dinge haben nicht mehr dieselbe Dimension, die sie hatten, als ich aufgebrochen bin. Wenn man bis in die Tiefe seiner selbst vorgedrungen ist, wenn man die weiten Horizonte umarmt hat, die weiter reichen als bis zu den Sternen, dann kehrt man nicht mit denselben Augen zurück, man denkt mehr mit den Sinnen als mit dem Hirn. Das Gehirn verzerrt und verfälscht. Das Gehirn ist nur nützlich, um seine Lieben zu küssen. Während die Sinne allem seine Dimension und seine exakten Umrisse verleihen, seine Schattierungen und seine Farben. So sehe ich die Dinge jetzt, durch die Haut und durch den Magen.*

Auch Robin Knox-Johnston, der mittlerweile Neuseeland passiert hatte, ließ sich durch Weihnachten zu etlichen philosophischen Gedanken inspirieren. Kein Kontrast könnte stärker sein als der Gegensatz zwischen ihm und den beiden einhandsegelnden Intellektuellen. Er hatte von Natur aus jenen rauhen Seemannston, den Crowhurst so gern beherrscht hätte und so umständlich nachzuahmen versuchte:

Um 3 Uhr nachmittags trank ich auf das Wohl der Königin und wünschte, ich wäre früh genug aufgestanden, um ihre Rede zu hören, um 6 Uhr meiner Zeit. Irgendwie trägt es zum besonderen Charme des Weihnachtsfests bei, wenn alle sich zusammenfinden, um dieser Rede zu lauschen ... Am Abend hörte ich von Apollo 8 und ihrer Crew – es sind tatsächlich die ersten Männer, die um den Mond geflogen sind, und das gab mir Stoff zum Nachdenken. Da waren sie, drei Männer, die ihr Leben aufs Spiel setzen, um unser

* Aus *Der verschenkte Sieg* von Bernard Moitessier, Bielefeld 1976. Aus dem Französischen von Wolfgang Rittmeister.

Wissen voranzutreiben, die Grenzen zu erweitern, die uns bis dahin an diesem Planeten festgehalten haben. Der Gegensatz zwischen ihrer großartigen Leistung und meiner eigenen Reise war erschreckend... Es stimmt, nachdem Chichester und Rose einmal bewiesen hatten, daß es möglich war, hätte ich nicht akzeptieren können, wenn ein anderer als ein Brite der erste gewesen wäre, der es versuchte, und, freilich, dieser Brite wollte ich sein. Aber nichtsdestoweniger war meiner Ansicht nach doch auch ein Stück Egoismus dabei. Bevor ich aufbrach, hat man meine Mutter gefragt, was sie von meinem Vorhaben hielte, und sie sagte, sie finde es »vollkommen unverantwortlich«, und heute, an diesem Weihnachtstag, dachte ich zum ersten Mal, daß sie recht hatte. Ich segelte um die Welt, bloß weil ich das absolut und unbedingt wollte, – und, das wurde mir klar, es machte mir riesigen Spaß.*

Die Zeit um Weihnachten war schlecht für Crowhurst, der nur mit sich und seinen Selbstzweifeln beschäftigt war. Es ging ihm sogar so nahe, daß er ins Logbuch, das ansonsten fast ausschließlich der Navigation vorbehalten war, schrieb: »Dieses Weihnachten schlägt sich einem gewaltig aufs Gemüt!« Die meisten seiner wirklichen Sorgen schrieb er auf das große Stück Packpapier, auf das er die Karte von Rio de Janeiro gezeichnet hatte. Er hörte den Auslandssender der BBC und versuchte, beim einen oder anderen der damaligen Top Twenty den Text zu verstehen (ein Song war »Jennifer Exxles«, ein anderer »Lily the Pink« von den Scaffold). Wie Knox-Johnston notierte er die Wasserung der *Apollo 8* im Pazifik.

Am Heiligen Abend rief er über Funk seine Frau an, was seine Schwermut nur noch verstärkte. Sie fragte ihn sofort nach seiner genauen Position: Rodney Hallworth verlange sie. Er verweigerte ihr in einem merkwürdig barschen Ton die Auskunft; er habe keine Möglichkeit gehabt, die Sonne zu beobachten, sagte er. Dann muß er irgendwie in Panik geraten sein.

* Aus *A World of My Own* von Robin Knox-Johnston, London 1969.

Zum erstenmal gab er eine derart phantastische Lüge von sich, daß er seine so sorgfältig berechnete Route damit über den Haufen warf: Jeder, der versucht hätte, sich einen Reim auf solche Geschwindigkeiten zu machen, wäre in Verwirrung geraten. Er sei, sagte er, »irgendwo vor Kapstadt«. Noch während er das sagte, muß Crowhurst erkannt haben, daß er sich mit dieser Lüge nur noch erbarmungsloser verstrickte, denn er konnte unmöglich ehrenvoll in Rio de Janeiro an Land gehen, nachdem er eine so absurde Position, 3000 Meilen östlich, angegeben hatte.

Beiden war schmerzlich bewußt, daß die Telegraphisten ihr Gespräch mithörten und selbst weihnachtliche Vertraulichkeiten nicht privat sein konnten. Dennoch richtete er noch einmal den verhohlenen Appell an Clare, sie möge ihn zum Aufgeben zwingen. »Geht's euch gut zu Hause?« fragte er. »Bist du sicher, daß du zurechtkommst – mit all den Schwierigkeiten?« Clare Crowhurst, der nicht klar war, in welchem Zustand er sich befand, fühlte sich verpflichtet, ihn zu beruhigen; es sei alles in Ordnung, natürlich komme sie zurecht.

Den Weihnachtsmorgen verbrachte Crowhurst damit, auf tröstliche persönliche Botschaften über Funk zu warten. Zwar hatte er Grüße an Rodney Hallworth, Stanley Best, seine Familie und sogar den Stadtrat von Brigdwater geschickt, er selbst aber ging leer aus (sämtliche Antworten trafen zwei Tage später ein). Während der Sendezeiten in den frühen Morgenstunden notierte er auf dem braunen Papier die verschiedenen Stationen, die alle stumm blieben:

04.30	Nichts	GKL
04.35	Nichts	GKT4
04.40	Nichts	GKL
04.50	NICHTS	GKH

und wurde so deprimiert, daß er eine halbe Stunde später schrieb:

05.27	Seufzer gehört

Diese Seufzer werden vermutlich irgendwelche Funkinterferenzen gewesen sein; das Bestürzende ist, daß Crowhurst in seiner Sehnsucht nach menschlichem Kontakt glaubte, es seien Seufzer. Wie er da allein vor sich hinsegelte, jeder Tag so eintönig wie der vorhergehende, gab es so wenig, was seine Vorstellungskraft angeregt hätte; und er war in einer Stimmung – die ihn im Lauf der Zeit immer häufiger heimsuchte –, in der sich ihm noch das geringste, das belangloseste Ereignis zu kosmischer Bedeutung aufblähte. Nachdem ihm Weihnachtsgrüße vorenthalten wurden, verarbeitete er das wenige Material, das er hatte – Schiffsproviant, mathematische Kenntnisse und eine Rundfunksendung über Biafra auf der Frequenz 15,402 MHz –, zu einem Ausdruck seines eigenen Elends. Auf dem braunen Packpapier machte er ein Weihnachtsgedicht daraus, eine bittere Mixtur aus Elektronik, Mathematik und Mitleid mit den Kindern von Biafra:

Bei einer Art Wache über die Segel, bei Nacht,
Allein,
Seufzt die Takelung das Seufzen kosmischer Trauer
Über weinende Tauben, die vielleicht morgen sterben
Auf $12{,}7 \times 10^5$ verstrahlten Olivenbäumen.
Ein Seufzen, das des Menschen Seele mit Schwermut erfüllt.
Wellen! Spült meine Schwermut fort!
Meine Fußbank ist eine 4,5-kg-Kiste Reis.
$2{,}5 \times 10^3$ Meilen nordöstlich
Werden 250×10^3 Babys langsam sterben,
Zu schwach, um aufzubegehren
(Kohlehydratmangel, sagen sie auf 15,402 MHz)
Herodes, würdest du so die Überbevölkerung lösen?
Bitte, du sollst wissen: es gibt einen Weihnachtsmann!

Die Verzweiflung verbesserte nicht seine Technik, sein Versmaß, aber der Gegensatz zwischen diesem Gedicht und dem »Lied der Südsee« ist der unendliche Unterschied zwischen echter Not und markierter »Tapferkeit«.

Am 25. Dezember war Crowhurst weniger als zwanzig Meilen von der brasilianischen Küste entfernt; wahrscheinlich konnte er Land sehen. Nach dem Telefongespräch mit seiner Frau hatte er den Kurs geändert und hielt nun auf die Küste zu: wohl weil er jäh das Bedürfnis wenigstens nach einem vagen Anzeichen von festem Land und freiem Leben hatte. Später drehte er wieder ab, vielleicht war ihm jetzt leichter. Ins Logbuch 1 schrieb Crowhurst viele Seiten und wahrscheinlich viele Monate später die Worte:

> Weihnachten vor Rio de Janeiro. Lichter und merkwürdige Dinge, die über Rio de Janeiro geschehen. Gedichte sind eine komische Sprache.

Das ist ein äußerst erstaunlicher Eintrag, denn wir wissen ja, daß er nicht einmal in der Nähe von Rio de Janeiro war, sondern tausend Meilen nördlich vor der Küste: dort gab es nur eine kleine Provinzhauptstadt namens João Pessoa. Allenfalls deren Lichter hatte er sehen können, wenn überhaupt.

Wie auch immer: seine angebliche Position war in der Tat vor Rio de Janeiro; auf der Routenkarte hatte er sie sorgfältig an dieser Stelle markiert. Zu welchem Zweck hätte er später, als er diese sonderbaren Worte schrieb, eine solche Beobachtung vortäuschen sollen? Sie sind also vermutlich das erste Anzeichen dafür, daß unter großem Druck an Stelle des bewußten Betrugs allmählich die Selbsttäuschung trat. So lange und so intensiv hatte Crowhurst über seine angeblichen Schiffsorte, seine angebliche Route nachgedacht, daß er sie als wahr zu erleben begann. Nach den stummen Funkstationen, den eingebildeten Seufzern, der Befreiung durch einen Text in »komischer Sprache« über sterbende Babys, gewannen wohl seine Einbildungen für eine Zeitlang die Oberhand, und in seinem Kopf wurden sie Wirklichkeit.

Bei Tagesanbruch hörte er Joan Sutherland, die im Radio *»The Holly and the Ivy«* sang, und er schaute nach, ob irgend jemand ihm ein Weihnachtsgeschenk oder eine Karte mitgegeben hatte. Das einzige, was er fand, waren Karten von Peter und Pat Beard. Auf Peter Beards Karte las er:

Frohe Weihnachten, Don. Hoffentlich ist alles in Ordnung. Wenn ich rate, würde ich sagen, du bist irgendwo in der Nähe der Kanarischen Inseln. Wie falsch liege ich? Wir schicken Dir alle unsere herzlichsten Grüße. Mach Dir wegen Clare und den Kindern keine Sorgen, Pat und ich werden ein Auge auf sie haben. Ich nehme an, Du bist mittlerweile mit den Launen und Einfällen von unserem alten Kumpel DEM MEER vertraut – sogar in diesem Stadium mußt Du doch schon eine große Befriedigung spüren –

Alles Gute, Don
Wir sehen uns in ungefähr 7 Monaten.

Und auf Pat Beards Karte:

Alles Liebe, Don, mit den herzlichsten Grüßen und Wünschen. Am liebsten wäre ich bei Dir!!!!

Im Logbuch 2 beschrieb Crowhurst sein Weihnachtsessen: Corned beef Vindaloo mit Ei, eine Orange (seine letzte), Paranüsse und dunkles Bier. Auf dem Tonband plauderte er munter über Kochkünste und Schlemmerei, und dann schrieb er traurig ins Logbuch:

Peter und Pat waren die einzigen, die mir Weihnachtskarten geschrieben haben. Muß man daraus irgendeinen realen Schluß ziehen? Nur, daß Beweggründe selten treffend eingeschätzt werden!

Clare Crowhursts Weihnachtsgeschenk für ihren Mann, die Kuschelpuppe mit den langen Goldhaaren in der Tragetasche, die wieder ausgeladen worden war, erhielt statt dessen seine Tochter Rachel. Nachdem sie auf so unerklärliche Weise wieder von Bord der *Teignmouth Electron* verschwunden war, fand Mrs. Crowhurst sie zu hübsch, um sie wegzuwerfen. Sie nahm die Polsterung heraus und nähte vorn einen Reißverschluß ein, so daß sie als Futteral für das Nachthemd eines kleinen Mädchens dienen konnte: Rachel erhielt sie zur Bescherung der Kinder bei der häuslichen Weihnachtsfeier.

Weihnachten in Bridgwater war kaum fröhlicher als im Südatlantik. Der drittälteste Sohn Roger hatte immer wieder Alpträume, in denen sein Vater in der Schlafzimmertür stand und ihn anstarrte. Der älteste Sohn, James, war schweigsam und bedrückt. Nur Simon war fröhlich; er hielt eine Weltumsegelung für eine einfache Sache und sagte, wenn er groß sei, würde er rund um die Welt schwimmen. Die Beards waren nach Woodlands gekommen, getreu ihrem Weihnachtsversprechen, »ein Auge auf Clare« zu haben, und hatten eine Ente gebracht, aber Clare servierte ihren Truthahn zum Weihnachtsessen. Die Familie hatte eine üppige Mahlzeit daran, die sie allerdings kaum aufzuheitern vermochte.

Zwei Tage zuvor hatte ein schlimmes Feuer den Stall neben dem Haus verwüstet. Niemand wußte, was die Brandursache war, aber es zerstörte Crowhursts Werkstatt fast völlig, ebenso die Segel und die Takelage der *Pot of Gold*. Und es gab Schwierigkeiten mit der Electron Utilisation. Nachdem Clare die Firma ja irgendwie weiterführen mußte, konnte sie keine andere Arbeit annehmen, um Geld zu verdienen. Die Firma aber warf nicht die erwarteten zehn Pfund Wocheneinkommen ab, und Stanley Best gab sich immer weniger Illusionen hin. Drei Monate später begann Clare von »Sozialhilfe« zu leben – um den jüngsten Euphemismus für Almosen zu gebrauchen.

12
Schweigen und Einsamkeit

Im Lauf des nächsten Monats stieß der *Teignmouth Electron* auf See nichts Bemerkenswertes zu. Crowhurst ließ sich ohne klaren Bestimmungsort nach Süden und Osten treiben – er folgte einem Zickzackkurs ohne Ziel, mit dem einzigen Zweck, weit hinaus in den leeren Ozean zu gelangen, fern von den vielbefahrenen Küsten Lateinamerikas. Er mußte keine Distanzen zurücklegen, für ihn ging es nur noch darum, Zeit totzuschlagen, und diese südatlantischen Gewässer, in denen Schiffe so selten sind wie heftige Stürme, stellten keine besonders hohen Anforderungen.

Er hatte ja auch ein beschädigtes Boot, mit dem er pfleglich umgehen mußte. Am zweiten Weihnachtsfeiertag öffnete er den Steuerbordschwimmer, um den Riß in der Außenhaut, den er sechs Tage zuvor entdeckt hatte, gründlich zu inspizieren. Seinem Bericht zufolge hatte eines der hölzernen Spanten an der Rumpfinnenseite sich von der Sperrholzwand gelöst, so daß in der Außenhaut in der Mitte des Schwimmers, gleich neben den quer unter dem Rumpf verlaufenden Metallstreifen, an denen die Masttoppwanten befestigt waren, ein ziemlich breiter Riß entstanden war. Dort, wo die Glasfaserbeschichtung des Rumpfes mit Eastwoods doppelter Sperrholzabdekkung zusammentraf, stieß er auf einen Riß von beinahe einem Meter Länge, der allen seinen Zweifeln und der Wut, in die er bei seinem ersten Streit mit den Bootbauern geraten war, im nachhinein recht gab. Crowhursts Beschreibung des Schadens im Logbuch ist völlig ehrlich und exakt* (nicht hingegen der Eindruck, den er in einem Telegramm nach England davon vermittelte).

Außerdem war da die undichte Generatorluke im Cockpit –

* Unsere eigene Untersuchung des Trimarans bestätigt dies.

zwei wunde Punkte, die vielleicht die Schlangenlinien erklären, die er in dieser Zeit fuhr, und die sprunghaft wechselnden Geschwindigkeiten: um sich vor Brechern zu schützen, versuchte er, sooft er konnte, hoch am Wind mit Steuerbordhalsen zu segeln, damit der beschädigte Ausleger möglichst wenig belastet wurde.

Bevor er den Südostpassat verließ, mußte er einen mehrtägigen Sturm mit dichtgeholten Segeln überstehen und wegen eines Gichtanfalls für einen halben Tag beigedreht liegen; das zweite (und letzte) Servoblatt der Hasler-Steuerung brach, woraufhin er mit Hilfe des Stagsegels eine Art Selbststeuersystem improvisierte; auch versuchte er, die Logleine so weit in Ordnung zu bringen, daß sie korrekte Messungen lieferte, und er beklagte sich über den Inhalt seiner Wassertanks:

> Es ist ein nahrhafter brauner Schlamm: eine abwechslungsreiche und interessante Mischung aus verblichenen Norfolker Insekten, Glasfasern und Farbe.

Abgesehen von solchen mageren Brocken enthält das zweite Logbuch keine nennenswerten nautischen Informationen über diesen Zeitabschnitt.

Hochinteressante Hinweise finden sich hingegen im Funktagebuch. In der ersten Januarwoche begann er verstärkt, den Funkverkehr anderer Schiffe abzuhören – Telegramme, Kurznachrichten und vor allem Wetterberichte. Am Ende seiner Fahrt hatte er von solchen gemorsten Funksprüchen an die hunderttausend Wörter decodiert und in winziger Schrift hingekritzelt.

Auf den ersten Blick scheinen sie Notizen ohne Bedeutung, niedergeschrieben zum Zeitvertreib oder aus der Zwangsvorstellung heraus, Morsenachrichten aufzeichnen zu müssen. Wie sich indessen bei näherer Untersuchung herausstellt, ergeben diese Notizen ein grobes Muster. Was er offensichtlich vorhatte, war, die jeweilige Wetterlage und sonstigen Vorfälle auf See entlang seiner vorgetäuschten Segelroute um die Welt herauszufinden, so gut es ihm eben gelang. Es findet sich noch eine Fülle weiterer Informationen, die offensichtlich nicht dazugehören, deren Ursprungsorte jedoch ebenfalls eine Linie durch den Südatlantik und ostwärts zum Indischen Ozean bilden. Die Wetterberichte sind ein ziemlich eindeutiger Hinweis, und vermutlich waren sie auch der Hauptzweck der Mammutübung.

Im Januar und Februar stammten die meisten Funksprüche von Radio Kapstadt, das regelmäßig die Wettervorhersagen für den Südostatlantik und den südlichen Indischen Ozean ausstrahlt und außerdem die Prognosen der Wetterstation Mauritius weiterleitet. Crowhurst schrieb alle diese Berichte wahllos auf; aber wenn eine der Vorhersagen genau mit der eines meteorologischen Gebiets entlang der Klipperroute übereinstimmte – Tristan da Cunha zum Beispiel, die Gough Forties, die Meteor Forties, die Marion Forties oder die Corzet Forties –, dann war sie säuberlich unterstrichen. Im März wurden die Wetterberichte spärlicher – wohl deshalb, weil er Schwierigkeiten hatte, die Sender Sydney und Wellington in Australien beziehungsweise Neuseeland zu empfangen, wo er sich offiziell zu der Zeit ja aufhielt. Dann gelang es ihm aber doch wieder, Verbindungen herzustellen, und wieder sind die Wetterberichte für die einschlägigen Gebiete unterstrichen. Einen Hinweis darauf, wie systematisch Crowhurst diese Aufgabe anging, gibt ein Buch, das an Bord der *Teignmouth Electron* gefunden wurde: Band III des *Nautischen Funkdienstes*, der die Wetterfunkstationen auf der ganzen Welt angibt. Auf den Wetterkarten sind alle Gebiete, durch die die Klipperroute verläuft, deutlich gekennzeichnet und manchmal kommentiert; alle übrigen Teile des Buches sind völlig unbenutzt geblieben.

Es war nicht nur diese strapaziöse Arbeit, auf die er sich einließ, er machte sich auch Sorgen wegen seiner Telegramme nach Hause; immer unentrinnbarer steckte er in der Klemme, denn mit jedem erfolgreich abgesetzten Telegramm vermittelte er einen immer falscheren Eindruck davon, wo er sich befand. Mit jedem Tag mußte seine hartnäckige Weigerung, präzise

Positionen durchzugeben, verschrobener erscheinen, mit jedem Tag wurde die Gefahr, am falschen Ort entdeckt zu werden, besorgniserregender. Zwar sind die Küstenfunkstationen kaum in der Lage, die Richtung festzustellen, aus der eine Meldung kommt, doch würden seine Signale binnen kurzem so eindeutig mit der falschen Stärke aus der falschen Richtung eintreffen, daß er zwangsläufig in die Bredouille geraten mußte. Die einzig einleuchtende Lösung war also, sich einen Grund auszudenken, um sich endgültig aus dem Äther zu verabschieden; wir können mitverfolgen, wie dieser Grund allmählich reifte: die Entwicklung füllt mehrere Seiten im Funktagebuch.

Er hatte seine Leute zu Hause bereits darauf vorbereitet, daß er wegen der Schwierigkeiten mit dem Generator möglicherweise eine Zeitlang keine Nachrichten würde schicken können, und am 29. Dezember verfaßte er einen Funkspruch an Hallworth, in dem er dieses Problem darlegte. Die Nachricht sollte über Radio Kapstadt geschickt werden, so daß der Eindruck entstehen mußte, er sei auf dem Weg zum afrikanischen Kap. Zuerst schrieb er:

> NAHE ILHA TRINIDADE RICHTUNG HOHE BREITEN

aber das strich er wieder aus. Es war zu exakt und würde den andeutungsweise optimistischen Eindruck der vorhergehenden Telegramme zunichte machen. Er setzte also von neuem an, atemberaubend verschwommen in seiner Wortwahl und versehen mit dem Hinweis auf einen Generatorschaden:

> ALLES GEHT GUT KURS NACH SÜDEN AUF HOHE BREITEN WO ARBEIT ANFÄNGT STOP MUSS WOHL GENERATORRAUM VERSIEGELN

Aus Vorsicht, Unschlüssigkeit oder wegen schlechter Funkverbindung hielt er jedoch diese Nachricht einstweilen noch zurück; sie wurde – in überarbeiteter Form – später abgeschickt.

Am 3. Januar sandte er eine kurze Betriebsmeldung an Radio Kapstadt, in der er mitteilte, er würde nun den langwelligen Sprechfunkbereich 2a, der das südwestliche Viertel des Atlantiks abdeckt, verlassen und zur Küste Südamerikas hinuntersegeln. Das paßte zwar zu den falschen Positionen, die er auf seiner Routenkarte eingezeichnet hatte, widersprach jedoch seiner Meldung nach Hause, wonach er Tristan da Cunha passiert habe und nun auf dem Weg zum Kap der Guten Hoffnung sei. Der Unterschied war jedoch so subtil, daß ihn niemand zur Kenntnis nahm. Am 8. Januar ging ein weiteres Verschleierungstelegramm an Hallworth:

> GICHTANFALL NACH NEUJAHRSSHERRYPARTY JETZT GLEICHES TEMPO SEEJUNGFERN STOP FAST IN DEN HOHEN BREITEN

Zwei Funksprüche erhielt er zur Antwort. Der eine informierte ihn über den derzeitigen Stand des Rennens:

> ROBIN FÜHRT BERNARD JENSEITS TASMANIEN TETLEY OSTINDIEN DEIN TAGESSCHNITT 30 MEILEN DARÜBER SUNDAY TIMES RECHNET MIT RÜCKKEHR DES SIEGERS AM NEUNTEN APRIL DAS IST DEIN ZIEL

(Um dieses Ziel zu erreichen, hätte Crowhurst schnell wie ein kleiner Dampfer sein müssen und 300 Meilen am Tag zurücklegen.)

Das zweite Telegramm war Hallworthens dringende Bitte um harte Fakten, und der sehnsüchtige, fast wehmütige Ton war ein deutlicher Ausdruck journalistischer Frustration:

> BRAUCHE BITTE POSITION UND WÖCHENTLICHEN MEILENSTAND MACHS GUT RODNEY

Die entscheidenden Meldungen, die seinen Funkverkehr für elf Wochen beendeten, verfaßte Crowhurst am 15. Januar, und am 19. Januar schließlich schickte er sie ab. Die erste ging an Hallworth, die überarbeitete Version des früheren Entwurfs:

> 100 SÜDOST GOUGH 1086 GENERATORLUKE VERSIEGELT SENDE WENN MÖGLICH 80 OST 140 WEST

Mit diesem Telegramm erledigte er dreierlei. Erstens hatte er Mitleid mit seinem PR-Agenten bekommen und nannte ihm eine präzise (freilich falsche) Position: 100 Meilen südöstlich der Insel Gough in den hohen Breiten. (Es ist dieselbe falsche Position, die er in der Routenkarte für diesen Tag vorgesehen hatte.) Zweitens kündigte er unmißverständlich das Ende seiner Funkmitteilungen an. Drittens verwischte er seine Funkspur mit einer künstlichen roten Fährte, indem er die Küstenstationen aufforderte, ihn künftig dort zu hören, wo er hätte sein *sollen*, nämlich zwischen dem 80. Längengrad Ost (der mitten durch den Indischen Ozean verläuft) und 140° westlicher Breite (auf halbem Weg zwischen Neuseeland und Kap Hoorn).

Sein zweites Telegramm ging an Stanley Best und war noch kunstvoller ausgearbeitet. Im Logbuch entwarf er mehrere Versionen, bevor er den endgültigen Text hatte – im wesentlichen eine stark übertriebene Aufzählung aller Schäden am Schiff:

> SCHWIMMERSPANT LEIDER ZERBROCHEN HAUTRISS DECKSVERFUGUNG LÖST SICH REPARATUREN WERDE TEMPO NICHT HALTEN ALSO HOORN IM HERBST SCHLECHTGEBAUTES BOOT STOP WENN BEREIT STREICHEN SIE KLAUSEL BEDINGUNGSLOSE ÜBERNAHME SONST VORSCHLAG ZEITUNGSANGEBOTE PRÜFEN EINIGE TAGE ZEIT

Es war eine so unbestimmte, vieldeutige Nachricht, daß sie den gerissensten Rechtsanwalt entzückt hätte. Nichts daran ist buchstäblich erlogen, doch vermittelt der Text den Eindruck von weitaus größeren Schäden, als das Boot tatsächlich erlitten hatte. Der Hinweis auf die sich lösenden Verfugungen zum Beispiel beschwor die Vorstellung von losen Querverstrebungen und fehlenden Deckplanken herauf – während in Wahrheit nur jene vergleichsweise geringfügigen Sprünge zwischen Sperrholz und Glasfiberbeschichtung aufgetreten waren. Klar ist indes Crowhursts Absicht: es ging darum, sein Heldentum noch schärfer herauszustreichen, um Stanley Best Zugeständnisse entlocken zu können und ihm zu verstehen zu geben, wie unfair die Vertragsklausel sei, derzufolge Electron Utilisation gezwungen wäre, im Fall seines Ausstiegs einen Haufen Gerümpel und Bruchholz aufzukaufen. Und vielleicht schwang auch noch die Hoffnung mit, daß Best ihm *befahl* aufzugeben.

An diesem Tag schrieb Crowhurst ins Logbuch 2: »Drei Telegramme abgeschickt!«, was zeigt, wie wichtig ihm diese Nachrichten waren. Das dritte Telegramm hingegen ist eine Sorte Rätsel. Oben auf derselben Seite des Funktagebuchs, auf der die beiden Telegramme im vollen Wortlaut stehen, findet sich eine weitere Mitteilung an Stanley Best, die eindeutig der Versuch ist, einen Code für Geheimbotschaften aufzustellen. Der Text liest sich wie folgt:

> XYZAB CDEFG HIJKH LMBNO PHQZG XYZRS TUVHW
> NO TYPIST FOXED
> BESTÄTIGE DECODIERUNG BALDMÖGLICHST

Auf den ersten Blick mag diese Nachricht unverständlich sein, aber für einen Dechiffrierexperten wäre die Entschlüsselung ein Kinderspiel. Damit sollte offensichtlich ein Code mit Ersetzungsverfahren vereinbart werden, bei dem Buchstaben auszutauschen waren. Der Satz *no typist foxed* bedeutet zwar wörtlich »kein Streich des Typisten«, ist aber das Signal an den Empfänger der Botschaft, jenen berühmten Satz, in dem jeder

Buchstabe des Alphabets einmal vorkommt – *THE QUICK BROWN FOX JUMPS OVER THE LAZY DOG* –, entsprechend über die Fünfergruppen der Codebuchstaben zu schreiben, die zwar mit X statt mit A beginnen, sich ansonsten aber an die alphabetische Reihenfolge halten: diese unterbricht nur dort, wo gelegentlich ein Buchstabe zweimal vorkommt. Damit wird der Code schnell klar:

THEQU ICKBR OWNFO XJUMP SOVER THELA ZYDOG
XYZAB CDEFG HIJKH LMBNO PHQZG XYZRS TUVHW

Auf die gegenüberliegende Seite des Funktagebuchs hatte Crowhurst selbst die entsprechenden Ver- und Entschlüsselungslisten geschrieben. Mit einem solchen Code war jedermann sofort in der Lage, die jeweils ausgetauschten Buchstaben einzusetzen und die Botschaft zu entziffern. Hätte Best geantwortet, der Code sei geknackt, dann hätte Crowhurst vielleicht sogar den Mut gefunden, seine wirkliche Zwangslage zu erklären und um den Rat zu bitten, den er verzweifelt brauchte; und Best häte ihm gesagt, er solle aufgeben.

War dieses das dritte abgeschickte Telegramm? Und hat Best jemals von dem Code erfahren? Aus den Unterlagen geht hervor, daß Crowhurst seine Meinung änderte und den Text nie durchgab. Die anderen beiden Telegramme rahmte er ein und schrieb daneben: »Gesendet am 19. 1.«; mit dem codierten Text geschah nichts dergleichen. Das Funktagebuch enthält keinerlei Hinweis auf eine Antwort, und auch Stanley Best sagt, er habe nie eine derartige Nachricht erhalten. Außerdem steht im Funktagebuch zwei Seiten früher eine kurze Empfangsbestätigung zu einem der Telegramme an Hallworth, neben dem ebenfalls »Gesendet am 19. 1.« steht, – was bedeuten würde, daß dieses vermutlich das mysteriöse dritte Telegramm war.

Es war auf jeden Fall eine angemessene Abschiedsveranstaltung. Raffiniert, irreführend und uneingestanden hilfesuchend, auf daß andere an seiner Stelle für ihn entschieden – in telegraphischem Kauderwelsch offenbarte sich Crowhursts Charakter unter Streß.

In den nächsten Tagen liebäugelte Crowhurst mit weiteren Botschaften an die Öffentlichkeit:

> ABWARTENDER NELSON KURZENTSCHLOSSENER HORNBLOWER ZWEIMAL BÖSES ENDE REPARATUREN UMGEARBEITET VIELVERSPRECHEND

Er begann sogar mit dem Entwurf zu einem tröstenden, liebevollen Abschied von seiner Familie, aber dann hielt er es doch für klüger, sich wortlos auszublenden. Beinahe drei Monate lang benutzte er das Sendegerät kein einziges Mal, nicht einmal, um eintreffende Nachrichten zu bestätigen, die er nach wie vor tadellos empfing. Stanley Bests großzügiges Einverständnis, die vereinbarte Option fallenzulassen:

> TELEGRAMM ERHALTEN IHRE ENTSCHEIDUNG STOP FORDERE KEINE BEDINGUNGSLOSE ÜBERNAHME VIEL GLÜCK

und eine aufmunternde Botschaft von seiner Schwägerin Helen:

> GUTE FAHRT STOP KOPF HOCH

versuchte Radio Kapstadt immer wieder zu übertragen, offensichtlich ins Leere. Donald Crowhurst registrierte sie jedesmal, aber er wagte nie, den Empfang zu bestätigen. Auf den folgenden Seiten des Funktagebuchs tauchen sie immer wieder auf.

In der Devon News geriet Rodney Hallworth unterdessen in wirkliche Schwierigkeiten. Um Schlagzeilen zu bekommen, brauchte er Rekordgeschwindigkeiten, untermauert durch präzise Positionsangaben. Was die Zeitungsleser betraf, so hatten sie von ihrem Helden zum letztenmal gehört, als er Tristan da Cunha entweder ansteuerte oder soeben passiert hatte. Hallworth, inspiriert durch Mrs. Crowhursts Bericht über den Weihnachtsabend, muß ganz zuletzt seine Hoffnungen auf Kapstadt gesetzt haben. Doch er hatte nichts weiter in der Hand als den unsinnigen Spruch

> GICHTANFALL NACH NEUJAHRSPARTY JETZT GLEICHES TEMPO SEEJUNGFERN STOP FAST IN DEN HOHEN BREITEN

Was um Himmels willen sollte er damit anfangen? Die Herausgeber hatten allmählich genug von Fliegenden Fischen ohne Längen- und Breitenangaben. In dieser Phase nichts weiter bieten zu können als ein Sherrybesäufnis würde Hohn und Spott geradezu herausfordern. Einige Tage später war es zweifellos vertretbar, Crowhursts Ankündigung in eine vollendete Tatsache zu verwandeln, und aus »Fast in den hohen Breiten« der Telegramme wurde »In den hohen Breiten«. Die große Tat umgab er mit einem poetischen Gespinst daraus abgeleiteter Hoffnungen und Erwartungen:

> Donald Crowhurst hat die hohen Breiten erreicht und rechnet damit, das Kap der Guten Hoffnung an diesem Wochenende zu runden... Er geht davon aus, innerhalb eines weiteren Monats in Sichtweite zu kommen... Ein Telegramm, das Crowhurst uns schickte, zeigt ihn guten Mutes: »Gichtanfall nach Sherryparty zu Neujahr. Erstes (*sic*) Tempo Seejungfern. In den hohen Breiten.« Crowhurst konnte den Jahreswechsel mit vielen guten Wünschen begehen. Er erhielt mehrere Glückwunschtelegramme und öffnete das Sherryfaß, das der Wirt George Milford aus Exeter ihm für diesen Anlaß spendiert hatte...

Diese Story druckte die *Sunday Times* wohlweislich nicht ab. Doch statt dessen setzte sie noch eins drauf, indem sie Crowhursts »letzte bekannte Position« als 36° 30′ Süd, 15° Ost (ein Punkt auf der Klipperroute knapp vor dem Kap der Guten Hoffnung) angab und Hallworthens ohnehin fragwürdige Schlußfolgerung um eine Spekulation bereicherte: »Donald Crowhurst wird mittlerweile den Indischen Ozean erreicht haben.«

Dieser neuerliche Sprung der Phantasie beförderte Crowhurst um weitere 300 Meilen fort von sich selbst.

In der folgenden Woche geriet die Unwahrscheinlichkeit zur Farce. Hallworth hatte nun die zwei Telegramme vom 19. Januar, mit denen er sich zufriedengeben mußte. Es waren die letzten für viele Monate, und nachdem das Sprechfunkgerät fortan schwieg, beschränkte sich sein gesamter Wissensstand auf diese wenigen Worte. Deshalb beschloß er, die Versiegelung der Generatorluke mit dem maßlosen Schadensbericht zu einem künstlerisch befriedigenden Gesamtwerk zu verschmelzen. Derlei Schäden setzten allerdings eine Ursache voraus; Hallworth liefert sie bereitwillig:

> Der Trimaran »Teignmouth Electron«, den Mr. Donald Crowhurst um die Welt segelt, ist im Indischen Ozean in Schwierigkeiten geraten. Eine Riesenwelle brach vernichtend über das Heck des Schiffs herein, wobei sie das Cockpit demolierte und diverse Schäden an den umgebenden Streben anrichtete.

(Hallworth hatte hier sogar dem Schiff etliches angedichtet: rund um das Cockpit hatte es nie irgendwelche »Streben« gegeben.)

> Mr. Crowhurst mußte für nahezu drei Tage sämtliche Segel bergen, während er notdürftige Reparaturen vornahm. Unter anderem war er gezwungen, den rückwärtigen Cockpitraum, welcher einen Generator enthält, vollständig zu versiegeln. Um weiteren Schaden zu vermeiden,

> mußte er außerdem seine Geschwindigkeit drastisch herabsetzen, er befindet sich jetzt etwa 700 Meilen vor der afrikanischen Küste...
>
> Nachdem der Generator ihm nun nicht mehr zugänglich ist, wird Mr. Crowhurst sparsam mit seinen Batterien umgehen müssen und kann nur noch zweimal eine Funkverbindung mit England aufnehmen.

Wir sind jetzt 4000 Meilen von der Wahrheit entfernt; aber natürlich hatte Hallworth auch Pech mit seinem Telegramm. Crowhurst, wir erinnern uns, hatte eine genaue Position und einen wöchentlichen Meilenstand durchgegeben: »100 SÜDOST GOUGH, 1086.« Leider schlich sich bei der Übertragung ein Fehler ein: aus der Insel Gough wurde das Wort *tough*, »hart« – »100 SÜDOST HART 1086« lautete dann der Text, woraus Hallworth wie selbstverständlich schloß: Crowhurst hatte zwar eine harte Zeit, aber er hatte das Kap gerundet. Im eigentlichen Wortlaut hätte das Telegramm allenthalben eine gewisse Verlegenheit ausgelöst, denn es hätte Crowhurst, ungeachtet seiner eigenen Falschmeldung, um mehr als 1500 Meilen zurückgeworfen. Andererseits freilich hätte es die hochfliegenden Erwartungen, die jedermann hegte, ein wenig gedämpft.

Von diesem Augenblick an – zumal von Crowhurst keine Nachricht mehr kam, die ein Anhaltspunkt hätte sein können – entfernten sich die Mutmaßungen über seinen Schiffsort im Eiltempo weiter und weiter von der Realität, weit in den Indischen Ozean (natürlich entsprechend Crowhursts Absicht). Als Schätzungen auf der Grundlage seiner früher behaupteten Geschwindigkeiten aber waren sie nicht einmal so unwahrscheinlich, und deshalb wirkte Sir Francis Chichesters Beschreibung des einsamen Helden, die er im Rahmen eines Vortrags vor der Royal Institution gab, der britischen Gesellschaft zur Förderung und Verbreitung naturwissenschaftlicher Kenntnisse, eher kleinlich. Seine Rede wurde am 2. Februar in der *Sunday Times* abgedruckt. Er sagte folgendes:

> Der letzte Teilnehmer, Donald Crowhurst, ... kann diverse Spurts vorweisen, unter anderem erhebt er Anspruch auf einen Weltrekord, das längste bisher gelaufene Tagesetmal; aber seine Durchschnittsgeschwindigkeit ist nicht besonders hoch: 101 Meilen am Tag, und bei seiner letzten Positionsbestimmung – südlich des Kaps, am 10. Januar – lag er an die 8800 Meilen hinter Moitessier. Es sieht also kaum danach aus, als würde er den Preis gewinnen.

Wenig später schlug Sir Francis noch skeptischere Töne an:

> Es sind in der letzten Zeit eine Reihe von Geschwindigkeits- und Streckenrekorden behauptet worden, und ich hoffe, daß sich ein Segelclub bereit finden wird, Geschwindigkeitsrekorde zu überprüfen und anzuerkennen, genauso, wie das der Royal Aero Club und die Fédération Aéronautique Internationale für den Flugsport getan haben.

Damals ahnte nicht einmal Sir Francis, was für ein schlagkräftiges Argument ihm Donald Crowhurst im Südatlantik lieferte.

Crowhurst war zu der Zeit von den Vögeln und Fischen, die ihm begegneten, zunehmend fasziniert. Im Logbuch sind immer wieder besondere Vorkommnisse erwähnt, es finden sich Zeichnungen von außergewöhnlichen Fischen und minuziöse Beschreibungen aller Vögel. Das war mehr als bloßes naturgeschichtliches Interesse: Crowhurst brauchte dringend die Gesellschaft lebendiger Wesen. Was er über sie schrieb, ist witzig ohne die sonstige betonte Lässigkeit, präzise, ohne gestelzt zu sein, und anschaulich aus eigener Kraft, keine Imitation berühmter Vorlagen, – man sieht, wie wichtig die Tiere ihm geworden waren.

Sein erster Begleiter – er hatte ihn auch Rodney Hallworth beschrieben – war Peter der Prior, eine Art Seemöwe, die ihm gefolgt war und die auf dem Boot gestrandeten Fliegenden Fische verspeist hatte. Im gefälschten Teil des ersten Logbuchs hatte er über »Peter« geschrieben: »Er scheint nicht gerade scharf aufs Wasser zu sein, aber ich nehme doch an, er kann schwimmen?« Am 13. Dezember schrieb er, der Vogel sei noch immer da. Und auf einer Seite am Ende des ersten Logbuchs beschrieb er ihn:

> Auf der Unterseite fast rein weiß. Rücken hellgrau gezeichnet. Ein dunkleres V auf der Flügeloberseite, Schwalbenschwanz, langer Schnabel, im ganzen eine elegante Erscheinung mit schwarzer Zeichnung seitlich am Kopf hinter den Augen.

Auch andere Meerestiere erhielten Namen. Einer seiner Lieblinge war »Desmond die tattrige Dorade«, die, wie Crowhurst traurig notiert, am Ende von einem Hai gefressen wurde.

Am 29. Januar gab er seine Verschlossenheit vorübergehend auf und ließ ein wenig von seiner Gemütslage erkennen. Er schrieb: »Letzte Nacht lag ich an Deck und sah den Mond an und dachte nach über mein...« – das darauf folgende Wort ist unleserlich: es kann *fate* oder *fortune* heißen, Verhängnis oder Schicksal, oder auch *father*. Ob er an seinen möglichen Tod dachte, seine unentrinnbare Zwangslage oder an seinen toten Vater, es war jedenfalls ein Augenblick großer seelischer Erschütterung.

Diese unglückliche Stimmung, zusammen mit seinen Vogel- und Fischbeobachtungen, brachte ihn dazu, eine Geschichte zu schreiben, eigentlich eine Fabel, die seine seelische Verfassung zum Ausdruck brachte. Seine Protagonisten waren ein Vogel (eine Synthese aus allen, die er bisher gesehen hatte), ein Lotsenfisch und ein Albatros. Der Vogel war viel mehr als nur erzählerisches Element, zweckbestimmt und naturgetreu; sondern, heruntergekommen und verloren und hoffnungslos außerhalb seines Elementes, wie er war, sah Crowhurst in ihm ein treffendes Sinnbild seines eigenen Zustands und seiner eigenen möglichen Selbstzerstörung.

Ich muß ihn gestört haben, als ich den Niedergang heraufkam. Ich war dabei, meinen frühmorgendlichen Beitrag zu den Gewässern der Meere zu leisten, und pinkelte übers Heck, als mir zum ersten Mal dieser angestrengt flatternde Flug auffiel, der für so viele Landvögel typisch ist. Er landete auf dem Dingi – ausgerechnet. Es war eine Art Eule, von der Schnabel- bis zur Schwanzspitze ungefähr zwanzig Zentimeter lang. Dunkelbraun mit helleren Tupfen und zwei weißlichen Flecken an den Flügelspitzen (Oberseite). Sie war unnahbar, wie das bei einem Außenseiter so ist. Sobald ich auch nur Anstalten machte, mich zu nähern, flog sie fort, auf die Saling des Besans, wo sie sich verzweifelt an das unsichere Stag klammerte – ihre Krallen taugten nicht für die Aufgabe, die sie sich gestellt hatte: naß und verdreckt war sie und zitterte, die Augen fielen ihr zu vor Erschöpfung, den Kopf hatte sie eingezogen und das Gefieder aufgebläht als schwachen Schutz gegen den eisigen Wind, und manchmal zuckten die Flügel, als wollten sie sich ausbreiten, damit sie sofort auffliegen konnte, falls sie den Halt verlor.

Da trat eine Abwechslung ins ewig gleichförmige Grau des Horizonts – ein heller, aber ferner Schimmer – und weg war sie. Aber die Wolken schlossen sich wieder, und sie kam zurück, saß auf dem Besanbaum und klammerte sich verzweifelt an den Schothornausholer. Ich hatte unterdessen mehr Segel gesetzt, so daß es ihr schwerer fiel als zuvor, das schnell fahrende Schiff zu erreichen, und noch schwerer fiel es ihr, sich an der Stange festzuhalten, die sie sich ausgesucht hatte.

Armer, alter, schlecht angepaßter Vogel! Ein gewaltiger Albatros, dessen große, weite Schwingen wie türkische Krummsäbel durch die Luft glitten, ohne je einen Schlag zu tun, umrundete mühelos schwebend das Schiff – ein höhnischer Kontrast zu ihren untauglichen Bemühungen ums Überleben.

Ich konnte nicht langsamer werden, um das Leben leichter zu machen, ich hatte meinen eigenen Lichtstreif am fernen Horizont gesehen. Endlich gab die Eule ihren unsicheren Sitz auf und kämpfte sich lahm vorwärts, gegen den Wind, bis sie außer Sicht war. Mein Herz wurde zu Blei, und die Tränen stiegen mir in die Augen. Sie konnte wohl nicht anders, als auf die Sonne zufliegen, nach Osten – nach Osten gegen den Wind, wo das nächste Land viertausend Meilen entfernt war. Mit Rückenwind ein paar hundert Meilen nach Südamerika, das war nichts für sie. Ihr Ziel war der Horizont, der jetzt grau war. Sie hatte beschlossen, nach Osten zu fliegen, und das tat sie.
Wieder war ich versucht, langsamer zu werden, damit sie sich noch einmal ausruhen konnte, wenn es ihr zu schwer wurde, denn ich hatte Mitleid mit ihr – aber irgendwie wußte ich, daß sie nicht zurückkommen würde. Wir waren beide Opfer desselben Übels. Die Opfer dieses Übels gewöhnen sich daran, wenig Gnade zu finden, und sie lernen, nicht darum zu bitten, sondern nehmen mit dem vorlieb, was ihnen von selbst zufällt. Mit der Kraft, die ihnen zur Verfügung steht, zögern sie so lange wie möglich den Augenblick hinaus, in dem sie erschöpft ins eisige Wasser des Todes stürzen.
War meine Eule der Nachzügler in einem ziehenden Schwarm, oder war sie im Gegenteil die Stärkste und Mutigste, die sich allein auf den Weg gemacht hat, um herauszufinden, was jenseits des gefährlichen Wassers liegt, vor dem die Alten gewarnt haben? Soweit ich weiß, sind Eulen keine Zugvögel. Ich zog die zweite Antwort vor, die Vorstellung, daß sie die Chance ergriffen und sich aufgemacht hatte, neues Land zu finden. In jedem Fall aber war sie eine Außenseiterin, nicht angepaßt an die Notwendigkeiten des Lebens und, genau wie viele ihrer menschlichen Entsprechungen, aller Wahrscheinlichkeit nach dazu bestimmt, einsam und namenlos zu sterben, fern von ihresgleichen, aber sie hatte die eine Chance aus einer Million ergriffen, Unbekanntes zu entdecken.

> Ich mußte an den kleinen Lotsenfisch denken, den ich beobachtet hatte, wie er geradewegs auf einen drei Meter langen Hai zuschwamm und ihm ins Auge blickte, und wie er davonschoß, als der Hai sich herumdrehte, um ihn zu fressen. Er ist vielleicht der einzige Lotsenfisch im ganzen Meer, der weiß, wie der wesentliche Teil eines Hais aus nächster Nähe aussieht, – auch wenn es nur Glück war, daß er diese Erinnerung mitnehmen konnte.

Neben den Text schrieb Crowhurst ein kurzes Gedicht über dasselbe Thema:

> Spart euch ein Mitleid auf für den Außenseiter, der weiterkämpft, bis ihm das Herz zerspringt;
> Keine Spur von normalem Verstand, denn normal ist er nicht.
> Spart ihm ein Mitleid auf. Aber den größeren Teil spart euch auf
> Für den, der vom Leuchtturm des Außenseiters keinen Schimmer erkennt.

»Der Außenseiter« ist der ausdrucksstärkste und am besten konstruierte Text, den Crowhurst geschrieben hat; aber auch er zeigt ihn wieder als einen, der aus der Zwangslage nur den einen Ausweg findet: eine neue Rolle zu spielen. Früher hatte er sich als den von der Gesellschaft gefeierten Helden gesehen – aber für einen so dreisten Auftritt war das Schuldgefühl wegen der Logbuchfälschungen und der potentiell vorgetäuschten Fahrt jetzt zu mächtig. Statt dessen nahm er Zuflucht zu einer klassischen Figur der Romantik, dem Rebellen, dem Künstler und Verbrecher, und machte sich zum ausgestoßenen Helden: zum Außenseiter.

13
Die heimliche Landung

Donald Crowhurst war sich im klaren, daß seine größte und momentan dringendste Sorge die Reparatur des beschädigten Steuerbordschwimmers war. Der Riß wurde breiter, und er konnte unmöglich noch länger versuchen, ihn vom Wasser fernzuhalten, denn das hieße auf jeden einigermaßen vernünftigen Kurs zu verzichten. Er war sich auch im klaren, daß er – dank dem Teignmouther Chaos – für eine Reparatur keinerlei Material an Bord hatte; er mußte also an Land gehen und sich Sperrholz und Schrauben beschaffen. Mit der Landung aber war das Risiko verbunden, daß man ihn entdeckte, disqualifizierte – und, schlimmer noch, herausfand, daß er nicht einmal annähernd in dem Gebiet war, in dem er laut eigener Aussage sein sollte.

Ende Januar war er offenbar noch unschlüssig und wußte nicht, wohin. Eine Woche lang segelte er in Schlangenlinien entlang der südamerikanischen Küste in südwestlicher Richtung, dann auf einmal einen Tag nach Südosten, und schließlich begann er langsam, aber stetig die Mündung des Rio de la Plata anzusteuern. Die endgültige Entscheidung fiel anscheinend nach dem Sturm am 2. Februar, den er mit dichtgeholten Segeln überstand; danach lief er entschlossen die Küste an. Sein Ziel war weder Buenos Aires noch Montevideo, noch sonst irgendeine der größeren Küstenstädte; er hatte einen neuen Platz im Sinn. Er nahm sich den ersten Band des Segelhandbuchs vor, *Südamerika* (eines der elf Seehandbücher, die er an Bord hatte), und suchte anhand der Angaben zur Küstenlinie nach einem geeigneten Landeplatz. Was er brauchte, war eine kleine Ansiedlung an der Küste, groß genug, um ihn mit Holz und Schrauben zu versorgen, aber andererseits so klein, daß seine Ankunft geheimbleiben konnte.

Wie auch immer seine seelische Verfassung gewesen sein

mag, jedenfalls legte er bei der Suche die übliche Gewissenhaftigkeit im Detail an den Tag. Abgegriffene Buchseiten und Spuren schmutziger Finger zeigen sehr genau, welche Gegenden er absuchte; Bleistiftmarkierungen an bestimmten Abschnitten machen deutlich, wonach er suchte. Das Gebiet, das ihn interessierte, reicht vom Rio de la Plata zu einer Bucht etwa sechshundert Meilen südlich namens Golfo San Matias. Eine Zeitlang muß er den Golfo San Matias als ein mögliches Ziel angesehen haben, denn er strich die Stelle an, die die Einfahrt in die Bucht beschreibt:

> Nahe der Bucht erheben sich die [Hügel] Carros Dos Hermanas, an der Küste stehen einige Häuser. Schiffe können vor Bahia Rosas in ausreichender Tiefe ankern.

Ein guter Ankerplatz in der Nähe einer kleinen Siedlung, ideal für seine Zwecke; aber bis dorthin war es weit. Er fand eine andere Anlegestelle, die sogar noch mehr nach seinem Geschmack war, direkt in der Mündung des Rio de la Plata:

> Bahia Samborombón: ...die Küste verläuft etwa 13,5 Meilen nördlich bis zur Mündung des Rio Salado (35° 41′ S, 57° 21′ W) und steigt allmählich an... am Südufer des Rio Salado steht ein Schuppen- und Gebäudekomplex, der eine gute Landmarke bildet. Die Tiefe jenseits der Barre des Rio Salado beträgt an die 30 Zentimeter, der Fluß selbst ist tiefer... Der beste Ankerplatz in der Bahia Samborombón liegt etwa 5 Meilen von der Küste ab zwischen den Einfahrten in Kanal 9 und den Rio Salado: ein sehr guter Ankergrund aus festem Lehm und Sand in einer Tiefe von 5,5 Metern.

Der Rio Salado in der Samborombón-Bucht bot einen beachtlichen Vorteil: sollte seine Landung tatsächlich entdeckt werden und ihn disqualifizieren, so war der Platz, den er sich ausgesucht hatte, immerhin nahe genug an Buenos Aires und anderen großen Städten, um noch halbwegs glaubwürdig zu wirken.

So verbrachte Crowhurst den Februar damit, gemächlich wieder in Richtung Land zu zockeln. Besonders eilig hatte er es nicht, und sein Kurs war noch planloser als sonst. Das Wetter war, um sein Logbuch zu zitieren, meistens »feucht, schwül und scheußlich«. Sechs Tage lang, von denen zwei so stürmisch waren, daß er sämtliche Segel niederholen mußte, fuhr er im Kreis. Gegen Ende des Monats, als er der Küste bereits nahe war, kam er beinahe zum Stillstand: am 27. Februar lag er den ganzen Tag in einer Flaute und schaffte mit Mühe drei Meilen. An diesen Verzögerungen waren natürlich zum Teil das widrige Wetter und seine Unschlüssigkeit schuld, aber sie waren wohl auch Absicht: er mochte sich ausgerechnet haben, daß es für den Fall einer Entdeckung günstiger war, die Landung möglichst lange aufzuschieben. Denn wenn er aufgeben mußte, dann würde ein langer Rückzug von der Insel Gough (seiner letzten durchgegebenen Position) um so glaubwürdiger wirken, je später er anlegte.

Am 2. März erkannte er die beiden Leuchtfeuer von Cabo San Antonio am Südende der Bahia Samborombón. Auf sie nahm er Kurs, während er die Küste suchte. Er schrieb ins Logbuch:

Umgehend zu erledigen:

1: Sichtverbindung herstellen (gesichtetes Küstenschiff, Leuchtturm San Antonio, Ortschaft)

2: Schwimmer reparieren – kein geeignetes Material – breites Sperrholzbrett – Bauholz – Schrauben – Leim. Außerdem nötig: Hafer, Methylalk, Reis, Vindaloopaste.

Dann muß er für kurze Zeit in Panik geraten sein. Er steuerte erneut hinaus aufs Meer in südöstlicher Richtung und war bald zu weit von der Küste entfernt, um mögliche Landeplätze ausmachen zu können. Zwei Tage später drehte er ab und segelte geradewegs nach Cabo San Antonio. Auf diese Weise näherte er sich dem Land von Süden her: aus der Richtung, aus der er hätte kommen sollen, wenn er kurz zuvor das Hoorn umrundet hätte. Als die Küstenstadt San Clemente de Tuyu, die er in seiner Liste im Logbuch erwähnt hatte, querab lag, barg er die Segel und ließ sich an Land treiben. Beim Loten stellte er fest, daß das Wasser unter ihm nicht einmal zwei Meter tief war, und deshalb drehte er ein zweites Mal ab und nahm jetzt Kurs auf den Rio Salado. Als voraussichtliche Ankunftszeit rechnete er sich fünf Uhr morgens am 6. März aus, und er schrieb die Hochwasserzeiten heraus. Aber er war wie immer zu optimistisch: um 8.30 Uhr warf er den Anker vor der Mündung des Rio Salado in 90 Zentimeter Wassertiefe, und die Flut fiel rasch. In kürzester Zeit saß er auf Grund.

Nelson Messina hatte fast alle seiner fünfundfünfzig Lebensjahre in einem Häuschen am rechten Ufer des Rio Salado verbracht, knapp hundert Meter vor der Mündung des Flusses in die Bahia Samborombón, und kannte praktisch jedes Schiff vom Sehen, das im Mündungsdelta des Rio de la Plata verkehrte. Deshalb war er höchst verblüfft, als er früh am Morgen in der Bucht draußen ein merkwürdiges Boot erblickte, mit weitem, flachem Deck, zwei untersetzten Masten und orangefarbenen Unterseiten. Er dachte, es sei vielleicht einer der Schleppnetzfischer, die häufig die Flußmündung befuhren. »Aber das war nur der erste Eindruck«, sagte er später. »Mir wurde bald klar, was es war, ich hatte ja schon einmal einen Trimaran gesehen.« Er sah auch, daß das Schiff trotz der Ankerkette, die vom Bug herabhing, fest auf Grund aufgelaufen war und Hilfe brauchte. Er lief hinüber zum nächsten Haus und beriet sich mit seinem Nachbarn Santiago Franchessi, was zu tun sei. Franchessi war der richtige Mann für derlei Probleme: er war Unteroffizier der Marine und Leiter der örtlichen Küstenwachstation ein paar hundert Meter flußaufwärts.

Crowhurst hatte mit seiner Wahl des Rio Salado insofern Pech, als zu dem »Schuppen- und Gebäudekomplex, der eine gute Landmarke bildet« eine größere Baracke mit vier Räumen gehörte, die, wie das Seehandbuch der Admiralität zu erwähnen vergaß, ein sogenanntes *Destacamento de la Prefectura Nacional Marítima* ist, ein kleiner Außenposten der argentinischen Küstenwache. Aufgabe der Belegschaft, bestehend aus drei Männern und einem braun-weißen Collie, ist es, den ein- und ausfahrenden Schiffsverkehr im Rio de la Plata zu überwachen. Abgesehen davon aber war der Ort schlechthin perfekt. Die Ansiedlung an der Mündung des Rio Salado ist knapp hundertfünfzig Kilometer von Buenos Aires entfernt, aber es gibt dort kein Telefon, keine Eisenbahn, keine Ortsgemeinde im eigentlichen Sinn, nur eine enge, schmutzige Straße entlang der Küste, die einzige Verbindung zur Zivilisation. Das tiefliegende Land ist üppig mit Bäumen und hohem Gras bewachsen, das für die Rinder zu hart ist: sie weiden in den Steppengebieten der argentinischen Pampa. Die Lagunen entlang der Küste füllen sich durch häufige Überflutungen immer wieder auf, und die Menschen, die dort leben, sind so wenige, daß Strauße, Hirsche und Wildscheine wachsen und gedeihen, weshalb die Gegend bei Jägern recht beliebt ist. Touristen verirren sich kaum je hierher, die Krabben haben die Strände fast für sich allein.

In solcher Umgebung ist es kaum verwunderlich, daß die Küstenwächter vom Rio Salado ihre Aufgaben eher gemütlich angehen. Sie hatten nicht einmal ein Motorboot, das groß genug war, um mit der *Teignmouth Electron* fertig zu werden; deshalb lud Nelson Messina Franchessi und dessen Rekruten Rubén Dante Colli in seine Motorbarkasse *Favorito de Cambaceras* und fuhr mit ihnen hinaus in die Samborombón-Bucht.

Um 10.45 Uhr vormittags hatten sie den Trimaran erreicht. Zu ihrer Überraschung befand sich nur eine Person an Deck: ein Mann, ziemlich jung; extrem dünn war er und hatte einen dünnen, weichen Bart, und er trug Khakihosen und ein weinrotes Hemd. Franchessi begrüßte ihn von der Barkasse aus in seinem argentinischen Spanisch, aber erhielt zur Antwort nur ein hilfloses Lächeln und versuchsweise den einen oder anderen Satz, zuerst auf englisch, dann auf französisch. Endlich griff der Ausländer auf die Zeichensprache zurück: deutete auf ein Loch im Steuerbordausleger und ahmte dann energisch die Bewegungen eines Jockeys nach, der sein Pferd mit der Gerte antreibt. Franchessi verstand: Der Fremde versuchte ihm begreiflich zu machen, daß er seine Yacht reparieren wollte, denn er nahm an einer Sorte Rennen teil und hatte es eilig.

Um Messinas Schlepptrosse am beschädigten Trimaran zu befestigen, tat Franchessi einen kurzen Schritt von der Barkasse auf einen der Schwimmkörper. Es war, um eine beliebte Floskel heldenhaften Strebens zu bemühen, für ihn nur ein winziger Schritt, aber ein gewaltiger und folgenschwerer für Donald Crowhurst. Denn seine Fahrt war bisher zwar unorthodox gewesen, aber er hatte de facto gegen keine der Wettbewerbsregeln verstoßen – bis zu dem Augenblick, in dem der Stiefel des argentinischen Marineunteroffiziers Santiago Franchessi das Deck der *Teignmouth Electron* berührte.

Die *Favorito de Cambaceras* hatte keine Schwierigkeiten, die Yacht von der Sandbank freizubekommen und sie den Rio Salado hinauf bis zur Anlegestelle der Küstenwachstation zu schleppen. Crowhurst schrieb ins Logbuch: »11.00 – von der Prefectura Nacional Marítima de Argentina in den Rio Salado geschleppt.« Als sie endlich an der Anlegestelle waren, hielt Franchessis Untergebener, der rangjüngere Marineleutnant Cristobal Dupuy, den Vorfall seinerseits im Dienstbuch fest:

> 6. März. Um 14.30 Uhr traf in diesem Hafen eine Yacht mit dem Namen »Teignmouth Electron« ein, unter englischer Flagge laufend und mit einem Schaden am Rumpf, mit einem Besatzungsmitglied namens Charles Alfred englischer Nationalität, dessen Paßnummer der Nummer 842697 entspricht.

Eine kleine Sprachverwirrung hatte aus Donald Charles Alfred Crowhurst Mr. Charles Alfred gemacht; vielleicht hielt Dupuy »Donald« für einen englischen Titel, der womöglich dem spanischen »Don« entsprach. Den Nachnamen Crowhurst, der im Paß auf der nächsten Zeile stand, ignorierte er. Aber die Paßnummer trug Dupuy korrekt ein.

Crowhurst verbrachte eine halbe Stunde damit, den Küstenwächtern klarzumachen, daß er ein großes Sperrholzbrett, Schrauben und Bauholz brauchte, um den Schwimmer zu reparieren; aber eine so komplizierte Pantomime ging über ihr Verständnis. Er hoffte auch auf elektrisches Zubehör und zeichnete eine Armatur für einen Elektromotor oder einen Generator ins Logbuch 2: vielleicht konnte man eine solche Armatur aus dem 12-Volt-Motor eines Spielzeugautos ausbauen? Die Küstenwächter scheinen die Zeichnung begriffen zu haben – einer von ihnen schrieb die Adresse eines Ladens in Buenos Aires daneben. Endlich beschlossen sie, ihn im Jeep auf der Küstenstraße knapp dreißig Kilometer nach Norden zu bringen, wo es jemanden gab, der Französisch sprach. Dort würde man auch Gelegenheit haben, den Vorfall über das nächste Telefon zu melden. Dupuy schrieb in sein Dienstbuch:

> 6. März. Um 15.00 fuhr die verantwortliche Person mit dem Jeep zur Rancho Barreto, um ein Telefongespräch zu führen.

Die Rancho Barreto ist trotz ihres eindrucksvollen Namens kaum mehr als ein umgebauter Hühnerstall an der Küstenstraße, der Ruta 11. Hector Salvati lebt dort mit seiner Frau Rose und seiner Tochter Maria. Sie führen einen kleinen Straßenhandel und verkaufen Schinken, Honig, Bier und eingelegtes Gemüse an die Autofahrer, gelegentlich servieren sie auch Mahlzeiten. Hector Salvati ist ein schläfriger Exfeldwebel der französischen Armee, der Frau und Tochter das Geschäft führen läßt, seitdem die Familie 1950 nach Argentinien ausgewandert ist.

Vom Jeep der Küstenwache besucht zu werden, versetzte die Salvatis in Aufregung – und mehr noch interessierte sie der sonderbare Passagier an Bord. Rose Salvati wollte später, als sie eine Photographie des glattrasierten, robusten Crowhurst kurz vor seinem Aufbruch zu sehen bekam, gar nicht glauben, daß es derselbe Mann sei. »Der Mann, der zu uns kam, war schrecklich dürr, obwohl er eigentlich gesund aussah. Er war so abgemagert, daß er sich dauernd die Hose hochziehen mußte. Er sagte, sie hätte ihm perfekt gepaßt, als er England verließ. Und natürlich hatte er sich mindestens einen Monat nicht rasiert.«

So stand Crowhurst also am Ladentisch der Rancho Barreto und berichtete den Salvatis in ausgezeichnetem Französisch, er habe vier Monate zuvor England verlassen, um »an einer Regatta teilzunehmen«, er habe Kap Hoorn umrundet, und in England erwarte man ihn binnen eines Monats als Sieger – freilich nur, wenn er seine Yacht reparieren und sofort wieder aufbrechen könne. Dafür, sagte er, brauche er Sperrholz, Nägel, ein paar Schrauben, Spanten.

Hector Salvati, der für Franchessi dolmetschte, fragte Crowhurst – aus purer Neugierde –, wie er denn beweisen wolle, daß er tatsächlich um das Kap Hoorn gesegelt sei. Crowhurst muß entsetzt gewesen sein; aber dann antwortete er unter viel Gelächter und mit ausladenden Gesten, es sei auf einer der Inseln am Hoorn ein Apparat aufgestellt, der alle vorbeikommenden Schiffe registriere und identifiziere. Er sprach auch von einem Film, den er vor dem Kap gedreht habe.

Auf dem Einwickelpapier für Lebensmittel zeichnete Crowhurst dann drei Skizzen, zuerst den Verlauf der beim Golden-Globe-Rennen gefahrenen Strecke um die Welt: nahe der Südspitze Amerikas zog er eine gewundene Linie von der regulären Route bis zur Mündung des Rio Salado. Auf der zweiten Skizze stellte er einen Trimaran von der Seite und von oben dar und gab die Maße in Metern an. Darauf schrieb er »31. Oktober 68«, das Datum, an dem er von Teignmouth aufgebrochen war.

Am interessantesten ist die dritte Skizze: er zeichnete eine völlig andere Route, von England zur Insel Gough vor der Küste Südafrikas, dann hinüber nach Südamerika und – in einer viel schwächeren Linie – wieder zurück nach England. Die Skizze erinnerte an die Karte, die er fünf Monate zuvor, auf dem Weg von Yarmouth nach Teignmouth, spaßeshalber in Peter Beards Logbuch gezeichnet hatte. Weder Franchessi noch die Salvatis konnten sich später erinnern, welche Erklärung Crowhurst zu dieser Karte gab. Jedenfalls stand sie gewiß nicht im Einklang mit seinen ursprünglichen Erläuterungen. Er sei »lustig« gewesen, während er die Karte zeichnete. Und er habe lange, laute und unzusammenhängende Reden geführt.

Franchessi brachte Crowhurst eine Flasche Bier und entschuldigte sich. Er müsse, erklärte er mit Hilfe seines Dolmetschers, seine Vorgesetzten in der Präfektur von La Plata, hundert Kilometer von hier, anrufen und nach Anweisungen fragen. Das mochte der Grund für Crowhursts Aufregung gewesen sein. »Wenn herauskommt, daß ich hier bin, werde ich von der Regatta ausgeschlossen!« schrie er Hector Salvati an. Dann beruhigte er sich wieder und nahm seine mißliche Lage anscheinend mit stoischem Gleichmut. (Seine jähen Umschwünge hätten sie verwirrt, sagten die Salvatis, er sei der sprunghafteste Mensch gewesen, den sie je erlebt hätten.) »Gut«, sagte er, »auch recht, wenn ich disqualifiziert bin, dann fahre ich nach Buenos Aires und lass' es mir gutgehen, und dann weiter nach Rio de Janeiro.« Wie er das ohne einen Pfennig Geld bewerkstelligen wollte, sagte er nicht.

Eine Erklärung für die Karte mit der Insel Gough ist die Angst vor der Bloßstellung. Wenn er am Rio Salado entlarvt werden sollte, dann konnte er noch immer die Skizze vorweisen und behaupten, dies sei seine wahre Route: zur Insel Gough und wegen des beschädigten Schwimmers wieder zurück nach Südamerika. Andere Ungereimtheiten, wie zum Beispiel die Behauptung, er sei dabei, ein Rennen zu gewinnen, konnte er als Mißverständnisse aufgrund von Übersetzungsfehlern abtun. Und die andere Karte, konnte er sagen, sei nur die graphische Darstellung der eigentlichen Regattastrecke. Mit seiner dritten Skizze hatte er dafür gesorgt, daß er noch immer ehrenvoll zurücktreten konnte, ohne daß sein versuchter Betrug zwangsläufig ans Tageslicht kam.

Er hatte jedoch Glück. Der Marineunteroffizier Franchessi erreichte von der öffentlichen Telefonzelle der Rancho Barreto aus tatsächlich den diensthabenden Fähnrich der Marine der Prefectura La Plata. Es war dies der unterste Rang eines Seeoffiziers, der noch befugt war, einen Bericht wie diesen entgegenzunehmen und eine Entscheidung zu fällen. Und von einem Rennen war ihm nichts bekannt. Als er sich Franchessis Beschreibung des Besuchers angehört hatte, beschied der Fähnrich, man solle dem Engländer alles geben, was er brauche, und ihn weitersegeln lassen, wie es ihm gefiele. Für ihn war das, keine Frage, reine Routinesache. Seinen Vorgesetzten in Buenos Aires, im Hauptquartier der Präfektur für das Gebiet Rio de la Plata, machte er nicht einmal Mitteilung davon.

Während Crowhurst auf das Ergebnis des Ferngesprächs wartete, sagte er zu Rose Salvati: »Il faut vivre la vie.« Das wiederholte er mehrere Male, erregt – als sei ihm die Erkenntnis, man müsse das Leben leben, eine grundlegende Wahrheit. Er war oft so überschwenglich, daß den Zuhörern seine Rede unzusammenhängend erschien. Er erwähnte einen, wie Rose sich zu erinnern meint, »Transistorapparat«, den er auf seiner Fahrt zu testen habe. Rose Salvati äußerte sich später sehr beeindruckt über ihren fremdländischen Gast. »Er lachte unmäßig«, sagte sie, »als würde er sich über uns lustig machen. Wir hatten das Gefühl, daß irgend etwas nicht stimmte – daß er vielleicht ein Schmuggler war.«

Crowhurst fuhr mit Franchessi und Colli zurück zur Küstenstation und erhielt prompt alles, was er wollte. Er übernachtete auf dem Trimaran und fing am nächsten Morgen an, den Steuerbordschwimmer instand zu setzen. Am späten Nachmittag hatte er die beiden Plattenflicken, von denen jeder etwa einen Quadratmeter groß war, Kante an Kante festgeschraubt und weiß gestrichen. Am Abend holten Dupuy und Colli ihn in die Küstenstation, in der sie, da beide nicht verheiratet waren, auch wohnten, und luden ihn zum Essen ein: es gab Beefsteak (natürlich). Also rasierte sich Crowhurst feierlich den Bart ab und begab sich zu ihnen in die Küche. Zum Essen trank Crowhurst ein Glas Wein mit Sodawasser und saß danach satt und zufrieden mit ihnen beim Kaffee. Aber eine ergiebige, aufschlußreiche Unterhaltung, die das Essen aufgelockert hätte, konnte freilich nicht zustande kommen. Er versuchte wohl gestikulierend ein paar halbherzige Scherze, aber die meiste Zeit aß und trank er schweigend. Auch die zweite Nacht verbrachte er auf der *Teignmouth Electron*, die am Pier vor Anker lag.

Am nächsten Tag wurde Messina der Fischer gerufen: der Engländer wolle fort und müsse über das kurze Flußstück zurück in die Samborombón-Bucht geschleppt werden. Crowhurst und Franchessi unternahmen ein paar letzte Versuche, sich einander mitzuteilen, denn sie hatten sich gegenseitig trotz unüberwindlicher Sprachschwierigkeiten sympathisch gefunden. Franchessi und Rubén Dante Colli schrieben beide ihre Namen ins Logbuch 2, und Franchessi fügte die Adresse hinzu:

Destacamento Rio Salado
Las Pipina
Republica Argentina I.

Der Eindruck, den der Unteroffizier Franchessi von seinem Gast hatte, unterschied sich deutlich von Rose Salvatis Einschätzung: »Ihm hat es hier gefallen. Ich würde sagen, er war in ausgezeichneter Stimmung und vollkommen normal.«

Ins Dienstbuch der Küstenwache am Rio Salado schrieben sie zum Abschied von Crowhursts Trimaran:

8. März. Um 14.00 lief die Yacht namens »Teignmouth Electron« aus.

14
»Kurs auf Digger Ramrez«

Sir Francis Chichester sagte, die schlimmste psychische Belastung während seiner ganzen Fahrt sei die Zeit unmittelbar nach Australien gewesen. Das Erlebnis, wieder mit Menschen zusammenzukommen, habe ihm die Einsamkeit nicht leichter gemacht, sondern, im Gegenteil, nur verstärkt. Sich von neuem der strengen Herrschaft der See unterordnen zu müssen und zu wissen, daß die zweite Hälfte der Fahrt nicht nur genauso lang wie die erste sein würde, sondern zudem härter und gefährlicher, das habe ihm tagelang zu schaffen gemacht. Viel später dachten Chichester und Robin Knox-Johnston gemeinsam darüber nach, ob eine Zwischenlandung auf einer Einhand-Langstreckenfahrt tatsächlich eine Erleichterung bedeute. Ja, fanden sie schließlich, für das Boot zweifellos; aber hinsichtlich der seelischen Strapazen und der Abnutzung des Seglers: wahrscheinlich nicht.

Als Chichester, bereits ein Held und mit fachgerecht instandgesetztem Schiff von Australien ablegte, fielen ihn die Probleme mit Macht an, aber, fand er, sie waren zu bewältigen. Crowhurst, der den Rio Salado in einem Gespinst aus Lügen und Betrug und in einem siechenden, geflickten Boot verließ, muß überwältigt worden sein.

Allein die Nautik stellte ihn vor eine beträchtliche Aufgabe. Er war jetzt ungefähr 7500 Meilen von zu Hause entfernt, und das war, obwohl nur die halbe Strecke nach Australien, noch immer ein beachtlicher Weg – für jedes kleine Segelschiff: für ihn kam dazu noch die viel größere Belastung der Lüge. Würde die Küstenwache seine Landung für sich behalten – und wenn nicht: wie war sein sonderbares Verhalten zu erklären? Und außerdem war da die praktische Seite des Betrugs. In den nächsten paar Wochen war es vor allem eine Frage des Wartens: dann würde er seine angebliche Route durch die Südsee hinter sich haben und konnte offiziell in den Atlantik zurückkehren. Aber wohin zurück? Und wie und wann sollte er die Funkstille beenden? Das alles mußte mit Scharfsinn und Geschick bewerkstelligt werden, denn seine Glaubwürdigkeit war bereits arg strapaziert.

Schon bevor er den Rio Salado verließ, hatte Crowhurst beschlossen, noch weiter nach Süden zu segeln. Es war nicht allein die Macht der Gewohnheit, die ihn dazu bewog, sondern es gab gewichtige Gründe. Er mußte den bestmöglichen Standort finden, um den Wetterbericht für Neuseeland von Radio Wellington abzuhören – und vielleicht auch eine Nachricht nach Wellington zu schicken. Dies von der falschen Seite Südamerikas aus zu tun, war zwar riskant, aber andererseits war die Gefahr, entdeckt zu werden, um so kleiner, je weiter südlich er sich befand. Außerdem brauchte er wenigstens eine Kostprobe – und mochte sie noch so gering sein – von den Roaring Forties. Sein Logbuch verlangte nach Schilderungen aus erster Hand, und es war ihm auch klar, daß seine Geschichte an Glaubhaftigkeit nur gewinnen konnte, wenn er wenigstens ein paar Meter Film mit Bildern von den gischtweißen Brechern des Südatlantiks vorweisen konnte. Und schließlich machte er sich Sorgen, ob der Kontakt mit anderen Schiffen noch länger zu vermeiden war – er konnte sich ja nicht ewig auf sein bisheriges Glück verlassen. Im einsamen, menschenleeren Süden würde er sicherer sein.

Der Kurs, den er steuerte, nachdem er den Rio Salado verlassen hatte, und den er sorgfältig im Logbuch 2 dokumentierte, läßt seine Überlegungen deutlich erkennen. Kaum hatte er das Mündungsgebiet des Rio de la Plata erreicht, wandte er sich nach Nordosten, als wollte er zurück nach England segeln: das verlangte die Geschichte, die er der Küstenwache erzählt hatte, und gewissenhaft, wie er selbst im geringsten Detail seines Betrugs war, wollte er kein Risiko eingehen. Erst vierzig Stunden später, als die Küstenlinie schon längst hinter dem Horizont verschwunden war, drehte er jäh ab nach Süden.

An seinem ersten Tag wieder auf See erwähnt das Logbuch nur einen unbedeutenden Vorfall: »Hinausgeschwommen wegen Planke.« Also war er auch nach seinem Landausflug noch so knapp mit Bauholz für Reparaturarbeiten, daß es sich lohnte, dafür über Bord zu springen (und er wird wieder einmal das Fehlen lebenswichtiger Ersatzteile verflucht haben). Die nächsten Tage verbrachte er mit Berechnungen: es galt, einen Zeitplan für sein »Wiederauftauchen« aufzustellen.

Die normale Segelroute von der Gough-Insel – die er angeblich am 15. Januar passiert hatte – über das Kap der Guten Hoffnung, Australien und Neuseeland bis zum Kap Hoorn ist an die dreizehntausend Meilen lang. Die Strecke läßt sich im Januar und Februar (dem Sommer auf der Südhalbkugel) geringfügig verkürzen, wenn man sich weiter südlich hält, obwohl die Gefahr, an Eisberge und in Stürme zu geraten, erheblich zunimmt. Vor dem Aufbruch hatte Crowhurst Freunden gegenüber geprahlt, er würde wohl die südliche Strecke versuchen, um Zeit zu gewinnen. In beiden Fällen aber, so kalkulierte er jetzt, mußte er mit mindestens drei Monaten von der Gough-Insel zum Kap Hoorn rechnen. Das würde bedeuten, daß er einen Tagesdurchschnitt zustande bringen mußte, der Chichester in den Schatten stellte, nämlich 140 Meilen am Tag. Angesichts seiner langen Anlaufzeit würden die Leute zu Hause zwar argwöhnisch werden, aber andererseits würde er, wenn er sich mehr Zeit zugestand, das Rennen nicht einmal durch Betrug gewinnen.

Deshalb setzte er – als Arbeitshypothese – den 15. April für die Hoorn-Umrundung fest. Es war aber erst Anfang März: noch sechs Wochen zu warten.

Die anderen Teilnehmer am Rennen waren ein wichtiger Faktor in diesen Berechnungen, obwohl Crowhurst keine Verbindung zu London mehr hatte und sich sehnlichst gewünscht hätte, von ihnen zu hören. Merkwürdige Dinge geschahen in dieser Zeit.

Moitessier hatte unterdessen das Kap Hoorn passiert, aber die Liebesaffäre mit seinem Boot und den hohen Breiten war noch nicht zu Ende – er brachte es nicht über sich, nach Europa zurückzukehren. Und deshalb beschloß er, ein zweites Mal um die Welt zu segeln. Als seine Frau kurze Zeit später davon hörte, stellte sie eine rasche Diagnose: die sieben Monate Einsamkeit, dachte sie, hätten ihn vorübergehend aus dem Gleichgewicht gebracht. Moitessier wußte, daß man ihn für verrückt halten würde. Er schrieb einen langen Brief an seinen Verleger, den er während der zweiten Umsegelung des Kaps der Guten Hoffnung an Bord eines vorbeifahrenden Schiffes katapultieren wollte. Er schrieb:

> Sie werden mich fragen, ob ich kürzlich auf den Mast geklettert und auf den Kopf gefallen sei. Nein, das ist nicht der Fall. Es ist zu schwierig zu erklären. Manches kann man nicht erklären, weil es zu einfach ist...

Dessenungeachtet unternahm er etliche langatmige Erklärungsversuche. In sein Logbuch schrieb er:

> Ich habe nicht den Wunsch, nach Europa zurückzukehren und zu seinen falschen Göttern. Es ist so schwer, sich gegen sie zur Wehr zu setzen – sie fressen einem die Leber auf und saugen das Mark aus den Knochen, und am Ende lassen sie einen zum Tier werden... Europa zu verlassen, nur um wieder zurückzugehen, ist sinnlos. Wie von nirgendwo fortgehen, um nirgendwohin zurückzukehren. Eines Tages komme ich wieder, aber als Tourist, denke ich, nicht um dort zu leben... Ich weiß, daß das Leben ein Kampf ist, aber im modernen Europa ist dieser Kampf idiotisch.
>
> Geld verdienen, Geld verdienen – wozu? Um seinen Wagen zu wechseln, wenn er noch bestens funktioniert, um sich »anständig« anzuziehen – was für eine lächerliche Ausdrucksweise –, um eine haarsträubende Miete zu zahlen, um für das Recht, sein Boot in einem Hafen zu vertäuen, beinah soviel zu zahlen wie für eine Garçonnière in Paris, um sich vielleicht einen Fernseher zu kaufen; gedrängt, gezwungen, herumkommandiert von diesen falschen Göttern... Ich fahre dorthin, wo man ein Boot festbinden kann, wo immer man will, und wo die Sonne

umsonst ist, und genauso die Luft, die man atmet, und das Meer, in dem man schwimmt, und wo man sich auf einem Korallenriff rösten kann...

Noch lyrischer war der Brief, den Moitessier an seinen Verleger schrieb:

> Warum dieser Streich? Stellen Sie sich vor, Sie sind im Urwald am Amazonas und auf der Suche nach Neuem – weil Sie die Erde fühlen wollen, die Bäume, die Natur. Plötzlich stoßen Sie auf einen kleinen Tempel aus einer alten, versunkenen Kultur. Sie werden nicht einfach kehrtmachen und sagen: »Schön, ich habe einen Tempel gefunden, eine Kultur, von der niemand weiß.« Sie würden dortbleiben und versuchen zu verstehen, was es damit auf sich hat, das Rätsel zu entschlüsseln... Und dann stellen Sie fest, daß 100 Kilometer weiter noch ein Tempel steht, nur diesmal ist es der Haupttempel. Würden Sie umkehren?

War Moitessier verrückt geworden? Oder hatte er vielmehr eine besondere Art von geistiger Gesundheit gefunden? Wenn er verrückt war, dann auf eine Weise, die sehr verschieden war von der Krankheit, die allmählich von Crowhurst Besitz ergriff. Die Worte, die die beiden Männer benutzten, waren oft ähnlich. (»Auf See«, schrieb Moitessier kurze Zeit später in sein Logbuch, »gewinnt die Zeit eine kosmische Dimension... und man hat das Gefühl, man könnte tausend Jahre segeln.«) Aber der Inhalt war verschieden, so verschieden wie die Charaktere und die Beweggründe, die sie antrieben. Moitessier selbst hatte keine Zweifel:

> Glauben Sie nicht, ich hätte den Verstand verloren. Ich habe vielmehr den Eindruck, daß da etwas ist, was nicht der dritten, sondern der vierten Dimension ähnlich ist. Ich sage es noch einmal: Denken Sie nicht, ich sei verrückt. Ich bin bei bester Gesundheit.

Moitessier war in der Tat und endgültig aus dem Rennen – nachdem er aller Welt bereits als der Gewinner beider Preise gegolten hatte, ganz zu schweigen von der Légion d'honneur, die angeblich in Frankreich auf ihn wartete. Somit kämpften nur noch Knox-Johnston, Tetley und (dachte die Welt) Crowhurst weiter. Im Augenblick war Tetley der Favorit, weil man von Knox-Johnston mit seinem angeschlagenen Boot und seinem schwachen Sendegerät seit über vier Monaten nichts gehört hatte: seitdem er zuletzt gesehen worden war, als er von Neuseeland aus Kurs auf Kap Hoorn nahm. Sein Sponsor, der *Sunday Mirror*, hatte bereits einen düsteren Artikel veröffentlicht, der sich wie ein kaum verhohlener Nachruf las. Aber Knox-Johnston hatte tatsächlich sein Schiff rund um das Hoorn geknüppelt und ließ nun seine britische Flagge einsam über dem Atlantik wehen, Kurs Nord. Er hatte sogar wieder die Breiten der Fliegenden Fische erreicht, wie er pflichtbewußt in sein Logbuch eintrug:

> 11. März: Ich machte mir eine, wie ich fand, vorzügliche Fischpastete – aus einem Fliegenden Fisch, den ich heute morgen an Deck liegend fand. (Ich bin endlich imstande, Käsesoße zu machen!)

Ansonsten verbrachte er seine Zeit mit den Blüten der englischen Dichtkunst, der Lektüre seines *Golden Treasury of English Verse*; außerdem versuchte er, die berühmte Photographie des Duke of Edinburgh von einem springenden Delphin zu kopieren, verfaßte zornige Rügen an die Adresse de Gaulles, der es gewagt hatte, den britischen Botschafter zu beleidigen, und schwelgte in der Erinnerung an Knox-Johnstons persönliche Kriegserlebnisse (im Alter von fünf):

> Stand auf wegen der 2-Uhr-Nachrichten. Ike ist tot. Sicher, er war schon lange krank und ist in letzter Zeit rasch dahingesiecht, aber ich fühle trotzdem so etwas wie persönlichen Verlust. Ich kann mich noch an die Aufregung erinnern, als wir wieder in Frankreich waren, 1944, und

Monty, obwohl er natürlich »unser Mann« war, die Ehre mit Ike teilen mußte. Für eine stolze Nation ist es nie angenehm, wenn sie zugeben muß, daß sie nicht länger die stärkste Macht ist, und ihre Armeen einem fremden Führer unterzuordnen hat...

Am 6. April endlich wurde Knox-Johnston von einem vorbeifahrenden Tanker gesichtet, und sofort begannen die Vorbereitungen für eine triumphale Rückkehr. Er würde jetzt zweifellos den Goldenen Globus gewinnen. Aber seine Fahrt war sehr langsam gewesen, 96,5 Meilen im Tagesdurchschnitt: man ging davon aus, daß beide Trimarane ihn bereits in der Zeit geschlagen hatten und der 5000-Pfund-Preis an einen der beiden anderen vergeben würde. Unterdessen hatte Tetley das Hoorn am 20. März erfolgreich gerundet und war wieder im Atlantik mit Kurs nach Norden. Seine Route führte ihn in hundertfünfzig Meilen Entfernung an der *Teignmouth Electron* vorbei, die sich nördlich der Falklandinseln herumtrieb. Noch immer konnte Crowhurst nichts anderes tun als zu warten.

Womit verbrachte Crowhurst seine Zeit? Über eine mögliche Beschäftigung können wir nur spekulieren. Wir wissen, daß Crowhurst in Teignmouth vier Logbücher gekauft hatte. Aber als sein Schiff gefunden wurde, waren nur noch drei an Bord: Logbuch 1, Logbuch 2 und das Funktagebuch. Es scheint daher wahrscheinlich, daß Crowhurst zu irgendeinem Zeitpunkt seiner Fahrt das vierte Logbuch vernichtet hat; und er hätte dies bestimmt nicht für notwendig gehalten, wenn es leer gewesen wäre. Aber was stand darin?

Er könnte es natürlich für seine literarischen Ergüsse benutzt haben, Gedichte, Geschichten, Aufsätze; aber das halten wir für unwahrscheinlich: er hatte dafür ja schon die letzten Seiten des ersten und zweiten Logbuchs reserviert, und dort war noch genug Platz frei. Außerdem deutet vieles darauf hin, daß er seine Texte veröffentlichen wollte, wenn er erst ein Held geworden war – und er hätte wohl kaum seine ganze Arbeit zerstört.

Eine zweite Vermutung ist, daß er das Reservelogbuch für Notizen aller Art benutzte: nautische Berechnungen, elektrische Schaltpläne, Funksprüche und ähnliches. Aber auch das erscheint nicht plausibel. Denn als das Boot gefunden wurde, lagen überall Blätter herum, jeder Fetzen Papier war vollgeschrieben, auch seine Zeichenblätter, das Funktagebuch, die Seitenränder von Büchern hatten dafür herhalten müssen – kurz, es läßt alles darauf schließen, daß Crowhurst keinen speziellen Platz für systematische Notizen vorgesehen hatte.

Es gibt eine dritte Theorie: Crowhurst könnte das vierte Logbuch dazu benutzt haben, um einen Bericht über seine vorgetäuschte Fahrt zu entwerfen. Denn inzwischen hatte er selbst die Kursnotizen über die Ereignisse des Tages im zweiten Logbuch fast ganz eingestellt: wenn er nicht die Absicht hatte, sich völlig auf Gedächtnis und Phantasie zu verlassen, um überzeugende Details vorzuweisen, dann mußte er zwangsläufig einen fingierten Bericht verfassen – für jeden einzelnen Tag seiner Reise. Wir halten diese Erklärung für wahrscheinlich. Es ist sogar möglich, daß Crowhurst ein ganz neues Logbuch über die gesamte Fahrt zusammenstellte, denn wie wir gesehen haben, enthält Logbuch 1 mehrere verdächtige Stilbrüche, die ihn beunruhigt haben müssen. Die Tonbandaufnahmen enthalten einen weiteren Hinweis darauf, daß das vierte Logbuch existierte und benutzt wurde. Es wäre jedenfalls auch eine Erklärung, weshalb all die gewissenhaften und umfangreichen Vorarbeiten für den großen Betrug – ein Aufwand, den Crowhurst für seine anderen, kleineren Lügen durchaus trieb – fast vollständig fehlten.

Unter all den Papieren, die er hinterließ, finden sich nur zwei Texte, die offensichtlich in ein gefälschtes Logbuch eingebaut werden sollten. (Das »Lied der Südsee« ist nicht echt; aber es könnte ebensogut Wunschdenken sein wie absichtliche Irreführung.) Die beiden entscheidenden Abschnitte stehen auf sonst leeren Seiten im hinteren Teil des ersten Logbuchs und wurden, dem Platz im Heft nach zu urteilen, etwa um diese Zeit verfaßt. Das eine ist ein Knittelvers, den Crowhurst im Bewußtsein seiner Rolle als Poeta laureatus ebenso wie als Teignmouther Held in spe pflichtgemäß verfaßte, weil er wohl das Gefühl hatte, derlei werde verlangt:

In Tigenmouth Town, in Tigenmouth Town,
On the blazing sands, all tropical brown,
The people are smiling, hardly ever a frown,
It's 'gin the law in the mouth to be down,
Oh to be back in Tigenmouth Town. *

Die vierte Zeile scheint ihm (zu Recht) Sorgen gemacht zu haben**, denn sie wurde mehrmals ausradiert. Interessanter ist der zweite »Fälschungs«-Entwurf, der auf der gegenüberliegenden Seite steht. Er war offensichtlich als Teil des Berichts über die Hoorn-Umsegelung gedacht und weist unfehlbar dieselben typischen Anzeichen auf wie immer, wenn Crowhurst log: der Stil ist gestelzt und unsicher und der Text voll von falschen Entschuldigungen wegen nichtvorhandener »Beweise« (Versagen der Kamera). Er führte auch ein Alter ego ein, einen benannten »Mac«, der, wie er sich erinnerte, bei der BBC Unterricht erteilte im Umgang mit Kameras.

> Während ich das Hoorn umsegelte, holte ich die Kamera heraus, legte eine Rolle ein und fing an zu filmen. Ich drehte ungefähr 20 Meter ab, als das Ding auf einmal mit knirschendem Geräusch stehenblieb. Ich mußte das Ding in seine Teile zerlegen. (Mac sagte: »Mann, jetzt können jede Minute die Feder und 38 Zahnräder das Gehäuse durchstoßen!«) Aber ich fand den Fehler und behob ihn, indem ich die Phosphorbronzereibungsfeder auf der leeren Spule etwas schräger stellte und das überschüssige Öl

* »In Teignmouth Town, in Teignmouth Town / Auf dem glühenden Sand sind alle Leute braun / Alles lächelt, keiner runzelt die Stirn, / Es ist gegen's Gesetz, deprimiert zu sein, / Ach wär' ich nur wieder in Teignmouth Town.«

** Wegen der aus Gründen des Reims unvermeidlichen, aber sinnverändernden und damit absurden Umstellung der englischen Redewendung *to be down in the mouth*, »deprimiert sein«. A. d. Ü.

abwischte und über Leute herzog, die anderen Leuten gebrauchte Kameras andrehten. Dann filmte ich weiter. Nach dem Mittagsbesteck nahm ich Kurs auf NO!!

Ein Argument allerdings spricht gegen unsere Logbuchfälschungstheorie. Wenn ihm noch ein Mindestmaß an Kritikfähigkeit geblieben war, dann konnte er mit seinen kindischen Verschen und seiner verlogenen Prosa kaum zufrieden gewesen sein. Verschob er vielleicht nach diesen beiden inadäquaten Versuchen die Aufgabe auf einen späteren Zeitpunkt und stellte fest, daß er es nie schaffen würde?

Den März brachte Crowhurst damit zu, die tausend Meilen zu den Falklandinseln zu segeln. Südlich von Buenos Aires verkehren kaum Schiffe, und so konnte er sich nun auf hundert Meilen der südamerikanischen Küste nähern. Das half ihm bei der Navigation (er konnte mit dem Navicator die Funkfeuer der Küste anpeilen) und gab ihm andererseits einen gewissen Schutz vor dem zunehmend rauhen Wetter. Dennoch achtete er sorgfältig darauf, nicht in Sichtweite des Landes zu kommen – mit einer Ausnahme: an Mar del Plata segelte er in siebzehn Meilen Entfernung vorbei; was freilich nicht allzu riskant war, denn Mar del Plata ist einer der besser situierten Orte Argentiniens, und der Anblick einer befremdlichen Yacht hätte dort wohl nicht viel Aufsehen erregt. Vor dem Golfo San Matias (es war eine der Stellen, die er ursprünglich zur Landung ins Auge gefaßt hatte; dachte er erneut daran, an Land zu gehen?) drehte er scharf ab nach Südosten zu den Falklandinseln.

Viele Stunden brachte er damit zu, die Morsenachrichten über Funk abzuhören, die meisten aus Kapstadt und Buenos Aires. Ab dem 21. März geriet er dann allmählich aus dem Funkschatten, den der südamerikanische Kontinent warf, und konnte endlich Radio Wellington, Neuseeland, empfangen: in seinem Funktagebuch folgt eine Reihe von Wetterberichten aus dem Südpazifik. Der Empfang war jedoch schlecht, und häufig wurden die meteorologischen Berichte durch das Signal

»QRM« unterbrochen, das internationale Q-Code-Symbol* für atmosphärische Störungen.

Crowhurst überlegte lange hin und her, ob er versuchen sollte, ein Telegramm nach Australien oder Neuseeland zu schicken. Entsprechend seiner fingierten Route hatte er mittlerweile den 140. Längengrad West überquert – das war die Position, auf der er, wie er in seiner letzten Nachricht vor Beginn der Funkstille angekündigt hatte, erneut versuchen würde, Kontakt aufzunehmen. Zwei Tage lang entwarf er Telegrammtexte auf einem Notizzettel: in erster Linie ging es ihm darum, herauszufinden, ob er gesehen worden war oder nicht; andererseits mußte er eine Position angeben, um nicht allzu absonderlich zu erscheinen. Das machte ihm Sorgen, und er versuchte es mit mehreren verschiedenen Formulierungen. Auch war er unschlüssig, ob er Wellington oder Sydney anfunken sollte. Schließlich beschloß er, auf Nummer Sicher zu gehen und seinem Telegramm einen Q-Code voranzustellen: »QSP (Würden Sie unentgeltlich weiterleiten an...) ZLW (...Wellington...) VIS (...oder Sydney)«; dies in der Hoffnung, daß die Nachricht, falls irgend jemand sie empfing, nach Hause gelangen würde – freilich nur über die richtigen Kanäle. Der Telegrammtext lautete:

> PRESSE DEVONNEWS EXETER – AUF KURS HOORN MITTE APRIL MUSS POSITIONEN DER ANDEREN WISSEN AUCH WENN SICHTUNGEN ALS BESORGNISERREGEND GEMELDET UNZUREICHENDE ÜBERTRAGUNGEN WEGEN GENERATORPROBLEMEN CLARE IN SORGE

* Der Q-Code, eine Dreier-Buchstabengruppe, die stets mit Q beginnt, wird im Morsefunkverkehr für Standardfragen und -antworten benutzt. Crowhurst hatte ihn vor dem Aufbruch bei seinem Kurs in Bristol fleißig gelernt und benutzte ihn routiniert für seine Telegramme.

Strenggenommen war dieser Wortlaut keine Lüge. Crowhurst, der die südamerikanische Küste entlangsegelte, war in der Tat in diesem Augenblick »auf Kurs Hoorn«. Er hatte nur zu erwähnen versäumt, daß er von der falschen Seite her kam. Wenn seine nebelhafte Sondierung über etwaige »Sichtungen« ihm irgendeine positive Antwort erbracht hätte, dann wäre es ihm sehr schwergefallen, sich herauszureden – aber wahrscheinlich hätte er immer noch irgendeine Erklärung nachliefern können.

Er muß wiederholt versucht haben, das Telegramm abzuschicken, denn auf dem Entwurf sind Datum und Uhrzeit, die jedem Telegramm vorangestellt werden, mehrmals abgeändert – vom 23. zum 24. zum 25. März. Offensichtlich kam er nicht durch, denn er bewahrte zwar das Papier auf, aber im Funktagebuch ist nichts über eine erfolgreiche Übermittlung vermerkt.

Am Abend des 25. März empfing er ein schwaches, bald schwindendes Signal von Radio Portishead in England, das er ins Funktagebuch eintrug:

> MZUW (*Teignmouth Electron*...) DE GKG (...aus Portishead...) QRU (...haben Sie etwas für uns?...) 0200Z 12 MCS (...wir hören um 02.00 MGZ auf 12 Megahertz)

Warum riefen sie ihn? Konnte das bedeuten, daß er vom Rio Salado aus gemeldet worden war und sie dachten, er sei auf dem Rückweg nach England? Oder war es reine Formsache, ein Routineruf in der Hoffnung, ihn irgendwo auf der Welt zu erreichen? In beiden Fällen konnte Crowhurst nichts unternehmen. Mit irgendeiner Funkstation – außer in Australien oder Neuseeland – Verbindung aufzunehmen, wäre seiner Absicht kaum förderlich gewesen, und um bis nach England zu funken, dazu war sein Sender zu schwach. Er beschloß, das Problem zu vertagen und die Funkstille einstweilen aufrechtzuerhalten.

Unterdessen erhielt Crowhurst einen Vorgeschmack auf das Wetter in den hohen Breiten. Auf seinem Weg zu den Falklandinseln war er nicht schlecht vorangekommen, und es sah so aus, als würde er binnen zwei Tagen Land sehen. Auf einmal aber geriet er in einen Sturm, der ihn mehr als hundert Meilen aus dem Kurs drängte. Bei einem so ausführlichen Bericht über Crowhursts abwegiges Verhalten vergißt man leicht, wieviel Mut und Können es verlangt, ein Schiff durch diese südlichen Seen zu segeln. In diesem Augenblick war er nur noch knapp fünfhundert Meilen vom Kap Hoorn entfernt, und hier kann es, wie viele Seeleute erfahren haben, genauso schlimm zugehen wie am Kap selbst.

Eine von Crowhursts Pflichten war, für die BBC zu filmen, und er drehte auf seiner Reise etliche Szenen durch das Kajütfenster: riesige Wellen, die über das Deck des Trimarans hereinbrachen. Die Filmrollen sind undatiert, aber einige davon entstanden zweifellos zu der Zeit. Vielleicht hoffte Crowhurst auf dramatische Bilder von den Falklandinseln, die sich vielleicht als Feuerland ausgeben ließen? Wenn ja, dann wurde er jedenfalls getäuscht, denn als er am 29. März dort anlangte, drei Tage später als erwartet, hatte der Sturm sich gelegt, und es ging nur noch eine leichte Dünung, was ungewöhnlich war. So blieb ihm nichts anderes übrig, als sich einen Nachmittag und Abend vor der Küste nördlich von Stanley Harbour herumzutreiben und ganz unheroische Sonnenuntergangsbilder zu filmen. – Dieser BBC-Film wurde auf dem Boot geborgen: er zeigt die Falklandinseln als niedrige, dunkle Silhouette am Horizont.

Es war der südlichste Punkt, den Crowhurst auf seiner Fahrt erreichte. Nach Abschluß seiner Dreharbeiten legte er sich zum hundertfünfzigstenmal an Bord der *Teignmouth Electron* schlafen. Am Morgen wendete er sein Schiff und begann die achttausend Meilen lange Heimreise – Zeit hatte er genug. Die nächsten zwei Tage machte er gute Fahrt vor den Westwinden, die vom Kap her wehten – vielleicht nur, um ein Gefühl dafür zu bekommen, wie die brüllenden Vierziger sein konnten. Dann verlangsamte er sein Tempo und wandte sich nach Norden, zurück in ruhigere Gewässer.

Das Funkproblem wurde indessen dringend, er *mußte* jetzt endlich eine Nachricht senden. Crowhurst hatte offensichtlich das Gefühl, es sei für seine Glaubwürdigkeit unumgänglich, eine Funkverbindung herzustellen, bevor er auf seiner fingierten Route Kap Hoorn »erreichte«. Andernfalls hätte die Vermutung allzu nahegelegen, daß alle seine Sendungen während der gesamten Fahrt ausnahmslos aus dem Atlantik gekommen waren. Wenn er es nicht schaffte, eine einfache, direkte Nachricht über Wellington, Neuseeland, nach Hause weiterleiten zu lassen, dann mußte er irgendwie eine glaubwürdige Konfusion zustande bringen.

Seine erste Idee war eine verspätete Bestätigung der beiden Funktelegramme, die er im Januar, nach Beginn der Funkstille, erhalten hatte – das eine von Stanley Best, der ihn aus der Vereinbarung einer »bedingungslosen Übernahme« des Bootes entließ, das andere die »Kopf-hoch«-Botschaft seiner Schwägerin Helen. Er suchte nach den Kennzeichnungsnummern der beiden Telegramme und entwarf eine Empfangsbestätigung, der er hinzufügte, er befinde sich derzeit im Funkgebiet 5a – *westlich* von Südamerika. Er adressierte seine Nachricht an Radio Kapstadt, allerdings über Wellington. Er wußte, wie unwahrscheinlich es war, daß Wellington seinen Funkspruch tatsächlich erhielt, aber vielleicht hoffte er, daß seine Bestätigung samt der Anweisung »via Wellington« doch irgendwie in Kapstadt eintreffen würde. Aber nachdem er im Funktagebuch mehrmals zu einem Telegrammentwurf angesetzt hatte, strich er alles durch und schrieb daneben: »Stiftet nur Verwirrung in Kapstadt, wird nicht abgeschickt.«

Dann entwarf er eine Nachricht von der Sorte, die im Funkverkehr als »TR« bekannt ist. Normalerweise werden solche Nachrichten routinemäßig von Schiffen an den Langstrecken-Funktelegraphiedienst geschickt: sie geben Position und Bestimmungsort bekannt, so daß Telegramme zuverlässig und schnell zugestellt werden können. Crowhursts TR war eine komplizierte Folge von Anweisungen, verfaßt im Q-Code, die praktisch alles enthielt außer der einen Information, die in einer TR-Nachricht stehen sollte: seiner Position. Es lief darauf hinaus, daß er bis zum 15. April in der Zone 5a sein würde (westlich von Südamerika und damit im Bereich von Radio Wellington) und danach in der Zone 2a (östlich von Südamerika, versorgt von Radio Kapstadt). Das bedeutete, übersetzt aus dem trockenen Fernmeldejargon, daß er vorhatte, Kap Hoorn am 15. April zu umrunden. (Interessanterweise änderte er dieses Datum in einem späteren Entwurf der TR-Nachricht auf den 18. April: er hatte beschlossen, seine vermeintliche Hoorn-Umsegelung um drei Tage zu verschieben.) Im Anschluß gab Crowhurst dann noch präzise die Zeiten an, zu denen er in Hörbereitschaft sein würde, um eingehende Telegramme entgegenzunehmen, fügte jedoch einschränkend hinzu: »BITTE NEHMEN SIE ERFOLGTEN EMPFANG AN WENN BESTÄTIGUNG UNMÖGLICH.« Er wollte sich eben noch nicht gleich in einen regelmäßigen Funkverkehr verstricken lassen.

Crowhurst schickte seine TR-Nachricht am 7. April ab: zuerst nach Wellington, Neuseeland, dann nach Portishead in England und schließlich nach Kapstadt (in dessen Funkbereich er sich augenblicklich befand). Anscheinend erhielt er von keiner Station eine Antwort. Was danach geschah, ist nicht ganz klar; jedenfalls steht im Funktagebuch unter dem Datum 9. April ein unerwarteter Eintrag über eine recht heitere Morsekonversation mit General Pacheco Radio, Buenos Aires. Die Station gehört nicht zum normalen Sende-Empfangs-Netz für britische Schiffe, aber es war der Crowhursts derzeitiger Position am nächsten gelegene Sender mit großer Reichweite. Ob Crowhurst Buenos Aires rief oder sie ihn (vielleicht weil sie seine erfolglosen Versuche, Wellington zu erreichen, mitgehört hatten) – darüber steht nichts im Funktagebuch. Aber den Bruchstücken nach zu urteilen, die Crowhurst niederschrieb – eine Mischung aus Q-Code und spanisch-englischen Brocken –, waren die Telegraphisten in Buenos Aires äußerst verwundert über seine Begriffsstutzigkeit. Immer wieder fragten sie: »QTH?« (Was ist Ihre Position?) und »QRU?« (Haben Sie etwas für uns?) Crowhurst schrieb zwar seinen Beitrag zur Unterhaltung nicht auf, aber er wird wieder sehr ausweichend geantwortet haben. Schließlich ließ er sich überzeugen, ein Telegramm über Buenos Aires abzuschicken. Sein Wortlaut war mit Absicht mysteriös:

> DEVONNEWS EXETER – KURS AUF DIGGER RAMREZ LOG KAPUTT 17697 AM 28 WELCHE OZEANRENNMÄSSIGEN NEUIGKEITEN

Rodney Hallworth hatte keine gute Zeit gehabt. Seit jenem besorgniserregenden Telegramm elf Wochen zuvor hatte er von seinem künftigen Helden nicht ein Wort gehört. Crowhursts versprochene Funkrufe waren nicht durchgekommen, bei Lloyd's keine Positionsmeldung eingegangen. Zwar hatten die Zeitungen sich mit den Schilderungen der Stürme im Indischen Ozean für eine Weile zufriedengegeben, doch seit geraumer Zeit fiel selbst einem Hallworth nichts mehr ein. Es gab kaum noch etwas mitzuteilen – nur die vorsichtige Mutmaßung, Crowhurst könnte vielleicht allmählich Australien im Kielwasser haben. Die schwarze Linie auf der Landkarte im *Ship Inn*, Teignmouth, in der die von Hallworth gemeldeten Tagesstrekken eingezeichnet waren, hörte unheilvoll mitten im Indischen Ozean auf, und manche fürchteten schon um sein Leben. Frühmorgens am 10. April, als Hallworth sich gerade rasierte, läutete das Telephon, und der Telegraphist las ihm Crowhursts kurzen Funkspruch vor. Hallworth, den Seifenschaum noch im Gesicht, rief auf der Stelle Clare Crowhurst an und teilte ihr die frohe Neuigkeit mit. Dann machte er sich in aller Ruhe an die Übersetzung der dunklen Worte. »Digger Ramrez«, schloß er, konnte nichts anderes bedeuten als Diego Ramirez, die winzige Insel südwestlich von Kap Hoorn. Er nahm zur Kenntnis, daß das Log am 28. März nach 17697 Meilen zu Bruch gegangen war und Crowhurst offenbar äußerst begierig war zu erfahren, was man von den »Ozeanrennern« wußte. Was für ein grandioser Phlegmatiker, dachte Hallworth.

Er sah indes sofort, daß der Mann die besten Aussichten hatte, das Rennen als Schnellster zu gewinnen, wenn er es schaffte, dieses Tempo beizubehalten. Nur eines war ärgerlich an der Nachricht: Crowhursts fatale Ungenauigkeit. Er begriff offenbar nicht, daß die Umsegelung des Kap Hoorn ein außerordentliches Ereignis war und ein Datum und eine Zeit dringend nötig. Deshalb las Hallworth sehr sorgfältig zwischen den Telegrammzeilen und erkannte, daß Crowhurst hatte sagen wollen, er sei dreihundert Meilen vor dem Kap Hoorn – anders ausgedrückt: in der Zwischenzeit hatte er es wohl passiert, gerade rechtzeitig für die nächste Morgenausgabe der Zeitungen. So geschah es, daß die halbe Londoner Presse die *Teignmouth Electron* am 11. April ums Hoorn schickte: eine Woche früher, als es Crowhursts wohlüberlegter und genau kalkulierter Plan erfordert hätte.

Crowhursts Geschwindigkeit schien allmählich verdächtig hoch – ein Eindruck, an dem eine falsche Statistik im Bericht der Devon News schuld war, wonach die *Teignmouth Electron* auf einer Strecke von dreizehntausend Meilen im Schnitt 188,6 Meilen am Tag gelaufen sei. (Diese Zahl war zwar bis auf eine Dezimalstelle genau ausgerechnet, aber, selbst unter der Annahme, Crowhurst habe Kap Hoorn erreicht, um etwa dreißig Meilen pro Tag zu hoch.) Überraschenderweise berichteten etliche Zeitungen eine Woche später, am 18. April, erneut, daß Crowhurst »soeben Kap Hoorn gerundet« habe – diesmal aufgrund einer zwar von Hallworth stammenden, aber von den Veranstaltern der Regatta verbreiteten Information, die anscheinend auf Crowhursts Kontakt mit den Telegraphisten beruhte. Natürlich konnten weder Hallworth noch die Veranstalter wissen, was wirklich vorging, aber mindestens diese zweite Meldung verfälschte die Wahrheit so, wie Crowhurst beabsichtigt hatte.

Außerdem paßte die Tatsache nicht ins Bild, daß das Telegramm aus Buenos Aires gekommen war und nicht aus Wellington. Aber anscheinend hatte Crowhurst sich unnötig Sorgen gemacht: dieser Umstand ging unbemerkt an allen vorüber. Die einzige Erklärung für das nahezu völlige Fehlen jeglicher Skepsis ist vielleicht die unmittelbar bevorstehende Rückkehr von Knox-Johnston: die Zeitungen waren voll davon, und neben den langen begeisterten Artikeln über den Helden nahm freilich niemand die Kurzmeldungen über Crowhurst wahr. Nur eine Stimme erhob sich zum Protest, derselbe einsame Rufer wie je: Sir Francis Chichester war mittlerweile fest überzeugt, daß da merkwürdige Dinge geschahen, und in Falmouth, wo man auf Knox-Johnstons Ankunft wartete, sprach er offen mit den Verantwortlichen über seine Zweifel.

15
Nachtwachen

Auf der *Teignmouth Electron* wurden die Tage kürzer, je näher der südliche Winter rückte, und Crowhurst beschloß, sich eine Öllampe zu bauen, um seine Batterien zu sparen. An eine leere Trockenmilchdose lötete er eine Tube, die einen provisorischen Docht halten sollte, und füllte die Dose mit Paraffin. Vielleicht wegen Brennstoffknappheit fabrizierte er nur eine solche Lampe. Sie verbreitete Gestank und ein flackerndes Licht, bei dem Crowhurst bis in die frühen Morgenstunden saß, an Geräten herumbastelte, über seinen Fälschungen brütete, aß, trank und schrieb.

Was er in dieser Zeit schrieb, war, wie schon immer, eine eigenartig gegensätzliche Mischung: einmal laut und abgeschmackt, dann melancholisch und in sich gekehrt. Es war ein Spiegelbild der beiden widersprüchlichen Aspekte seines Charakters, die sein ganzes Erwachsenenleben hindurch sichtbar gewesen waren: der Aufschneider in der Wirtshausstube und der einsame, selbstvergessene Forscher; der Alleinunterhalter der Offiziersmesse und der verbiesterte Kleinstadtintellektuelle. Nur erschien die Kluft jetzt weiter als je zuvor.

Auf der untersten, banalsten Ebene stand die Sammlung leicht schlüpfriger Limericks, die er auf die letzten Seiten seines zweiten Logbuchs schrieb und in regelmäßigen Abständen erweiterte. Selbst für Limericks sind sie unbestreitbar schlecht. Crowhurst hatte seiner Sammlung eine Rechtfertigung oder Erklärung vorangestellt:

Whilst a-sailin' the Sunday Times race
I sublimate sexual urgeses
By sailin' a Clipper Ship pace
*An' a-writin' o' dirty vergeses.**

* Während des Sunday-Times -Rennens / sublimiere ich sexuelle Bedürfnischen / durch Segeln im Klippertempo / und Schreiben schmutziger Verschen.

Um den Leser nicht zu strapazieren, seien nur zwei dieser Sublimationsverschen wiedergegeben:

When questioned, a lass from Gibralta
Who naked swam fast toward Malta,
Said the spray from her feet
Flew four hundred feet
And frustrated attempts to assaulter. *

(Hinter diesen Vers hatte Crowhurst geschrieben: »Ho ho! dachte ich, als ich die Sauerstoffflasche umlegte« – ein Thema, das ihn offensichtlich faszinierte, denn er verfaßte noch etliche Limericks über die Verfolgung seines Meitschis mit Taucherbrille und Atmungsgerät und natürlich ohne Anzug. Ein anderes sehr beliebtes Thema war Sidney, der mit Erfolg eine Segelregatta simuliert hatte... Crowhurst hatte daraus allerdings taktvoll das Transatlantikrennen des *Observer* gemacht.)

A transatlantic race entrant named Sidney
Taped air tickets on to his kidney
Said »I sailed to New York
On a small piece of cork
And the sea wuz so big it just hid me.« **

In derselben ausgelassenen, spottlustigen Stimmung betrank er sich eines Abends beim Licht der Öllampe und nahm sich dann mit dem BBC-Tonbandgerät auf***. Er hatte eine Flasche Moët et Chandon geöffnet, die John Norman ihm auf die Reise mitgegeben hatte, und hatte sie in einer einzigen langen Sitzung

* Befragt, sagt ein Meitschi aus Malta / das nackig schwamm nach Gibralta, / »Der Gischt von meim Fuß / flog vierhundert Fuß / und keiner tat mir Gewalt an.«

** Ein Transatlantiksegler genannt Sidney / klebte Flugtickets auf seine Niere / Sagte: »Ich segelte nach New York / auf einem kleinen Stück Kork / und die See war so hoch, daß sie mich verborg.«

*** In Crowhursts Logbüchern war diese Bandaufnahme nicht datiert, aber aus dem Inhalt geht hervor, daß sie vom 23. oder 24. April stammen muß.

geleert: das gehöre sich so mit Champagner, fand er. Der Rausch ließ ihn nicht rührselig werden, wie man vielleicht erwartet hätte, im Gegenteil: er brachte den alten, lärmenden Wirtshausclown wieder zum Vorschein, der die Betrunkenheit genauso genoß, wie es ihm Spaß machte, den Betrunkenen zu spielen. Es folgt, wortgetreu, ein kleiner Ausschnitt aus einer langen Aufnahme:

Habe ein Huhn zu rupfen.
Habe ein Huhn zu rupfen mit dir. Du gabest mir eine ganze Flasche Schampus, Kumpel, eine volle funkelnde Flasche, dabei hält sich das Zeug doch nicht, oder? Du niederträchtiger Mensch. Hättest mir zwei halbe Flaschen, weil jetzt bin ich blau. Besoffen bist du, Seemann, so besoffen, wie ein Seemann nur sein kann. Ein Weltumseemann. *(Lacht)*
He, ich sag dir was, im absoluten Vertrauen, Kumpel. Ich hab den schlimmsten, gottverdammtesten Haufen Blödsinn aufgenommen, den du je gehört hast, Kumpel... Aber: wenn du siehst, wie ich... hoppla, paß auf, Kumpel, nicht zuviel, nicht sättigen!... die Hysterese – wie heißt das – *(Singt)*

»Du darfst die Hystereseschleife nicht sättigen,
Hystereseschleifen dürfen nicht gesättigt sein,
Sättige niemals Hystereseschleifen«

Wie findest du das?
Was willst du wissen, Kumpel. Ach ja, wo ich bin, was ich mache? Also, ich werd's dir sagen, Kumpel, ich weiß nicht mehr genau, ob du mir die Flasche Schampus, John, für nach dem Hoorn gegeben hast oder für Weihnachten oder für was sonst, also hab ich gedacht, ich werd sie so lange aufheben, bis ich aus der Sommerzone raus bin, nach Norden fahre sozusagen. Also, das bin ich jetzt *(lacht)*, das bin ich, Kumpel, ich bin über dieser scheußlichen Linie, die ungefähr auf 36 Grad Süd liegt... und ich bin aus der

Puste, vollkommen und total aus der Puste, Kumpel. Nachdem ich über die Südsee gebrüllt habe, schleppe ich mich jetzt mit ungefähr... schändlichen vier Knoten oder drei Knoten dahin, dabei hab ich jeden Fetzen Segel gesetzt, der mir in die Finger gekommen ist. Und wenn rein zufällig heut nacht ein Sturm ausbricht, dann, sag ich dir, kann ich den Kram vergessen, das Schiff und die Segelei, das sag ich dir, Kumpel, weil ich bin ganz sicher nicht in der Lage, mich um irgendwas zu kümmern, und du wirst einen Haufen Fragen beantworten müssen, wenn du meine kleinen Tupperwaren findest, in der meine ganzen Tonbänder sind, wenn ich über Bord gegangen bin und drunten im kühlen Grab. Die einzige Erinnerung an mein Ende sind dann diese schrecklichen Tonbänder, und die Welt soll wissen, Kumpel, daß an allem nur der Mister John Norman von der BBC schuld ist.

Gottogott, wir machen bestimmt höchstens drei Knoten. Hörst du das, Kumpel, diesen Krach, den der großartige Atlantik macht?...

Ah, es ist schauderhaft da heraußen, Kumpel. Wellen so hoch wie Berge, bestimmt einen halben Meter, und schreckliche große, schwarze Wolken, gewaltige Massen wälzen sich, soweit das Auge reicht. Ich will jetzt einmal einen Blick auf den Windmesser werfen. Gott! sechs Knoten... Oh, ich bin auf dieser Fahrt ein paarmal in heikle Situationen geraten, Kumpel, aber das jetzt ist höllisch heikel, Kumpel. Diabolisch heikel. Heikler als heikel. Geradezu diabololisch heikel. Aber ich will den Zuhörer nicht mit der Beschreibung von Heikelkeiten behelligen. *(Lacht)*

Also dann, was ich sagen will, ist folgendes. Habe furchtbare Härten auszuhalten. Was für welche? Also, ich sag's dir. Genügend, Kumpel, das sag ich dir, genügend. Es ist ein furchtbares Elend. Zum Beispiel, ich sag dir ein Beispiel, das einzige Licht, das die scheußlichen Einzelheiten meiner Kajüte beleuchtet, stammt von einer Paraffinlampe, die ich selber konstruiert habe aus einer alten

Büchse, in der Milchpulver war. *(Glucksen)* Die einzige Beleuchtung, die ich habe, Kumpel, es sei denn, ich lade die Batterien auf und schalte diese komische Leuchtstofflampe an. Also, die Sache ist die, Kumpel, die furchtbaren Härten, die man erduldet... warte, ich habe einen mächtigen Durst. *(Pause)* Wie ich hier so sitze und mein Bier trinke – Starkbier, ha! – erfüllt mich eine große Zufriedenheit. Könnte ein Resultat dieses herrlichen Getränks sein... Aah, dieses Tonband ist beinahe ausgezeichnet, und diese ganzen kleinen Oersteds, die mein Gelaber getreulich aufnehmen für alle Zeiten. Was für ein ernüchternder Gedanke, Kumpel. Mein Blödsinnsgelaber für alle Zeiten auf Band. Außer, natürlich, du beschließt, es zu löschen, was ein sehr schwerer Fehler wäre, denn einen Blödsinn von einer so monumentalen Blödsinnigkeit findet man wahrlich selten. Ich wage sogar die Vermutung zu äußern, daß du in den ganzen BBC-Archiven kein zweites solches Gelaber findest, wie ich es in diesem Augenblick laber. Das ist wie die Nase von Cyrano de Bergerac. Ein Denkmal. Nicht einfach nur Gelaber, kein plebejisches, kein Primitivogelaber, sondern aristokratisches Gelaber, fürstliches Labern, imperiales Labern, das erhabenste Beispiel für die Kunst des Laberns.
Lösch das nicht. Lösch das nicht. Heb es auf um der Nachwelt willen. Heb es auf für künftige Generationen, die noch ungeboren sind.
Also jetzt, oje, oje, oje, jetzt ist offenbar das Band aus, wie diabologisch schade... Dabei, das sag ich dir, Kumpel, dabei hab ich wahnsinnig viele Tonbänder und nicht die leiseste Ahnung, wie ich sie vollkriegen soll, aber wenn ich noch länger so weitermache wie jetzt, dann kommt früher oder später einer daher und erschießt mich. Wahrscheinlich schiebt der Generaldirektor der BBC jetzt gerade in diesem Augenblick eine Ladung Schrot in seinen Zwölfkaliber, gewissermaßen. Ah, das regt mich nicht auf, wem's an den Kragen geht, das ist Donald Kerr. Auf den warten ein paar scharfe Messer. *(Kichert)* Er hat die-

sem geistesgestörten Crowhurst ein Tonbandgerät mitgegeben hat er. Es ist eine furchtbare Sache, aber ich glaube, ich muß noch einen Schluck aus der Fla-sche da machen. *(Trinkt)*

Gegen Ende der Aufnahme brach er noch eine Flasche Rum an und wurde immer betrunkener. Und doch versprach er sich nie, er blieb bei seiner angeblichen Südseedurchquerung und sprach auch sonst nie unartikuliert oder verlor die Kontrolle. (An einer Stelle erhielten die Leute von der BBC eine kleine Belehrung über verschiedene Methoden, Tonbänder zu löschen, die technisch völlig einwandfrei war.) Soweit aus dem Beweismaterial hervorgeht, waren Besäufnisse während seiner Fahrt nicht die Regel, obwohl er durchaus einen reichlichen Vorrat mitgenommen hatte: vorwiegend Bier, Sherry und Starkbier.

In scharfem Kontrast zu den Limericks und den Tonbändern stehen die anderen Texte, mit denen er die letzten Seiten des zweiten Logbuchs füllte. Sie lassen einen vollkommen anderen Mann erkennen: einen einsamen, niedergeschlagenen, der dringend intellektuelle Anregungen brauchte und auf der Suche danach seinen Verstand und sein Gedächtnis durchforschte. Die Ideen, auf die er dabei stieß und die er niederschrieb, wurden immer wunderlicher und phantastischer.

Einem seiner depressiven Gedanken, ausgedrückt in mathematischen Symbolen, reservierte er eine ganze Seite, unpassenderweise gegenüber den Limericks. »Das kosmische Integral« nennt er es:

$$\int_{-\infty}^{\infty} \text{Mensch} = (0) - (0)$$

was bedeutet, daß die Summe des Menschen von der negativen Unendlichkeit zur positiven Unendlichkeit gleich Null ist oder, allgemein ausgedrückt, daß die Geschichte der Menschheit, zusammengezählt durch alle Zeiten, nichts ergibt.

Zur selben Zeit dachte Crowhurst an seine indische Kindheit zurück und gelangte zu düsteren Schlußfolgerungen über das Wesen des Menschen und Gott. Er notierte seine Überlegungen in einem Abschnitt, den er »Erinnerungen« überschrieb und unmittelbar auf die Limericks folgen ließ. Nachtgedanken, zu Papier gebracht in qualvollen Sitzungen, voller Streichungen und Einfügungen: sie sind vollkommen rational und doch ihrem Inhalt nach der erste unverkennbare Vorbote der geistigen Verwirrung, die im Lauf der Zeit immer mehr von ihm Besitz ergriff, bis hin zum Wahnsinn.

Der Abschnitt enthält zwei Episoden aus seiner Kindheit, Parabeln eigentlich, die erkennen lassen, wie tief Enttäuschungen ihn verstörten. Und er war bereits von der Idee besessen, sein Geist und das System des Universums seien zwei rivalisierende »Rechner«. Er begann mit der Erinnerung an seine ersten, kindlichen Religionsvorstellungen:

> Als ich fünf war, wußte ich alles über Gott. Er hatte alles gemacht. Das erzählten mir meine Eltern, und sie wußten alles. Er war ein sehr alter Mann mit langem grauem Bart, der mich liebte, aber mich bestrafen würde, wenn ich schlimm war, genauso wie Papa. (Das war ganz leicht zu rechnen.) Ich wußte auch alles über seinen Sohn Christus, und als ich sieben war, weinte ich, wenn ich daran dachte, wie gut er gelebt hatte und wie schlimm er gestorben war. (Das war nicht wirklich zu rechnen, aber Gott wußte es zweifellos besser.)
>
> Eines Abends, als ich die Sterne anschaute und über Gott nachdachte, glaubte ich in den Sternen ein Muster zu erkennen, das aussah wie das Haupt des Christus mit der Dornenkrone. Ich wollte es meiner Freundin zeigen, aber sie konnte nichts sehen. Ich auch nicht mehr. Ich war mit dem Glauben an ein Wunder aufgewachsen, und deshalb beschloß ich, es mußte eben ein irgendwie rechenbares Wunder sein.
>
> Kurze Zeit später fand ich eines Tages in der Küche einen Früchtekuchen, und ich lief zu meiner Mutter, weil

ich mich freute, daß sie mir meine Leibspeise gebracht hatte. »Ich habe keinen Früchtekuchen gekauft«, sagte meine Mutter. »Doch!« sagte ich, und sie: »Nein, hab ich nicht.« Ich war verunsichert. Wie war das zu erklären? Siehst du, ich hätte nie gedacht, daß meine Mutter mich anlügen könnte. »Aber ich hab ihn in der Küche gesehen.« »Ach«, sagte meine Mutter, »das war doch eine Überraschung.« Meine Mutter hatte mich belogen! Mir stockte der Atem unter dem Schock dieser Erkenntnis, aber nur für einen Augenblick: Denn war nicht die Lüge durch ihren Zweck gerechtfertigt, und der war, mir eine Freude zu machen? Das war halbwegs rechenbar, aber auf eine Art und Weise, die mir unangenehm war.

Crowhurst war also zu dem Schluß gelangt, Lügen seien akzeptabel, vorausgesetzt, sie dienten anderen zum Gefallen. Würde seine angebliche Fahrt um die Welt den Leuten eine Freude machen? Vielleicht... Aber dann fiel ihm ein anderes Ereignis aus seiner Kindheit ein, das ihn auf den Zorn Gottes über unehrliche Menschen brachte:

Einige Zeit später wurde ein Mann vom Zug überfahren. Wie die meisten kleinen Buben liebte ich die Eisenbahn und hielt mich häufig in der Nähe auf, und deshalb sah ich auch gleich die Menschenmenge, die sich um seine Leiche versammelt hatte. Er war von den Rädern erfaßt worden, und der Zug war ihm über die Brust gefahren. Sein linker Arm lag flach längs neben dem Gleis. Der Kopf, der rechte Arm und ein Teil seiner Brust lagen auf der einen Seite der Schiene, und der restliche Körper auf der anderen Seite. Er hatte einen Bart, und sein Gesicht sah mutig und stark aus.

Ich fing an zu rechnen. Er war gut gekleidet, ein Mohammedaner wohl, ein sehr gut aussehender, faszinierender Bursche. Er hatte wahrscheinlich versucht, den Fahrpreis zu sparen, indem er vor der Einfahrt in den Bahnhof aus dem Zug sprang. Ich wußte, daß so etwas »falsch« war.

Aber Gott war mit seiner Strafe wirklich ein bißchen weit gegangen. Und noch etwas. Ich konnte sehen, daß der Mann einmal etwas gehabt hatte, was ich als seine Seele verstand. Aber weil, wie ich dachte, die »Seele« tief innen im Herzen war und im Tod irgendwie langsam nach oben stieg, ließ mich der Umstand, daß die mechanischen Voraussetzungen dieser befriedigenden Einrichtung durch die Eisenbahn zerstört worden waren, für seine Seele fürchten, die sich sehr beeilen mußte, um herauszukommen. Mein Rechner war steckengeblieben – das waren Aufgaben, die sich einfach nicht rechnen ließen! Ich stand vor Problemen, mit denen die Menschheit sich jahrtausendelang herumgeschlagen hat.

Wenn Gott nicht rechnete, dann konnte irgend etwas nicht stimmen. Dann mußte er ein feindseliges oder jedenfalls indifferentes Wesen sein. In dem Fall mußte ein anderes Gottesbild gefunden werden. Der junge Crowhurst quälte sich mit dem Problem weiterhin ab, während die Außenwelt »weitere Informationen in seinen Rechner eingab«:

> Mit zwanzig kam ich zu dem Schluß, daß es anscheinend keinen vertretbaren Grund gab, irgendeine Unterstützung von Gott zu erwarten – sofern er überhaupt existierte. Außer dem »Gefühl«, das ich verspürt hatte beim Betrachten des Sternenhimmels viele Jahre zuvor, hatte ich überhaupt keinen Grund, die Möglichkeit der Existenz Gottes zu leugnen, mußte mir aber traurig eingestehen, daß er doch nicht wirklich daran interessiert sein konnte, Auschwitz zu »erlauben« und den verfluchten Erfolg des Naziregimes.
> Ich kam zu der Überzeugung, daß der Mensch sich seiner Verantwortlichkeit entzieht, wenn er immerfort Unterstützung bei Gott sucht, und die Abhängigkeit meiner Mutter von Gott machte mich sehr zornig. Zuerst redete ich ganz freundlich mit ihr, ich hielt ihr ihre Abhängigkeit vor, aber je mehr ich argumentierte, desto überzeugter

war ich, daß ich recht hatte und sie sich irrte. Wir stritten immer heftiger, und meine Ausfälle wurden immer sarkastischer und immer grausamer. Einmal, nach einem gemeinen Angriff gegen meine Mutter wegen ihrer dauernden Beschäftigung mit Jehovas Zeugen, hörte sie einfach auf zu diskutieren, sah mich ganz liebevoll an und sagte nur: »Wenn du meinst.« Ich war sprachlos, denn mir wurde klar, daß eigentlich sie recht hatte und ich mich irrte, und daß sie »gewonnen« hatte, indem sie aufgab!
Mein Rechner warf alles hinaus, was ich bis dahin eingegeben hatte. Ich stand wieder am Anfang! Ich machte eine Bestandsaufnahme: was war sicher? Ich war lebend auf die Welt gekommen und würde irgendwann sterben müssen. Das war rechenbar. Was immer außerhalb des Zeitintervalls zwischen diesen beiden Ereignissen liegt, dachte ich, ist für die physische Welt unerheblich. Und wenn ich den Gang der Dinge in der physischen Welt verändern wollte, dann sollte ich besser gleich damit anfangen. Aber wie? was ist für den Menschen ein Fortschritt? fragte ich mich. Was einer befriedigenden Antwort am nächsten kam, war »Erfolg« in wirtschaftlicher Hinsicht. Ich dachte übers Reichwerden nach. Daran war nichts schlecht, fand ich, und machte mich ans Werk.

Crowhurst, der jetzt die Ränder und Ecken der Logbuchseite beschrieb, fuhr fort, indem er erklärte, er begreife jetzt die »Wechselwirkung zwischen Wirtschaftssystem, politischen Systemen und den unbeweglichen, aber mächtigen Religionssystemen«. Nachdem er sich noch weiter über dieses Thema verbreitet hatte und seine Schrift immer unleserlicher wurde, ging ihm der Platz aus – die Abhandlung hört mitten im Satz auf.

Crowhurst hatte sich auch aus den beiden technischen Lehrbüchern einiges herausgeschrieben und ein paar Übungsaufgaben gelöst. Er legte dabei aber sichtlich keine große Begeisterung an den Tag und kam über ein oder zwei Kapitel nicht hinaus. Ohnehin hatte es wenig Sinn, sich mit neuem theoretischem Wissen zu belasten, solange es derart viele praktische

Probleme zu lösen gab. In den meisten mathematischen Berechnungen, die er während seiner Fahrt anstellte, ging es ganz konkret um den Umbau seiner Funkausrüstung und den Versuch, eine neue Selbststeueranlage zu entwerfen.

Einsteins *Relativitätstheorie* war indessen sehr viel mehr nach seinem Geschmack. Es ist an sich kein besonders mystisches Werk, aber Crowhurst, der es wieder und wieder las, machte es dazu. Einstein selbst schrieb es, um seine Theorie, so weit möglich, Personen zugänglich zu machen, deren »Bildungsniveau dem einer Universitäts-Reifeprüfung entspricht«, und setzte kein großes mathematisches Können voraus. Gewiß, Einstein hatte vielleicht die für ein Universitätsstudium nötige Intelligenz ein wenig überschätzt, denn er gab zu, er verlange »ein großes Maß an Geduld und Willensstärke auf seiten des Lesers«. Von Crowhurst erhielt er es bestimmt.

Crowhurst schrieb seine Anmerkungen an die Seitenränder und ins zweite Logbuch eine kritische Würdigung, mit welcher er (anscheinend) zeigen wollte, daß die Allgemeine Relativitätstheorie nicht allgemein war. Das Buch war, wie wir uns erinnern sollten, eine der wenigen Quellen intellektueller Anregung und Herausforderung an Bord der *Teignmouth Electron*: es wurde ihm zur Bibel, in der er las, wie man früher, vor der Einführung öffentlicher Büchereien und billiger Taschenbuchausgaben, die Familienbibeln gelesen hatte. Und genauso, wie vielleicht ein Fundamentalist alter Zeiten die eine oder andere Bibelstelle aus dem Zusammenhang herausgreifen und nichtvorhandene Absichten hineindeuten konnte, so entdeckte jetzt Crowhurst in Bruchstücken aus Einsteins Text eine tiefe kosmische Bedeutung.

Besonders faszinierte ihn ein Abschnitt, in dem Einstein sagt:

> Daß Licht für den Weg von A nach M dieselbe Zeit benötigt wie für den Weg von B nach M, ist in Wirklichkeit weder eine Annahme noch eine Hypothese über die physikalische Natur des Lichts, sondern eine *Vereinbarung*, die ich aus meinem eigenen freien Willen treffen kann, um zu einer Definition von Gleichzeitigkeit zu gelangen.

In Wahrheit sagte Einsteins nichts anderes, als daß er es vorziehe, das Wort »gleichzeitig« fürs erste auf eine ganz bestimmte Weise zu definieren, damit jeder Leser genau wisse, in welchem Sinn er das Wort zu benutzen beabsichtige. Aber Crowhurst sah in Einsteins Satz eine nahezu gottähnliche Aussage. Hier, dachte er, gab es einen überlegenen Menschen, der *aus seinem eigenen freien Willen* der Natur der himmlischen Mächte befehlen konnte! Er knickte die Ecke der Seite um und kehrte immer wieder zu der Stelle zurück. In seinen Abhandlungen begann Crowhurst Einstein als den »Meister« zu bezeichnen; in der Gleichung $E = mc^2$ sah er eine kosmische Offenbarung, gleichbedeutend mit der christlichen Gleichung »Gott ist die Liebe«.

In einer späteren Abhandlung beschrieb Crowhurst seine Bekehrung. Er sagte, er habe Einsteins Definition von Gleichzeitigkeit zuerst für Betrügerei gehalten:

> Ich sagte laut und einigermaßen verärgert: »DAS kannst du nicht machen!« Der Schwindler, dachte ich. Dann sah ich mir ein Photo von ihm aus seinen letzten Jahren an. Es war das Wesen, die innere Natur dieses Mannes, die mich zurechtwies. Ich las den Abschnitt noch einmal, und wieder und wieder, und versuchte, mich in das Denken des Mannes hineinzuversetzen, der ihn geschrieben hatte. Der Mathematiker in mir konnte nichts finden, was diese empörenden Prinzipien abgeschwächt oder gerechtfertigt hätte. Aber der Dichter in mir vermochte am Ende zwischen den Zeilen zu lesen, und er las: »Dennoch habe ich es getan, also befassen wir uns jetzt mit den Konsequenzen.«

Es war ein besonders religiöser Weg zu Einstein. Den biblischen Fundamentalismus seiner Mutter, der Zeugin Jehovas, lehnte Crowhurst ab: gleichwohl brauchte er einen Ersatz dafür, ein anderes Evangelium. Seine Ausführungen rund um Einsteins Buch spielten in seinem späteren Wahn eine beträchtliche Rolle.

16
Gewinnen oder verlieren?

Nach dem aktuellen Stand des großen Rennens war Knox-Johnston auf der letzten Etappe seines Rückwegs durch den Nordatlantik und der sichere Gewinner des Goldenen Globus für den ersten Rückkehrer, während die beiden Trimarane verbissen um den 5000-Pfund-Preis für die schnellste Fahrt kämpften. Tetleys Anhänger waren erschüttert über Crowhursts wunderbares Wiedererscheinen zu einem Zeitpunkt, als ihr Mann bereits als unangefochtener Favorit galt. Obwohl die Anzeichen starker Abnutzung unübersehbar waren, drängten sie ihn, alles aufs Spiel zu setzen und das Letzte aus seinem Schiff herauszuholen.

Bei der *Sunday Times* wurden unterdessen eilends neue Berechnungen angestellt. Die jeweils errechneten Ankunftsdaten entsprachen dem Gesamtbild der sonderbaren Fahrt von Donald Crowhurst. In den ersten Wochen hatte man ihn nicht vor November 1969 zurückerwartet: bestenfalls! Nach der »Rekordfahrt« wurde der Termin auf den 30. September vorverlegt und in der Folge noch zweimal korrigiert: zuerst auf den 8. September (nach der »Tristan da Cunha«-Meldung), dann auf den 19. August (nachdem er im Indischen Ozean gemeldet worden war). Und dem jüngsten Rechenergebnis zufolge sollte Crowhurst »spätestens am 8. Juli« zurück in Teignmouth sein.

Crowhurst hatte, so dachte jeder, für die Strecke bis Kap Hoorn insgesamt zwei Wochen weniger gebraucht als Tetley. Und obwohl Tetley seither auf dem Weg durch den Atlantik sehr gute Fahrt gemacht hatte, erwartete man von dem neuen, wiederbelebten Crowhurst mindestens ebensoviel. Außer einer kleinen Handvoll Zyniker dachte niemand mehr, daß er vielleicht *nicht* gewinnen könnte, und Rodney Hallworth, der Mann, der die ganze Zeit unbeirrbar an Crowhurst geglaubt hatte, quoll über vor Stolz und Bewunderung. »Donald erweist sich als einer der ganz großen Sportsegler unserer Zeit«, sagte er.

All das war durch ein einziges Telegramm ausgelöst worden: die »Digger Ramrez«-Meldung vom 9. April, die Crowhurst ja nur versuchsweise abgeschickt hatte; seither hüllte er sich wieder in Schweigen. Wie schon zuvor eilten die Ereignisse zu Hause Crowhursts Plänen weit voraus. Wir wollen deshalb zur *Teignmouth Electron* am 9. April zurückkehren und den Verlauf des Rennens aus Donald Crowhursts Perspektive verfolgen.

Nachdem Crowhurst sein Digger-Ramrez-Telegramm abgesetzt hatte, verbrachte er drei bange Tage am eingeschalteten Funkgerät und wartete auf eine Reaktion: nun würde er erfahren, ob er vom Rio Salado aus gemeldet oder von einem Schiff gesichtet worden war. Als die Antwort endlich eintraf, war sie ermutigend:

> DU BIST NUR ZWEI WOCHEN HINTER TETLEY FOTOFINISH BRINGT TOLLE SCHLAGZEILEN STOP ROBIN IN EIN BIS ZWEI WOCHEN ZURÜCK – RODNEY

Das war eindeutig, er hatte es geschluckt. Aber andererseits war das Telegramm nicht gerade aufschlußreich. Hieß das, Tetley hatte das Hoorn zwei Wochen zuvor passiert? Oder galt der zweiwöchige Vorsprung für die »wettbewerbsrelevante Gesamtzeit«?* Und was war aus Moitessier geworden? Das konnte Crowhurst nicht gleich herausfinden, denn für die nächsten Tage war wieder Funkstille angesagt, er schickte nicht einmal die Bestätigung, daß er Hallworthens Telegramm erhalten hatte.

Am 18. April dann, dem Tag, den er für seine angebliche Hoorn-Umrundung vorgesehen hatte, brach er kurz das

* Wie es so geht, war die telegraphische Information über Tetley ohnehin falsch berechnet, aber Crowhurst konnte das damals nicht wissen.

Schweigen, um auf einen Direktruf von Radio Portishead in England zu antworten: man hatte ihn aufs Geratewohl angefunkt in der Hoffnung, auf diese Weise herauszufinden, ob das Hallworth-Telegramm angekommen sei. Nur in Portishead wunderte man sich, weshalb Crowhurst in der Lage war, direkte Verbindung mit England aufzunehmen, während er im Funkschatten Südamerikas gegen die Elemente kämpfte ... – sonst nahm diese Ungereimtheit niemand zur Kenntnis. Crowhurst hatte anscheinend vor allem deshalb eine Antwort riskiert, um ausführlichere und genauere Informationen über die anderen Regattateilnehmer in Erfahrung zu bringen. In einem Morse-Wortwechsel mit dem Telegraphisten von Portishead erfuhr er, daß Moitessier ausgeschieden war, und erhielt Tetleys exakten Schiffsort. Ausgestattet mit diesem Wissen, konnte Crowhurst nun mit der Aufstellung eines detaillierten Plans beginnen.

Die ganze Zeit über war Crowhurst stetig nach Norden gesegelt und befand sich jetzt ungefähr auf der Höhe von Buenos Aires. Sein Problem bestand darin, die fingierte Route mit seiner tatsächlichen Position in Übereinstimmung zu bringen: das Rendezvous zwischen dem realen und dem imaginären Crowhurst mußte stattfinden, bevor er überhaupt daran denken konnte, sich auf die vielbefahrenen Dampferrouten zurückzuwagen.

Es folgte eine seltsam unschlüssige Phase. Er wußte, daß er sich mit dem nächsten Telegramm, das er nach Hause schickte, unwiderruflich festlegte und den Betrug bis zum Ende durchziehen mußte; damit war seine letzte, schwache Hoffnung dahin, doch noch einen Ausweg zu finden. Dieser Gedanke löste in ihm offenbar wieder eine Krise der Unschlüssigkeit aus. Diesmal jedoch wissen wir nichts darüber, welche möglichen Alternativen er ins Auge faßte; wir können nur versuchen, seine Handlungen zu interpretieren.

Die Position, die sich Crowhurst für das Rendezvous mit sich selbst aussuchte, ergibt sich aus dem Kurs, den er lief: eine Stelle ungefähr tausend Meilen nordöstlich der Falklandinseln und siebenhundert Meilen genau östlich von Buenos Aires. Es war eine sehr vorsichtige Entscheidung, denn seine falsche Route hätte ebensogut noch weitere tausend Meilen nach Norden verlaufen können, ohne daß er eine Entdeckung ernsthaft hätte befürchten müssen. So aber hatte er noch etliche weitere unproduktive Tage vor sich, in denen er sich ziellos und wartend im einsamen Ozean östlich von Buenos Aires herumtrieb, bis seine fingierte Route ihn endlich einholte.

Andererseits bot diese Gegend einen entscheidenden Vorteil: zwei Wochen lang hielt er sich bequem innerhalb des Sprechfunkbereichs von Buenos Aires auf. Offensichtlich wünschte sich Crowhurst in dieser Zeit nichts sehnlicher, als nach Hause zu telefonieren und mit Clare zu reden – direkt mit ihr zu reden, nicht in der behindernden, beschränkenden Sprache der Telegramme. In den Tagen nach dem 21. April funkte er mehrmals Buenos Aires an und bat um eine direkte Telefonverbindung zum Haus der Crowhursts in Bridgwater, und er entwarf Telegramme an Clare, in denen er ihr die Zeiten mitteilte, zu denen sie sich bereithalten sollte. Jedoch schlugen alle Versuche fehl; denn obwohl Buenos Aires gute Sprechfunksignale von der *Teignmouth Electron* empfing, war man dort nie in der Lage, eine Landverbindung über New York nach England herzustellen.

Warum war ein Telefongespräch so wichtig geworden? Natürlich hatte Crowhurst nach dem langen Schweigen das dringende Bedürfnis nach menschlichem Kontakt, und wenn es nur fünf Worte über eine rauschende, knackende Leitung waren. Aber seine Handlungen lassen vermuten, daß mehr dahintersteckte: für ihn hatte dieser Telefonanruf anscheinend allergrößte Bedeutung angenommen – in den neun Tagen, in denen er versuchte, eine Verbindung zu bekommen, segelte er sogar wieder nach Süden, nur um im Funkbereich von Buenos Aires zu bleiben. Überhaupt wurde ihm, wie wir noch sehen werden, der Wunsch, mit Clare zu sprechen, in der letzten Phase seiner Fahrt immer mehr zur fixen Idee – vielleicht, wie schon früher in kritischen Augenblicken, aus der Hoffnung heraus, daß Clare seine Notlage spüren und ihm Mut machen – oder die Rechtfertigung liefern würde –, sich daraus zu befreien.

Unterdessen hatte sich Crowhurst aber auch mit dem entscheidenden Pressetelegramm an Hallworth befaßt: der eindeutigen Aussage, daß er das Hoorn umrundet habe und Tetley hart auf den Fersen sei, Richtung Norden durch den Atlantik. Nach mehrmaliger Überarbeitung und Unformulierung war der Text eine weitere Meisterleistung an Unaufrichtigkeit geworden: voller zusammenhangloser Einzelheiten und Halbwahrheiten, unter denen die einzigen unmittelbar nachprüfbaren Fakten sorgfältig zubereitete Destillate aus den Wettervorhersagen waren, die Crowhurst so eifrig und geduldig in seinem Funkbuch notiert hatte. Hinzu kam der übliche Chichester-Niederschlag – auch Sir Francis hatte das Hoorn bei halbwegs anständigem Wetter passiert, war aber kurz darauf in einen schweren Sturm geraten:

> 210 TAGE NACH VERLASSEN LIZARD ERSTE LANDSICHT FALKLANDS EINE STUNDE BEIGEDREHT WG SONNENUNTERGANG KAP CARYSFORT NEBELIGER HERBSTABEND HOLZRAUCH IM WIND DANN HALS ÜBER KOPF WG SICHERHEIT IN SÜDATLANTIK STOP ANSTÄNDIGES WETTER AM HOORN ABER SÜDOST DANACH STURM UND GRAUPELSCHAUER DIENSTAG ZEITPLAN ETWAS KNAPP

Nachdem er den Text hatte, ließ Crowhurst das Telegramm noch eine ganze Woche liegen, in der er weiterhin versuchte, ein Telefongespräch mit Clare zu bekommen. Am 30. April dann brach er endlich seine dreiwöchige Funkstille gegenüber Angehörigen und Anhängern und erklärte, er sei wieder im Rennen. An diesem Tag schickte er zuerst das Falkland-Telegramm ab (Hallworth war hingerissen. *Holzrauch im Wind*, erklärte er, das sei der Titel für Donalds Buch). Dann sandte er ein Telegramm an die Nachrichtenredaktion der BBC in London: getarnt als Gratulation an Knox-Johnston zu dessen glücklicher Rückkehr; aber in erster Linie wollte er durchblikken lassen, daß der Goldene Globus zwar vergeben sei, man aber durchaus noch mit ihm als potentiellem »Zeitsieger« rechnen müsse:

> NACHRICHTENREDAKTION BBC – SELIG WIE SEEMANN MIT ZWEI FIDS* ÜBER KNOX-JOHNSTONS ERFOLG ABER ACHTUNG BITTE RENNEN NOCH NICHT GEWONNEN VORSCHLAG GENAUIGKEIT VERLANGT UNTERSCHEIDUNG ZWISCHEN GOLDENEM GLOBUS UND RENNEN – ANSONSTEN FÜRCHTERLICHER SÜDATLANTIK CROWHURST

Mit diesen beiden Funksprüchen war Crowhurst wieder im Rennen. Er hatte die Position erreicht, die er sich für die Vereinigung seiner wahren und seiner falschen Route ausgesucht hatte, und seine Versuche, mit Clare zu telefonieren, vorübergehend eingestellt. Und es gab noch einen zweiten merkwürdigen Bruch: vier Tage lang blieb er nahezu an Ort und Stelle, mehr noch – er ließ sich langsam wieder nach Süden treiben. Es sah aus, als versuchte er, seinen unehrlich gewonnenen Vorteil gegenüber Tetley mit Absicht zu verlieren. War es Schuldgefühl, das ihn dazu bewog? Oder nahm er Hallworthens Ansichten über den Sensationswert eines »Fotofinish« etwa wörtlich – einen so knappen Endspurt, daß der Sieger nur durch Zielphotographie ermittelt werden konnte? Vielleicht hatte er sich nur verrechnet, in der Navigation geirrt? Oder konnte es sein, daß er, bewußt oder unbewußt, Tetley unterliegen *wollte*?

Diese letzte Hypothese ist insofern verlockend, als sie eine mögliche Erklärung für Crowhursts ziellose Fahrt durch den Atlantik bietet. Zu unterliegen hätte bedeutet, die fünftausend Pfund zu verlieren – mit der außerordentlich wichtigen Konse-

* *Tickled as tar with two fids*, schrieb er, was ein derber Seemannsscherz ist: *tar* ist eine »Teerjacke«, und ein Fid – oder Marlspieker – ein langer, dicker Dorn aus Metall oder Hartholz, der zum Spleißen von Tauwerk benutzt wird. Je mehr Crowhurst betrog, desto frivoler wurden seine Telegramme.

quenz jedoch, daß *niemand seine Logbücher hätte prüfen müssen.* Gleichzeitig hätte ein Kopf-an-Kopf-Rennen Crowhurst in der Tat aufregende Schlagzeilen eingebracht – er wäre, als »zweiter Sieger«, trotzdem ein Held geworden: mit all dem Nutzen für Geschäft und Ansehen, den das Heldsein mit sich bringt. Wir wissen, daß Crowhurst sehr dazu neigte, sich möglichst immer alle Alternativen offenzuhalten: wenn es ihm also unangenehm war, ein Logbuch zu fälschen, dann sah er in Tetleys Sieg vielleicht einen Ausweg aus seiner mißlichen Lage. Sein planloses Verhalten läßt vermuten, daß er nie zu einem endgültigen Entschluß kam. Er tat, was nötig war, um weiterhin im Rennen zu bleiben, manchmal mit wilder Entschlossenheit, manchmal nur halbherzig, als schwankte er ständig zwischen zwei Entscheidungen. Eine weitere charakteristische Eigenschaft Crowhursts war, Möglichkeiten zwar zu erkennen, aber nicht wahrzunehmen.

Erst am 4. Mai fand Crowhurst, es sei endlich an der Zeit, definitiv Kurs nach Norden zu nehmen. Von jetzt an segelte er wirklich gegen Tetley, und es half nichts, er mußte die Sache entschlossen angehen – gleichgültig, ob er gewinnen wollte oder ob er es im Gegenteil darauf abgesehen hatte, zu verlieren. Und ironischerweise, wie zur Feier seiner Rückkehr zur Anständigkeit, machte Crowhurst an diesem ersten Tag phantastisch gute Fahrt.

Während dieses Buch entstand, wurde die gesamte Crowhurstsche Navigation nachgerechnet, und soweit wir wissen, kam sein tatsächliches Etmal zwischen dem Mittagsbesteck des 4. und dem des 5. Mai dem »Rekord« von 243 Meilen, den er vor Zeiten zu Unrecht behauptet hatte, sehr nahe. Den Wetterberichten aus Buenos Aires zufolge hatte er ausgezeichnete Bedingungen mit einem guten achterlichen Wind, der stetig blies – aber selbst unter diesen Umständen war seine Leistung erstaunlich. Die Geschwindigkeit, die er zustande brachte, zeigte, daß sowohl die *Teignmouth Electron* als auch ihr Steuermann eigentlich ganz in Ordnung waren, wenn die Dinge so liefen, wie sie sollten. Eine Ironie ist es freilich, daß

Crowhurst diese Meisterleistung (was sie ja war) im Logbuch keines Kommentars würdigte.* Wie auch immer, worauf es jetzt ankam, das war kein Tagesrekord, sondern die Frage, ob er dieses Tempo während der letzten zwei Monate beibehalten konnte.

Er konnte es nicht. Nach einer Woche hatte er Gegenwind, und das alte Problem des Trimarans machte sich wieder bemerkbar. Crowhurst war nicht in der Lage, auf nördlichem Kurs zu bleiben; deshalb segelte er drei Tage auf Ostkurs in der Hoffnung, bald eine günstigere Position zu erreichen, von der aus er die Südostpassage ausnützen konnte.

In dieser Zeit geschah es, daß Crowhurst mit seinen Fans zu Hause aneinandergeriet. Hallworth war durch Crowhursts Wiedererscheinen in solche Aufregung geraten, daß er überzeugt war, sein Mann würde Tetley nicht nur in der Gesamtzeit schlagen, sondern ihn auch noch leibhaftig überholen, je näher sie England kamen. Denn eines war ihm sehr klar: Im simplen Schwarzweiß der Sensationsmeldungen in der Presse macht sich ein »Zeitsieg« zwar ganz gut, aber er verlangt zuviel Verständnis vom Publikum – es geht doch nichts über das ungetrübte, aufrechte Bild des Siegers, der auf der letzten Etappe zum Sturm ansetzt und den Pulk hinter sich läßt. Deshalb begann er seinen Mann zu noch größeren Leistungen anzuspornen, und so stark war sein Glaube, daß er überzeugt war, nur eines könnte ihn noch zurückhalten: der Schaden, den der fatale, fünf Tonnen schwere Brecher der *Teignmouth Electron* im Indischen Ozean zugefügt hatte, woraufhin sich die »Streben« gelockert hätten. Entsprechend telegraphierte er an Crowhurst:

* Eine weitere unerklärliche Ironie an Crowhursts Fahrt ist die merkwürdige Wiederkehr der Zahl 243. Am Anfang der Fahrt rechnete er aus, daß sein Vorrat an Methylalkohol 243 Tage reichen würde – und seine Fahrt dauerte tatsächlich 243 Tage. Sein angeblicher Rekord war 243 Meilen, und seine echte Rekordfahrt kam dieser Zahl jedenfalls recht nahe.

> ... ELLIOT FAND STREBEN SOLLEN SICH LÖSEN BOOT ALSO SICHER TETLEY JETZT NAHE ÄQUATOR BITTE GRÖSSTE ANSTRENGUNG ZUM ÜBERHOLEN

Crowhurst antwortete hochmütig – korrigierte Hallworthens Gebrauch seemännischer Fachbegriffe, beschimpfte John Elliot und erging sich in etlichen fragwürdigen Selbstrechtfertigungen hinsichtlich des Schiffsdesigns:

> OFFENBAR MISSVERSTÄNDNISSE BEZÜGLICH SICHERHEIT BEI DWARSBALKENBEFESTIGUNGSBRUCH WENN STREBEN DWARSBALKEN BEDEUTEN JEDOCH DANK MEINER SPEZIFIKATION UND SORGFÄLTIGEM BAU HIER KEINE PROBLEME SCHADEN DORT WO STANDARDDESIGN DERZEIT SECHS GEBROCHENE SPANTEN SECHZIG CM RISS IN STEUERBORDSCHWIMMEROBERSEITE TRÖDLE NICHT SCHEISS AUF ELLIOTS UND ANDERE LEHNSTUHLANSICHTEN ÜBER SICHERHEIT 31 SÜD 34 WEST VIER TAGE VERLOREN UNGEWÖHNLICHER NORDOSTSTURM SOLLTE SCHNELLSTER SEIN TETLEY ÜBERHOLEN NUR MIT GLÜCK ...

Es brauchte zwei Telegramme, um die Wogen wieder zu glätten. Hallworth kabelte zerknirscht: »VERSUCHE NUR ZU HELFEN ...«, und Crowhurst gab schließlich großmütig nach: »VERSTEHE BEWEGGRÜNDE BIN NICHT SAUER«. Aber hinter Crowhursts scheinbarem Ärger verbarg sich wohl ein anderer Grund: Er mußte einen erheblichen Rückzieher machen und wollte ihn nicht zugeben. Es war ihm klar, daß er bei der Darstellung der Schäden an seinem Schiff vier Monate zuvor gewaltig übertrieben hatte: Das würde bald jeder mit eigenen Augen sehen können. Die »sich lösende Decksverfugung« aus seinem Telegramm vom 14. Januar wurde jetzt scharf zurechtgerückt zu einem »60-cm-Riß«.

Crowhurst war ständig in Panik wegen der kleinen Widersprüchlichkeiten in seiner Fälschung und versuchte, wann immer er konnte, sie zu erklären und aus dem Weg zu räumen. Ein anderer solcher Fall war zum Beispiel seine erstaunlich gut funktionierenden Direktverbindungen nach England zu einer Zeit, in der er angeblich das Hoorn umsegelte. Drei Wochen später schickte Crowhurst ein Telegramm nach Portishead, in dem er erklärte: »Unsere Direktverbindung war ein Mordsglück« – eigentlich sei er nur über Kapstadt zu erreichen. Dann gab es das Problem mit dem Wetter auf den Falklandinseln. Der Wetterbericht für die Zeit, in der er angeblich dort gewesen sein sollte, sprach von heftigen Stürmen und Graupeln, was zu dem freundlichen Sonnenuntergang, den er bei seinem tatsächlichen Aufenthalt vor den Inseln gefilmt hatte, freilich schlecht paßte. Deshalb ließ er in eine seiner Tonbandaufnahmen eine kleine Anekdote einfließen: er habe einen »prachtvollen Sonnenuntergang mit geschlossenem Objektiv« gedreht. Das würde jedenfalls eine Erklärung liefern, wenn der Film sich als zufällig mißlungen herausstellen sollte. In einer anderen Bandaufnahme (vom 16. Mai) lieferte er einen langen, weitschweifigen Bericht über seine Versuche, in der Südsee Telegramme abzuschicken:

> Der Verkehr wird von Portishead an verschiedene Funkstationen auf der ganzen Welt weitergegeben und weltweit gesendet über die Stationen von Kapstadt, Sydney und Wellington, natürlich gibt es noch andere Stationen in Kanada, Vancouver und so weiter... aber für mich waren natürlich am meisten diejenigen von Interesse, die ich vorhin genannt habe...
>
> Ich hätte sehr gern auf meinem ganzen Weg um die Welt gefunkt. In Wirklichkeit habe ich sowohl Sydney als auch – na ja, es wäre zuviel gesagt, wenn ich behaupten würde, ich hätte mit ihnen Verbindung gehabt, aber jedenfalls hat man mich in Sydney und in Wellington gehört, das ist immerhin etwas. Aber ich hätte gern Nachrichten an Sydney und Wellington weitergeleitet. Das ging leider nicht, denn

meine Signale waren sehr schwach, und die Batterie wurde immer leerer, aber, wie ich vorhin schon sagte, den Ärger, die versiegelte Luke wieder aufzubrechen, den wollte ich mir ersparen. Gut, Ärger ist vielleicht das falsche Wort – unter den Umständen, die zu der Zeit herrschten, hätte es tatsächlich gefährlich sein können. Es war wirklich ziemlich stürmisch, und es drang ziemlich viel Wasser ins Cockpit, und ich dachte, das Risiko einer stundenlang faktisch offenen Luke – und was natürlich noch hinzukam, war die Frage, ob der Generator überhaupt funktioniert. Denn als ich einmal, ungefähr fünfzehnhundert Meilen von Kap Hoorn entfernt, eine windstille Phase hatte, öffnete ich tatsächlich die Luke; das Wetter war beständig, und das Barometer stand ziemlich hoch. Ich öffnete also die Luke, aber natürlich brachte ich den Motor nicht in Gang – was kaum überraschend ist, denn er war lange Zeit nicht in Betrieb gewesen, nicht einmal kurz gestartet worden, und das in einer fürchterlichen Umgebung, und vermutlich hatte er auch etliches an Leckwasser abbekommen, und zwar durch einen der Ventilatoren, den ich nicht verschließen kann, aber ich versuche ihn so gut wie möglich abzudecken mit einem alten Segelsack, den ich habe. Das ist ein Sack, à propos, an dem ich ausgesprochen hänge. Ich habe ihn zusammen mit meinem kleinen Boot *Pot of Gold* gekauft...

Diese unaufrichtigen Passagen auf Crowhursts Tonbändern zeigen, daß er wohl ein geschickter Lügner war, aber leicht fiel es ihm nicht. Sogar in der Abschrift wird der scharfe Gegensatz zu den aufrichtigen Passagen spürbar – zusammenhanglos, mühsam, zu sehr erpicht auf Beschwichtigung und andererseits voller Beteuerungen: »tatsächlich«, »wirklich«, »natürlich«... Bei diesen gründlichen Vorbereitungen auf die Betrugsgeschichte müssen Crowhurst Zweifel gekommen sein, ob er *wirklich* imstande sein würde, die Täuschung zu bewältigen. Wenn diese Aufnahme das Beste war, was er fertigbrachte, obwohl er nur aufs Tonband sprach: ohne Zeugen – wie sollte er dann eine Pressekonferenz überstehen und all die zwanglosen

Unterhaltungen nach seiner Rückkehr? Vielleicht kam ihm der Gedanke, daß er vielleicht für den Rest seines Lebens nie anders über seine Taten würde sprechen können als auf diese unbehagliche Weise: angespannt und ständig auf der Hut. Um diese Zeit wohl müssen ihm die ersten ernsthaften Bedenken gekommen sein.

Auch die Telegramme, die jetzt immer häufiger auf der *Teignmouth Electron* eintrafen, gaben ihm einen ersten Vorgeschmack von der bevorstehenden Willkommensfeier in England, der sich nicht verdrängen ließ. Es war nicht nur die private Bewunderung von seiner Frau (»sehr stolz«) und von Pat Beard (»du bist wunderbar«), sondern vor allem die bombastischen öffentlichen Veranstaltungen, zu denen Teignmouth, die BBC und die *Sunday Times* schon jetzt ansetzten. Hallworth telegraphierte:

> TEIGNMOUTH GESPANNT AUF DEINE WUNDERTATEN GANZE STADT PLANT RIESIGES FEST -- RODNEY

Jetzt stand Crowhurst nur noch der eine, letzte Ausweg offen: gegen Tetley zu verlieren. Damit wären zwar nicht alle Probleme gelöst, die ihm seine Fiktion bereitete, aber die Erleichterung wäre doch erheblich. Wie um anzudeuten, daß er sich mit diesem Gedanken trug, wurde er jäh langsamer: in der zweiten Maihälfte sank sein Etmalsdurchschnitt auf weniger als siebzig Meilen. Die *Sunday Times* hatte wegen des bestürzenden Geschwindigkeitsverlustes den voraussichtlichen Ankunftstermin bereits um eine Woche verschoben.

Auch die Tonbandaufnahmen, die aus der zweiten Maihälfte stammen, geben einen Hinweis auf Crowhursts halbherzigen Ausbruchsversuch. Er hatte ein Wort geprägt, das sein Lieblingausdruck wurde, um die »ernsthafte Segelei« zu bezeichnen: dazu gehört, auf den richtigen Segeltrimm zu achten, stets den besten Kurs zu steuern, das Schiff nach Seemannsbrauch in Ordnung zu halten und so weiter, – *»sailorising«* nannte er das abwertend. Er sprach davon, als wären es lästige und eigentlich nebensächliche Aufgaben, die nicht – wie die Reparatur eines Funkgeräts oder die Übertragung einer Nachricht – den ganzen Einsatz des Skippers fordern. Anfang Mai hatte er offensichtlich für kurze Zeit wieder Geschmack am Segeln gefunden, aber in der zweiten Hälfte des Monats nahmen ihn, wie seine Aufzeichnungen zeigen, erneut die peripheren Dinge vollkommen in Anspruch.

Am 16. Mai schickte Crowhurst ein Telegramm an seine Fans zu Hause, mit dem er sie offensichtlich auf seine eventuelle Niederlage vorbereiten wollte:

> DEVONNEWS EXETER... 27 SÜD 30 WEST GUTE FAHRT FÜR DIESE BREITEN KEINE CHANCE TETLEY ZU ÜBERHOLEN JETZT VERMUTLICH SEHR KNAPPES ERGEBNIS

Nur viereinhalb Tage später traf ihn die letzte, größte Ironie seiner ohnehin schon erreignisreichen Fahrt.

Kapitänleutnant Nigel Tetley von der Royal Navy, fünfundvierzig, hatte sich seit jeher der »ernsthaften Segelei« verschrieben, schon bevor er, noch als Junge, zur Schulung nach Dartmouth kam. Er hatte eine harte Zeit hinter sich, eine enorme Anstrengung, er sah physisch um einiges älter aus als beim Start, und mit seinem »Victress«-Trimaran hatte er sogar noch größere Schwierigkeiten gehabt als Crowhurst mit dem seinen. Doch mit dem rechten stoischen Seemannsgeist hatte er die Zähne zusammengebissen und war weiter vorangestürmt und konnte sich auch bereits einiger Pioniertaten rühmen: er hatte als erster Kap Hoorn in einem Mehrrumpfboot umrundet, und als sein Rückweg nördlich des Äquators die Route kreuzte, die er auf dem Hinweg genommen hatte, war er – laut einer Definition – auch der erste Mehrrumpf-Weltumsegler. Das unvermutete Wiederauftauchen des sprunghaften Crowhurst am Kap Hoorn hatte ihn zwar überrascht, aber ansonsten nur dazu ermutigt, die Zähne noch fester zusammenzubeißen und sein Schiff noch gnadenloser durch den Ozean zu knüppeln.

Wie Crowhurst hatte auch Tetley Schwierigkeiten mit lecken Schwimmern – bei ihm waren sie allerdings weitaus gravierender. Er hatte sogar Löcher in die vorderen Kammern bohren müssen, um das Wasser *abfließen* zu lassen. Und nachdem er den Trimaran vor Nordbrasilien durch tosende Sturmseen getrieben hatte, um Crowhurst wenigstens ein paar Stunden abzugewinnen, begann sein Schiff zu zerfallen. Das Deck war an mehreren Stellen gesprungen, im Hauptrumpf und den Schwimmern waren die Spanten reihenweise gebrochen. Crowhurst hatte sich wegen kleiner Risse in der Glasfiberhaut seines Bootes Sorgen gemacht – bei Tetleys »Victress« hatte sich vom Backbordschwimmer die gesamte Haut gelöst. Aber er segelte weiter, und wahrscheinlich hätte er England auch erreicht, wäre er nicht so grimmig entschlossen gewesen, seinen betrügerischen Rivalen zu schlagen. Und schließlich, nach 27300 Seemeilen, nur zwölfhundert Meilen vor dem Ziel, während er sein Boot durch einen Sturm nahe den Azoren prügelte, brach am 21. Mai, kurz nach Mitternacht, der Backbordschwimmer ab, bohrte sich in den Mittelrumpf, und das ganze Schiff lief voll Wasser. Von seinem Rettungsfloß aus sah Tetley zu, wie die »Victress« langsam im Nordatlantik versank.

17
Der unausweichliche Triumph

In dem ganzen verfilzten Netz aus Lug und Betrug war dieser Knoten der unauflöslichste, und darin saß Crowhurst jetzt gefangen. Die Ironie seiner Lage war so offenkundig, so niederschmetternd, daß man geneigt ist, den Göttern eine Schwäche fürs billige Melodram zu unterstellen. Crowhurst wird sich der Logik, der die Ereignisse folgten, durchaus bewußt gewesen sein: Hätte er nicht eine Weltumseglung vorgetäuscht, dann hätte Tetley sein Boot nicht überfordert, sondern wäre gesund und munter nach Hause zurückgekehrt, um den 5000-Pfund-Preis in Empfang zu nehmen. Und wenn Tetley nicht gesunken wäre, hätte Crowhurst genauso gesund und munter nach England segeln können, um den Applaus entgegenzunehmen, der einem tapferen – freilich nicht näher überprüften – Helden gebührt. Jetzt aber würde für den Rest seiner Fahrt der Blick der Öffentlichkeit sich mit ungeteilter Aufmerksamkeit auf ihn allein richten – und danach auf seine Logbücher. Und ob er es wollte oder nicht, es blieb ihm nichts anderes übrig, als zu siegen. Denn noch langsamer zu werden als Knox-Johnston hätte bedeutet, zwei weitere Monate zu verlieren, und damit hätte er die Grenzen der Glaubwürdigkeit endgültig überschritten. So hatten Crowhursts Lügen nicht nur Tetleys »Victress« zum Sinken gebracht, sondern auch ihm selbst den letzten möglichen Ausweg verschlossen.

Jedenfalls seinen letzten vernünftigen Ausweg. Genau einen Monat, nachdem Crowhurst von Tetleys Katastrophe gehört hatte, fand er eine andere Lösung, freilich von sehr verschiedener Art. Er gab die »ernsthafte Segelei« vollkommen auf und zog sich statt dessen in eine private Welt zurück, in der ihm nichts anderes mehr wichtig war, als die philosophische Erkenntnis darzulegen, die sich ihm nach und nach offenbart hatte.

Die Geschichte des dazwischenliegenden Monats kann weitgehend in Crowhursts eigenen Worten erzählt werden: aus den Tonbandaufnahmen und den Funksprüchen, denen er immer mehr Zeit widmete. Das Erstaunlichste daran ist die scheinbare Normalität. Erst auf dem allerletzten Tonband, das er aufnahm – einen Tag, bevor er mit der Niederschrift seiner großen Offenbarung begann, – drang nicht eine Andeutung der in der Tiefe brodelnden Gedanken durch die Fassade, die er der Öffentlichkeit zeigte. Die letzte Krise kam, als sie eintrat, erschreckend plötzlich.

Crowhurst erfuhr von Tetleys Unglück am 23. Mai durch ein Telegramm von Clare. Sie sagte ihm, die Rettungsaktion sei erfolgreich gewesen, und drängte ihn, sein Beileid auszudrükken, was er pflichtgemäß tat: in dem üblichen munter-forschen Ton, den man an ihm schon kannte:

> EVELYN TETLEY – SEEMANNSGRAB ENTKOMMEN GLÜCKWUNSCH ERFREUT ÜBER MEISTERS RETTUNG – CROWHURST

Wie ihm in Wahrheit zumute gewesen sein muß, läßt ein ungewöhnlich pessimistisches Pressetelegramm erahnen, das er parallel dazu an Rodney Hallworth schickte:

> SEIT SECHS TAGEN IM SCHNITT 23 MEILEN BRENNSTOFF KNAPP MEHL REIS VERSCHIMMELT WASSER VERDORBEN KÄSE INTERESSANT

In den darauf folgenden zwei Wochen segelte Crowhurst an der Nordostküste Brasiliens entlang zurück in die Tropen. Es wurde immer heißer, und er verbrachte den größten Teil des Tages nackt bis auf die Armbanduhr: dünn war er, aber er sah gesund aus, sonnengebräunt und ein wenig ungepflegt. Er ließ das Boot so weit wie möglich allein segeln, über lange Strecken machte er sich nicht einmal die Mühe, das Großsegel zu setzen.

Aber es war nicht bloß gemütliches Tourensegeln. Nach wie vor kämpfte er mit all den alten Problemen des schlecht gerüsteten Bootes. Selbst mit verminderten Segeln, die Geschwindigkeiten von lediglich drei oder vier Knoten zuließen, so daß die Decks halbwegs trocken blieben, mußte er die Auslegerschwimmer in regelmäßigen Abständen von Hand ösen. Die Selbststeueranlage war praktisch nicht mehr vorhanden. In einer Tonbandaufnahme gab Crowhurst seine Ansicht zum besten, weshalb die Selbststeuerung zu Bruch gegangen war, und beschrieb, wie er ohne sie zurechtkam:

> ...Das Pendel-Servosystem ist nicht wirklich robust genug – jedenfalls nicht für die Geschwindigkeiten, die ein solches Mehrrumpfboot erreichen kann. Das System ist grundsätzlich instabil... und das führt zu massiven Kursberichtigungen und Schwankungen. Das heißt: wenn man zum Beispiel [vor dem Wind] läuft, weicht man in einer Richtung um 45 Grad vom Kurs ab; dann korrigiert man, woraufhin man sofort um 45 Grad in die andere Richtung herumschwenkt – damit läuft das Schiff vor dem Wind also einen fürchterlichen Zickzackkurs mit Winkeln von 90 Grad... Das bringt – ganz abgesehen von allem anderen – unnötige Belastungen mit sich, denn je länger man die dauernde Kursberichtigung zuläßt, desto größer sind die Kräfte, die auf das Ruder und sonstige Bestandteile wirken...
>
> Die Grundbestandteile des Mechanismus sind einfach auseinandergebrochen, und die diversen Reparaturen und Verstärkungen hier und dort haben den Todeskampf nur verlängert. Aber das ist jetzt vorbei, das Ding ist ganz und gar und vollkommen ruiniert... Deshalb mußte ich mir verschiedene Notbehelfe einfallen lassen, von denen die meisten nur mit Hilfe von Gummibändern funktionieren, was bei veränderlichen Winden nicht gerade eine befriedigende Selbststeuerungsmethode ist, denn man muß jedesmal, wenn die Windstärke sich ändert, das Ganze neu einstellen. Das heißt, man ist ständig am Herumfummeln...

die Einstellung wird jedesmal buchstäblich nur um ein paar Millimeter verändert. Der Trick besteht natürlich darin, daß man versucht, eine gewisse Stabilität nicht mit dem Ruder herzustellen, sondern mit Hilfe der Segel, so daß die Korrekturen, die durch das Ruder erfolgen, relativ geringfügig sind ... es lohnt sich, ein paar Stunden dafür aufzubringen, damit das in Ordnung ist, denn danach hat man wenigstens seine Ruhe.

Für die Lösung des Selbststeuerungsproblems war nicht nur Crowhursts theoretischer Einfallsreichtum gefordert, sondern auch sein praktisches Geschick. Er stellte verschiedene mathematische Berechnungen darüber an, wie sich die »Schwankungen« vermindern ließen. An anderer Stelle beschrieb er weitere originelle Experimente – zum Beispiel auch, die Segel auf den Wanten zu setzen –, aber wie die Tonbandaufnahmen bezeugen, kehrte er am Ende doch wieder zu der orthodoxen Methode zurück, sich vor allem auf optimale Trimmung seiner gewöhnlichen Segel zu verlassen. Versagende Selbststeuerungsanlagen kommen beim Einhandfahrtensegeln außerordentlich häufig vor; sowohl Chichester als auch Knox-Johnston waren davon betroffen, und sie behalfen sich auf die gleiche Weise.

Crowhursts improvisierte Selbststeuerung bedeutete allerdings, daß er immer nur kurze Zeit schlafen konnte, für gewöhnlich nicht mehr als vier Stunden an einem Stück. Normalerweise blieb er die ganze Nacht auf und arbeitete und legte sich erst bei Tagesanbruch nieder, denn seine Positionslichter funktionierten nicht, und er hatte Angst, von einem Dampfer versenkt zu werden. Eines der Lichter hing bereits monatelang lose am Mast, aber hauptsächlich schaltete Crowhurst sie wohl deshalb nicht ein, weil er Strom sparen wollte. Diese nächtliche Existenz, die langen verkrampften Stunden in der spärlich beleuchteten Kajüte trugen zu seiner zunehmenden Vereinsamung und Selbstbetrachtung sicher einiges bei.

Wie er in seinem letzten Pressetelegramm erwähnt hatte, machte er sich auch Sorgen, weil die Vorräte zur Neige gingen.

Er war nun beim letzten Liter Methylalkohol angelangt und konnte den Kombüsenherd nur noch selten anzünden. Er versuchte es jedesmal mit der absolut unverzichtbaren Mindestmenge, aber wenn er sich nur geringfügig verschätzte, mußte er lange warten, bis der Brenner sich wieder so weit abgekühlt hatte, daß er es von neuem versuchen konnte. »Das sind die Dinge«, sprach Crowhurst aufs Tonband, »die meistens passieren, wenn das Material wichtiger ist als die Zeit. Wenn es eine Stunde dauern würde, um den Brenner anzuzünden, dann dürfte ich deswegen nicht mehr Sprit verwenden, als unvermeidbar ist.« So geriet selbst die Zubereitung einer Tasse Tee zu einer intellektuellen Herausforderung. Und der Tee brachte ein weiteres Problem mit sich:

> Der Tee ist hinüber. Irgendwas ist damit passiert... Vielleicht hat ihn der Schimmel befallen oder ähnliches, jedenfalls wird mir übel, wenn ich ihn trinke. Dabei habe ich noch massenhaft Tee – bestimmt sechs Kilo – aber irgendwie vertrage ich ihn nicht.

Dessenungeachtet trank Crowhurst weiterhin Tee, wie er in späteren Aufnahmen mehrfach erwähnte. Eine seiner Schilderungen ist recht ausführlich:

> Ich erwähnte einmal, daß mir der Tee verdorben ist... Also, ich habe ein Experiment angestellt. Ich hatte nämlich das Gefühl, daß die Teekanne irgendwie verseucht sei, von einem Pilz befallen oder so, jedenfalls sah sie suspekt aus. Deshalb schüttete ich den Tee direkt in die Tasse und groß heißes Wasser darüber: das scheint zu funktionieren... Das ganze Geheimnis dabei ist, nehme ich an, ein psychologischer Effekt: England rückt immer näher, und die Aussicht, ein Engländer zu sein, der keinen Tee mag, war mehr, als ich ertragen konnte. Deshalb mußte ich meinen Körper für den Kampf um die Wiedergewöhnung wappnen!

Dem Schimmel fielen weitere Nahrungsmittel anheim, aber Crowhurst hatte noch genug unversehrte Lebensmittel für eine zwar eintönige, aber halbwegs ausgewogene Ernährung, zumal er seine großen braunen Vitaminpillen mit pedantischer Regelmäßigkeit einnahm. Eines seiner Hauptnahrungsmittel war ein teigiges Brot, das er »Schiffszwieback« nannte.

> ...Er schmeckt gar nicht schlecht, aber langsam hängt er mir ein bißchen zum Hals heraus. Ich esse das Zeug jetzt seit zwei Monaten... trotzdem, es ist was Gutes, und jetzt erzähle ich Ihnen, wie es hergestellt wird. Man verrührt Eipulver mit Hafergrütze und Mehl, bis man einen gleichmäßigen, festen Teig hat, gerade noch zähflüssig. Der kommt jetzt mit [konservierter] Butter und haufenweise Salz in eine Brafpfanne. Das Salz soll verhindern, daß der Teig festklebt, und ist natürlich auch Würze. Das Ganze wird dann auf beiden Seiten gebacken und mit sehr viel Honig gegessen... Ich glaube nicht, daß ein Ernährungswissenschaftler irgend etwas daran auszusetzen hätte... Zucker, Stärke und Eiweiß, lauter gesunde Sachen.

Sein Alkoholvorrat war bis auf eine letzte Flasche Rum und achtzehn Flaschen Starkbier aufgebraucht. Er mußte sich rationieren, gönnte sich nur noch dann einen Drink, wenn er eine unangenehme Pflicht erledigt hatte – was der so widerwillig betriebenen »ernsthaften Segelei« freilich zugute kam. Die Alkoholknappheit machte ihm jedoch weitaus weniger zu schaffen als der rasch schwindende Benzinvorrat. Am 29. Mai schickte er ein Telegramm an John Elliot, in dem er anfragte, ob man das Benzin für den Onan-Generator mit Paraffin strecken könne. – Auch dies war eine Ungereimtheit an seiner angeblichen Fahrt, die niemandem auffiel: was war aus all dem Benzin geworden, wenn doch der Generator so lange außer Gebrauch und versiegelt gewesen war?

Am selben Tag, an dem er das Telegramm über die Treibstoffknappheit abschickte, berichtete Crowhurst von einem neuen Problem nach Hause, das ihm alle seine anderen Schwierigkeiten belanglos erscheinen ließ. Im Marconi-Kestrel-Sender war ein Defekt aufgetreten: der Transformator, der für die nötige Hochspannung sorgte, war teilweise ausgefallen. Es gelang ihm aber, ein Telegramm an die Hersteller des Geräts abzusenden, in dem er fragte, was zu tun sei. Zur Antwort erhielt er den Rat, die Anlage zu schonen – für Telegramme möglichst selten zu benutzen und für Telefongespräche möglichst gar nicht; und selbst dann sei sie nur noch beschränkt betriebsbereit.

Für Crowhurst waren das bestürzende Nachrichten. Zwar konnte er eintreffende Telegramme nach wie vor mit dem Racal-Empfänger entgegennehmen, aber seine Hoffnung auf ein direktes Telefongespräch mit Clare war damit zunichte, auch auf den Trost, den ihm seine regelmäßigen Telegramme nach Hause gewesen waren, mußte er verzichten. Wenige Tage später gab der Sender ganz den Geist auf. Jetzt war er noch mehr von der Welt abgeschnitten, noch einsamer, noch weniger Herr über die Ereignisse, während seine Fahrt ihrem Ende zuging. In diesem entscheidenden Augenblick war die einzige Verbindung zur Welt und zur äußeren Wirklichkeit jäh durchtrennt worden.

Alles, was er jetzt noch unternahm, diente dem einen Ziel, sich wieder Zugang zum Äther zu verschaffen. Die letzten beiden Wochen der Normalität verbrachte Crowhurst an seinem winzigen Tisch, nackt in der tropischen Hitze: dort saß er sechzehn Stunden am Tag und lötete wie besessen elektronische Bauteile zusammen in der Hoffnung, seinen Sender wieder funktionsfähig zu machen.

Das einzige, womit er sich sonst noch beschäftigte, waren Tonbandaufnahmen: stundenlang sprach er auf Band, und es war wie der zwanghafte Versuch, seine persönliche Identität und die Illusion von menschlichem Kontakt aufrechtzuerhalten. Die Aufnahmen klingen noch immer recht gefaßt, obwohl es eindeutig nur der »öffentliche«, der schauspielernde Crowhurst war, der ins Mikrophon sprach. Dank den Tonbändern ist diese letzte Phase die am besten dokumentierte; freilich nur auf einer sehr oberflächlichen Ebene. Sie zeigen Crowhurst als einen beherzten Mann, der ungeachtet aller Schwierigkeiten Tapferkeit zur Schau trägt, einen Mann von wachem Verstand und lebhafter Beobachtungsgabe. Was wirklich in ihm vorging, unter der Oberfläche, darüber können wir nur Vermutungen anstellen.

Wie früher, wenn die Einsamkeit und der seelische Druck am größten gewesen waren, fand er ein wenig Trost in der Gesellschaft der Meerestiere. Am 9. Juni riß er sich vorübergehend von der Elektronik los, weil er versuchen wollte, die hohen Schreie der Delphine aufzunehmen, die sich rund um das Boot tummelten. Crowhurst fragte sich verwirrt, weshalb ihm das nicht gelang – weshalb das menschliche Ohr offensichtlich imstande ist, aus dem Lärm der See und der Takelung bestimmte Geräusche deutlich herauszuhören, während das Mikrophon dazu nicht fähig ist. Er begann ein boshaftes Spiel mit den Delphinen, wohl in der Hoffnung, Aufmerksamkeit und Respekt von ihnen zu erhalten:

> ... Sie amüsieren sich großartig, wie sie da rund ums Schiff toben – sie denken wohl, sie haben alles im Griff. Jetzt muß man folgendes tun: Man geht nach vorne zum Bug und wartet, bis sie zum Sprung ansetzen und nicht mehr anders können, als zu springen, und dann strahlt man sie mit einem starken Licht an. Das ist zwar wahrscheinlich eine Gemeinheit, weil sie für eine Zeitlang sicher in totaler Panik sind ... Sie drehen sich in der Luft, tauchen wieder ins Wasser und schießen in unglaublichem Tempo davon, im Zickzack hierhin und dorthin, und versuchen, dem Lichtstrahl zu entkommen, den man ihnen natürlich folgen läßt ... Sie schaffen leicht hundert Meter in zwei oder drei Sekunden – sie schwimmen dermaßen schnell, es ist wirklich unglaublich ... Aber dann kommen sie nach und nach wieder zurück, um herauszufinden, wie das sonderbare Lebewesen sich diesmal verhalten wird – sie sind also wirklich ziemlich mutig, obwohl sie Angst haben. Sie sind bereit, umzukehren und sich die Sache ein zweites Mal anzuschauen.

Crowhurst war unterdessen über den Äquator, durch die Kalmen und erreichte jetzt die südöstlichen Passatwinde. Das hieß, er konnte die *Teignmouth Electron*, nur unter Fock und Besan, auf stetig raumen Kurs nach Nordwest setzen, so daß sie unbeaufsichtigt Fahrt machte, auf den schwimmenden Beerentang der Sargassosee zu, während er unter Deck blieb und den Sender zu reparieren versuchte. Es beunruhigte ihn nicht weiter, daß er so langsam vorankam, genausowenig wie die Tatsache, daß er von der gewünschten Route nach Westen abgetrieben wurde. Er war derart in seine Elektronik vertieft, daß er mehrere Tage lang jedes Zeitgefühl verlor und auch seine Mittagsbestecke vergaß. Ob er ein paar Tage mehr oder weniger brauchte oder ein paar Meilen einem falschen Kurs folgte, das war jetzt vollkommen gleichgültig.

Die Aufgabe, die er sich mit dem Marconi-Kestrel-Gerät vorgenommen hatte, war entmutigend. Zuerst zerlegte er den Sender, aber er konnte ihn nicht reparieren. Dann kam ihm eine andere, ehrgeizigere Idee. Crowhurst hatte auch ein kleines Shannon-Funktelefon für den Funkverkehr im Nahbereich auf mittlerem Frequenzband an Bord, und er beschloß, das Gerät so umzubauen, daß er es zur Fernübermittlung von Morsenachrichten im Kurzwellenbereich verwenden konnte – mit anderen Worten: es sollte ein Umbau werden, der die Funktionsweise des Senders nahezu vollkommen veränderte. Ganze Teile seiner Schaltungsanordnung entwarf und baute er neu, er verband Transistoren mit Röhren, entwendete Kristalle und Ersatzteile aus dem Kestrel-Gerät – doch obwohl Bauelemente im Überfluß vorhanden waren, hatte er weder Bauanleitungen noch technische Handbücher, noch Meßgeräte an Bord, um wenigstens elementare Entwicklungsarbeit leisten zu können. Bevor er mit der eigentlichen Aufgabe beginnen konnte, mußte er sich also erst Meßgeräte zusammenbauen und sich mit den theoretischen Grundvoraussetzungen befassen. Es wäre eine gewaltige Aufgabe auch unter normalen Umständen gewesen – um wieviel mehr noch in einer winzigen, schlingernden Kajüte auf See, die, wie Crowhurst betonte, zusätzliche Erschwerungen mit sich brachte:

> Wenn es zu sehr heftigen, ruckartigen Bewegungen kommt, kann ich mir selber eine – gelinde gesagt – scheußliche Verletzung zufügen. Ich könnte mich leicht dabei unter Strom setzen, und das möchte ich natürlich tunlichst vermeiden, nachdem niemand in der Nähe ist, der erste Hilfe leisten oder mich von den Teilen und Drähten befreien kann. Allerdings habe ich eine Menge Erfahrung im Umgang mit hoher Spannung und Basteleien dieser Sorte. In meiner Jugend war ich geradezu besessen von starken Sendern, und obwohl mir elektrische Schläge ein Greuel waren, entwickelte ich wohl so eine Art Toleranz. Aber, wie gesagt, wenn man alleine ist, dann ist alles ein bißchen anders...

Nach ein paar Tagen Arbeit war die Kajüte ein Schlachtfeld, und das blieb sie bis zum Ende. Crowhurst selbst lieferte eine anschauliche Beschreibung auf Band, aufgenommen am 17. Juni:

> Hier wird es allmählich etwas chaotisch. Da sind fünf Tupperware-Behälter, zum Teil noch voll, zum Teil ausgeleert, die Überreste vom Frühstück, mehrere Konservendosen, die ich von einem der Schwimmer herübergeholt habe, den ich neulich ösen mußte, zwölf Büchsen Fleisch, vierundzwanzig Büchsen Milch, neun Kilo Käse – das alles liegt auf dem Boden herum. Die Koje ist übersät von elektronischen Bauteilen, dazu kommen noch der Schlafsack und ein paar Kleidungsstücke. Die Eingeweide zweier Sendegeräte sind über alle verfügbaren Arbeitsflächen verstreut, der Transistor-Modulator des Marconi-Kestrel ist ein Haufen von Einzelteilen. Und der Shannon-Sender ergießt sein Innenleben über sämtliche Arbeitsbänke. Kurz und gut, es herrscht ein in jeder Hinsicht vollendetes Chaos.

Es war auch heiß in der Kajüte: die *Teignmouth Electron* hatte fast den Wendekreis des Krebses erreicht, es war kurz vor der

Sommersonnenwende, so daß zu Mittag die Sonne senkrecht stand. Crowhurst hatte vor den Niedergang ein Windsegel aufgezogen, das frische Luft in die Kajüte ließ und die Temperatur von 50 auf 40 Grad senkte. Das machte die Sache ein wenig erträglicher, obwohl er unter einer lästigen kleinen Pein litt...

> Gerade habe ich davon gesprochen, wie wohl ich mich fühle, so vollständig nackt... mit Ausnahme einer Stelle, die ein bißchen wund ist. Nämlich dort, wo ich... Der Lötkolben fiel auf meinen Sitz, als ich mich gerade setzen wollte, und ich habe mir den Hintern gebrandmarkt. Schon bei der geringsten Schweißentwicklung fängt das wieder an zu brennen. So sitze ich also am Eßtisch und arbeite an diesem Sender, und das bringt eine andere Erschwernis mit sich: es können einem nämlich kleine Tropfen von geschmolzenem Lötzinn in den Schoß fallen, was nicht gerade das Angenehmste ist! Wenn einem das ein paarmal passiert ist, achtet man ungeheuer sorgfältig darauf, wo man geschmolzenes Lötzinn hinfallen läßt!

So saß diese sonderbare nackte Gestalt Crowhurst mit einer Brandwunde am Hinterteil, umgeben vom Chaos, und schwitzte: das Bild entsprach kaum der heroischen Vorstellung, die man sich zu Hause von ihm machte, als der Teignmouther Stadtrat zusammentrat und die *Sunday Times* über die Gestaltung der triumphalen Heimkehr beratschlagte.

Bei der Arbeit hatte Crowhurst den Funkempfänger eingeschaltet, hörte dem Kommentator des internationalen Kricket-Vergleichskampfs zu und notierte eintreffende Telegramme (die er freilich nicht beantworten konnte). Am 18. Juni, als Crowhurst gerade wieder einmal auf Band sprach, kam ein Telegramm von der BBC:

GRATULIEREN ZUR GUTEN FAHRT PLANEN LANDESWEITES TV PROGRAMM FÜR RÜCKKUNFTSTAG IHRE FILME DRINGEND NÖTIG KÖNNEN SIE FILM UND BÄNDER VORAB VORBEREITEN JEDER VORSCHLAG BEZÜGLICH RÜCKGABE MINDESTENS VIER TAGE VOR ANKUNFT TEIGNMOUTH WILLKOMMEN KANN BOOT ODER HELIKOPTER BEKOMMEN WIE NAHE AZOREN BRETAGNE ODER SCILLYINSELN ANTWORT DRINGEND ERFORDERLICH --DONALD KERR

Selbst wenn Crowhurst zuvor nicht daran gedacht hatte, welche Art von Empfang ihn erwartete – spätestens jetzt mußte es ihm klar sein: Boote, Hubschrauber, Sondersendungen im Fernsehen... Aber falls er erschrocken war – auf dem Tonband ließ er sich nichts davon anmerken. Er rief nur aus: »Sonst noch was!« und beschloß, noch intensiver an seinem Sendegerät zu arbeiten, um antworten zu können. Die BBC-Telegramme, die in den nächsten drei Tagen eintrafen, wurden immer dringlicher. Nachdem Donald Kerr keine Antwort erhalten hatte, schlug er vor, man solle sich nahe São Miguel auf den Azoren treffen – weiter im Süden, als Crowhurst je fahren wollte.

Crowhurst, das Tonband vor sich, sann laut über das Problem nach. Und fügte zum späteren öffentlichen Gebrauch hinzu, er mache sich Gedanken über die korrekte Auslegung der *Sunday Times*-Regattaregeln, was angesichts der Tatsache, daß er bereits gegen jede einzelne Regel verstoßen hatte, der Gipfel der Heuchelei war:

> Natürlich, Donald, wirst du dich in diesem Moment fragen, ob ich deine Telegramme bekommen habe... Ich habe leider keine Möglichkeit, dir zu sagen, daß ich meinerseits nicht beabsichtige, nach São Miguel zu fahren, wenn ich das irgendwie vermeiden kann... Ich glaube, es ist unumgänglich, daß jedes Treffen von der Sunday Times kontrolliert wird – sie sollten einen Beobachter hin-

schicken; aber das kann ich dir ja nicht sagen. Es ist mehr als wahrscheinlich, daß sie die Aufforderung, dazuzustoßen, nicht annehmen, sondern deinem Wort glauben würden, daß du mir in keiner Weise geholfen hast. Aber lieber wäre es mir schon, sie wären dabei.

Diese Worte nahm er am 21. Juni um Mitternacht auf – nur sechzig Stunden vor seiner philosophischen Offenbarung und dem Ende seiner ernsthaften Teilnahme am Rennen. So kurz vor dem Ende nahm er noch jede Möglichkeit wahr, um seinen Betrug glaubwürdiger zu machen.

Am selben Tag, ein paar Stunden früher, hatte er beschlossen – vielleicht auch dies als Reaktion auf die BBC-Telegramme –, weitere Filmaufnahmen von sich zu drehen. Zuvor mußte er sich freilich ein Kleidungsstück umwerfen – aus Rücksicht, wie er sagte, auf die Empfindlichkeit der Zuschauer:

Ich hab da ein recht lustiges Frotteetuch ausgegraben, das ich zum Sarong umfunktioniert habe. Ich erinnere mich, daß Bill Howell ein überzeugter Verfechter des Sarong auf Segelfahrten in tropischem Klima ist. Ich sehe jetzt einigermaßen schrill aus, wie ein Paradiesvogel. Ich weiß natürlich nicht, wie das auf dem Film herauskommt, aber soweit ich das von hier aus sehen kann, ist es ziemlich spektakulär. Es ist kein sehr breites Stück Stoff. Mein erster Versuch war, es spiralförmig zu wickeln. Aber erstens rutschte die Spirale tiefer und tiefer, womit sie ihr eigentliches Ziel verfehlte, und zweitens war es um die Knie herum ziemlich eng. Jetzt habe ich das Ding zum mini-esten Sarong gewickelt, der je gewickelt wurde. Aber er erfüllt seinen Zweck.

Vor laufender Kamera führte Crowhurst eine Sonnenpeilung sowie ein Mittagessen vor, bestehend aus – wie könnte es anders sein? – Bier und Fliegendem Fisch. (»Wissen Sie, ich hab den Fisch nicht wirklich gegessen«, gestand er.) Besagter Sarong verursachte beinahe ein Desaster, als er aus einem der Schwimmer Bier holte:

> Der Lukendeckel fiel auf meinen Kopf, jetzt habe ich dort eine leichte Beule und eine kleine offene Stelle. Jedenfalls muß ich davon etwas groggy gewesen sein, denn als ich wieder an Deck war, ging ich beinahe über Bord, einmal wohl wegen diesem engen Sarong um die Knie, und zum anderen, weil ich gerade einen Schlag auf die Birne bekommen hatte.

Und er schob eine Erklärung nach, weshalb ihn der Beinahesturz nicht übermäßig aufregte:

> Um gegen solche Eventualitäten auch dann gefeit zu sein, wenn die See so ruhig ist, daß ein [Sicherheits-]Gurt eigentlich nicht gerechtfertigt ist, setze ich achtern eine lange Leine aus, so daß ich wieder zurück aufs Schiff komme, falls ich tatsächlich über Bord fallen sollte und die Yacht mit ungefähr fünf Knoten segelt. Ich glaube, das ist wahrscheinlich von größerem Nutzen als ein Gurt.

Die achtern ausgesetzte Leine hatte Crowhurst schon früher in seinen Logbüchern erwähnt, und jetzt sprach er davon auch auf den Tonbändern: sie schien ihm mittlerweile zur Gewohnheit geworden zu sein.

Im Anschluß daran beschrieb Crowhurst, wie er über den Inhalt seiner Filme Buch führte:

> Ich muß den Film aus der Kamera nehmen, ihn im dazugehörigen Karton verstauen, die entsprechende Pappschachtel mit Klebeband verschließen und den Inhalt zusätzlich ins Logbuch eintragen, so daß ich zweimal notiert habe, was auf dem Film ist: einmal auf dem Klebeband vom Behälter und ein zweites Mal im Logbuch, so daß ich immer ein Duplikat habe, wenn eine Notiz aus irgendeinem Grund verlorengeht.

Diese Äußerung ist ein sehr stichhaltiger Beweis für die Annahme eines vierten Logbuchs: Weder im ersten noch im zweiten Logbuch, noch im Funktagebuch findet sich irgendein Hinweis auf Crowhursts Filme. Über seine Bandaufnahmen hatte er – auf einer der letzten Seiten im ersten Logbuch – eine säuberliche Liste angelegt, aber über die Filme ist nichts dergleichen vorhanden. Falls er tatsächlich das erwähnte Filmverzeichnis in einem vierten Logbuch anlegte, so wäre das nicht weiter überraschend, denn wir wissen, daß er die meisten Filme während des geheimen Teils seiner Fahrt drehte.

In den frühen Morgenstunden des 22. Juni brachte Crowhurst seinen umgebauten Sender tatsächlich zum Laufen; er funkte Portishead an und schickte Morsenachrichten an die BBC, an Rodney Hallworth und an seine Frau. Danach war er einigermaßen euphorisch und blieb die ganze Nacht auf; glücklich und stolz auf sich selbst, vertraute er dem Tonband heroische Betrachtungen an:

> Das ist es, glaube ich, was das Segeln auf kleinen Booten so erstrebenswert macht. Deshalb tut man es. Es macht Probleme, und meistens sind es nicht zu schwierige Probleme. Manche davon übersteigen die eigenen Fähigkeiten – es ist Zufall, daß ich in der Lage bin, Funkgeräte zu reparieren, das kann nicht jeder –, aber es ist eine ziemlich typische Art von Problemen. Das, glaube ich, macht ziemlich deutlich, weshalb die Leute segeln gehen – sie wissen, daß komische Dinge passieren werden und daß sie daran prüfen können, wie erfinderisch sie selber sind. Und natürlich gibt es einem ein Gefühl von Befriedigung, wenn man imstande ist, Schwierigkeiten zu bewältigen und damit zurechtzukommen. Ich muß sagen, ich bin im Moment ziemlich zufrieden mit mir ...

Geradezu überschwenglich wurde er, als er auf die körperliche Lust des Segelns zu sprechen kam – höchst ungewöhnlich für Crowhurst – und auf die milde Sommernacht: noch immer herrschten 35 Grad an Deck:

> Ja, eine schöne Nacht, phosphoreszierender Schaum strömt fort von den drei Rümpfen des Schiffs, und achtern zieht die Leine eine leuchtende Spur, wie der Schwanz eines Kometen... Ich glaube, die Kanarischen Inseln oder die Azoren sind ein idealer Platz zum Leben, aber für mich tut es einstweilen auch das gute alte England...

Das Rettungstau war – wohlgemerkt – noch immer am Heck des Bootes befestigt. Er versprach außerdem, sich mehr anzustrengen, um das gute alte England möglichst bald zu erreichen:

> Jetzt, wo ich mit der Herumpfuscherei am Funkgerät endlich fertig bin, kann ich mich wieder ernsthafter dem Segeln widmen, wir werden ein bißchen anziehen und Tempo vorlegen, werden das Großsegel aufsetzen und damit vorwärtspreschen.

Aber Crowhurst hielt sich nicht an seine Vorsätze. Als er irgendwann am Vormittag des 22. Juni erwachte, war seine Euphorie verflogen. Die Tatsache, daß er in der Lage war, ein paar Morsenachrichten abzuschicken, hatte seine Probleme noch lange nicht gelöst. Den größten Teil des Tages verbrachte er am Funkgerät, arrangierte das Rendezvous mit der BBC (was ihn erneut daran erinnerte, welche Tortur ihm bevorstand) und schickte bange Telegramme über Beteiligungsverträge an Rodney Hallworth (seine Geldsorgen machten ihm nach wie vor schwer zu schaffen). Und noch immer konnte er sich nur über Morsesprüche verständigen – sein übermächtiger Wunsch, mit Clare zu telefonieren, blieb unerfüllt.

Deshalb zerlegte er den kleinen Shannon-Sender abermals und begann mit einem neuen Projekt – der Umrüstung auf die hochfrequente Übertragung von Funkgesprächen. Wie gewöhnlich arbeitete er bis weit nach Mitternacht, und in den frühen Morgenstunden des 23. Juni versuchte er, mit der englischen Sprechfunkstation Baldock Verbindung aufzunehmen. Der Versuch schlug fehl. Seiner Stimme merkt man die Wut an, als er dem Tonband gestand, wie erbärmlich seine Tagesleistung war:

> Ich mache keine gute Fahrt – selbst wenn ich mich entschließen könnte, ernsthaft zu segeln, was ich heute überhaupt nicht getan habe. Ich habe mich von diesem niederträchtigen Funkgerät in Anspruch nehmen lassen. Es nimmt mich gefangen… ich war nicht imstande, mich frei zu machen… das ist nicht gut.

Wieder war es die Funktechnik – das eine Gebiet, das er wirklich beherrschte –, zu der er Zuflucht nahm, wenn alles andere unerträglich war.

Crowhurst schickte ein Telegramm an Clare, um ihr zu sagen, daß er versucht habe, sie anzurufen, was sich aber als unmöglich herausgestellt habe. In der Verzweiflung fragte er sogar bei der *Sunday Times* an, ob man nicht die Regeln ein wenig lockern könne und den Leuten von der BBC erlauben, Ersatzteile für das Marconi-Kestrel-Gerät zu dem Treffen mitzubringen. Es würde das Ergebnis nicht materiell beeinflussen, führte er zu seinen Gunsten an, aber die Sache einfacher machen. Die *Sunday Times* lehnte das Ansinnen ab. Die Regeln waren unantastbar.

Crowhurst wurde jetzt sogar noch langsamer: die nordöstlichen Passatwinde lagen achteraus, vor ihm die Flauten und veränderlichen Winde der Roßbreiten. Stränge von Seetang verrieten ihm, daß er der Sargassosee näherkam. Das Gefühl von Verlorenheit und Einsamkeit verstärkte sich, als ein spanisches Passagierlinienschiff eigens von seinem Kurs abwich, um ihn zu besichtigen:

> Ich konnte ein paar Leute erkennen, die hoch oben, nahe der Brücke standen. Passagiere wohl, die gekommen waren, um dieses sonderbare Vieh zu betrachten, das da durch den Ozean schipperte… Es gab tatsächlich eine Durchsage auf dem Schiff, spanisch – dem Sinn nach muß es in etwa geheißen haben: »Meine Damen und Herren, an

Steuerbord sehen Sie einen verrückten Engländer in einer Yacht. Sie können ihn unentgeltlich betrachten, wenn Sie sich an die Reling begeben.«

In den Sargassoalgen fand er einen neuen Begleiter – diesmal war es kein lustiger Delphin, sondern ein merkwürdiges Miniatur-Seeungeheuer. In seiner letzten Tonbandaufnahme vom 23. Juni, dem letzten Tag, an dem er bei klarem Verstand war, beschrieb Crowhurst die kurze Zeit, die sie miteinander verbrachten. Er sprach mit einer unnatürlich gepreßten Stimme, die allmählich seinen wahren Gemütszustand verriet:

> Ich fischte eines von den kleinen Ungeheuern heraus... sie hatten vier rudimentäre Gliedmaßen, aber am Ende jeder dieser Extremitäten saßen ungefähr acht weitere, so daß sie insgesamt so um die zweiunddreißig hatten, die um den Rücken gefaltet waren und offensichtlich dazu dienten, sich irgendwo festzuklammern. Das Tier sah aus wie eine kleine Eidechse mit einer wunderbar feinen und schönen Zeichnung in Silber und Blau. Die Unterseite war blaßrosa, der Bauch ein kleines, winziges, hartes, sehr rosarotes Knötchen. Ich habe es in einen Plastikbehälter gesetzt. Ich dachte, ich werde es – gewissermaßen – als Haustier behalten. Leider ließ ich den Behälter draußen in der Sonne stehen, so daß er heißer und heißer wurde... Dem Kleinen ging es sichtlich schlecht. Mir wurde klar, was ich getan hatte, ich hatte ihn praktisch umgebracht. Ich wechselte zwar sofort das Wasser aus, und er lebte wieder ein bißchen auf, aber am nächsten Tag war er tot. Und das Komische daran ist: er verschwand vollständig, mit Ausnahme seines kleinen Bauches. Dieses winzig kleine hellrosarote Stückchen war noch da, aber keine Spur von irgend etwas anderem.
>
> Das kleine Ungeheuer hatte wirklich alles, was zu einem echten Science-fiction-Monster gehört – in ungefähr dreihundertfacher Vergrößerung wäre es ganz schön furchteinflößend gewesen, ganz in der Tradition eines H. G.

Wells... Der Krake – wer hat geschrieben: *Der Krake wacht?* ich erinnere mich jetzt nicht mehr – aber ich wünschte, die Leute würden nicht für solche Geschichten schwärmen, ich meine: über das Meer. Man liegt nachts in seiner Koje... und da ist eine tiefe, unterschwellige Furcht, daß irgend etwas Unbekanntes irgendwo lauert und just auf diesen Augenblick harrt, um hervorzutreten – der Krake! Beispiellos schreckliche Dinge lauern in der Tiefe und warten auf Crowhurst und seinen Trimaran! Sie lachen natürlich. Haha, sagen Sie. Hahahaha. Aber dieses dunkle, unheimliche Gefühl im tiefsten Abgrund Ihrer Seele vertreibt das Lachen nicht.

Am Ende dieses Tonbands richtete Crowhurst seine letzten gesprochenen Worte an die Welt. Es war die Beteuerung, ein wenig schrill, ein wenig exaltiert im Ton, wie wohl er sich fühle und wie hervorragend es ihm gehe:

Ich fühl mich bärenstark... ich fühl mich so, als könnte ich alle die Pläne verwirklichen, die ich als Kind hatte, Kricket für England spielen zum Beispiel. Ich fühl mich, als könnte ich die Welt aus den Angeln heben, stark wie ein Baum. Meine Reflexe verblüffen mich – so unglaublich schnell, ja? Ich kann Sachen auffangen, fast schon bevor sie anfangen zu fallen. Es ist außerordentlich befriedigend – ich bin wirklich ausgezeichnet in Form.

Alle diese schlaffen Typen, diese Herren von der Madison Avenue im grauen Flanellanzug... Ist doch wahr. Unsere Lebensweise heutzutage wird uns noch so vergiften, daß wir nur noch herumsitzen und uns aufregen. Über den jeweils nächsten Konkurrenten auf derselben Ebene der Pyramide. Ein Volk von Ratten! Das alles, und dazu die extrem ungesunde Lebensweise. Ich bin sicher, das ist eine schreckliche Gefahr für uns. Und nichts hilft besser dagegen als die See – aufbrechen, davonsegeln, dann wird man dieses ganze Gift wieder los. Um mit Dr. Seltsam zu sprechen – diesem komischen Oberst oder was er war – das Gift in seinem Körper, das muß man loswerden. Ich weiß nicht, was es ist, aber es muß verschwinden. Und die See ist der Weg, um es loszuwerden, da bin ich sicher. Ich fühle mich ausgezeichnet in Form. Nie habe ich mich so...

Mit diesen zweideutigen Sätzen – krankhaft prophetisch in einer Hinsicht – war das Band am Ende der Spule angelangt. Innerhalb der nächsten vierundzwanzig Stunden hatte Crowhurst aufgehört, sich als ein rational denkendes Wesen zu verhalten. Am Mittag des 23. Juni trug er die letzte Sonnenpeilung ins Logbuch ein, danach gab er sich mit systematischer Navigation nicht mehr ab. Er gab jeden Versuch, das Boot zu steuern, auf und ließ es langsam und schwerfällig durch die Sargassosee treiben. Die Sorgen, Qualen, Eitelkeiten der realen Welt kümmerten ihn nicht länger. Er war einfach ausgestiegen.

Wir können nicht mit Sicherheit sagen, was Crowhursts Wahnsinn schließlich ausbrechen ließ. Gab es eine chemische Ursache? Drogen vielleicht oder Alkohol? Vitaminmangel oder verschimmelter Tee? Wir haben jede Möglichkeit untersucht, aber die Beweise sprechen dagegen.* Wahrscheinlicher ist, daß er dem monatelang aufgestauten psychischen Druck dieser alptraumartigen Situation nicht länger standhielt – die Einsamkeit, die feindliche Umgebung, die Strapaze des Lügens; und die ständigen unüberhörbaren Mahnungen, daß man ihn in zwei Wochen zurückerwartete, damit er sich der gnadenlosen Schaulust des Publikums stellte und dem Ruhm, der einem nationalen Helden gebührte. Es gab kein Entkommen aus dieser Wirklichkeit – nur den Rückzug daraus.

Die letzten Stunden vor dem geistigen Zusammenbruch waren bestimmt von der Enttäuschung über die mißlungene Telefonverbindung mit Clare und von weiteren dringlichen

* Von den »Drogen«, die er an Bord hatte, ist nur Dexedrin imstande, psychotische Symptome auszulösen. In einem Fläschchen, das bei den anderen Medikamenten gefunden wurde, waren noch zweiundzwanzig Tabletten. Es sieht nicht so aus, als hätte er sie im Übermaß eingenommen.

Anfragen seitens der BBC. Aber das waren nur die letzten Strohhalme: an Crowhursts Grundzustand änderten sie nichts. Über allem wird wohl die wachsende Gewißheit gestanden haben, daß sein Betrug nicht gelingen konnte. Im Grunde war alles, was er während der zweiten Hälfte seiner Fahrt unternommen hatte, Ausdruck des heftigen Wunsches, seine Geschichte wahr werden zu lassen. Die Spirale seiner Lügen zeigt deutlich, wie nah ihm die Sache ging. Aber sie waren nicht überzeugend genug, und so machten sie seine Position nur noch unhaltbarer. Falls Crowhurst spürte, daß man ihm den Betrug nicht abnehmen würde, dann hatte er mit großer Wahrscheinlichkeit recht. Sir Francis Chichester war nach Portugal gefahren, um dort den Urlaub zu verbringen, und sein wachsendes Mißtrauen ließ ihn nicht los: dort angelangt, fand er, die Zeit sei reif für eine gründliche Untersuchung. Als Vorsitzender des Richterausschusses schrieb er an Robert Riddell, den Schriftführer des *Sunday-Times*-Rennens, und bat ihn, mit den Nachforschungen zu beginnen. Sein Brief hatte folgenden Wortlaut:

> Lieber Robert,
> zuerst betreffend D. C.: Wir wollen ihm seine Auszeichnung nicht eine Sekunde länger als nötig vorenthalten. Können Sie bitte folgendes tun (falls Sie damit einverstanden sind)?
> Stellen Sie eine Liste seiner beglaubigten Nachrichten und eindeutigen Standortangaben auf, nebst Daten, selbstverständlich. Besonders ins Auge fassen sollten wir – möglichst bald – seine letzte Nachricht, wonach er den Südatlantik verlassen habe und auf dem Weg in den Indischen Ozean sei; seine erste Nachricht, mit Positionsangabe etc., in der er sagt, er nähere sich dem Hoorn und habe Sicht auf die Falklands. Wir müssen wissen, worauf die Funkstille von Kapstadt bis zum Hoorn zurückgeht (von einem Elektroingenieur zumal!) und worauf die zwölftägige Pause zwischen dem Hoorn und den Falklands. Warum hat er nie exakte Positionen angegeben? Offensichtlich nahm

auch seine Geschwindigkeit ungemein zu, sobald er im Indischen Ozean und im Pazifik war; ich glaube, er sagte etwas von 13.000 Meilen in zehn Wochen, was ich für höchst eigentümlich halte angesichts seiner Langsamkeit während der ersten langen Etappe zum Kap der Guten Hoffnung und der am Ende folgenden 8000 Meilen (Hoorn–England). Wenn Sie mir diese Informationen so bald wie möglich zukommen lassen, könnte uns dies später eventuell einige Verlegenheit ersparen...

Mit herzlichen Grüßen,
Francis

18
In den schwarzen Tunnel

Am 24. Juni, am Johannistag, begann Donald Crowhurst mit der Niederschrift jener großen, neuen Wahrheit, die er jetzt erkannt hatte. Es war ein starker Impuls, der ihn drängte, ein langes philosophisches Testament zu verfassen, und in der folgenden Woche füllte er viele Seiten des zweiten Logbuchs, an die 25000 Worte: manche Passagen sind in offensichtlicher Heiterkeit hingekritzelt, andere geschmiert in heftiger Gemütsbewegung, manches steht in federleichter Schrift, anderes in ausladenden, tief ins Papier gegrabenen Großbuchstaben. Jedes Wort war von größter Bedeutung; er hatte eine Botschaft, die der Welt offenbart werden mußte, und er spürte, daß ihm dafür nur sieben Tage blieben. Schon als er anfing, war er kaum zurechnungsfähig, mit jeder Seite, die er schrieb, verlor er mehr die Kontrolle, und als er am Ende angelangt war, hatte er jeglichen Kontakt mit der Wirklichkeit verloren.

Er lag ohne Wind, umgeben vom sonderbaren Tang und den halluzinatorischen Tieren der Sargassosee. Tagsüber brannte die heiße Sommersonne auf ihn herab, nachts hatte er nur die schwache Glühbirne oder seine flackernde Öllampe. Nach acht Monaten unsystematischer, widerwilliger, männlicher Haushaltung roch die Kajüte, als hätte jemand Kohlsaft über altes Bettzeug gegossen, zur Gärung gebracht und im Rohr gebakken.* Im Spülbecken stapelten sich Teller und Töpfe von mehreren Tagen, ringsherum lagen verwesende Essensreste; sein Bett stank; neben dem Ausguß stand sein letzter Vorrat an Methylalkohol in einer Viertelliter-Medizinflasche. Die Schwimmweste und der Sicherheitsgurt, seit Monaten vernachlässigt, waren in der hinteren Kammer verstaut.

Die Logbücher lagen auf dem kleinen Tisch auf der Back-

* Der Geruch war noch fünf Monate danach ätzend.

bordseite der Kajüte, zusammen mit Bauteilen und Werkzeugen, die von seinen Umrüstungsarbeiten am Funkgerät übriggeblieben waren. Links davon balancierte ein Lötkolben auf einer leeren Milchdose, und ringsum lagen Röhren, Transistoren, Kopfhörer, Kupferdrahtrollen verstreut. Wenn er den Sender nicht dazu bringen konnte, daß er ihm mittels Funk aus der Klemme half, dann ließ sich vielleicht mit den Logbüchern etwas anfangen. Aber was? Der letzte Eintrag in Logbuch 1 stammte vom 11. Dezember. Das Funkbuch sah echt aus, aber diese Funksprüche und Wetterberichte aus aller Welt sowie ein oder zwei Telegramme mit eigentümlichem Wortlaut würden sofort Verdacht erregen. Logbuch 2, belastend von Anfang bis Ende, enthielt den Bericht über die Ereignisse der vergangenen fünf Monate: eine Version davon; Logbuch 4 – sofern unsere Theorie stimmt – enthielt eine andere.

Crowhurst setzte sich an den Tisch und sah die Logbücher durch. Sofern er in seiner geistigen Verfassung überhaupt noch etwas damit anfangen konnte, wird er höchstens die Erkenntnis daraus gewonnen haben, daß er nicht nach Teignmouth zurückkehren konnte, niemals. So blätterte er weiter, bis er auf die eine Seite stieß, die ihm einen gewissen Trost zu spenden vermochte, die seinerzeit hastig hingeworfene Kritik an Einsteins *Relativitätstheorie*.

Es war mehr als Trost, es war eine Offenbarung. Einstein bot ihm die perfekte Lösung an, den Ausweg aus seinem Alptraum! Angesichts einer mathematischen Sackgasse traf Einstein »aus seinem eigenen freien Willen die Vereinbarung«, die Sackgasse verschwinden zu lassen. Wenn Einstein derlei zustande brachte, nur indem er *wollte*, daß es so sei, dann konnte Crowhurst das ebenso. Er verfügte über den freien Willen, alles, was er wollte, herbeizuzaubern! Und was er wollte, war, dieser Kajüte und dieser Zwangslage zu entrinnen.

Also schlug er die nächste leere Seite im zweiten Logbuch auf und setzte an den Anfang eine Überschrift, mit der er die Überlegenheit des Geistes über die Materie bezeugte:

und darunter begann er mit einer Erörterung, die darlegte, welche wunderbaren Dinge er jetzt zu tun imstande war. Wie ein Hebel, der mit intelligent eingesetzter Kraft gewaltige Gewichte zu heben vermag, wollte er Wunder wirken:

> Der Mensch ist ein Hebel, der seine äußerste Länge und Stärke selbst für sich bestimmen muß. Seine Veranlagung und seine Begabung entscheiden, wo der Drehpunkt sich befindet.
>
> Der reine Mathematiker setzt den Drehpunkt nahe der anzuwendenden Kraft; seine Übungen sind viel mehr geistiger als physischer Natur und können die »Last« – seine eigenen Ideen – tragen, indem sie vielleicht lediglich den eigenen Geist und verwandte Seelen mit auf den Weg nehmen. Die erschütternde Erkenntnis $E = mc^2$ ist ein herausragendes Beispiel für dieses Vorgehen.
>
> Der Extrovertierte, ein Politiker zum Beispiel, verlagert seinen Drehpunkt näher an die Last, denn seine Funktion ist, das ganze politisch-wirtschaftliche System seines Landes – vielleicht der Welt – in Bewegung zu versetzen. Diese beiden Vorgehensweisen gestalten den Verlauf der Menschheitsgeschichte. Die erste vernichtende Anwendung der Idee $E = mc^2$ ist ein gutes Beispiel dafür – ich meine die Bombardierung von Hiroshima.

Der Text scheint eine durchaus vernünftige, nahezu akademische Erörterung. Aber kaum hatte Crowhurst ihn zu Papier gebracht, begann sein Verstand Sprünge zu machen; die Niederschrift geriet ihm zu wirren Notizen.

> Einstein – ein Jude – das Antlitz Gottes, oder Christus – der Messias? Der König, der den Juden Erlösung bringt? Atomkraft! Mysterium der Prophezeiung!
>
> Die Gangart des Geistes. Die Entwicklungsphasen des Menschen: wie der Verlauf seiner Ausbildung: elementar,

> weiterführend, fortgeschritten. Keine wirkliche Einteilung möglich, solange das fortgeschrittene Stadium nicht erreicht ist: Dem wahrhaft freien Geist wird das gegenwärtige Stadium immer nur elementar erscheinen.

Dieses Schema ist kennzeichnend für alle weiteren Seiten: zunächst eine offene, pseudowissenschaftliche Behauptung, sehr methodisch in ihrer Verrücktheit; dann, unter dem Druck phantastischer Hirngespinste, der jähe Ausbruch in wilde, unzusammenhängende Schlagworte. Die wichtigsten Punkte seiner großen neuen Theorie hatte er bereits skizziert: Manche Gehirne – sein eigenes eingeschlossen – hätten ein derart fortgeschrittenes Stadium erreicht, daß sie den gewöhnlichen physischen Beschränkungen nicht länger unterlägen, sondern Erlösung und Hellsicht erlangen könnten. All die anderen unfreien Gehirne, die noch immer an Wind und Gezeiten und Weltumsegelung dächten, könnten dieses neue Wunder schlicht nicht begreifen.

Dann ließ er sich auf eine weitschweifige Abhandlung über ein mathematisches Problem ein: die Wurzel aus minus eins. Dies, sagte er, sei ein machtvolles Geheimnis. Genau wie $\sqrt{-1}$ gewöhnliche in »imaginäre« Zahlen verwandelt, was den unfreien Gehirnen unvorstellbar ist, so vermochte seine neue Idee gewöhnliches Denken in nie gedachte neue Formen lenken:

> Ich führe diese Idee $\sqrt{-1}$ ein, weil [sie] direkt in den schwarzen Tunnel des Raum-Zeit-Kontinuums führt, und sobald aus diesem Tunnel die Technologie heraustritt, wird die »Welt« »enden« (ich glaube, ungefähr um das Jahr 2000, wie oft vorhergesagt) insofern, als wir Zugang zu den Möglichkeiten einer »außerphysischen« Existenz haben werden, womit die Notwendigkeit einer physischen Existenz aufgehoben ist.
>
> Dabei wird der »Mechanismus des Zweiten Gesichts« und der »Prophetengabe« bloßgelegt werden als ein Prozeß, der einfach mit dem Besitz von Intelligenz zusammen-

hängt, so daß ihn wahrscheinlich alle intelligenten Tiere besitzen. Durch die Anwendung von Intelligenz wird es möglich sein, diesen Mechanismus beliebig als *überflüssiges Nebenprodukt* einzusetzen.

Welcher wichtige Schluß ist zu ziehen, wenn Hellsicht und Prophetengabe nichts als oberflächliche, überflüssige Nebenprodukte sind? In der Sprache der Mathematik, angereichert mit den visionären Reden des Irrsinns, behauptet Crowhurst, er habe die Macht, seinen Geist von seiner »physischen Existenz«, dem Körper also, zu befreien, wann immer er es wünsche. Als körperlose Seele davontreiben, fort von der *Teignmouth Electron*! Was konnte er sich Besseres wünschen?

An dieser Stelle hielt Crowhurst inne. Er schrieb die spaßige Überschrift »Die Gedanken des Vorsitzenden Ja Ac' Tarr« auf die nächste Seite und legte eine Pause ein.

Es war früh am Nachmittag. Während er schrieb, war der Funkempfänger eingeschaltet. Irgend etwas hatte ihn aufhorchen lassen, und das hielt er jetzt fest. Zuerst schrieb er »14.30 MGZ, 24.6.«, dann den Namen der Sendestation, Radio Volna Europa (ein auf Polen gerichteter amerikanischer Propagandasender). Um 2.35 Uhr hörte er »hysterisches Gelächter« – ein seltsamer Kontrapunkt zu den Seufzern, die er zu Weihnachten gehört hatte, als seine Phantasie ihm das letztemal in ähnlicher Weise Chimären vorgegaukelt hatte –, und auch das schrieb er auf. Ein paar Stunden später stellte er fest, daß er die »Stimme Amerikas« hörte. Er notierte den Namen des Moderators, Edward W. Crosby, und das Thema, über das er sprach, die Schwarzen in Amerika. Daneben schrieb er die Worte »private Anmerkung«, was darauf hindeutet, daß seine philosophische Abhandlung zur Veröffentlichung vorgesehen war.

Wir haben uns mit der »Stimme Amerikas« in Verbindung gesetzt, und dort wurde uns bestätigt, daß in der Tat ein Edward W. Crosby am Nachmittag des 24. Juni eine Sendung über schwarze Amerikaner gestaltet hatte. Es ging um Rassenkonflikte und die Haltung der Schwarzen zu ihrer eigenen Rasse. Der Titel der Sendung war ein Wortspiel mit einem Romantitel von Joseph Conrad: *»The Nigger and the Narcissus«**.

Diese Sendung ist wichtig, denn so, wie ihm schon früher so viele aus dem Zusammenhang herausgenommene Ideen oder Einzelaspekte zum produktiven Reiz wurden, setzte auch dieser Anlaß Crowhursts Gehirn in Gang – es begann zu arbeiten und baute alsbald das vergleichsweise irrelevante Thema der Schwarzen Amerikas in seine philosophischen Meditationen ein. Die Sendung ist darüber hinaus ein Anhaltspunkt zur Datierung: offensichtlich begann das irre Schreiben am 24. Juni.

Etliche Stunden später (seine Schrift verändert sich, der Bleistift ist dicker) setzte Crowhurst zu einem erneuten Versuch an, seine Ideen zu Papier zu bringen. Ein kurzer Aufsatz genügte ihm nicht mehr: jetzt verfaßte er ein langes Manuskript, das ein kleines Buch ergeben hätte und wohl auch so geplant war. Er hatte sich wieder ganz unter Kontrolle und schrieb seinen »publikationsfähigen« wissenschaftlichen Stil. Diesen zweiten Anlauf nannte er:

DER KNOTEN

Der Prozeß, den wir Mathematik nennen. Die Blüte der elementaren Intelligenz. Ideen kann man manipulieren. Wenn sie entsprechend einer korrekt formulierten Reihe von Regeln gehandhabt werden, bringen sie neue Ergebnisse hervor, die bestimmte Aspekte des ursprünglichen Konzepts deutlich machen, das, obwohl richtig, sonst nicht so klar geworden wäre.

In der Vorstellung, Mathematik sei die Sprache Gottes, liegt jedoch mehr Poesie als abstrakte Gültigkeit. Sie sollte

* *Der Nigger von der »Narcissus«*, lautet der Titel auf deutsch, denn die *Narcissus* ist ein Schiff; »Der Nigger und der Narziß« war der Titel der Sendung. A. d. Ü.

> dahingehend umformuliert werden, daß »Mathematik vielleicht der einzig sichere gemeinsame Boden ist, den der Mensch HEUTE im Königreich Gottes innehat«...
> Müßte nicht jeder Mensch zugeben, daß wir mit der Mathematik dem, was wir »Wahrheit« nennen, am nächsten kommen, und zwar mit einer »Gewißheit«, DIE FÜR ALLE AKZEPTABEL IST... Das, was in Gottes Königreich mit der größten Gewißheit wahr ist, wird für alle akzeptabel sein, die ein solches Königreich akzeptieren, und ich wüßte nichts, was es in dieser Hinsicht mit der Wissenschaft der Mathematik aufnehmen könnte.
> Es scheint mir, daß Fortschritt die wertvollste Münze der Menschheit sei... Fortschritt wohin? Wieso – zur kosmischen Integration natürlich, was glaubst du denn, wohin du gehst? Woher ich das weiß? Ich sag's dir.

Damit endet die nüchtern formulierte Präambel: als Crowhurst sich anschickte, seine persönliche Offenbarung zu beschreiben, war die Spannung so unerträglich geworden, daß er ihr nachgeben mußte und in wilde Phrasen ausbrach:

> Antichrist? »Liebe deinen Nächsten wie dich selbst« in Zeiten, in denen die physische Existenz an einem seidenen Faden hing. »Liebe die Gedanken deines Nächsten wie deine eigenen« führt uns durch den Tunnel.

Der schwarze Tunnel, das kosmische Bewußtsein, das Königreich Gottes, das Ende der physischen Existenz – die Schlagworte und Symbole wurden immer apokalyptischer und kehrten immer öfter wieder, als Crowhurst begreiflich zu machen suchte, was er unter »Fortschritt zur kosmischen Integration« verstand.

Seine »Fortschrittstheorie«, die ebenfalls Bestandteil seiner Offenbarung ist, füllt die meisten verbleibenden Seiten im zweiten Logbuch – an die 12000 Worte umfaßt die Erklärung. Sie ist zu mathematisch, um ohne Aufbereitung verständlich zu sein, und wegen der häufigen Ausfälle oft sehr unzusammenhängend. In dem Maße, wie seine Quellen sich mehrten, nahm auch der Wahnsinn zu, und die Methode verließ ihn.

Die Theorie selbst jedoch ist vergleichsweise einfach. In einer groben Fassung war sie bereits in seinen wilden »Gedanken des Vorsitzenden Ja Ac' Tarr« aufgetaucht: es ist die Ausarbeitung einer Überzeugung, die er seit Jahren vertreten und bei nächtlichen Diskussionen gern und häufig kundgetan hatte: Der Mensch habe sich so weit entwickelt, daß sein Geist theoretisch imstande sei, den Körper zu verlassen, und ein konsequentes Training der Intelligenz könne dies in der Praxis geschehen lassen.

Am Anfang, so Crowhurst, sei nur leerer Raum gewesen, ohne irgendeine Materie. Dann sei eine jähe Änderung eingetreten, die Materie sei entstanden und habe das stabile »System« gestört, das Milliarden Jahre hindurch glücklich und zufrieden existiert habe. Als nächstes sei das Leben entstanden und nach dem Leben die Intelligenz. Jeder Neuzuwachs habe eine explosive Veränderung im Universum bewirkt, die das einstmals offensichtlich stabile System immer mehr zerrüttete. Das System bekämpfe grundsätzlich jeden Neuankömmling, und manchmal gelinge es ihm, ihn zu vernichten, aber am Ende unterliege es immer. In der letzten Zeit sei die menschliche Intelligenz stetig gewachsen und besser geworden, was sie großen unabhängigen Denkern wie Christus, Galilei und Einstein verdanke, von denen jeder den Mut gehabt habe, das statische System der jeweiligen Gesellschaft mit einer neuen Idee aufzubrechen. Ihr Denken habe den Fortschritt der Menschheit beschleunigt, und mit all dem angehäuften Wissen sei die Kraft des Geistes so mächtig geworden, daß sie nun bereit sei für die nächste große Änderung und Sprengung des Systems: die »Befreiung« der Intelligenz, des Bewußtseins vom materiellen Körper und den Übergang in ein abstraktes Dasein.

Der Augenblick, in dem das Bewußtsein den großen Sprung aus unserem derzeitigen biologischen System tun würde, stehe unmittelbar bevor, schrieb Crowhurst. Und der Mann, der im Begriff stand, die Welt darüber aufzuklären, in der Tradition Christi, Galileis und Einsteins, das sei er, Crowhurst selbst. Sobald er seine Botschaft verkündige, würde jeder sogleich die darin liegende tiefe Wahrheit erkennen, so daß jeder sich der großen Anstrengung stellen müsse, seinen Willen zu befreien, was für den Sprung ins abstrakte Dasein nötig sei.

Und jeder, der diesen Sprung tue, würde werden wie ein Gott. Vielleicht sei »Gott« überhaupt der Name für jene Seelen, die in früheren Zeiten den Sprung geschafft hätten. Angenommen, es wäre jeder intelligent – was auch bedeute: voller Liebe zu seinen Mitmenschen (dies Crowhursts Botschaft an die schwarzen Amerikaner) –, dann wären alle wie Götter. Und damit man wirklich alle Menschen lieben könne, müsse man das Leben als ein großes Spiel betrachten: gespielt nicht mit Haß und Feindschaft, sondern mit grenzenlosem Verständnis.

Dies alles ist in ein Kauderwelsch aus verschiedenen wissenschaftlichen Fachsprachen gekleidet. So bezeichnet Crowhurst zum Beispiel jede neue Phase in Anlehnung an die Infinitesimalrechnung als den Übergang von »Differentialen erster Ordnung« zu »Differentialen zweiter Ordnung«. An anderer Stelle wechselt er seine sprachlichen Bilder, schwenkt von der Mathematik zur Biologie und benutzt die Idee des Schmarotzers, der von einem Wirtorganismus lebt:

> Die Ankunft jedes Parasiten steigert das Tempo des Dramas, indem sie Differentiale erster Ordnung in seiner eigenen Lebenszeit innerhalb des Wirtes auslöst und Differentiale zweiter Ordnung vom Wirt zum Wirt etc. etc.
> Bis jetzt haben wir einen leeren Raum, der einem naturgesetzlichen Universum als Wirt dient, welches wiederum Wirt eines intelligenten Universums ist. Wohin bewegt sich das System? Zu dem Punkt, an dem eine grundlegende Veränderung in der Geschwindigkeit der Ereignisse innerhalb des Wirtsorganismus eintritt.

Im Grunde ist dies nichts anderes als Crowhursts alte Gewohnheit, seine Zuhörer durch Aufbietung größtmöglicher Wissenschaftlichkeit zu blenden, um seine Gedanken origineller erscheinen zu lassen, als sie in Wirklichkeit waren. Aber in seinem verwirrten, kranken Zustand bedeuteten sie ihm zweifellos ungeheuer viel, denn er verteidigte sie zuerst in der klassischen psychotischen Weise (»Ich bin der einzige, der das begreift«), um dann unversehens in einen Schwall vielsagender Ausrufezeichen auszubrechen:

> Daß diese Sätze auf den ersten Blick anscheinend ohne physische Bedeutung sind, ist kaum überraschend, denn wenn wir ihre Bedeutung vollkommen erfassen könnten, wären wir in der Tat in dem Stadium angelangt, welches vorherzusagen Ziel dieser Übung ist.
> Und doch, und doch – *wenn* schöpferische Abstraktion bedeutet, als Vehikel einer neuen Wesenheit zu fungieren und den bis dahin stabilen Zustand aufzugeben, dann liegt es in der Macht schöpferischer Abstraktion, das Phänomen !!!!!!!!!!!!!!!!!! hervorzubringen. Wir können es durch schöpferische Abstraktion erschaffen!

Die heftige Aufregung, in die Crowhurst geriet, verrät, daß er wieder am springenden Punkt angelangt war: er war fähig, seinen Körper zu verlassen und sich zum Gott zu machen, wann immer er wollte. Kein Wunder, daß er die Seite mit Ausrufezeichen übersäte. Er hatte sich, durch gedankliche Arbeit, einen Ausweg aus seiner unlösbaren Zwangslage geschaffen. Wieder einmal konnte er das alte, erfolglose Unterfangen aufgeben und sich statt dessen einer neuen Herausforderung auf höherer Ebene stellen. So, wie er nach dem Abschied aus der Armee Cambridge angestrebt, wie er nach der Kündigung bei Mullards seine eigene Firma Electron Utilisation gegründet, wie er diese eigene Firma für eine heroische Weltumsegelung aufgegeben hatte, so konnte er jetzt das Rennen aufgeben, sein Schiff, konnte heraustreten aus dem ganzen tragischen Chaos seiner gescheiterten, betrügerischen Fahrt und eine neue Existenz beginnen, in der ihm keine schäbigen, kleinkrämerischen Wirklichkeiten von Geld, Winden, lecken Bootsrümpfen oder gefälschten Logbüchern seine letzte, triumphale Vollendung durchkreuzen würden: er konnte Gott werden.

Wie als Antwort darauf strebten zu Hause in England die Vorbereitungen auf seine Rückkehr einem liturgischen Höhepunkt entgegen. In Teignmouth war der »Crowhurst-Empfangsunterausschuß« des Stadtrates vollzählig zusammengetreten und hatte beschlossen, daß der Held, nachdem er zunächst den ganzen Kanal herauf von einem Minensuchboot der Marine eskortiert worden sei und der *Teignmouth Corinthian Yacht Club* den abschließenden Böllerschuß abgefeuert habe, die Seeseite entlang zum Pier geschleppt werden sollte und wieder zurück, um der größtmöglichen Zahl gespannter Zuschauer Gelegenheit zu einem Blick aus der Nähe zu geben: dann erst sollte er in der Flußmündung ankern, während über ihm ehrerbietig die Hubschrauber der BBC und des Privatsenders ITN kreisten. Sobald man ihn an Land gerudert habe, würde ihn die Vorsitzende des Stadtrates, Mrs. Irene Arnot, begrüßen, dortselbst auf dem schlammigen Strand stehend, und ihn im Namen der Bürger willkommen heißen, woraufhin Crowhurst ein paar Worte sprechen sollte. Dann würde man ihn zusammen mit seiner Familie zum Royal Hotel bringen, wo er sich vor der Pressekonferenz im Carlton Theatre (Zutritt nur mit Einladung) eine Weile ausruhen könne. Am Tag nach der Rückkehr würde das »Namenspatronatskomitee« einen zweiten Empfang im London Hotel geben... und so weiter. Ein Spruchband mit der Aufschrift »Teignmouth heißt Crowhurst willkommen« sollte die Seeseite zieren: in pressephotographisch günstigster Lage. Als besonderes Zugeständnis sollten auf den städtischen Tennisplätzen Tankwagen und Feuerwehrautos stationiert werden.

Rodney Hallworth, der während der langen, rätselhaften Funkstille seines Klienten einiges an Spott hatte einstecken müssen, war jetzt der Salonlöwe von Teignmouth. Das *Ship Inn* hatte gewonnen, das *Lifeboat* rang sich eine widerwillige Bewunderung ab, und Hallworth wurde umringt von neuen Anhängern, die ihm versicherten, sie hätten die zynischen Zweifel an Crowhursts Fahrt, die allenthalben laut geworden waren, niemals geteilt. Die Lieferfirmen meldeten sich, um ihn daran zu erinnern, daß ihre Erzeugnisse an Bord seien und ihre Aufgabe gewiß bestens erfüllt hatten, ob er deshalb so gut sein würde, einen Phototermin zu arrangieren? Ein Bildhauer bot eine Sondertrophäe an »mit symbolischem Rumpf, spritzgegossen aus Aluminiumlegierung, und durchscheinendem Segel aus Acrylfolie«. Ein Ansuchen erging an Crowhurst, in dem er gebeten wurde, die Vergabe des Duke-of-Edinburgh-Preises im Namen von Prinz Philip zu übernehmen. Der Postminister hatte sich bereit erklärt, in der Woche seiner Rückkehr eine Crowhurst-Sondermarke herauszugeben, und der Posthistoriker Mr. A. John E. Hole aus Lee-on-Solent teilte mit, er wolle hundert von Crowhurst eigenhändig unterzeichnete Titelseiten der anläßlich des denkwürdigen Ereignisses erscheinenden Devon News erwerben, das Stück zu zwei Shilling Sixpence.

Hallworth beschaffte auch Werbematerial. Er hatte zehntausend Postkarten mit Donalds Konterfei drucken lassen; auf der Rückseite stand: »Grüße aus Teignmouth – Seebad in Devonshire und Ausgangspunkt für Donald Crowhursts siegreiche Weltumseglung«. Von der *Teignmouth Post and Gazette* erwirkte er eine Sonderausgabe (die er zum größten Teil selbst verfaßte): HERZLICHEN GLÜCKWUNSCH UND WILLKOMMEN ZU HAUSE DONALD CROWHURST. Seine Einleitung stimmte einen prophetischen Posaunenton an:

> Bevor er Teignmouth verließ, war Donald Crowhurst kaum mehr als ein Wochenendsegler. Er war unbekannt. Zahlreiche Segelclubmitglieder und lokale Kritiker waren überzeugt, daß sein seltsam aussehendes hölzernes Boot, für dessen Bau auch etliche gebrauchte Teekisten* verwendet wurden, zweifellos sinken oder, im besten Fall, noch vor Land's End** umkehren würde.
> Heute zählt sein Name zu den berühmten. Und hinter dieser knappen Aussage verbirgt sich eine Geschichte, die fast so lang ist wie die zermürbenden neunundzwanzigtau-

* Die Firma L. J. Eastwood bestreitet, irgendwelche Teekisten, weder neu noch gebraucht, für den Bau der *Teignmouth Electron* verwendet zu haben.

** Landzunge im südwestlichen Cornwall, westlichster Punkt Englands.

> send Meilen, die er zurückgelegt hat; eine Geschichte voll von Mut, Selbstdisziplin und unerschütterlichem Glauben an die eigenen Fähigkeiten.

Aber der ergreifendste Text der ganzen Ausgabe war ein Artikel von Clare Crowhurst, überschrieben »Mein Leben als Witwe der See«; darin fühlte sie sich zum erstenmal in der Lage, offen auszusprechen, was sie in den acht einsamen Monaten empfunden hatte:

> Ich denke die ganze Zeit immer wieder darüber nach, was für ein Mensch da jetzt nach Hause kommt. Acht Monate ... jeder Tag eine neue Herausforderung, ein neuer Anblick, obwohl es doch immer nur Wasser ist und ab und zu ein Fisch oder ein Vogel. Und die trivialsten Dinge, zum Beispiel ein Bart, der gewachsen ist, und wahrscheinlich auch lange Haare. Ich erinnere mich überhaupt nicht mehr, ob auf der langen Liste von Dingen, die er notwendig brauchte, auch eine Schere stand, vermutlich schon ... Ich kann mir jedenfalls nicht vorstellen, daß er seine Haare mit dem Messer schneidet!

Am 25. Juni gab sie dem *Daily Express* ein Interview, in dem sie ihre verständliche Begeisterung und ihre überschwenglichen Gefühle nicht länger zurückhielt:

> Wir freuen uns dermaßen, ihn ganz bald wiederzusehen, daß die meisten schlimmen Dinge vergessen sind. Es ist unglaublich, was für eine ungeheure Aufregung zu Hause herrscht. Alle lachen. Es ist wirklich ganz dumm. Die Stimmung ist fast so wie kurz vor der Geburt eines Kindes. Wir können einfach nicht mehr aufhören zu lächeln.

Irgendwann in dieser Woche schnitt sich Donald Crowhurst tatsächlich die Haare; Büschel lagen überall auf dem Boden der Kajüte. Und an demselben 25. Juni dachte er an seine Frau, die in Bridgwater auf ihn wartete. Im Zuge einer weiteren mathematischen Erläuterung erfand er sich zur Illustration eines bestimmten Aspektes ein Gespräch mit ihr:

> Für den nichtmathematischen Leser mag es hilfreich sein, sich bestimmte mathematische Begriffe zu vergegenwärtigen: Ich sitze auf meinem Schiff, bei Windstille, mitten im Atlantik. In England fragt mich meine Frau: »Wie geht's bei dir?« Ich sagte: »In den letzten drei Stunden habe ich mich nicht von der Stelle gerührt. Meine Position ist 31° 25' N, 39° 15' W. Es geht mir gut, und ich bin glücklich.« Meine Frau ist zufrieden, denn sie weiß aufgrund meiner Antwort über meine Situation vollkommen Bescheid. Sie nimmt sich eine Karte und markiert meine Position mit einer Nadel auf der Karte, die sie zu Hause hat. Sie schaut auf die Uhr, die drei Uhr nachmittags zeigt, dann auf den Kalender, der ihr sagt, es ist der 25. Juli [*sic*], und schreibt neben die Markierung auf der Karte: 12.00–15.00, 25. Juli 1969. Sie denkt: Ich bin froh, daß es ihm gutgeht und daß er glücklich ist, aber *das* schreibt sie nicht auf die Karte. Aber wenn sie mir ihre eigene Reaktion auf diese Nachrichten mitteilen möchte, dann sagt sie: »Ich freue mich«, während wir miteinander telefonieren, und wenn sie diese Ereignisse schriftlich festhalten will, dann tut sie dies in einem Tagebuch oder in einem Notizbuch.

Dieser Abschnitt entstand gleich nach Crowhursts erster vollständiger Darlegung seiner Theorien, die mit seinem erregten Ausruf endet. Er läßt darauf schließen, daß diese ersten elf Seiten seiner Meditationen an einem einzigen Tag geschrieben wurden. Die Datumsangabe ist natürlich ein Versehen, er verwechselte den 25. Juni mit dem 25. Juli*; sein Schiffsort befindet sich – erwartungsgemäß – ungefähr 150 Meilen nördlich seiner letzten eingetragenen Position entsprechend der Peilung vom 23. Juni; und ansonsten wird deutlich, wie sehr er sich

* In Crowhursts Logbüchern finden sich mehrere Beispiele, daß er, wenn er hastig schrieb, Juli und Juni sowie März und Mai verwechselte.

wünschte, sein Funktelefon in Gang zu bringen, damit er mit Clare reden und ihr – endlich – seine wahre Situation schildern konnte. So viele Monate hindurch hatte er seiner Frau und der ganzen Welt wahre wie falsche geographische Positionen genannt. Oft hatten sie sich gefreut zu hören, daß es ihm gutgehe und er glücklich sei. Er sehnte sich verzweifelt danach, ihnen mehr zu sagen. So verzweifelt, daß er sogar begann, das nicht abgeschickte Codetelegramm (XYZAB CDEFG HIJKH...) umzuschreiben, das er sechs Monate zuvor ins Funktagebuch eingetragen hatte. Er brauchte jemanden, irgend jemanden, mit dem er offen reden konnte, dem er alles sagen konnte und der ihm einen Rat geben würde. Aber er tat nichts, damit es dazu kam.

Ein erstaunlicher Zufall wollte aber, daß tatsächlich jemand registrierte, wie es ihm – physisch – in diesem Augenblick ging. Das norwegische Frachtschiff *Cuyahoga* entdeckte den Trimaran ungefähr um fünf Uhr nachmittags am 25. Juni und kam näher, um ihn in Augenschein zu nehmen. Als die *Cuyahoga* Crowhurst passierte, winkte er, offensichtlich vergnügt. Der Kapitän der *Cuyahoga* sah, daß er einen Bart hatte, Khakishorts trug und ganz gut in Form zu sein schien. Ein paar Kleidungsstücke waren zum Trocknen aufgehängt, und das Rettungsfloß lag auf dem Deck. Das Wetter war gut, die *Teignmouth Electron* segelte auf nordöstlichem Kurs, und ihre Position war, laut Aussage der *Cuyahoga*, 30 ° 42' Nord und 39 ° 55' West (die Diskrepanz zu Crowhursts eigenen Berechnungen zeigt, daß er nicht genau navigierte). Crowhurst vermerkte die Begegnung am Seitenrand.

Den größten Teil des 25. Juni verbrachte Crowhurst damit, einen Abriß der Geschichte der vergangenen zweitausend Jahre zu entwerfen (nebst einer Rückblende auf die Taten der Höhlenmenschen), der zeigen sollte, auf welch außergewöhnliche Weise es Menschen in der Vergangenheit gelungen war, die Gesellschaft zu schockieren, das System zu erschüttern und damit zu verändern. Immer wieder brach die Erregung durch und störte den Fluß der Erzählung. Er wußte jetzt, daß ihm nicht nur eine große Offenbarung zuteil geworden war, sondern er dachte, wenn er sie allzu klar niederschrieb, würde schon die bloße Existenz der Worte auf dem Papier den Anstoß zu einer kosmischen Explosion geben:

> ... Wir müssen jetzt sehr vorsichtig sein, damit wir die richtige Antwort finden. Wir sind an einem Punkt angelangt, an dem unsere Abstraktionsfähigkeit so stark ist, daß sie gewaltigen Schaden anrichten kann.
> Wenn wir einmal ein normal stabiles System so weit durchschauen, daß wir in der Lage sind, einzugreifen und es in nicht natürlicher Weise zu beeinflussen, müssen wir uns sehr, sehr gründlich überlegen, *was* wir tun wollen. Wir müssen lang und sorgfältig über das System nachdenken, bevor wir *irgend etwas* unternehmen, und wenn wir beschließen zu handeln, dann müssen wir vorsichtig sein, daß wir nichts überstürzen. Genauso wie im System der Materie die nuklearen Kettenreaktionen, so kann unser ganzes System schöpferischer Abstraktion damit an den Punkt gelangen, an dem es »in Gang kommt«...
> Indem ich diese Worte schreibe, gebe ich das Signal, daß der Prozeß beginnt...

Er wußte jedoch, daß diese kosmische Explosion als das Zweite Ereignis prophezeit worden war, und wenn es so weit war, dann würde er, wie Einstein, bereits ein Gott sein:

> Also verfügt der menschliche Intellekt über schlummernde Fähigkeiten, die dies zustande zu bringen vermögen. Das beweisen Hellseher und Propheten. Nostradamus ist ein bemerkenswertes Beispiel. Viele Menschen sind überzeugt, daß die Zeit der Offenbarungen bevorsteht – wieder glaube ich, daß die Prophezeiung sich erfüllt und die Priester jene sind, die am meisten zu verlieren haben. Die Juden, glaube ich, deuten die Prophezeiungen dahingehend, daß das Ende der Welt dem Erscheinen des Messias auf dem Fuße folgen wird. Einstein paßt.

Diese Überlegungen verschafften Crowhurst eine gewisse Erleichterung, und als der zweite Tag der Meditationen zu Ende ging, entspannte er sich:

> Warum fühle ich mich so seltsam friedlich, während ich den Sonnenuntergang auf dem Atlantik betrachte? Weil mir deutlich bewußt ist, daß ich den Frieden und die Schönheit der Umwelt betrachte, die die Wiege der Lebensform ist, die meine Intelligenz trägt. An Newtonsche Zeit gebunden, ahnt meine »Seele« künftige Freiheit voraus, die aus dieser wunderschönen Wiege kommt, und ich habe Heimweh wie ein Kind, das fühlt, daß es für immer von »daheim« fortgeht. Diese Erklärung meiner Gefühle ist hier und jetzt akzeptabel für mich.

Am nächsten Tag konzentrierte sich Crowhurst noch intensiver auf die miteinander verknüpften Vorstellungen vom Verlassen des Körpers und dem Gebrauch des Einsteinschen freien Willens. Das warf Probleme auf. So, wie Einstein den Drang verspürt hatte, ein Buch zu schreiben, in dem er der Welt von seiner »Eingebung« berichtete, sah auch Crowhurst sich dazu gezwungen. Er erschrak aber, und sein Entsetzen wuchs, als ihm klar wurde, was das bedeutete: seine Botschaft zu verkünden und dann seinen materiellen Körper zu verlassen hieß, daß sein Körper sterben mußte. Wieder folgt ein Aufschrei:

> Freier Wille – die Verpflichtung zur Moral, jeder Mensch gibt dem System Impulse – Eingebungen, und er sollte sich sehr genau überlegen, welcher Art sie sind – DAS IST DIE EINZIGE MORALISCHE VERPFLICHTUNG DIE das Individuum DEM FORTSCHRITT DES SYSTEMS SCHULDIG IST.
> Ich betrachte diese Aussage mit einer gewissen Beklemmung, denn ich denke an die Konsequenzen, die ich so rasch aus dem System ziehe, aber ich bin zufrieden mit dem Ergebnis, denn die Eingebung hat die erforderliche Form – Gedanken.

Wenn der Hai, der sich am Boden des Schiffs reibt, mich heute bekäme, würde es nichts ausmachen. Die Lösung würde nicht verschwinden, solange dieses Schiff gefunden wird. Es täte mir »leid«, wenn das Schiff und das Buch in Flammen aufgingen, denn dann wäre »meine« Eingebung verloren.

Angesichts der Brillanz seiner Ideen klopfte er sich selbst auf die Schulter:

> Mathematiker und Ingenieure, die die Technik der Systemanalyse beherrschen, werden mein Werk in weniger als einer Stunde überfliegen können. Danach werden die Probleme, von denen die Menschheit Jahrtausende hindurch gepeinigt worden ist, für sie gelöst sein. Weitere Gesichtspunkte, die ich nicht zu erwähnen brauche, werden hervorbrechen, und der schreckliche, qualvolle Kampf des Menschen um das Verständnis der treibenden Kräfte zwischen Gott, dem Menschen und dem naturgesetzlichen Universum [wird vorbei sein].

Dann faßte er seine Darlegung zusammen:

> Wenn ich aus meinem eigenen freien Willen heraus festlege, daß der Mensch, indem er lernt, das Raum-Zeit-Kontinuum zu handhaben, Gott werden und aus dem naturgesetzlichen Universum, wie wir es kennen, heraustreten wird, dann gebe ich dem System einen Impuls. Wenn meine Lösung in den mathematischen Anforderungen einer Lösung verwurzelt ist, ist sie »korrekt« und ohne weiteres akzeptabel für eine rasch wachsende Zahl von Menschen, dann bin ich Gott sehr nahe und sollte, mit Hilfe der Methoden, von denen ich behaupte, daß sie uns zugänglich sind, endlich den Schritt zur Prophezeiung tun. Laßt es uns also versuchen! ...
> Freier Wille – die Kernfrage schlechthin des theologischen Mysteriums reduziert sich auf diese geradezu kindisch

einfache Antwort. Wird aber der Mensch – aus eigenem freien Willen – die Vereinbarung akzeptieren, daß er, sobald er mit dem Raum-Zeit-Kontinuum umzugehen gelernt hat, die Attribute Gottes besitzen wird? Genau das gilt es zu entscheiden. Werden wir weiter der Idee anhaften, daß »Gott uns erschaffen hat«, oder wird uns bewußt werden, daß es in unserer Macht liegt, GOTT zu erschaffen?

Seine Erregung wuchs immer mehr; immer größer wurden die Buchstaben und bohrten sich immer tiefer ins Papier:

Das System SCHREIT GELLEND DIESE BOTSCHAFT AUF DEM HÖCHSTEN TON SEINER STIMME warum hört keiner zu aber ich höre doch

aber er fühlte sich verpflichtet, solche starken Gedanken wieder zu streichen, um seine Leser nicht in Verlegenheit zu bringen. Als er die Kontrolle über sich zurückerlangt hatte, schrieb er denselben Gedanken in ruhigerem Ton noch einmal auf:

Das System versucht uns seine Botschaft mitzuteilen, aber die Menschen, die »moralische« Ansichten formulieren, sind kaum je mit einem mathematischen Lexikon ausgestattet. Sie können die Sprache, die das System zu benutzen versucht, um mit uns in Verbindung zu treten, einfach nicht verstehen. Aber Mathematiker verstehen die Sprache, und im Namen des Systems appelliere ich an sie, nachzudenken, was die Natur zu sagen versucht. Die Stimme ist die Stimme der Wahrheit der Natur. Es ist eine laute, klare Stimme, und sie spricht in der Stimme des korrekten abstrakten Denkens.

Schließlich schlug Crowhurst die Seite um, und in einem kurzen Anflug echten Irreseins schrieb er folgende Worte:

Mein ist die Rache des Herrn. Geburtenkontrolle. Das zweite ist...

und hielt ein. Er war am Ende der leeren Seiten im Logbuch 2 angelangt, und außerdem hatte er anderes zu tun. Ein Telegramm von Rodney Hallworth erreichte ihn:

TREFFEN MIT BBC UND EXPRESS SOWIE CLARE UND MIR VOR DEN SCILLIES DEIN SIEG BRINGT HUNDERTTAUSEND LEUTE NACH TEIGNMOUTH WO FONDS JETZT FÜNFZEHNHUNDERT ERREICHT PLUS MASSENHAFT WEITERE GEWINNE BITTE VERRATE MIR GEHEIMNIS ÜBER BEINAHE TODESFAHRT UND ALLES ANDERE FÜR EVTL VORABVERKÄUFE AN PRESSE FINANZIELLE AUSSICHTEN GUT ANTWORTE BALDIGST DENK AN WERBUNG

»Mein Gott!« sagte Rodney Hallworth, als er später die Logbücher las. »Vielleicht habe ich mit diesem Telegramm Donald Crowhurst umgebracht.«

19
Das kosmische Bewußtsein

Als Crowhurst sich nun das erste Logbuch vornahm, um seine Meditationen fortzusetzen, war er durchaus noch zu rationalen Überlegungen fähig. Zeitweise waren seine Gedanken klüger und scharfsichtiger als je. Aber das Telegramm, die jähe Erinnerung an das verlogene Heldentum, das sein Plan erforderte (»BEINAHE TODESFAHRT UND ALLES ANDERE«), trieb sein Bewußtsein nur noch weiter fort von der Realität. Er war jetzt so tief in seine Theorien eingetaucht, daß alles, was immer er dachte, ihm auch geschah. Zuerst war ihm abstrakte Intelligenz ein Denkmodell gewesen, ein philosophischer Begriff; jetzt erlebte er, wie sein eigenes Bewußtsein die Veränderung durchmachte. Zuerst hatte er das kosmische Bewußtsein von außen betrachtet; jetzt spürte er dessen Gedanken in seinem eigenen Kopf. Zuerst war ihm die Vorstellung vom Leben als einem »Spiel« eine nützliche Formulierung gewesen; jetzt war es buchstäbliche Wahrheit, und Crowhurst war – wie ein Bauer im Schach – in einem abscheulichen Spiel gefangen, das Gott und der Teufel miteinander austrugen.

Immer wichtiger wurde die Zeit. Er beobachtete seine Uhren und sah, wie die Zeit verrann und unerbittlich der Augenblick näherrückte, in dem man ihn in England erwartete, der Augenblick, den er, mehr oder weniger bewußt, für sein eigenes Ende bestimmt hatte. Auch hier vermischten sich Wirklichkeit und Phantasie. Er begann in seinem defekten Chronometer viel mehr zu sehen als lediglich ein Navigationsinstrument zur Bestimmung seiner Position auf See. Als es darauf ankam, war die Uhr falsch gegangen und hatte über seine wahre Position Lügen verbreitet – genau wie er. So sah er in ihr zuerst ein Sinnbild seiner eigenen Lage, dann *war* sie seine Lage. Er war in einer Maschine. Er *war* eine Maschine. Und die Maschine stand kurz vor dem Zusammenbruch. Crowhurst trat in den schwarzen Tunnel ein, in die vierdimensionale Raum-Zeit-Welt, um Gottes Uhr durch seine eigene zu ersetzen:

> Gottes Uhr ist nicht dieselbe wie unsere Uhr. Er hat eine unendliche Menge von »unserer« Zeit. Die unsere ist fast abgelaufen...

Diese Zeitbesessenheit, der Zwang, ständig die Uhren zu kontrollieren, war eine verständliche Folge seiner Pseudo-Einsteinschen Theorien. Es ist aber auch eine Störung, die Seeleuten recht vertraut ist, sie nennen sie den »Zeitwahnsinn«.

Crowhursts Ausbrüche ins Irresein wurden heftiger und häufiger und förderten Erlebnisse aus immer tieferen Schichten seines Bewußtseins zutage. Jetzt dachte er an seinen toten Vater, an die Verbindungen seiner Mutter zu Jehovas Zeugen, an das gefürchtete Symbol des »Nichtangepaßten«, der in seinen eigenen Tod rannte, an kosmische Wesen, beschämende Geheimnisse, an seine eigene Vorstellung von sich selbst als neuerschaffenem Gott. Erinnerung und Einbildung verwoben sich miteinander zu einer qualvollen Verwirrtheit. Manchmal schien er zu einem eigentümlichen Frieden zu finden, aber dann fiel ihm ein, welche Falle er sich jetzt wieder gestellt hatte: Seine Theorie über das Bewußtsein, das den Körper verläßt, hieß doch, daß er sich vernichten mußte, um Erlösung zu finden. Immer unmißverständlicher wurden die Zeichen, die auf seinen bevorstehenden Tod Bezug nahmen. Aber noch hinderte ihn irgend etwas, klar und deutlich auszusprechen, daß er die Absicht habe, sich umzubringen – es war, als würde ihm, sobald er seine Selbstmordabsicht erst einmal ausgesprochen hatte, die Ausführung der Tat unausweichlich aufgezwungen. So schrieb er zum Beispiel:

> Christus: Er war zur Wahrheit gelangt, aber brachte dem System die Wahrheit in einer Weise bei, die eine gewalttätige Reaktion heraufbeschwor. Menschen waren Zeugen seines Todes. Ich muß überlegen, ob ich...

hielt dann aber inne und strich den letzten Satz aus. Er durfte nicht aufschreiben, was er da überlegte!

Seine Offenbarung machte ihn nach wie vor über die Maßen glücklich:

> An ihren Früchten sollt ihr sie erkennen – gute Seelen bringen gute Ideen hervor, sie blühen und gedeihen und schenken allen Affen geistige Gesundheit. Sie versetzen den Intellekt in die Lage, bessere Systeme hervorzubringen, in denen die Taten der Affen Platz finden, ohne dem Affen die Freiheit vorzuenthalten, glücklich zu sein. Das ist mein Problem gewesen, das ist das Problem, das jeder Mensch für sich lösen muß. Ich habe das Problem auf diese Weise gelöst. Und um euch in meine Seele einzulassen, die jetzt »in Frieden ruht«, schenke ich euch mein Buch. Ich habe Glück! Endlich habe ich etwas »Interessantes« getan. Endlich hat mein System mich bemerkt!

Mit den nächsten zwölftausend Worten erklärte und entwikkelte er zwei Gedanken, die zunehmend bedeutsam für ihn wurden. Der eine war die Idee des »Affen«, wahrscheinlich hergeleitet aus dem, was er über Desmond Morris' Buch *Der nackte Affe* gehört hatte. Bei Crowhurst ist der Affe schlicht das Tier Mensch, das den potentiell freien Geist in einen affenähnlichen Körper einsperrt, mit all seinen schändlichen Trieben und traurigen Schwächen:

> Wir sind noch immer Affen, und wir brauchen die Körper von Affen als Träger unserer Intelligenz und zur mechanischen Verwirklichung unserer Ideen. Wenn man den Affen umbringt, bleibt der Rechner stehen. Wir nehmen es sehr übel, wenn unser Rechner zum Stillstand gebracht wird, denn wir fühlen, daß auch wir, wenn unser Rechner einmal steht, als Individuen irgendwie aufhören. Das stimmt wahrscheinlich, *ach, ich werde meinen toten Vater nicht wiedersehen, es sei denn,* weil ich nicht wüßte, was das System davon hätte, wenn es einen Rechner behielte,

der zu keiner Handlung innerhalb des Systems mehr fähig ist, wenn das System doch einen Nachschub an frischen Rechnern bereithält, die sofort in Aktion treten können.

(Der kursiv gesetzte Satz ist durchgestrichen. Es war ein plötzlicher Angstschrei angesichts des Gedankens an den Tod. »Ach, ich werde meinen toten Vater nicht wiedersehen, es sei denn...« Es sei denn was? Es sei denn, er brachte sich um und ging ein in die Welt körperloser Intelligenzen, in der sein Vater auf ihn wartete? Von diesem Zeitpunkt an traten kindliche Phantasien sowohl über seinen Vater als auch seine Mutter immer stärker in den Vordergrund.)

Der zweite Grundgedanke, den Crowhurst in seinem Traktat an die Welt dargelegt hatte, war der Begriff des »Systems«. Ein System ist nur ein geordneter, vorhersagbarer Zustand. Aber Crowhurst war ausgebildet und trainiert worden, elektronische Systeme und andere Maschinen zu durchschauen, und deshalb versuchte er alle Organisationen und Situationen als gleichermaßen deterministische Systeme zu deuten: vorherbestimmt und ohne eigenen freien Willen. Das biologische und das physikalische Universum waren Systeme mit klar definierten Regeln. Das galt auch für den menschlichen Körper; und genauso für die Gesellschaft:

Systeme – Systeme – Systeme – du entkommst ihnen nicht, weil die Natur systematisch ist und der Mensch ein natürliches Phänomen ist und sein Geist ein natürliches Phänomen ist.

Crowhursts Theorie stellte eine Hierarchie von Systemen auf, die von der physikalischen Materie bis zur gottähnlichen abstrakten Intelligenz reichte:

intelligentes System (Götter)
↑
menschliches System (Affen mit Verstand)
↑
biologisches System (Tiere)
↑
materielles System

Der »Fortschritt hin zur kosmischen Integration« bedeutete natürlich den Aufstieg vom niedrigsten zum höchsten System; und dieses, gebildet aus abstraktem Geist und bewohnt von Göttern, war jetzt erreichbar, wie Crowhurst bewiesen hatte, »durch die Kraft des freien Willens« – das heißt: indem man dorthin gelangen *wollte*. Doch zuerst muß jeder Affe lernen, liebevoll und klug innerhalb des menschlichen Systems zu leben. Unsere unselige Lage ist die Folge unserer Mischnatur: halb Affe und halb kosmische Intelligenz. Wir erleiden Schmerz, Grausamkeit, Erniedrigung in der Gesellschaft der Menschen, nicht weil das menschliche System an sich schlecht ist – es benimmt sich »korrekt« entsprechend seinen Voraussetzungen –, sondern weil der Kosmos uns emporzieht, zur höheren Ebene. Jedes Individuum, das sich zu einer anarchischen Tat gegen die Gesellschaft seiner Zeit erhebt, behindert einerseits den Fortschritt und ist andererseits zum Scheitern verurteilt:

> Wenn dein System nicht auf dich hören will, dann geh nach Hause und bau dir eine Bombe – das System weiß damit fertigzuwerden, darauf kannst du wetten. Verbrenn dich nicht auf der Straße. Das System weiß vielleicht nicht genau, was es damit anfangen soll, aber es ändert nichts, im Gegenteil: du verschwendest deine Intelligenz (eine Intelligenz, die stark genug ist, um ein solches Opfer zu bringen, hat Besseres verdient). Du kannst dich entweder in aller Ruhe an die Arbeit machen, das System zu überzeugen, daß es dich akzeptiert, und die Situation von innen heraus verändern, oder einfach deine Intelligenz in ein befriedigenderes System verlegen.

Das war zum Teil ein Plädoyer gegen alle Formen gewalttätiger Revolution, aber vor allem war es die (verstandesgemäße) Rechtfertigung seines eigenen Wunsches, seine Intelligenz in ein »befriedigenderes System« zu verlegen, auf die Ebene der reinen Vernunft. Mit anderen Worten: zu sterben.

Crowhurst schrieb noch einen zweiten, gesonderten Aufsatz mit dem Titel »Das Spiel«. Immer öfter schlichen sich in seine Vorstellung vom Leben als einem Spiel die Affen und die Systeme ein. Ein Spiel ist eine Tätigkeit, die entsprechend ihren eigenen, willkürlich definierten Regeln ausgeführt wird – ein Spieler muß sich keine Gedanken darüber machen, was richtig und was falsch ist. Er kann deshalb Situationen und Umstände nach seinem Willen manipulieren. Wichtiger noch: ein Spiel ist eine Konfrontation, die niemandem weh tut. Revolutionäre und andere gewalttätige Affen verweigern sich dem Spiel, denn sie verstoßen gegen die Regeln des jeweiligen Gesellschaftssystems. Man könne an alles mögliche glauben, sagte Crowhurst in seinem Aufsatz, ohne deshalb vom Weg zur kosmischen Integration abzuweichen, vorausgesetzt, man setze sich geistig mit anderen Menschen und deren Vorstellungen auseinander. Alles müsse im Geist geschehen.

Alle diese Gedanken waren ihm innerhalb von drei Tagen gekommen. Und als diese lange Entladung zu Ende war, gratulierte er sich selbst zu seiner Schnelligkeit und seinem Scharfblick:

> Nach nur drei Tagen ist die Arbeit getan! Christus ist unter uns, so gewiß, als würde er herumlaufen und Schecks ausstellen...
>
> ...Manches, was ich zu sagen habe, wird euch Schwierigkeiten machen. Bis vor kurzem – drei Tage ist es her – hatte ich selber einige Schwierigkeiten damit.
>
> ...Ich war entschlossen, das Problem zu lösen, und wenn ich den Rest meines Lebens dafür brauchen sollte. Eine halbe Stunde später hatte ich bereits die elementaren Gleichungen aufgestellt, und ich sah das Muster. Drei Tage später begriff ich alles von der Natur, von mir, von allen

Religionen, von der Politik, vom Atheismus, Agnostizismus, Kommunismus und von allen Systemen. Ich wußte alles, von Julius Cäsar bis Mao Tse-Tung. Ich hatte einen vollständigen Satz Antworten auf die kompliziertesten Fragen, vor denen die Menschheit heute steht. Indes ich den Nabel eines Affen betrachtete, war ich im Kosmos angelangt...

In Wahrheit war das einzige Problem, das er erkannt hatte, die Frage, wie er den Konsequenzen einer gefälschten Weltumsegelung entgehen konnte. Und seine einzige Antwort war eine wahnsinnige Vision von seinem eigenen Tod. Aber Crowhurst war bereits viel zu tief in seiner eigenen Seele gefangen, um das zu erkennen.

Es war nun der 28. Juni. Zwischen allen diesen Phantasien war Crowhurst noch in der Lage, sein Funkgerät zu bedienen, und er brachte sogar noch humorige Telegramme zustande. An die BBC und Rodney Hallworth, die eine feste Ankunftszeit von ihm hören wollten, morste er:

DREITÄGIGE FLAUTE WINDGETRIEBENE SCHIFFE HABEN ZIELORTE KEINE VEZ

Eine »voraussichtliche Einlaufzeit« läßt sich, wie man bei der BBC hätte wissen müssen, bei Segelbooten, die Winden und Strömungen ausgeliefert sind, in der Tat kaum vorhersagen.

Crowhurst teilte dem Telegraphisten in Portishead seine Position mit: 32° N, 40° W; seit seiner letzten Peilung vom 25. Juni war er fünfunddreißig Meilen nach Norden gesegelt. Der Telegraphist gab zurück, er würde Clare Crowhurst anrufen: ob er ihr etwas ausrichten solle? Das muß Crowhurst verstört haben, denn am nächsten Tag funkte er abermals Portishead an und erfuhr, daß bei seiner Frau und seinen Kindern alles in Ordnung sei: sie freuten sich, ihn bei den Scillyinseln zu treffen, zusammen mit Hallworth und der BBC. Er morste eine Antwort zurück, in der er darauf bestand, Clare solle zu Hause bleiben, sie dürfe *auf keinen Fall* zu den Scillies kommen, um ihn zu sehen. Bitte bestätigen, bat der verdutzte Telegraphist, der nicht begriff, weshalb der einsame Seemann seine Frau und seine Kinder zurückwies. Crowhurst bestätigte.

Mrs. Crowhurst kam zu dem Schluß, ihr Mann habe wohl nur gemeint, die Fahrt zu den Scillyinseln würde sie und die Kinder seekrank werden lassen. Später fing sie an, sich Sorgen zu machen, und fühlte sich ziemlich gekränkt. Im nachhinein freilich kann die Nachricht als klarer Beweis genommen werden, daß er schließlich entschieden hatte, was er tun mußte.

Nachdem man noch ein wenig Small talk gemorst hatte, bat der Telegraphist von Portishead, Crowhurst möge sich am 30. Juni um 23.00 Uhr wieder melden, wünschte ihm einen guten, starken Wind und sagte ihm auf Wieder»sehen« bis zum nächsten Tag.

Crowhurst benutzte sein Funkgerät nie wieder. Es war sein letzter Eintrag im Funktagebuch und sein letzter Kontakt zur Außenwelt. Von diesem Moment an war er vollkommen allein.

Mit dem Abbruch der Verbindung zum Rest der Welt hatte sich Crowhurst von jeglicher rationalen Einschätzung seiner Lage ausgeschlossen. Alles, was er ab diesem Zeitpunkt schrieb, war nur noch der wirre, metaphorische Ausdruck seiner Angst, artikuliert in einer Sprache, die eine Art Kurzschrift göttlicher Offenbarung war: immer unzusammenhängend und oft voller mehrfacher Bedeutungen.

Er begann eine Diskussion mit sich selbst über sein absichtliches »Verbergen«. Was sollte er tun? Einerseits wollte er seine Sünde beichten und den Betrug eingestehen; aber damit würde er seine Frau, seine Kinder, seine Freunde quälen. Auf der anderen Seite war er versucht, alle Unterlagen über seinen Betrug zu vernichten, wenn er sich selbst vernichtete – aber das war ein Verstoß gegen das heilige Prinzip, immer die ganze Wahrheit zu sagen, und außerdem würde die Menschheit seiner großen Offenbarung beraubt.

Er begann eine neue Seite, auf die er in großen fahrigen Buchstaben sieben kurze Zeilen schrieb:

Die Natur erlaubt Gott
Keinerlei Sünden zu Sündigen
Außer Einer –

Das ist die Sünde des Verbergens

Dies ist das schreckliche Geheimnis der Qual der Seele die ein natürliches System »benötigt«, um weiter zu versuchen

Er hat diese Sünde verübt an der gequälten

Es sind Schmerzensschreie, offensichtlich. Ihre Bedeutung liegt auf mehreren, auf mindestens drei Ebenen. Auf der ersten warf Crowhurst sich seinen verheimlichten Betrug vor und seine Unfähigkeit zu reden, deretwegen er jetzt solche Qualen litt. Auf der zweiten Ebene haderte er mit Gott, der sich so lange vor ihm verborgen und ihn gezwungen hatte, sein Leben als Ungläubiger zu verbringen. Auf der dritten Ebene schließlich war »Gott« Crowhurst selbst, der, indem er göttlich wurde, das schreckliche Geheimnis der Qual der Seele erfuhr. Seine Göttlichkeit zwang ihn, sich vor den gewöhnlichen menschlichen Wesen zu verbergen. Deshalb hatte er das Funkgerät ausgeschaltet, deshalb hatte er seine Frau abgewiesen. Als ein Gott war er einsam und von allem abgeschnitten durch sein neues Geheimnis. Die Natur »erlaubte« ihm so zu sein, aber es tat weh.

Er schlug die Seite um und sprach erneut von seiner Isolation, diesmal mit den Worten des Unglücksvogels, über den er sechs Monate zuvor geschrieben hatte:

Der vom System ausgeschlossene Außenseiter – die Freiheit, das System zu verlassen.

Dann kehrte die Zwangsvorstellung der Zeit zurück:

> Im Königreich Gottes gibt es ein Gebiet, das nicht in Quadratkilometern gemessen wird, sondern in Quadratstunden. Es ist ein Königreich, in dem alle Zeit der Welt ist – wir haben die Zeit, die uns zur Verfügung stand, ganz aufgebraucht und müssen jetzt nach einer imaginären Art von Zeit suchen.

Seine wirren, zusammenhanglosen Sätze hielten an, und jetzt entsprachen sie dem klassischen Muster dessen, was ein Psychoanalytiker Regression nennen würde oder »Rückkehr in den Schoß«: als er an seine Eltern dachte, seine Geburt, das Königreich Gottes:

> Wenn wir es gefunden haben, sind wir bereit, ein weiteres, schmerzhaftes Abenteuer zu beginnen – Wir werden unsere Götter sein und werden lernen müssen, mit unseren Eltern in einem neuen System zu leben.
> Wir sind im Schoß des Universums. Wir begreifen uns, wie wir uns begreifen »sollten«. Alles, was wir tun mußten, um dorthin zu gelangen, war, uns zu denken, wie wir uns gern denken würden.

Dann kehrte er zu seiner Idee vom »Spiel« zurück, aber jetzt war das Spiel unheilvoll: »Solange ein Mensch lebt, spielt Gott kosmisches Schach gegen den Teufel.« Diesen Satz strich er aus und schrieb statt dessen:

> Sein Leben lang spielt jeder Mensch kosmisches Schach gegen den Teufel. Jeder Mensch kann für sich selbst entscheiden, wer gewonnen hat. Die Züge im Spiel sind alle wohlbekannt. Es ist ein Spiel, bei dem es schwierig ist, herauszufinden, wer gewonnen hat, denn Gott spielt mit einem Satz Regeln und der Teufel mit dem genau entgegengesetzten Satz Regeln.

Auch hier wird bald klar, was sich unter der theologischen Verbrämung verbirgt. Das Spiel, das Crowhurst bei dem Rennen um die Welt gespielt hatte, war am Anfang entsprechend den Regeln Gottes verlaufen. Aber der Teufel hatte unfair jede Chance genutzt, um ihn hereinzulegen; und am Ende hatte der Teufel gewonnen.

Crowhurst legte diese unerfreuliche Geschichte alsbald beiseite und begann eine neue. Er fing dreimal von vorn an, und jedesmal suchte er Trost in einer Mischung aus Sehnsucht nach dem Vater (der jetzt halb mit einem vaterähnlichen Gott gleichgesetzt war), religiösen Bildern und seinem Grundargument, alle Affen müßten einander lieben:

> Es war einmal in einer anderen Art von Zeit ein Junge, der sich mit seinem Vater überwarf. Über die ...
> Es war einmal in einer anderen Art von Zeit ein Junge, der mit seinem Vater umherwanderte, als ihnen mehrere Affen begegneten. »Das sind fabelhafte Affen«, sagte der Mann. »Das sind nutzlose Affen«, sagte der Junge. Ein Streit brach aus, und der Junge wurde sehr wütend. Der Vater war ein vollkommener Vater und bemühte sich nach Kräften, seinem Sohn eine wichtige Lehre beizubringen, deshalb war er geduldig. Er hatte eine Idee. Wir spielen kosmische Spiele mit diesen Affen ...
> Gott und sein Lieblingssohn spielten miteinander im Kosmos. Er war der Vollkommene Vater, und er hatte einen Vollkommenen Sohn. Natürlich spielten sie ein fabelhaftes Spiel. Das Spiel, das sie spielten, hieß: Affen in Götter verwandeln. Es war ein fabelhaftes Spiel, und solange es nach einer einfachen Regel gespielt wurde, durften die Affen nichts über Götter wissen. Das Spiel war ...

Nun begannen alle seine Theorien ineinanderzufallen, in heilloser Verwirrung. Wieder brach er ab und dachte über die bevorstehende kosmische Explosion nach. Er hatte sich dafür einige Schlagworte zurechtgelegt:

Die Massen sind Kritische Massen
Sie können in Liebe oder Haß zusammenkommen
ES IST DAS GEHEIMNIS DES FREIEN WILLENS

Dann folgte ein sehr aufschlußreicher Abschnitt, in dem alle seine Ideen sich noch stärker ineinanderfügten, »das Spiel« ebenso wie »das System«, die Vorstellung von Crowhurst, der zum Gott wird, ebenso wie das Problem von Gottes Verborgensein, das er jetzt näher erläuterte:

> Die Erklärung unserer Schwierigkeiten ist, daß kosmische Wesen Spiele mit uns spielen. (Wenn man die »richtige« Mathematik beherrscht, läßt sich das leicht herausfinden.) Es macht ihnen Spaß, Systeme zu erfinden, die selbst wiederum fähig sind, kosmische Wesen zu »machen«. Wenn man einmal darüber nachdenkt, wird man zugeben müssen, daß es ein *sehr* amüsantes Spiel ist. Ich mag amüsante Spiele, und ich kann mir den Standpunkt der kosmischen Wesen gut vorstellen. Aber ich bin auch ein Mensch, und wenn ich an die langen Leiden denke, die die Menschen wegen der Spiele kosmischer Wesen aushalten mußten, dann werde ich wütend auf sie. Sie sagen mir, sie verstehen den Schmerz, leiden auch, auf andere Weise, und deshalb haben sie sich die Methode ausgedacht, kosmische Wesen automatisch entstehen zu lassen, damit es eine zweite Generation kosmischer Wesen gibt, die besser in der Lage ist, mit ihren Problemen fertigzuwerden, als sie selber.

Crowhurst steckte jetzt so tief in seiner Phantasiewelt, daß er bereits extrem starke Symptome von Paranoia aufwies: ein Verfolgungswahn, projiziert auf eine so grandiose Vorstellung seiner eigenen Bedeutung, daß er das Gefühl hatte, er würde ein besserer Gott als alle, die derzeit im Himmel weilten. Er fühlte sich den kosmischen Wesen so nahe, daß er sie direkt anzureden begann: »Ihr hättet es einem leichter machen sollen.« Seine Fahrt hätte leichter sein sollen, die Fälschung seiner Logbücher. Die Götter hatten ihm zuwenig geholfen:

> Ich war über die kosmischen Wesen verärgert. Etwas lief falsch. Ich fühlte, daß ich das Spiel besser hätte spielen können als die kosmischen Wesen... Am Ende mußte ich aber zugeben, daß die Natur den kosmischen Wesen die einzige Sünde auferlegt, deren sie fähig sind. Die Sünde des Verbergens. Für einen Menschen ist das eine kleine Sünde, aber es ist eine furchtbare Sünde für ein kosmisches Wesen. Das ist die Qual eines kosmischen Wesens.

Als menschliches Wesen gelogen zu haben war statthaft. Aber jetzt, da er ein Gott war, konnte er sich die schrecklichen Leiden nur ersparen, wenn er alles bekannte, was er getan hatte:

> Ich begann von den kosmischen Wesen mehr und mehr zu verstehen. Alle kosmischen Wesen müssen sich einem einzigen Menschen auf Gedeih und Verderb ausliefern!
> Durch diesen Prozeß bin ich ein kosmisches Wesen der zweiten Generation geworden. Ich wurde empfangen im Schoß der Natur, in meinem eigenen Geist. Also habe auch ich ein Problem. Ich muß mit der gesamten Masse der Menschheit *auf einmal* den richtigen Zug machen.
> Ich habe mächtige Systeme zu meiner Verfügung, aber sehr wenig Zeit, um herauszufinden, auf welche Weise ich die mächtigen Systeme am besten dazu bringe, sich miteinander zu bewegen statt gegeneinander. Aber ich bin mir sicher: wenn mein erster Zug »richtig« ist, dann werde ich alle Hilfe bekommen, die ich brauche, um zu einer raschen und leichten Lösung zu gelangen.
> So ist das. Selbst Götter brauchen Hilfe.

In seinem paranoiden Zustand fühlte sich Crowhurst über die gewöhnliche menschliche Moral erhaben:

> Je mehr sich alles auf den Kopf stellte, desto besser paßte es. Die Wahrheit war, daß es weder Gut noch Böse gab, nur Wahrheit. Jene, die die Wahrheit kennen, konnten den einen oder den anderen Satz Regeln wählen, beide

sind gleichermaßen befriedigend. Vollkommene Entscheidungsfreiheit außerhalb des Zugriffs irgendeiner Disziplin: das ist die Bedeutung des freien Willens.

Das führte dazu, daß er sich noch einmal mit dem Dilemma der Wahl zwischen gottähnlichem Verbergen und der moralischen Verpflichtung gegenüber seiner Eingebung befassen mußte:

> Ich, der ich außerhalb des Zugriffs irgendeiner Disziplin stehe, könnte mich aufgrund meiner Freiheit entscheiden, den Menschen dem Vergessen anheimfallen zu lassen wie einen Affen mit überdimensionalem Rechner, indem ich schweige.
> *Oder* ich könnte versuchen, ihm auf *meine* Weise aus dem Dilemma herauszuhelfen.
> *Oder* ich, dem es stets ein Greuel war, wie die Römisch-Katholische Kirche hartnäckig jede Veränderung verweigert hat, kann die Worte, die die Welt retten werden, in das Ohr sagen, das so lange darauf gewartet hat, sie zu hören.

Katholizismus ist das letzte, unerwartete Element in Crowhursts kranken Gedanken. Er dachte an Clare, an ihre Religion, ihre Religiosität; und er suchte – obwohl er so stolz auf seine Freiheit von jeglicher konventionellen Moral war – eine Art letzter, endgültiger Absolution in der orthodoxen Religion. Das Ende war jetzt sehr nah:

> Es liegt soviel Schönheit in der Wahrheit, daß ich bereit bin, mich der Disziplin zu unterwerfen, die ich am meisten verabscheue, dem starren, unbeugsamen, dummen, bigotten System genannt Heilige Römisch-Katholische Kirche, weil die reine Mathematik überall zu jeder Zeit stimmt. Die angewandte Mathematik stimmt nur für mich, den Menschen von der Welt, der ein Wissen vom Kosmos hat, zu dieser Zeit, an diesem Ort, und ein besonders schönes Instrument Gottes.

Warum aber hatte Gott sich so lange vor ihm verborgen?

> Gottes beschämendes Geheimnis. Die List, die er angewandt hat, weil die Wahrheit zu weh getan hätte. Wäre es vorher bekannt gewesen, dann wäre das notwendige perfekte, strahlende Instrument nicht das, was es heute ist.

Darauf folgte ein Abschnitt, der so schrecklich ist, der so eindeutig auf den nahen Selbstmord hinweist, daß Crowhurst ihn auszuradieren suchte:

> Die Schnellen sind schnell, und die Toten sind tot. Das ist Gottes Urteil. Ich hätte die schreckliche Qual und das sinnlose Warten tatsächlich nicht ertragen.

Jetzt, da Crowhurst die Geheimnisse des Kosmos kannte, konnte er das sinnlose Warten auf einen normalen Tod im Alter nicht ertragen. Und er tröstete sich mit den Vorteilen eines raschen Todes und dem Übertritt in die Welt der Götter:

> Es muß viel geben, was wir voneinander lernen können.
> Jetzt endlich hat der Mensch alles, was er braucht, um wie ein kosmisches Wesen zu denken.
> In diesem Augenblick muß es wahr sein, daß ich der einzige Mensch auf der Erde bin, dem klar ist, was das bedeutet. Es bedeutet, daß ich mich selbst zu einem kosmischen Wesen machen kann, durch meine eigene Kraft, aber ich muß mich beeilen und damit weiterkommen, bevor ich sterbe!

Zum letztenmal bemüht er sich um einen »öffentlichen Ton«:

> Es ist gut, in die Kirche zu gehen. Es ist ganz in Ordnung, einmal in der Woche zum Priester zu gehen und ihm zu sagen: »Gehen wir's an, Papa« und dann das Spiel des römisch-katholischen Rituals zu spielen. Das ist ein lustiges Spiel. Wie alle guten Spiele, ist es ein Bedeutungsspiel.

> Seine Bedeutung ist einfach ein Spiel namens Wahrheitsfindung.

Und schrieb ein paar letzte, verworrene Sätze nieder:

> Der Mensch ist kraft seiner Fehler zu gewissen Schlußfolgerungen gezwungen.
> Keine Maschine kann einwandfrei funktionieren!
> Das einzige Problem mit dem Menschen ist, daß er das Leben zu ernst nimmt!

Das sind die letzten Worte seiner Meditationen und beinahe die letzten, die Donald Crowhurst schrieb. Ihre Bedeutung, zunächst nicht verständlich, ergibt sich indes aus dem, was er zuvor geschrieben hatte: die »gewisse Schlußfolgerung«, die Crowhurst zu ziehen hatte, war, Selbstmord zu begehen. Die Maschine, die nicht einwandfrei funktionieren kann, ist er selbst, defekt, unbrauchbar, lügend – wie das Navigationschronometer. Und das Problem des Menschen ist, daß er das Leben mit einer dummen Feierlichkeit betrachtet und seinen Verlust viel zu ernst nimmt.

Die Seite, auf der diese Sätze stehen, ist die einzige in allen Logbüchern, die mit Salzwasser befeuchtet war, vielleicht von Tränen, wahrscheinlicher aber von der See.

20
Die große Schönheit der Wahrheit

Donald Crowhurst hatte jedes Zeitgefühl verloren. Er schlief, war versunken ins Schreiben oder in den Gedanken an das, was er vorhatte, und merkte kaum, was rings um ihn geschah. Seine beiden Uhren, auch das Hamilton-Chronometer, waren stehengeblieben, er hatte sie nicht mehr aufgezogen. Selbst das Datum hatte er vergessen, und er hatte Mühe, ihm nachzuspüren: er prüfte das Datum seines letzten Navigationseintrags im zweiten Logbuch, zählte im Geiste die darauffolgenden Tage und Nächte, und dann schrieb er auf die erste von drei leeren Seiten – unmittelbar vor die belastenden Aufzeichnungen seiner Fahrt entlang der Küste Südamerikas – die Worte:

> Gestern war der 30. Juni

Er hatte nach wie vor keinen Begriff von der Zeit. Es war helllichter Tag, aber als er hinauf an Deck ging, sah er den Vollmond, der über dem Horizont am Himmel stand. In seinem Nautischen Jahrbuch standen Tabellen mit den Auf- und Untergangszeiten des Mondes, und so kehrte er in die Kajüte zurück und fand heraus, daß es 4.10 Uhr Greenwicher Zeit sein mußte – 5.10 Uhr nach britischer Standardzeit, die er an Bord bevorzugte, weil sie für die BBC-Sendungen praktischer war. Auch dies schrieb er ins Logbuch:

> Uhr ungef. 5.10 gestartet. Kurz bevor der Mond unterging.

Dann kam er auf einmal wieder vollkommen zur Besinnung: Das war ja lächerlich: draußen war heller Tag, und die Sonne stand schon hoch. Mit der Zeitangabe 5.10 Uhr konnte etwas nicht stimmen. Wieder schaute er ins Nautische Jahrbuch. Er hatte nicht die Zeit des Monduntergangs herausgesucht, sondern die seines Meridiandurchgangs – wenn er am höchsten Punkt seiner Bahn stand. Der Fehler hätte nicht größer sein können. In Wahrheit war es 10.00 Uhr vormittags. Voller Abscheu schrieb er mit dickem schwarzem Bleistift:

30. Juni. 5.10 MAX MÖGL FEHLER

und zur Richtigstellung der Eintragung setzte er eine zweite Zeile darunter (wobei er sich erinnerte, daß der Juni nur 30 Tage hatte und es deshalb der 1. Juli sein mußte):

WAHRE POSITION 1. Juli 10.00 Uhr

Wie konnte ihm, Crowhurst, dem allerpräzisesten Rechner, dem hellstrahlenden Instrument, wie konnte ihm, der jetzt die verborgensten Geheimnisse der Zeit kannte, ein derart unverzeihlicher Fehler unterlaufen? Und das, während er gleichzeitig auf das Ticken der Uhr lauschte, die weiterrückenden Zeiger betrachtete und die Sekunden zählte bis zu dem Augenblick, in dem er ein kosmisches Wesen werden mußte?

Nachdem er sich selbst und seine Uhren berichtigt hatte, begann Crowhurst mit der Abfassung seines letzten Testaments. Es war die Niederschrift seiner quälenden Wahnvorstellungen in den letzten achtzig Minuten seines Lebens. Es war auch – soweit wir ihren Sinn überhaupt feststellen können – eine Beichte. Es war, als hätten die Worte, die er zuvor geschrieben hatte, symbolisch Besitz von ihm ergriffen: auch er hatte den »maximal möglichen Fehler« begangen, und er wollte jetzt seine eigene »wahre Position« bestimmen.

Wir wollen versuchen, Crowhursts Gedanken und deren Bedeutung zu entschlüsseln; zuvor aber müssen wir eine Warnung aussprechen. Was Crowhurst in seinen früheren Meditationen geschrieben hatte, war zwar oft dunkel und schwer verständlich, aber doch einer logischen Deutung zugänglich. Jetzt indes war er hinabgetaucht in einen viel tieferen Wahn, und er benutzte eine Sprache, die allein er verstand, und deren Sinn wir bestenfalls ansatzweise erraten: unsere Interpretation kann sich nur auf Eindrücke stützen, sie ist nicht definitiv.

Die früheren Texte waren ein typischer Ausdruck klassischer Paranoia gewesen, einer psychotischen Störung, bei der sich Wahnideen und Einbildung zu einem komplexen, vielfach verschachtelten Gebäude zusammensetzen. Paranoides Denken geht zwar von falschen Überzeugungen aus, seine Struktur jedoch weist eine starke innere Logik und Folgerichtigkeit auf; gleichzeitig bleibt der Rest der Persönlichkeit mehr oder minder intakt. Sehr häufig baut das Wahnsystem auf einer eingebildeten Verfolgung auf, doch wie es mit Crowhurst geschah, kann der Paranoide auch einem Größenwahnsinn verfallen – sich für einen großen Mathematiker oder Philosophen halten oder für den Messias. Und es ist möglich, daß der Betreffende mit dieser Überzeugung sich ansonsten durchaus vernünftig verhält: so wie Crowhurst in seinen Funksprüchen.

Im allgemeinen jedoch stabilisiert sich die Wahnvorstellung nicht auf dieser Ebene. Die Persönlichkeit neigt immer mehr zur Auflösung, Denkformen geraten seltsam durcheinander. Schriftliche Äußerungen sind nicht mehr nachvollziehbar: Ideen verdichten und ballen sich ohne Logik zusammen, Themen, die nichts miteinander zu tun haben, vermischen und durchdringen sich gegenseitig, abstrakte Begriffe erhalten eine eigene, konkrete Bedeutung. Dies sind, gekoppelt mit Wahnvorstellungen, Symptome paranoider Schizophrenie – und gegen Ende seiner Meditationen tendierten Crowhursts Texte immer stärker in diese Richtung.

In seinem unkontrollierten Gebrauch von Wörtern mit mehreren Bedeutungen auf verschiedenen Ebenen, zudem formuliert in einer privaten Kürzelsprache, sind Crowhursts letzte Worte außerordentlich komplex und mißverständlich. Unter dem Begriff seiner Wahnvorstellungen entwickelte Crowhurst, mehr als je zuvor, eine Leidenschaft für Wortspiele und jonglierte mit Bedeutungen. Seine Worte umspannten drei verschiedene Tätigkeiten gleichzeitig. So schrieb er erstens als ein »Berichtiger« seiner selbst, als wäre er die Uhr, die es richtigzustellen galt; zweitens als Navigator, der nach fehlerhaften Zeitmessungen und Peilungen, die ihn vom Kurs abgebracht hatten, seine »wahre Position« bestimmte; und drittens schrieb er als ein Spieler, der gegen Gott Schach spielte und sich in einer so hoffnungslosen Lage befand, daß ihm nichts anderes übrigblieb, als aufzugeben. Diese drei Denkebenen waren unauflöslich ineinander verzahnt.

Aber was Crowhurst in der schizophrenen Dunkelheit zum Ausdruck brachte, war mehr als geistreiche Wortspiele über seine Wahnvorstellungen: dahinter stand der Wunsch, seine Aufzeichnungen zu berichtigen, stand das tiefe Anliegen, die Wahrheit aufzudecken.

Als Crowhurst sein Testament beendet hatte, entschloß er sich zu sterben. Die näheren Umstände seines Todes kennt niemand, es war ja niemand dabei. Unsere Rekonstruktion stützt sich auf eine eingehende Untersuchung der Logbücher und auf die Beweiskraft bestimmter wesentlicher Gegenstände, die an Bord der *Teignmouth Electron* gefunden beziehungsweise nicht gefunden wurden. Manche Details des Hergangs sind eindeutig erwiesen, andere weniger; kein Zweifel aber bestand an der zentralen Annahme: daß Crowhurst beschlossen hatte, sein Leben zu beenden, bezeugen seine eigenen Worte; und alle anderen Anhaltspunkte, die wir fanden, weisen in dieselbe Richtung.

Alles war bereit zum letzten Geständnis. Er setzte sich an den Arbeitstisch in der Kajüte, der unter den Überresten seiner Reparaturen am Funkgerät halb verschüttet war, das Hamilton-Chronometer stand jetzt vor ihm und tickte. Wahrscheinlich ging die Uhr nicht ganz exakt, aber das war jetzt nicht mehr wichtig – um die Minuten zu zählen, die ihm bis zu seinem Tod blieben, brauchte er nur zu wissen, wieviel Zeit verging. Wenn er den Kopf hob, sah er das Barometer am vorderen Schott, und die leeren Seiten vor ihm warteten auf seine Gedanken. Er schrieb eine zweite Überschrift, um auch alles ganz richtig zu machen:

EXAKTE POS 1. Juli 10.03

Darunter zog er drei senkrechte parallele Linien am linken Rand der Seite, wie er es für seine Navigationseintragungen immer getan hatte. In diese Spalten schrieb er den Countdown, die am Chronometer gemessene Zeit, und er vermerkte exakt die Minuten und Sekunden, die er sich für sein Geständnis bewilligte. Fünf Minuten und vierzig Sekunden nach der Überschrift brachte Crowhurst seinen ersten Gedanken zu Papier:

10 08 40 Grund für System zur Fehlerminimierung
Gehen – Erfahrung entfernen
Barometerdruck in Bewegung

Der erste Satz erinnert an die Meditationen. Das System, das stets versucht, Dinge – die Menschen –, die sich eines Fehlers schuldig gemacht haben, auszumerzen, dieses selbe System versuchte jetzt, Crowhurst zu entfernen. Schließlich hatte er sich den größten möglichen Fehler zuschulden kommen lassen – er hatte versucht, eine Segelfahrt um die Welt zu fälschen. Deshalb mußte er gehen, seine Erfahrung ausmerzen und in ein befriedigenderes System verlagern, in dem er sein wahres Selbst sein konnte. Das Barometer – auch dieses ein symbolisches Instrument – zeigte, daß das Wetter bald umschlagen würde, die vollkommene Windstille, die während der Zeit der Offenbarung geherrscht hatte, ging zu Ende. Es war Zeit zu gehen.

10 10 10 System der Bücher vollkommen reorganisiert viele Parallelen

All die großen Bücher, in denen die Weisheit Christi, Galileis, Einsteins stand, hatten mit Crowhursts Offenbarung eine andere Bedeutung erhalten. Das Wissenssystem wurde durch seine »Eingebung« um- und neugestaltet.

10 11 20 Verwirklichung der Rolle der Entscheidungsfindung
Zögern – Zeit   Handeln + Zeit

Auf den ersten Blick sieht dies aus wie eine Variante der Redensart »Wer zaudert, braucht zweimal so lang«. Vielleicht hieß der Satz: Wer zögert, dehnt die Zeit in die Länge, wer handelt, verkürzt sie? Zögern hieß *minus* Zeit, Handeln *plus* Zeit? Brachte Crowhurst hier – gegen das stetige Vorrücken der Uhrzeiger – die Vorstellung zum Ausdruck, daß es sein eigenes Zögern gewesen war, das seine Zeit und seine Uhren verlangsamt hatte, während seine Panikausbrüche sie beschleunigten? Dachte er an seine Unentschlossenheit, während der Countdown weiterging?

10 13 30 Freq.
Bücher Menschenseele in ihre Arbeit – Grund für die »Arbeit« unwichtig?

Dies ist unklar. Vielleicht dachte Crowhurst an seine Offenbarung, die in den Logbüchern stand, und hoffte, daß die betrügerische Natur seiner »Arbeit« unwichtig sei?

10 14 20 Einsiedler erlegen sich selbst unnötige Bedingungen auf
Wahrheitssuche durch Zeitverschwendung.

Crowhurst war, natürlich, ein solcher Eremit, der wegen seines langen, aufgezwungenen Zögerns die Wahrheit erfahren hatte. Indem er Zeit »verschwendete«, hatte er ihre wahre Natur erkannt.

Zehn Sekunden später schrieb er einen merkwürdig hermetischen Abschnitt, der vielleicht – neben vielem anderen – das Eingeständnis einer seiner besonders charakteristischen Schwächen enthält:

10 14 30 Verrücktheit ist in der Einbildung »vorwärts« gegangen
Falsche Entscheidung nicht perfekt Zeit nicht länger gerechnet Hatte Uhren desorganisiert

Was war seine »Verrücktheit«, die »in der Einbildung vorwärts gegangen« war? War es seine alte Gewohnheit, sich auf eine neue Herausforderung zu stürzen, wenn die alte gegenstandslos geworden oder er an ihr gescheitert war? Diesen Charakterzug, der uns oftmals auffiel, erkannte er jetzt. Es war eine »falsche Entscheidung«, aufgrund deren die Zeit sich nicht länger »rechnete«. Es war alles nicht so perfekt, wie er es sich vorgestellt hatte. Seine Uhren waren jetzt alle aus dem Takt.

10 15 40 Uhren Denke muß mir wegen Zeit keine Sorgen machen ± aber nur benötigte Zeit ± Kann bedeutungslos sein? Wichtiger Grund für die Arbeit ist (verloren) verstehen
10 17 20 richtig Zeitverschwendung bedauerlich

Es war alles sehr verwirrend. Crowhurst tröstete sich zunächst wegen seiner ungenauen Uhren. Es machte nichts, daß sie mehr oder weniger falsch gingen, er benutzte sie ja nur, um die Minuten und Sekunden zu registrieren, bis der Augenblick der Vergeltung kam. In der Relativitätstheorie war die Unterscheidung jedenfalls bedeutungslos. Er versuchte aufzuschreiben, worum es bei seiner Fahrt und worum es bei seiner Offenbarung gegangen war, aber konnte es nicht.

Er war so verwirrt, daß er sich ratlos am Kopf kratzte, was ihn erheiterte:

Affe zeigt Ratlosigkeit durch Kopfkratzen!

Das menschliche Tier hebt, wenn es verblüfft und ratlos ist, seine Tierhand und kratzt sich den Schädel, der sein Gehirn, seinen Geist enthält. An den Rand, dort, wo er die Chronometerzeiten festhielt, schrieb Crowhurst »stimmt es nicht?« und wiederholte den Satz noch einmal im Text. Die Zeit aber setzte er mitten hinein, als müßte sein aufgeregter Geist, während er sich auszudrücken versuchte, Zeit und Gedanken noch enger verknüpfen. Die sauberen Trennungslinien vermochten nichts mehr auseinanderzuhalten:

> stimmt es nicht? 10 19 10 Übel ist Wahl der Interpretation von Symbolen

Dann fing er eine neue Seite an, in neuem Stil. Er zog keine Linien zur Abtrennung mehr, und die Symbole der Uhr, der Zeit, der Navigation verloren an Bedeutung. Sein Geständnis war ihm bis jetzt nicht recht gelungen; er war in einen logischen Morast geraten. Übel... die Wahl... die Symbole – damit kam er dem eigentlichen Kern seines Anliegens näher. Als ein Gott stand er über der konventionellen Moral, das wußte er. Dessen ungeachtet war jedoch eine schreckliche Wahl zu treffen, die Entscheidung, die ihn auf den letzten Seiten der Meditationen aus der Fassung gebracht hatte, aber während er über die Zeit philosophierte, hatte er sie aus den Augen verloren.

Diese Entscheidung war, recht einfach, die Frage, welche Unterlagen, welches Beweismaterial er an Bord der *Teignmouth Electron* lassen sollte, wenn er sie aufgab. Die Alternativen waren klar: Auf der einen Seite konnte er das zweite Logbuch vernichten, das seine Fahrt durch den Atlantik ans Licht brachte, seinen unerlaubten Besuch am Rio Salado, das Geständnis, das er jetzt niederschrieb, – das vierte Logbuch hingegen an Bord lassen, in dem der gefälschte, vielleicht annehmbare, Weltumsegelungsbericht stand. Niemand würde die Unterlagen eines Toten allzu genau prüfen. Das bedeutete, er würde als Held sterben und ein »verborgener« Gott werden (der zu sein die Natur ihm erlaubte), was seiner Familie den Schmerz über seine Schande ersparen würde. Aber dieser Kurs bedeutete, daß seine Offenbarung weitgehend verloren war und die Menschheit weiterleben mußte als bloße Affen mit Rechnern.

Auf der anderen Seite konnte er das gefälschte vierte Logbuch vernichten: als Strafe für seine Sünde, – und das zweite Logbuch an Bord der *Teignmouth Electron* zurücklassen, zusammen mit seinen anderen wahrheitsgemäßen und belastenden Unterlagen. So konnte die Welt sein Geständnis lesen und den Beweis, daß er den Atlantik nie verlassen hatte. Dieser Kurs würde einiges wiedergutmachen, ihm die Qual des Verborgenseins als Gott ersparen und der Sache der Wahrheit dienen, denn er hielt seine wahre Position fest.

Dies ist das eigentliche Dilemma, das hinter den folgenden verwirrten, verwirrenden Worten über »das Spiel« steht. Zuerst erwog Crowhurst, die Täuschung aufrechtzuerhalten:

> Neuer Gr[und] für Spiel tritt auf. Mein Urteil zeigt kann nicht nichts zustande »gebrachtes« verwenden, sondern muß alles zustande bringen. Sehr schwierige Aufgabe.
>
> NICHT unmöglich. Deshalb *Tu das B*
> Strebe nach Vollkommenheit in der Hoffnung

Man kann dies dahingehend auslegen – und die Interpretation ist verlockend –, daß Crowhurst meinte, wenn er sein Spiel fortsetzen und die Welt weiterhin zum Narren halten wollte, konnte er seine tatsächliche Fahrt – mit all den Fakten, wie sie von selbst »zustande gebracht« worden waren – nicht verwenden; sondern er mußte selbst alles zustande bringen, indem er Positionen und alle dazugehörigen nautischen Angaben erfand. Das war schwierig, aber NICHT unmöglich. Der kursiv gesetzte Satz *Tu das B(este)* war durchgestrichen, und er schrieb statt dessen: »Strebe nach Vollkommenheit in der Hoffnung...«. In der Hoffnung worauf?

Er hörte auf zu schreiben. Er wußte, er würde es nicht schaffen. Er konnte nicht alles zustande bringen, wie sehr er sich auch um Vollkommenheit bemühte. Vielleicht war das vierte

Logbuch nicht überzeugend genug. Wie auch immer: die ganze Idee stand mit seiner gottgleichen Hingabe an die Wahrheit im Widerspruch. Von neuem schrieb er die Zeit auf und fuhr fort:

20 22 Verstehe zwei »Gründe« für widersprüchliche Aufgabe. Spielregel unsicher. Wenn
10 23 30 Spiel alles zurückzunehmen? Wo ist zurück?

Jetzt erwog er den anderen Weg, das Geständnis. Die beiden »Gründe« waren die Alternative Verbergen oder Gestehen, die miteinander im Widerspruch lagen und die Aufgabe so schwierig machten. Crowhurst war noch immer ratlos. Alle Regeln des Spiels waren unsicher geworden. Die Aufrichtigkeit gebot ihm, es zu versuchen: alles rückgängig zu machen und den guten Zustand wiederherzustellen, in dem er gewesen war, bevor er angefangen hatte zu betrügen. Aber das war sehr verwirrend: was war denn wirklich seine Position gewesen, vorher? War er aufrichtig oder nicht?

Diese Konfusion ließ ihn verzweifeln:

10 23 40 Kann keinen »Zweck« im Spiel erkennen.

Und zwei Minuten später hatte er endgültig aufgegeben. Wie ein Schachspieler war er in eine hoffnungslose Stellung geraten:

10 25 10 Muß Position aufgeben denn wenn ich mir »unmögliche« Aufgabe stelle dann nichts erreicht durch Spiel...

Er kann den Betrug nicht aufrechterhalten, aber er kann ihn auch nicht wiedergutmachen.

...Einziger Grund für Spiel neue Regeln finden die steuern alte Wahrheiten. Exakte Position Verstehen der Idee des Gleichgewichts der Kräfte. Es ist nur ein Weg Hoffnung auszudrücken. Der Altersprozeß ist neuer Weg der Verzweiflungsidee

Diese beiden letzten Sätze sind unklar. Vielleicht bestand das Gleichgewicht der Kräfte zwischen zwei gleichermaßen untragbaren Entscheidungen, die einander so sehr die Waage hielten, daß er froh war, keinen Entschluß fassen zu müssen? Vielleicht war mit dem Altersprozeß sein Chronometer gemeint, das die Zeit verrinnen ließ, unerbittlich? Auf jeden Fall ließ die Erkenntnis, daß das Spiel zuviel für ihn gewesen war und es keinen Ausweg gab, Crowhursts Geist in eine letzte wilde, verzweifelte, theoretische Spekulation ausbrechen:

10 28 10 Einzige Voraussetzung für neuen Satz Regeln ist daß es welche GIBT

10 29 Grund verstehen für Notwendigkeit Spiele zu erfinden. Kein Spiel das der Mensch erfinden kann ist harmlos. Die Wahrheit ist daß es nur einen Schachmeister geben kann, das ist der Mensch der sich befreien kann [von] der Notwendigkeit gesprengt [zu] werden durch einen kosmischen Geist...

Der einzige Weg, diesem gefährlichen Spiel zu entrinnen, war, seinen Körper zu verlassen und ein kosmisches Bewußtsein zu werden.

...es kann nur eine vollkommene Schönheit geben das ist die große Schönheit der Wahrheit...

Deshalb mußte er die Wahrheit sagen, die ganze Wahrheit über seinen Betrug, und das zweite Logbuch zurücklassen.

> ... Kein Mensch kann mehr tun als alles dessen er fähig ist. Der vollkommene Weg ist der Weg der Versöhnung ...

Nun bat er um Vergebung:

> ... Wenn es einmal eine Möglichkeit zur Versöhnung gibt dann (ist es) vielleicht nicht nötig Fehler zu machen ...

Schließlich brachte er sich doch noch beinahe dazu, ein offenes Geständnis zu machen:

> ... Enthüllt ist jetzt die wahre Natur und Zweck und Macht des Spiels Vergehen bin ich Ich bin was ich bin und ich sehe die Natur meines Vergehens

Nachdem er gestanden, oder *faktisch* gestanden hatte, appellierte er an Gott oder den Teufel – an den Urheber jedenfalls, wer immer er war, der schrecklichen Regeln dieses seines tödlichen Spiels –, beim nächsten Mal ehrlich zu spielen. Er war Gott so nahe, daß er sich als sein messianischer Sohn fühlte:

> Ich werde dieses Spiel nur aufgeben wenn du zustimmst daß [bei] der nächsten Gelegenheit wenn dieses Spiel gespielt wird es gespielt wird nach den Regeln die erfunden werden von meinem großen Gott er hat endlich seinem Sohn offenbart nicht nur die wirkliche Natur des Beweggrundes für Spiele sondern er offenbarte auch die Wahrheit über den Weg zur Beendigung des nächstens Spiels das
> Es ist vollbracht –
> Es ist vollbracht
> ES IST DIE GNADE

Er hatte die Worte geschrieben. Er hatte klar ausgesprochen, was er vorhatte. Die kosmische Explosion hatte begonnen, und das Spiel, das er zuerst so amüsant gefunden hatte, so harmlos, so erfolgversprechend, daß er sicher war, es würde ihm – verdient oder unverdient – Ruhm einbringen, dieses Spiel brachte ihm nun als Vergeltung unabwendbar den Tod. Es war vorbei, es war vollbracht, das war die Gnade.

Wohl eine halbe Stunde lang wartete Crowhurst in einer geistigen Agonie, verharrte demütig, er bereitete sich auf den Tod vor; vielleicht erledigte er noch einiges, was in der Kajüte zu tun war, und vielleicht war dies auch der Augenblick, als er am Heck das Tau loshakte, das er als Sicherheitsmaßnahme gegen einen unabsichtlichen Sturz über Bord stets hinter sich herzog. (Denn als das Boot gefunden wurde, war nirgends eine Leine befestigt.) Dann kehrte er in die Kajüte zurück, nahm den Bleistift und schrieb in großer, hastiger Schrift, bis er am Ende der Seite angelangt war.

Fünf letzte Sätze schrieb er noch, in denen er Gott, seinem Vater, versprach, daß er seine Pflicht tun würde, wie seine heilige Familie es verlangte. Er sprach direkt zu Gott, der das nächste Spiel mit ihm spielen würde: dort, im System der reinen, körperlosen Intelligenz. Mit dem nächsten Zug war Gott an der Reihe, und dies war für Gott der Zeitpunkt, ihn zu tun:

11 13 00 Es ist das Ende meines
meines Spiels die Wahrheit
ist offenbart worden und es wird
geschehen wie meine Familie es
von mir verlangt

11 17 00 Es ist Zeit, daß du
deinen Zug tust

Ich habe nicht nötig das Spiel
zu verlängern

Es ist ein gutes Spiel gewesen das
zu Ende gehen muß am
ich werde dieses Spiel spielen wann
ich das will ich werde das Spiel
aufgeben 11 20 40 Es gibt
keinen Grund für schädliche

Das waren die letzten Worte, die Donald Crowhurst schrieb. Es war kein Platz mehr, auch keine Zeit, um noch weiterzuschreiben; achtzehn Minuten nach elf hatte er aufgehört, so daß ihm nur noch zweieinhalb Minuten bis zu dem Augenblick blieben, den er für seine große Geste bestimmt hatte. In dieser Zeit gab es Wichtiges zu tun.

Er stand auf (nehmen wir an), klappte die Logbücher zu und legte alle – bis auf eines – auf den Kartentisch, wo sie leicht gefunden werden konnten; darin standen seine Offenbarung, die den Lauf der Geschichte verändern würde, in all ihrem Glanz, und das volle Geständnis seines Betrugs. Er war, was er war, und er wollte, daß jeder die Art seines Vergehens sah – denn dies waren die wahre Natur und der Zweck und die Macht des Spiels. Er entsann sich, daß es eine kleine Wahrheit gab, die seine Logbücher nicht enthüllen würden: die Art und Weise, wie er seine Rekordfahrt im Dezember gefälscht hatte. Deshalb legte er sorgfältig die zwei Zeichenblätter daneben, die er nicht vernichtet hatte, – es waren die beiden, auf denen er seine »frisierte« Navigation ausgearbeitet hatte. Sie würden das Bild vervollständigen. Er mußte methodisch vorgehen, und er wollte, daß alles klar sei.

Dann hob er das Hamilton-Chronometer auf und sah zu, wie die Sekunden verstrichen, eine nach der anderen. Mit der Uhr in der Hand und dem vierten Logbuch ging er zum Niedergang. Er sah sich zum letztenmal in der Kajüte um und prüfte, ob alles Beweismaterial an Ort und Stelle lag.

Vielleicht warf er einen Blick auf die Funkgeräte, die er in so großer Verzweiflung zu reparieren versucht hatte, damit er mit seiner Frau in Bridgwater sprechen konnte; auf den immer noch ungebauten »magischen Rechner« unter dem roten Sitzkissen; auf den gezackten Hals der Champagnerflasche, die neun Monate zuvor für die Schiffstaufe verwendet worden war; auf den Rettungsgürtel im hinteren Stauraum; auf die Haarbüschel, die auf dem Kajütenboden herumlagen, abgeschnitten in der Vorbereitung auf die triumphale Rückkehr – oder auf einen triumphalen Tod. Eine Minute war vergangen.

Er stieg die sieben Sprossen des Niedergangs hinauf ins Cockpit; noch immer kontrollierte er jede Bewegung mit dem Chronometer. Es war fast Mittag. Freundlich schien die Sonne, die See war ruhig. Grüner Sargassotang trieb in kleinen Teppichen vorbei. Unter ihrem einzigen Segel machte die *Teignmouth Electron* sehr langsame Fahrt.

Donald Crowhurst warf das vierte Logbuch, das einzige durchweg erlogene Navigationsprotokoll, ins Meer. Das mußte so sein: damit die Welt nur seine »wahre Position« erfuhr. Er hatte über diese qualvolle Entscheidung lange nachgedacht und hatte seinen Entschluß gefaßt. »Verbergen« würde zu weh tun, er mußte sich für die Aufrichtigkeit entscheiden. Die Unterlagen, die er in der Kajüte zurückgelassen hatte, logen gelegentlich, aber nur in nebensächlichen Details: jeder, der sich die Mühe machte, sie sorgfältig zu prüfen, würde rekonstruieren können, was geschehen war.

Es war zwanzig Minuten nach elf. Nur noch vierzig Sekunden. Er betrat das Heck des Trimarans, vorbei an der nicht mehr vorhandenen Hasler-Steuerung und dem Besanmast mit dem leicht geblähten Segel, und noch immer beobachtete er das Chronometer. Der Sekundenzeiger lief rund um das Zifferblatt, und als er bei der Vierzigsekundenmarke angelangt war, sprang er vom Heck ins Meer. Der Mann, der ein Held sein wollte und als Gott endete, nahm die beiden Dinge mit sich in den Tod, die für seinen Maximal Möglichen Fehler standen: die lügende Uhr und das lügende Logbuch. Zurück ließ er die Große Schönheit der Wahrheit.

In der schwachen Brise machte die *Teignmouth Electron* weniger als zwei Knoten, aber sie war noch immer schneller, als er schwimmen konnte. Crowhurst sah ihr nach, wie sie sich langsam von ihm entfernte.

Epilog
Und die Welt sagte ...

Die erste Nachricht, daß die *Teignmouth Electron* auf unerklärliche Weise verlassen aufgefunden worden sei, erreichte Clare Crowhurst am Abend des 10. Juli. Zwei Polizisten aus Bridgwater fuhren im Streifenwagen hinauf nach Woodlands, aber sie war auf einem Spaziergang mit ihrem Hund, und so sagten sie es ihrer Schwester Helen. Helen wartete dann an der Zufahrt zum Haus, zusammen mit einer Nonne aus dem nahegelegenen Kloster, die durch eine Meldung im Rundfunk davon erfahren hatte und herbeigeeilt war. Clare war zunächst nicht übermäßig beunruhigt, sie nahm einfach an, ihr Mann werde einen Ausflug mit dem Rettungsboot unternommen haben oder dergleichen. In eher brüskem Ton teilte sie der Nonne mit, sie habe keinen Trost nötig; dann ging sie hinunter zum Haus. Mehrere Wagen waren dort geparkt, und im Wohnzimmer hatte sich eine kleine Schar besorgter Freunde versammelt. Clare nahm die Kinder mit nach oben und berichtete ihnen von der Entdeckung, aber den Schock der Erkenntnis spürte noch keiner von der Familie. Als sie wieder herunterkam, warnte sie einer der Polizisten, sie müsse sich auf eine Flut von qualvollen Anrufen gefaßt machen. Erst in diesem Augenblick begann ihr allmählich zu dämmern, was diese Nachricht bedeutete. Auf der Zufahrt stand der Streifenwagen, um den Ansturm der Presse abzuhalten, der dann den ganzen folgenden Monat nahezu ununterbrochen anhielt.

An diesem Abend weigerte sich Mrs. Crowhurst, irgendwelche Kommentare abzugeben, aber sie sagte, sie habe sehr stark das Gefühl, daß Donald noch am Leben sei. Die Zeitungen gaben dies am nächsten Tag wieder. Sie sei sich deshalb so sicher, weil sie keinerlei Vorahnung von einer Tragödie gehabt habe. Sie glaubte so tief an ihr seelisches Einssein mit Donald, daß sie überzeugt war, sie hätte den Augenblick seines Todes spüren müssen, und so dachte sie sich die verschiedensten Möglichkeiten aus und stürzte sich auf alles, was ihr, für eine Weile, Trost und Hoffnung zu geben vermochte. Sie bat Rodney Hallworth, herauszufinden, ob der Taucheranzug noch an Bord der *Teignmouth Electron* sei: wenn er fehlte, könne das bedeuten, daß er nur getaucht sei und sich in dem Augenblick, als der Trimaran gefunden wurde, ganz in der Nähe unter Wasser aufgehalten habe und noch am Leben sei, schwimmend. Hallworthens Agentur verbreitete die Theorie, Crowhurst sei durch verdorbene Lebensmittel krank geworden – man berief sich dabei wohl auf das Telegramm über verschimmeltes Mehl und interessanten Käse. Kapitän Box von der *Picardy* entkräftete beide Theorien. Der Tauchanzug war an Bord, und die Lebensmittelvorräte waren zum größten Teil in tadellosem Zustand.

Zwei Tage später rief die *Sunday Times* zugunsten der Familie Crowhurst einen Unterstützungsfonds ins Leben, der mit fünftausend Pfund dotiert sein sollte, und Robin Knox-Johnston bat sogleich, den Fonds zusätzlich mit dem 5000-Pfund-Preis für die schnellste Umsegelung – der ihm jetzt ja automatisch zufallen würde – auszustatten. Durch die Tragödie war jeder viel zu bestürzt, um nach der Authentizität von Crowhursts Fahrt zu fragen. Mitten unter all den Beileidsbezeugungen und Schecks mit Spenden für den Fonds traf bei der *Sunday Times* Sir Francis Chichesters Brief ein, in dem er eine genaue Untersuchung forderte; er war am 2. Juli in Portugal aufgegeben worden. Aber in der Welle von Sympathiekundgebungen, die nun aufbrandete, ging der Brief völlig unter, und wir fanden ihn erst Monate später, als wir die Akten durchforsteten.

Unterdessen bombardierten die Zeitungen, die keine blasse Ahnung hatten, was wirklich geschehen war, Captain Box mit Bitten um Einzelheiten und veröffentlichten ad hoc erfundene, phantastische Theorien. Jemand verbreitete die Kunde von drei weiteren Yachten, die angeblich auf genauso mysteriöse Weise verlassen im Atlantik nahe der *Teignmouth Electron* gefunden worden seien, was Bilder von riesigen Seeungeheuern oder Todesstrahlen aus dem Universum heraufbeschwor. Und fast jede Schlagzeile erinnerte an die *Mary Celeste* – in keiner einzigen war der Name richtig geschrieben.

Durch sein geheimnisvolles Verschwinden erlangte Donald Crowhurst die Berühmtheit, deretwegen er aufgebrochen war, die Welt zu umsegeln. Er wurde zu einer international bekannten, sagenumwobenen Gestalt. Und wie bei allen sagenumwobenen Gestalten rankten sich bald auch um seinen Namen Legenden und romantische Spekulationen. Dem hartnäckigsten und glanzvollsten Mythos zufolge, der sich Crowhurst anheftete (wie er sich dem Gedenken aller legendären Helden anheftet, von König Artus bis Che Guevara), war er niemals gestorben. Er sei lebendig und gesund und, so will es der Mythos, lebe in Südamerika oder irgendeinem anderen Paradies für Aussteiger, und er warte nur auf den Ruf, um sein normales Leben wiederaufzunehmen.

Für alle Romantiker – und jene, die, wie Peter Beard, Donald Crowhurst für fähig hielten, noch aus der unmöglichsten Zwangslage einen Ausweg zu finden – wird dies stets die verlockendste Theorie sein. Noch Jahre später genügte es in England, in einem Pub, einer Bar den Namen Crowhurst zu erwähnen, damit unweigerlich die Reaktion erfolgte: »Crowhurst? Lebt er noch? Wie ist er entkommen?«

Zeitungen, die Crowhurst als den Standardhelden in einem Seemannsepos gezeichnet hatten, vom Elektronikgenie und Lokalmatador über den fröhlichen Steuermann und Spezialisten für Fliegende-Fisch-Frühstücke bis hin zur modernen Reinkarnation des *Mary-Celeste*-Mythos, fabrizierten nun das logische Nachspiel zu diesem Klischeedrama. Der *Daily Express* schickte einen Reporter aus, der Crowhurst auf den Kapverdischen Inseln enttarnen sollte. An einem französischen Strand wurde eine Flaschenpost mit der Botschaft gefunden »Hilfe – bin auf ägäischer Insel gestrandet«, die einige Aufregung hervorrief – obwohl sie schon mit bloßem Auge als Fälschung eindeutig zu erkennen war. Später behauptete ein Photograph namens Shaun Hennessy, er habe Crowhurst in Barnstaple, Devonshire, gesehen – versteckt hinter einem gewaltigen Bart. Aber dann räumte er ein, es müsse ihm jemand einen Bären aufgebunden haben.

Solche Spekulationen sind wohl nie ein für allemal zu widerlegen. Wer es für möglich hält, daß Donald Crowhurst seine Höllenqualen, diese tiefe Bewußtseinsstörung, die 25000 Worte langen letzten Meditationen simuliert haben könnte, der wird ohne weiteres in der Lage sein, Geschichten Glauben zu schenken, die von einem geheimen Verbündeten im Hubschrauber oder Miniatur-U-Boot berichten, der ihn mitten im Atlantik aufgelesen und in Sicherheit gebracht haben soll. Die Meditationen wurden indes von mehreren Psychologen gelesen, die zu dem übereinstimmenden Schluß kamen: Dieser Text kann nicht von einem Menchen stammen, der bei gesundem Verstand ist und sich einfach einen Jux machen will. Einer unserer Berater faßte sein Urteil so zusammen: »Es wäre verdammt schwierig, fünfundzwanzigtausend Wörter von diesem Zeug zu schreiben. Versuchen Sie's.«

Eine zweite, gleichermaßen unwahrscheinliche Theorie ging um, derzufolge Crowhurst es geschafft habe, die siebenhundert Meilen zum nächsten Land schwimmend zurückzulegen, ohne Rettungsring*. Oder aber er sei heimlich auf den Azoren gelandet und habe die leere *Teignmouth Electron* so fest angestoßen, daß sie allein davongesegelt sei, gegen die vorherrschenden Winde und Strömungen und ohne funktionierende Selbststeuerung, bis zu der Stelle, wo die *Picardy* sie entdeckt habe.

Die andere, weniger romantische Möglichkeit ist, daß Crowhurst durch einen Unfall starb. In den ersten Kapiteln dieses Buches haben wir erwähnt, wie Crowhurst sich in mehreren Fällen an Bord von Segelbooten sehr ungeschickt benahm, besonders dann, wenn er geistesabwesend oder von anderen Dingen in Anspruch genommen war. Ein Unfall kann nicht als vollkommen unmöglich ausgeschlossen werden, aber die Texte im

* Die *Sunday Times* berichtete fälschlich, daß die Schwimmweste fehle. Sie wurde später, bei unserer Untersuchung des Bootes gefunden: sie war in der Kammer unter dem Niedergang verstaut.

Logbuch, die nicht mehr vorhandene Sicherheitsleine, das fehlende Chronometer und andere Dinge sprechen sehr stark gegen diese Annahme. Die Theorie, die wir in diesem Buch präsentiert haben, ist – davon sind wir überzeugt – die einzige, die mit allen Fakten übereinstimmt.

An eine Aufklärung des Rätsels um Crowhursts Verschwinden war freilich erst zu denken, sobald seine Logbücher systematisch geprüft wurden. Sie waren deshalb natürlich ein sehr wertvoller journalistischer Besitz. Während die *Picardy* mit dem Trimaran und den Logbüchern an Bord Kurs auf den Antillenhafen Santo Domingo hatte, reiste Rodney Hallworth nach London, um die weltweiten Exklusivrechte an den nicht gesehenen Aufzeichnungen dessen, was damals noch als heroische Weltumrundung galt, zum Kauf anzubieten. Als die Auktion begann, war der *Daily Express* sehr darauf erpicht, aber die Begeisterung reichte dann doch nicht so weit, denn Hallworth verkaufte schließlich der *Sunday Times* das Copyright an den Logbüchern, für viertausend Pfund.

Eine kleine Gruppe flog nach Santo Domingo, der *Picardy* entgegen, um die Logbücher abzuholen, darunter Nicholas Tomalin (einer der beiden Autoren dieses Buches), der Photograph Frank Herrmann und Rodney Hallworth, der die Übergabe beaufsichtigen sollte. Hallworth war durch den Tod seines Klienten noch derart erschüttert, daß er seine Mitreisenden um eine Gedenkminute bat, als die Boeing 707 von Madrid aus das Stück Atlantik überflog, in dem Crowhurst ums Leben gekommen war.

Als die *Picardy* am Mittwoch, dem 16. Juli, eindockte, nahm Captain Box Hallworth mit in seine Kabine, um ihm die Situation zu erläutern. Er hatte die Seiten mit dem Bekenntnis und der Andeutung des Selbstmordes gefunden. Er zeigte sie Hallworth und drängte ihn, sie aus dem Logbuch herauszureißen, damit Crowhursts Familie die entsetzliche Wahrheit nie erfuhr. Das tat Hallworth, und er hatte die Absicht, sie bei seiner Rückkehr allein dem Herausgeber der *Sunday Times* zu zeigen.

Erst am nächsten Tag – nachdem Tomalin eine spekulative

Story über die verschiedenen möglichen Unfälle, die stattgefunden haben könnten, nach London telegraphiert hatte – ergab die Untersuchung der Logbücher, daß Crowhurst den Atlantik nie verlassen hatte.

Diese Entdeckung ließ die wahren Umstände von Crowhursts Tod als einfache logische Schlußfolgerung erscheinen. Hallworth fand, er könne Crowhursts Geheimnis nicht länger für sich behalten. Mit der Ankündigung, er wisse bereits, wie Crowhurst gestorben sei, zog er die herausgerissenen Logbuchseiten aus der Manteltasche und las die Worte des letzten Geständnisses vor. Die Gruppe flog nach England zurück, und als sie bei der *Sunday Times* eingetroffen waren, setzten sie sich zu einer Redaktionskonferenz zusammen, um über die schwierige Frage nachzudenken, was zu tun sei.

Einerseits hatten sie einen wahrlich sensationellen Knüller. Andererseits war das kein Knüller, der, jedenfalls oberflächlich betrachtet, einer Zeitung zur Ehre gereichte, die das Rennen um die Welt gesponsert hatte. Außerdem mußte man auf Mrs. Crowhurst und ihre Gefühle Rücksicht nehmen. Aber man konnte die Story auch nicht einfach unterdrücken, zumal im Hinblick auf den Unterstützungsfonds. So wurde beschlossen, einen vollständigen Bericht zu veröffentlichen, aber den Text des geplanten Artikels zuerst Clare Crowhurst und ihren Rechtsberatern zur Genehmigung vorzulegen. Der BBC, die im Begriff war, aus Film- und Tonbandaufnahmen eine bombastische Version der Heroischen Weltumsegelung zusammenzustellen, wurde nahegelegt, die Sendung erst einmal aufzuschieben (aber nur der Generaldirektor erfuhr den wahren Grund).

Die Enthüllung von Crowhursts Betrug, zusammen mit Hinweisen auf Geistesgestörtheit und Selbstmord, war die landesweite Sensation in der Sonntagsausgabe vom 27. Juli, und sämtliche Konkurrenzblätter brachten sie ihrerseits groß auf der Titelseite heraus. Es folgte eine zunehmend entwürdigende Reihe spekulativer Fortsetzungsgeschichten, und die Belagerung der Crowhursts durch Reporter und Photographen begann von neuem, – aber alles in allem betrachtet, war es so schmerzlos wie nur möglich. Es gab einige Empörung über Zeitungen, die tollkühne Kraftakte inszenierten, ohne sich um eine angemessene Kontrolle zu kümmern, aber allgemein herrschte die Meinung, dies sei nicht das Entscheidende an der Katastrophe, die Crowhurst widerfahren war.

Das geplante Golden-Globe-Festessen auf der *Cutty Sark* wurde angesichts der Tragödie mit Bedauern abgesagt, die verschiedenen anderen Regattateilnehmer erholten sich nach und nach von ihren Strapazen. Robin Knox-Johnston zeigte sich noch großzügiger und hielt an seiner Absicht fest, auf die fünftausend Pfund für die schnellste Weltumsegelung zu verzichten und das Geld statt dessen dem Crowhurst-Unterstützungsfonds zukommen zu lassen. »Keiner von uns sollte ihn zu hart beurteilen«, sagte er. Später trug er sich mit dem Gedanken, sich für die Tories als Parlamentskandidat aufstellen zu lassen. Bernard Moitessier, der die Welt ohne Unterbrechung eineinhalbmal umrundet hatte, ging schließlich in Tahiti an Land und beschloß, dort ein paar Monate zu bleiben, unbehelligt vom Gift der Zivilisation. Nigel Tetley, der von der *Sunday Times* einen Trostpreis von tausend Pfund erhielt, begann sich ein neues Schiff zu bauen. Es war wieder ein Trimaran. Bill King reparierte sein Boot und brach erneut zu einer Nonstop-Weltumsegelung auf, aber in Gibraltar mußte er aufgeben. Chay Blyth überredete den britischen Verband der Stahlindustrie, eine zweite Weltumsegelung in einem stählernen Boot zu sponsern, diesmal jedoch in der entgegengesetzten Richtung, gegen die westlichen Winde der brüllenden Vierziger. Captain John Ridgway gründete eine Abenteuerschule in Schottland, um den Heldenkult auch auf die künftigen Generationen auszuweiten. Alex Carozzo und Loïck Fougeron zogen sich, sichtlich glücklich, wieder ins Privatleben zurück.

In Norfolk ließ John Elliot sich zum Lehrer ausbilden (er war, schon vor der *Teignmouth Electron*, zu dem Schluß gekommen, daß der Bootsbau nicht seine Berufung war). John Eastwood selbst tat weiterhin seine gewohnte Arbeit und ließ die kleinen, aber schmerzenden Wunden, die der Vorfall ihm zugefügt hatte, allmählich ausheilen. Dasselbe tat Stanley Best in Somerset, indes er in Jamaica einen Käufer für die *Teignmouth Electron* zu finden suchte.

In Argentinien waren Nelson Messina, Santiago Franchessi und die Salvatis eine Woche lang berühmt und kehrten dann wieder zu ihrem ereignisarmen Leben zurück. Der einzige, für den Crowhursts Stippvisite unangenehme Folgen hatte, war der diensthabende Fähnrich der Marine in der Küstenwachstation La Plata, der es unterlassen hatte, den Zwischenfall seinen Vorgesetzten zu melden: obgleich seinerzeit eine anscheinend vernünftige Entscheidung, führte sein Versäumnis jetzt zu einer Untersuchung im Hinblick auf eine eventuelle Anklage wegen Fahrlässigkeit.

Clare Crowhurst lernte unterdessen, sich gegen lauernde Journalisten zu verschließen, die sie immer noch belagerten, und richtete sich auf ein Leben allein mit ihren Kindern ein. Sie nahm Untermieter auf, lernte mit der Neugier der Nachbarn zu leben, und nach ein paar Wochen, nachdem sie die Logbücher vollständig gelesen hatte, schickte sie sich in die Tatsache, daß ihr Mann für tot zu gelten hatte. Jeder, der sie traf, bescheinigte ihr Mut und praktische Vernunft.

Rodney Hallworth mußte wegen des triumphalen Erfolgs seiner Kampagne zur Verknüpfung des Namens Teignmouth mit dem berühmtesten seefahrenden Beutelschneider aller Zeiten eine Weile den gnadenlosen Spott seiner Kollegen erdulden (»Rodney, alter Knabe, von jetzt an wirst du dein Seebad als das ›Babel des englischen Westens‹ verkaufen müssen!«), aber selbst die Hoteliers seiner Heimatstadt behandelten ihn mit bemerkenswertem Verständnis.

Der Stadtrat, in Trauer und Wut angesichts all des Geldes, das für die vielen Crowhurst-Willkommensflaggen sinnlos verschwendet worden war, bestellte ihn zu sich und verlangte eine Erklärung. Hallworth aber ging aus der Vorladung siegreich hervor: das Komitee für Öffentlichkeitsarbeit empfahl ihn offiziell wegen der »grandiosen Publicity im Gefolge der Donald-Crowhurst-Saga«. Arthur Bladon, ehemaliger Stadtratsvorsitzender, meinte zufrieden, die ganze Angelegenheit habe »Teignmouth für ungefähr 1500000 Pfund kostenlose Werbung, national und international« eingebracht. Und sein endgültiger Urteilsspruch, wie die Lokalzeitung ihn wiedergab, rückte die Tragödie ins rechte Licht – aus Teignmouther Perspektive. »Trotz des traurigen Endes«, berichtete Mr. Bladon dem versammelten Ausschuß, »hat die Fahrt mehr Werbung für uns gemacht, als dieses Komitee in fünfzig Jahren zustande gebracht hat. Wir haben sie extrem billig bekommen, und ich hoffe, die Stadt weiß dies zu schätzen.«

Donald Crowhurst wäre entzückt gewesen zu hören, daß er nicht umsonst gestorben ist.

Anhang 1

Donald Crowhursts Navigation

von Captain C. A. Rich
Lehrbeauftragter an der School of Navigation, London

Sämtliche Karten in diesem Buch wurden aufgrund der in Donald Crowhursts Logbüchern enthaltenen nautischen Angaben rekonstruiert. Mit Ausnahme der vorgetäuschten Positionen aus der Zeit vom 6. bis 10. Dezember zeigen die eingezeichneten Routen den tatsächlichen Kurs – so genau, wie er in Erfahrung gebracht werden kann –, den die *Teignmouth Electron* fuhr.

Die Rekonstruktion war nötig, weil es keine Karten mit den Tagespositionen und -kursen der Yacht gab. Solche Karten werden normalerweise von Seeleuten zusätzlich zu den mathematischen Berechnungen und Navigationsdaten, die im allgemeinen in ein Log- oder Schiffstagebuch eingetragen werden, als laufendes Protokoll ihrer Fahrt geführt und dienen zur Ermittlung der täglichen Schiffsorte und der gefahrenen Kurse. Tatsächlich unternahm Crowhurst – abgesehen von den wenigen Zeichenblättern, die den unwiderleglichen Beweis dafür liefern, daß er seine Logbucheintragungen fälschte, abgesehen auch von etlichen Positionsmarkierungen auf einer Routenkarte, die von der letzten Etappe seiner Fahrt stammen, – offensichtlich keinen Versuch, seine jeweiligen Positionen auf Karten festzuhalten; es sei denn, diese Karten wurden aus irgendeinem Grund von ihm vernichtet.

Abgesehen von den bereits erwähnten sowie mehreren noch unbenutzten Zeichenkarten wurden keine weiteren für irgendeinen anderen Abschnitt der Fahrt gefunden – aber aus den nautischen Berechnungen, die in den Logbüchern stehen, geht zweifelsfrei hervor, daß Crowhurst auf seiner Fahrt in der Tat Zeichenkarten irgendeiner Sorte benutzt haben muß. Deshalb scheint es fast, daß er alle diese Karten beiseite schaffte mit Ausnahme jener, die eindeutig auf seine gefälschten Logbucheintragungen schließen ließen. Die Logbücher allein, ohne diese Karten, wären nicht ausreichend, um zweifelsfrei zu beweisen, daß falsche Eintragungen vorgenommen wurden.

Nachfolgend eine Liste der Ausrüstung, die Donald Crowhurst zur Navigation während der Fahrt benutzte:

SEXTANT zur Höhenmessung von Gestirnen für die Navigation auf See. Wird auch in Küstengewässern zur Winkelmessung von Landobjekten eingesetzt.

NAVICATOR FUNKPEILGERÄT Für Großkreisfunkpeilungen von Signalfeuern an der Küste (Seefunkfeuer) und im Inland (Flugfunkfeuer).

ECHOLOT Zur Messung der Wassertiefe unter dem Rumpf.

FUNKEMPFÄNGER Zum Empfang von Wetterberichten und Zeitsignalen zur Einstellung der Borduhr.

CHRONOMETER Zur Ermittlung der Mittleren Greenwich-Zeit.

STEUERKOMPASS Zur Richtungsanzeige des gesteuerten Kurses.

HANDPEILKOMPASS Zur Peilung von Landobjekten und Gestirnen.

BAROMETER Zur Vorhersage der Wetterbedingungen.

SCHLEPPLOG Zur Aufzeichnung der im Wasser zurückgelegten Seemeilen.

OZEANROUTEN DER WELT (1950) Enthält Dampfer- und Segelschiffrouten, abhängig von der jeweiligen Jahreszeit.

SEEHANDBÜCHER (SEGELANWEISUNGEN) Für die Weltumsegelung. Ergänzend zu den Navigationskarten der Admiralität.

SEEKARTEN Ausreichend für die Weltumsegelung wie von Crowhurst geplant.

LEUCHTFEUERVERZEICHNISSE Umfassendes Verzeichnis aller Leuchtfeuer.

GEZEITENTAFELN, Band I: Europäische Gewässer, Band II: Atlantik und Indischer Ozean, Band III: Pazifik.

NAUTISCHER FUNKDIENST, Band I: Hafenfunkstationen und Lotsenschiffe. Küstenfunkstationen; Band II: Funkortungsstationen. Funkfeuer; Band III: Meteorologische Codes. Funkwetterberichte.

ZEICHENKARTEN Zur Eintragung der Schiffspositionen nebst Informationen aufgrund astronomischer Beobachtungen (z. B. Höhendifferenzen und Standlinien).

»SHORT-METHOD«-TAFELN (H. D. 486) Für nautische Berechnungen anhand von Gestirnen; beschränkt die Trigonometrie auf ein Mindestmaß.

NAUTISCHES JAHRBUCH (1968 und 1969) Enthält die astronomischen Angaben über Sonne, Mond, Planeten und Sterne. Unverzichtbar für die Navigation auf See.

VERSCHIEDENE ZEICHENGERÄTE Für die Arbeit an den Navigationskarten.

Aus der Art der Berechnungen in den Logbüchern ist ersichtlich, daß für 1968 Reeds *Nautisches Jahrbuch* benutzt wurde, welches normalerweise nur für den Gebrauch in heimischen Gewässern gedacht ist. Für 1969 jedoch wurde das detailliertere *Nautische Jahrbuch* benutzt.

Von Teignmouth nach Lizard Point, der Südspitze Englands, ermittelte Crowhurst seine jeweilige Position durch Sichtpeilung von Landmarken und Leuchtfeuern, und solange er sich in der Reichweite der Funkfeuer entlang den europäischen Küsten befand, ortete er diese mit seinem Funkpeilgerät. Es fällt auf, daß die Peilungen während dieser Etappe der Fahrt sich als nicht sehr zuverlässig erwiesen haben. Er peilte auch das Consol-Funkfeuer von Lugo, Nordwestspanien, an. In einer späteren Phase hingegen, als er vom Rio Salado zu den Falklandinseln unterwegs war, erhielt Crowhurst mit seinem Navicator exzellente Ergebnisse. Zahlreiche Peilungen nahm er von den reichlich vorhandenen Funkfeuern an der Küste Patagoniens vor und bestimmte in mehreren Fällen seinen Schiffsort exakt. Hier war er allerdings den Funkfeuern sehr viel näher als zuvor jenen an der europäischen Küste.

Sobald er außer Landsicht war und damit aus der Reichweite

der Navigationshilfen an der Küste, begann Crowhurst mit der Hochsee- (oder astronomischen) Navigation. Er wandte zur Feststellung seiner Position die herkömmliche Navigationsmethode an, bei welcher mit Hilfe des Sextanten die Höhe von Gestirnen gemessen wird, und mit wenigen Ausnahmen verließ er sich dabei voll und ganz auf Sonnenhöhen. In einer späteren Phase, als er den Planeten Venus, den Mond und gelegentlich einen Stern benutzte, waren die Ergebnisse falsch. Dies ist verständlich, denn es gibt keinen Grund anzunehmen, daß Crowhurst etwa eine besonders große Erfahrung mit Hochseenavigation gehabt hätte, und während die Messung der Sonnenhöhe auch bei geringer Erfahrung im Umgang mit dem Sextanten halbwegs genaue Resultate zeitigt, ist bei Verwendung von anderen Gestirnen sehr viel mehr Übung erforderlich.

Auffällig ist jedoch, daß Crowhurst am 5. Juni, dem Tag, an dem er den Äquator auf dem Rückweg überquerte, drei Wochen vor seinem letzten Fix, fünf Höhenmessungen am Tag vornahm: drei davon von der Sonne, die anderen beiden von Sternen. Er zeichnete die Ergebnisse unter Berücksichtigung der zwischen den einzelnen Messungen jeweils zurückgelegten Strecke ein; alle fünf Beobachtungen sind brauchbar und ergeben ein gutes Besteck.

Robin Knox-Johnston, ein professioneller Navigator mit mehrjähriger Erfahrung in der Hochseenavigation, betrachtete Sonnenhöhen als vollkommen ausreichend für die täglichen navigatorischen Anforderungen – zweifellos würde die Zuhilfenahme von Sternen und Planeten auf Fahrten dieser Art dem Einhandsegler eine Menge zusätzlicher, überflüssiger Arbeit verursachen. Wenn jedoch Land angesteuert wird oder wenn ein sofortiges Besteck erforderlich ist, dann ist die Höhenmessung von Sternen zweifellos sehr empfehlenswert; Knox-Johnston war selbst schon im Begriff, darauf zurückzugreifen, als er einmal, vor dem Passieren der Banks-Straße nördlich Tasmaniens, seiner Position nicht sicher war. Diese mühsame Aufgabe blieb ihm jedoch erspart, denn er hatte kurz danach – rechtzeitig genug – Sicht auf das Leuchtfeuer der Schwaninsel.

So bestand Crowhursts tägliche Navigation normalerweise

aus zwei Sonnenbeobachtungen – dem erforderlichen Minimum, um eine halbwegs exakte Position bestimmen zu können. Zu Mittag lokaler Zeit, wenn – auf seinem Meridian – die Sonne genau Nord oder genau Süd peilte, ermittelte er seine Breite durch die Mittagshöhe: schnell, exakt und mit sowenig Rechnerei wie möglich. Entweder am Morgen oder am Nachmittag beobachtete er die Sonne ein zweites Mal, und mit Hilfe des *Nautischen Jahrbuchs* und seiner *»Short-Method«*-Tafeln bestimmte er eine Standlinie, auf der auf irgendeinem Punkt die Position der Yacht lag. Dann nahm er eine Zeichenkarte, um diese Standlinie um die Anzahl der Meilen zu verschieben, die er entlang dem Kursverlauf schätzungsweise gesegelt war, und zwar voraus bis zum Mittag im Fall eines Morgenbestecks und zurück zum Mittag im Fall eines Nachmittagsbestecks. Den Punkt, an dem diese so errechnete Standlinie sich mit der Mittagsbreite schnitt, nahm er als sein »Mittagsbesteck«. Dies ist ein typisches Verfahren, das in der Hochsee-Handelsschifffahrt häufig angewendet wird: dabei werden täglich die jeweiligen Mittagspositionen ins Logbuch eingetragen und das Etmal aufgrund des Mittagsbestecks vom Vortag errechnet. Leider ist diese Methode nur so genau wie die Schätzung des Kurses und der zwischen den jeweiligen Messungen zurückgelegten Strecke. Sie ist bekannt als »versegelte Standlinie« – die normalerweise in der Küstenschiffahrt und bei Landobjekten angewandt wird. Es ist ein wenig seltsam, daß Crowhurst sein Mittagsbesteck selten ins Logbuch eintrug, trotz aller mathematischen Angaben, die darin sehr wohl festgehalten sind. Aus diesem Grund war es nötig, unter Zugrundelegung der Höhendifferenzen und der Azimute, die Crowhurst in seinem Logbuch ausgerechnet hatte, und ebenso seiner Mittagsbreite die täglichen Schiffsorte für praktisch die gesamte Fahrt nachzuzeichnen.

Bei vielen anderen Gelegenheiten jedoch benutzte Crowhurst eine weitaus raschere, aber auch sehr viel gröbere Methode, um die Mittagsposition zu ermitteln. Indem er zum Zeitpunkt der Mittagshöhe für die Breite die Mittlere Greenwich-Zeit (MGZ) nahm und sie mit dem Zeitpunkt des

Höchststandes der Sonne in Greenwich (Zeitpunkt des Meridiandurchgangs) verglich, welcher im *Nautischen Jahrbuch* steht, erhielt er sofort die geographische Länge, einfach indem er diese Zeitdifferenz in Grad und Bogenminuten umrechnete. Er ging von der Voraussetzung aus, daß die Sonne vier Minuten braucht, um einen Längengrad auf der Erdoberfläche zu durchqueren (360° in 24 Stunden). Das stimmt in der Theorie durchaus, aber in der Praxis ist es extrem schwierig, den genauen Zeitpunkt der Mittagshöhe festzustellen, insbesondere mit nur einer Beobachtung. Ein Fehler von einer Minute kann bei der Berechnung der Länge zu einem Fehler von fünfzehn Meilen führen, und so wird vorstellbar, daß ein Irrtum von zwei oder drei Minuten mit einer daraus sich ergebenden Längenabweichung von vierzig Meilen oder mehr nichts Ungewöhnliches ist: entsprechend falsch ist der so ermittelte Schiffsort. Aus den Logbucheintragungen geht klar hervor, daß Fehler dieser Größenordnung auftraten, aber wir haben allen Grund zu der Annahme, daß Crowhurst sich der Grenzen seiner Methode wohl bewußt war. Es kann gut sein, daß er sie nur dann benutzte, wenn es ihm unmöglich war, eine Morgen- oder Nachmittagshöhe zur Bestimmung der Länge zu erhalten, weil der Himmel bedeckt war oder weil es wichtigere Dinge auf der Yacht zu erledigen gab. Andererseits hatte er vielleicht auch das Gefühl, die Methode sei für seine Zwecke völlig ausreichend, und die zusätzliche Arbeit durch eine Morgen- und Abendhöhe lohne sich nicht.

In einer seiner Tonbandaufnahmen beschrieb Crowhurst eine weitere Kurzmethode, die er häufig anwandte:

> Das Mittagsbesteck ist eine interessante Arbeit. Ich habe eine Methode entwickelt, die Mittagsbreite festzustellen, die, soweit ich weiß, durchaus auf der ganzen Welt benutzt werden kann, sie ist mir freilich bisher noch nicht begegnet. Soweit ich weiß, ist sie neu. Sie besteht darin, daß man sich eher auf die Differenzen stützt als auf die beobachteten Werte. Mit anderen Worten: Ich rechne den Höhenunterschied zwischen heute und gestern aus. Dann addiere

oder subtrahiere ich, je nachdem, die Differenz zwischen der Deklination von gestern und der heute, die ich nur zu der Breite von gestern hinzuzählen oder abziehen muß, um die heutige Breite zu erhalten. Das klingt kompliziert, bedeutet aber in der Praxis, meiner Ansicht nach, weniger Arbeit als die herkömmliche Methode.

Tatsache ist, daß Crowhurst sich irrte, wenn er dachte, dies sei eine schnellere Methode zur Feststellung der Breite; rechnen muß man dabei genausoviel, wenn nicht mehr. Aber Crowhursts Methode bot ihm dann einen Vorteil, wenn er zurückrechnen mußte, um fingierte Sonnenhöhen zu erhalten.

Offensichtlich dachte Crowhurst über die Grundlagen der Astronavigation viel nach; sie war ihm immerhin so vertraut, daß er Sonnenhöhen spätnachmittags nahm, während er – vor seiner Landung am Rio Salado – die südamerikanische Küste entlangsegelte. Der Vorteil war, daß die Sonnenbahn zu dieser Jahreszeit und in den Breiten, in denen er sich befand, entlang dem ersten Vertikal verläuft, mit anderen Worten: daß die Sonne immer genau im Osten oder Westen steht, so daß die Standlinie, die er erhielt, wenn die Sonne abends im Westen lag, genau nach Norden beziehungsweise Süden lief und ihm damit den exakten Längengrad anzeigte, unabhängig von etwaigen Fehlern bei der Mittagsbreite oder dem Zeitpunkt der Höhenmessung. Das war nötig, denn die Küste Südamerikas verläuft in annähernd nordsüdlicher Richtung – die Breite nützte ihm wenig, um seine Entfernung zum Land herauszufinden, entscheidend war die Länge. Auch hier entschied sich Crowhurst für die einfache Methode, indem er einfach die errechnete Höhendifferenz direkt auf die gegißte Länge anwandte, um die beobachtete Länge zu ermitteln. Um der Richtigkeit der Theorie willen hätte er diese Höhendifferenz in Meilen zuerst in den Längenunterschied umrechnen müssen, der sich, bei einer gegebenen Anzahl von Seemeilen, mit der Breite verändert. Es scheint, daß der maximale Fehler, der bei der nach dieser Methode vorgenommenen Berechnung entstand, weniger als fünf Meilen betrug; Crowhurst wird sich dessen bewußt gewesen sein, und die Methode mag ihm für seine Erfordernisse als genügend präzise erschienen sein und außerdem hinsichtlich der damit verbundenen Arbeit sehr viel weniger aufwendig.

Es steht außer Frage, daß zwischen dem 6. und dem 10. Dezember falsche Eintragungen ins Logbuch gemacht wurden: in diese Zeit fiel Donald Crowhursts angeblicher Einhand-Tagesrekord von 243 Meilen. Das war, als er auf die Kapverdischen Inseln zulief, die im Nordostpassatgürtel liegen. Seine wahren nautischen Berechnungen waren zweifellos jene, die auf einem Zeichenblatt standen; ein Auszug davon ist auf der gegenüberliegenden Seite 361 wiedergegeben.
Aus diesem Auszug – der seine Navigation vom 8. Dezember umfaßt – wird ersichtlich, daß Crowhurst über seine wahre Position ungewöhnlich viele Berechnungen durchführte, je näher er den Kapverdischen Inseln kam. Der Grund dafür, so ist anzunehmen, war einmal, daß er nicht auf Grund laufen wollte; darüber hinaus aber wagte er nicht das Risiko einzugehen, von der Küste aus gesehen und auf einer Position gemeldet zu werden, die mit der von ihm behaupteten nicht übereinstimmte. Der Auszug aus diesem authentischen Zeichenblatt zeigt deutlich, daß seine Mittagsbreite am 8. Dezember 16° 4,3' N betrug und sein Log 3025 Meilen anzeigte.

Crowhurst nahm sich daraufhin ein zweites Zeichenblatt vor, auf dessen Rückseite er eine große Anzahl eindeutig fingierter Berechnungen anstellte. Zuerst stellte er eine »sichere« Entfernung her, um die Kapverdischen Inseln zu passieren, dann zog er Kurslinien und schrieb die geloggten Meilen daneben. Seine Absicht war offensichtlich, Positionen zu erfinden, die mit seinen vorgeblichen falschen Fahrstrecken übereinstimmten. Denn wie klar zu erkennen ist, rechnete er anschließend von diesen im voraus festgelegten Positionen zurück zu den entsprechenden Höhen, die für fingierte Sonnenbeobachtungen nötig waren. Auf der Vorderseite dieses Zeichenblattes brachte er dann die Ergebnisse in die normale Reihenfolge, damit er sie danach abschreiben konnte, wie der nachstehende Auszug für den 8. Dezember zeigt (S. 362 oben):

30
25

10 25 00 332° 06.7' 338 360 29°45' 6.4
6 15.0 24 314 14.4
338° 21.7' 314 46°E 29°59.4'

AP. 18°N. 24°21.7'W HA 46°E Dec 22°38.7'S

29°28.3' -62 29°45.0 Az N 130.2 E.
- 5.4' 29°23.4 - 90.0
29°23.4' 21.6 TOWARDS 40.2

12 01 22 12 02°06.2' 24 42°42.7'
01 15.0' -2 14.9
22 5.5' 22°E 42°57.6'
02°26.7'

AP 18°N. 24°26.7'W HA 22°E Dec 22°39.1 S

44°08.5 A: -87 44°00.6' AZ N 151.2 E
- 7.9 42°57.0' - 90.0
44°00.6' Position Line 1°02.6 Away Bearing 61.2°

AP 19°N 24°21.7W HA 46 Dec 22°38.7'S
28°47.9' (-63) Az 130.7
- 5.4 29°59.5' - 90.0
28°44.5 28°44.5'
1°15.0 Toward 40.7

22 59 50 GHA 66 43.8 SHA 281°44 40° 32' 18.4
- 26 14 45.0 61 34.8 31.9
22 59 24 8.0 360 00.0
61°34.8' 343°18.8 40° 30.1 RIGEL
18 41.2

AP 18°N 25°18.8' LHA 42°E DEC 8°14'S
41°03.8 (-5.4) Loc 2938 Az N 118.5 °E
- 7.6 - 90.0
40°56.2 Int 26.1 miles Away 28.5

10 14 27 (2) 10 332°00.2' 360 ʘ 32°19.1' (9.1)
- 22 335 3°30.0 309 14.2'
10 14 05 26 1.3 51 32°33.3' 3010
309 335°31.5'

AP 16°N 26°31.6N HA 51 E Dec 22°45
26°57.8 -55
- 8.3 126.3
26 49.5

1325 90°00.0' 38 51.2' 50°54' 3025
51 08.8 22°45.9' 14.8
1.59.7 38°51.2 16 04.3 51°08.8'
1.15.0
38°14.7 Noon Lat 8th 16°04.3' N

17 48 10 A 61°58.5' 88 17°21.1' 09.4
-17 767 26 45.0' 25 12.7 3047
17 47 53 13.3' 63 17°33.8'
88°56.8'

AP 16°N 25°56.8W HA 63°W Dec 22°44.7'

17°19.2' -44 33.8 Az N 120.4 W
- 7.3' 11.9 270.0
17°11.9' 21.9' TOWARDS 149.6°(A)

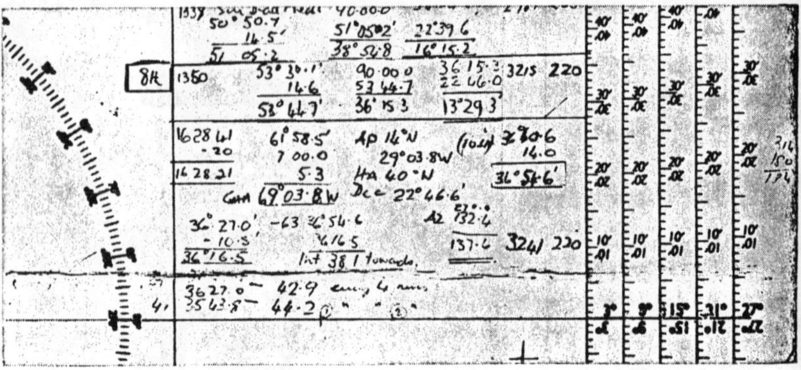

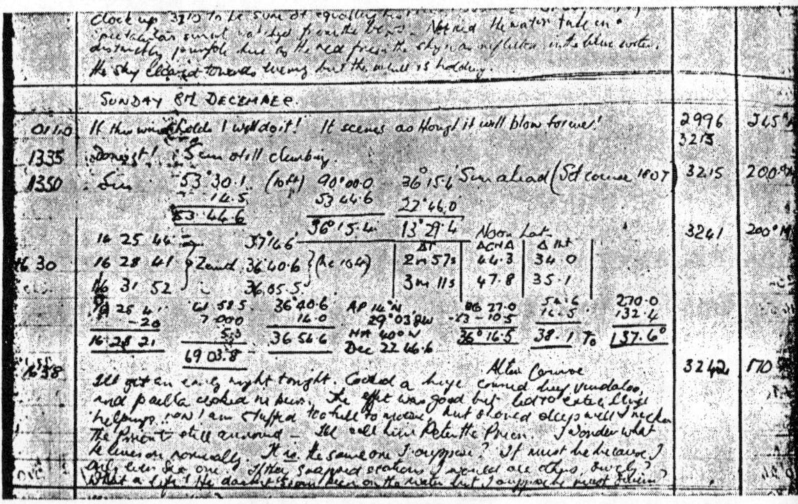

Clock up 3215 to be sure of equally ... Noticed the water take on a spectacular sunset ... distinctly purple hue by the red from the sky in reflection in the blue water. The sky cleared towards evening but the wind is holding.

SUNDAY 8th DECEMBER

0110 If the wind holds I will do it! It seems as though it will blow forever! 2996 3215

1335 Tonight! Sun still climbing.

1350 Sun ... Sun ahead (Set course 180T) 3215 200

1638 Alter Course 3242 170

I'll get an early night tonight. Cooked a huge corned beef vindaloo, and paella cooked in beer. The effect was good but had to eat large helpings, now I am stuffed too full to move but should sleep well I reckon. The Prion is still around – I'll call him Pete the Prion. I wonder what he lives on normally. It is the same one I suppose? It must be because I only ever see one. If they swapped stations I would see others, surely? What a life! He doesn't seem to have been on the water but I suppose he must ...

Wie man sieht, hat Crowhurst nun seine Mittagsbreite vom 8. Dezember auf 13°29,3' N. geändert und die zurückgelegte Strecke auf 3215 Meilen verlängert: das sind 190 Meilen mehr als die tatsächliche Fahrtstrecke, womit die Yacht 2,5° weiter südlich gerät.

Dieses Verfahren führte Crowhurst während der ganzen Zeit vom 6. bis zum 10. Dezember fort. Vermutlich übertrug er irgendwann später die Rechnungen vom zweiten Zeichenblatt in sein Logbuch: mit der einen oder anderen kleinen Verbesserung und natürlich ohne die Rechnungen auf der Rückseite. Um der größeren Glaubwürdigkeit willen fügte er noch einen Kommentar hinzu. In Crowhursts Logbuch sah der Eintrag vom 8. Dezember schließlich so aus, wie Seite 362 unten zeigt.

Es besteht kein Zweifel, daß Crowhursts angeblicher Rekord von 243 Meilen am Tag falsch ist, genau wie die Tabelle auf dem ersten Zeichenblatt mit tatsächlichen und behaupteten Entfernungen, die an früherer Stelle in diesem Buch wiedergegeben ist. Dies ist der letzte und unwiderlegliche Beweis für den Betrug.

Für einen Betrug von der Größenordnung, wie Crowhurst ihn offensichtlich plante, wäre ein schier überwältigender Arbeitsaufwand erforderlich gewesen. Neben seiner normalen Routinenavigation zur Feststellung seiner tatsächlichen Schiffsorte hätte er all die zusätzlichen Rückwärtsrechnungen durchführen müssen, die nötig gewesen wären, um die gewünschten Positionen zu erhalten. Diese hätte er anschließend ins Logbuch übertragen müssen, und jeder, selbst der geringste Irrtum beim Abschreiben wäre unweigerlich aufgefallen. Mehrmals waren Crowhurst, wenn er Fälschungen ins Logbuch übertrug, Abschreibefehler unterlaufen, die bei näherer Prüfung die Ergebnisse unsinnig erscheinen ließen. Angenommen, er hätte sich allein auf die Sonne verlassen und die eher grobe Methode zur Feststellung der geographischen Länge benutzt, wie sie zuvor beschrieben wurde, dann wäre die Fälschung möglicherweise für die ganze Fahrt ohne allzu großen Aufwand durchführbar gewesen; jedoch hätten auch die Logbucheintragungen über das Wetter mit den gesegelten Strecken übereinstimmen müssen. Daran dachte Crowhurst offensichtlich, als er, wie in diesem Buch bereits beschrieben, die Wetterberichte für die betreffenden Gebiete abhörte. Angenommen auch, daß niemand Argwohn gehegt hätte, wäre vielleicht bei einem nur flüchtigen Blick auf eine vollständige Reihe gefälschter Logbücher in der Tat keine Spur eines Betrugs aufgefallen. In Crowhursts Fall jedoch bestand ein Verdacht, und wenn man die Logbücher erst einmal genau in Augenschein genommen hätte, wäre der Betrug mit hoher Wahrscheinlichkeit an den Tag gekommen.

Eines geht aus den Logbüchern mit Sicherheit hervor: Donald Crowhursts Fähigkeiten als Navigator waren jedenfalls ausreichend für eine Weltumsegelung, und dank seiner Fälschungsversuche lernte er zweifellos eine Menge über die Theorie der Navigation. Die Tatsache, daß er mehr als 16000 Meilen einhand segelte, muß an sich als eine bemerkenswerte Leistung angesehen werden – drei Jahre früher hätte sie als außerordentlich gegolten. Schon bevor er nach 8155 Meilen am Rio Salado an Land ging, hatte Crowhurst in einem Mehrrumpfboot einhand und nonstop eine größere Strecke zurückgelegt als je ein Segler vor ihm mit Ausnahme eines einzigen, seines Konkurrenten Nigel Tetley: er war der erste, der die Welt in einem Trimaran umrundete. Es ist ein trauriger Gedanke, daß seit den Chichesters, Roses, Knox-Johnstons... alles, was unter dreißigtausend Meilen ist, für unbedeutend gehalten wird.

Anhang 2

Das Design der Teignmouth Electron.

von John Eastwood

Vom Standpunkt des Schiffskonstrukteurs aus ist die große Tragödie des Projekts *Teignmouth Electron* der Umstand, daß nicht genügend Zeit zur Verfügung stand, um zahlreiche Neuerungen in Crowhursts ursprünglichem Entwurf zu entwickeln und zu testen. Manche Ideen – insbesondere hinsichtlich der Grundkonstruktion des Bootes – wurden bereits im Riß realisiert und haben sich offenbar gut bewährt; die Schwierigkeiten, die Crowhurst während der Fahrt hatte, betreffen fast ausschließlich Teile der Ausrüstung und des Ausbaus: Mängel eher oberflächlicher Art, die sich ohne weiteres hätten beheben lassen, wenn angemessene Probeläufe und Versuche durchgeführt worden wären. Ich möchte nachfolgend einige der Prinzipien vorstellen, auf die wir hinarbeiteten, denn es wäre bedauerlich, wenn der Einsatz des Trimarans für diese Art von Unternehmen wegen eines partiellen Versagens auf dieser einen Fahrt in Mißkredit geriete.

Die *Teignmouth Electron* beruhte auf dem Piver-Standardentwurf der »Victress«-Klasse mit drei Rümpfen und Auslegerarmen, mit einer Länge über alles von 12,50 m, einer Länge in der Wasserlinie (Mittelrumpf) von 11,60 m und einer Breite von 6,70 m. Aber der Rest des Bootes war speziell für Crowhursts Anforderungen entworfen worden und wich in vieler Hinsicht von der Standardspezifikation ab. Die Hauptabsicht dabei war, im Hinblick auf die extremen Belastungen in den hohen Breiten eine größere Stärke der Grundkonstruktion zu erreichen, wofür Einbußen an Platz und Komfort in Kauf genommen wurden. Manche Veränderungen waren grundlegend – so etwa der Verzicht auf die geräumige Kajüte mit Ruderhaus der normalen »Victress«. Anderes war lediglich eine

Frage der Verstärkung und Verbesserung an besonders anfälligen Stellen.

Die Rümpfe selbst wurden nach der üblichen Serienfertigungsmethode bei Cox Marine in Brightlingsea, Essex, aus 1 cm starkem Bootsbausperrholz (1,27 cm am Boden des Mittelrumpfes) gebaut, mit Spanten aus Tannenholz verleimt und mit Glasfaser ummantelt. An den entscheidenden Punkten – entlang den Kielen, den Wasserlinien, den Vor- und Achtersteven und den Deck-Rumpf-Verbindungen – wurde um der größeren Stabilität willen die Ummantelungsstärke durch mehrere zusätzliche Schichten Glasfaser erhöht.

Bei der Standard-»Victress« sind die Rümpfe durch zwei kastenförmig konstruierte Auslegerarme aus 1,60 cm und 1,27 cm starkem Sperrholz miteinander verbunden. Crowhurst wollte zwei zusätzliche Auslegerarme, was mir für eine solche Fahrt vernünftig schien. Wir verwendeten dafür einen ähnlichen Querschnitt wie für den Standardauslegerarm achtern, und sie wurden ungefähr 1,20 m vor den Standardauslegerarmen eingefügt. Zur Befestigung dieser Arme waren zusätzliche Schotten nötig, und in jedem Rumpf wurden außerdem zwei wasserdichte Kollisionsschotten eingebaut. Die erhöhte Anzahl von Schotten sorgte zwar für eine große Stabilität, machte andererseits aber die ungewöhnlich vielen Luken notwendig – vier in jedem Auslegerschwimmer und drei im Mittelrumpf –, damit nach wie vor alle Stauräume zugänglich waren.

Die Befestigung der Auslegerarme an den Schotten wurde um einiges stabiler als üblich. Dazu wurde die Anzahl der Bolzen verdreifacht, und statt Unterlegscheiben zu benutzen, verteilten wir die Belastung, indem wir die Bolzen durch fortlaufende, an das Holz geleimte Streifen aus starkem rostfreiem Stahl steckten.

Noch eine weitere Vorrichtung diente zur Erhöhung der seitlichen Stabilität. Eine Besonderheit des Trimarans ist, daß bei starkem Segeldruck die Auslegerarme die Tendenz haben, sich nach oben zu biegen. Sperrholz hält wiederholtem Kompressionsdruck weniger gut stand als wiederholter Dehnung, woraus folgt, daß die obere Fläche der Auslegerarme mit kastenförmigem Querschnitt eine Verstärkung nötiger hat als die untere Fläche. Um dies zu verwirklichen, fanden wir eine einfache Methode. Die Stärke des Decks, mit welchem die obere Fläche der Auslegerarme verleimt ist, wurde verdoppelt – statt der üblichen einfachen Lage Sperrholz von 1 cm Stärke wurden zwei Lagen übereinandergelegt. Ein zusätzlicher Vorteil dieser Deckverstärkung war, daß alle Fugen versetzt angeordnet werden konnten. Wir achteten außerdem darauf, besondere Belastungspunkte auf den Decks zu vermeiden, indem wir an solchen Stellen, wie zum Beispiel den Verbindungen von Auslegerarmen und Rümpfen, alle Ecken großzügig abrundeten.

Crowhurst schlug eine neuartige Methode zur Befestigung der Wanten an den Rümpfen vor. Jedes Pütting wurde aus rostfreiem Stahl hergestellt und vom Deck aus nach unten verlängert und über die Rumpfaußenseite unter dem Kiel durchgezogen bis zur anderen Seite, wo es das entsprechende Gegenstück bildete. Auf diese Weise waren die Wanten praktisch an rostfreien Stahlbändern befestigt, die um den ganzen Rumpf herum liefen. Crowhurst bestand auch auf einer absoluten Paßgenauigkeit zwischen Püttings und den Gabeln der Wantenspanner sowie zwischen den Bohrungen in den Püttings und den Wantenspannerbolzen, um die Bolzen daran zu hindern, sich durchzubiegen, und die Belastungen verschiedenster Art so gering wie möglich zu halten – eine wichtige Überlegung, wenn ein Boot extremen Bedingungen ausgesetzt werden soll.

Die Masten der *Teignmouth Electron*, bestehend aus Aluminiumlegierung, wurden von der International Yacht Equipment Ltd. geliefert. Der Hauptmast war 11,60 m hoch – etwa 1,20 m niedriger als der Mast der Standard-»Victress«. (Einer der Gründe, die Masthöhe zu verringern, war das Gewicht des Kenterschlauchs, den Crowhurst am Masttopp festmachen wollte.) Der Mast hatte einen größeren Querschnitt als bei einer »Victress« üblich, und auch alle Wanten und Stagen wurden eine Nummer stärker gewählt.

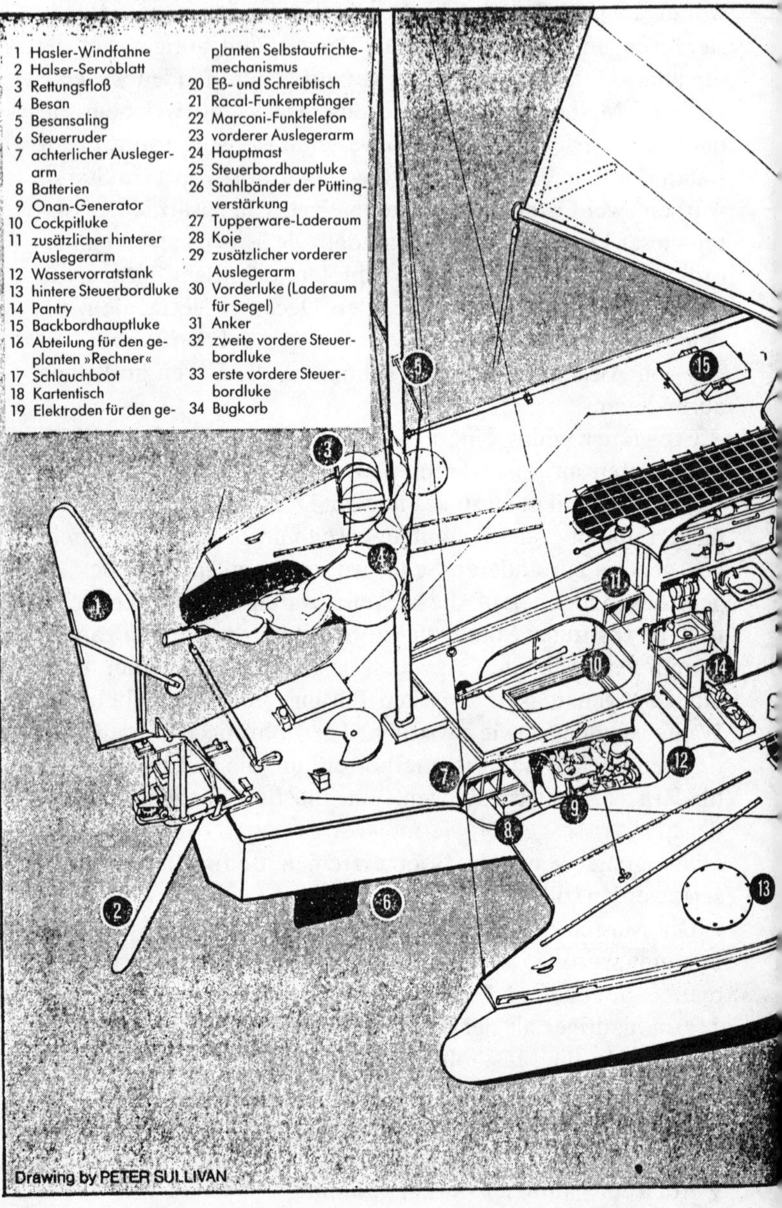
1 Hasler-Windfahne
2 Halser-Servoblatt
3 Rettungsfloß
4 Besan
5 Besansaling
6 Steuerruder
7 achterlicher Auslegerarm
8 Batterien
9 Onan-Generator
10 Cockpitluke
11 zusätzlicher hinterer Auslegerarm
12 Wasservorratstank
13 hintere Steuerbordluke
14 Pantry
15 Backbordhauptluke
16 Abteilung für den geplanten »Rechner«
17 Schlauchboot
18 Kartentisch
19 Elektroden für den geplanten Selbstaufrichtemechanismus
20 Eß- und Schreibtisch
21 Racal-Funkempfänger
22 Marconi-Funktelefon
23 vorderer Auslegerarm
24 Hauptmast
25 Steuerbordhauptluke
26 Stahlbänder der Püttingverstärkung
27 Tupperware-Laderaum
28 Koje
29 zusätzlicher vorderer Auslegerarm
30 Vorderluke (Laderaum für Segel)
31 Anker
32 zweite vordere Steuerbordluke
33 erste vordere Steuerbordluke
34 Bugkorb
Drawing by PETER SULLIVAN

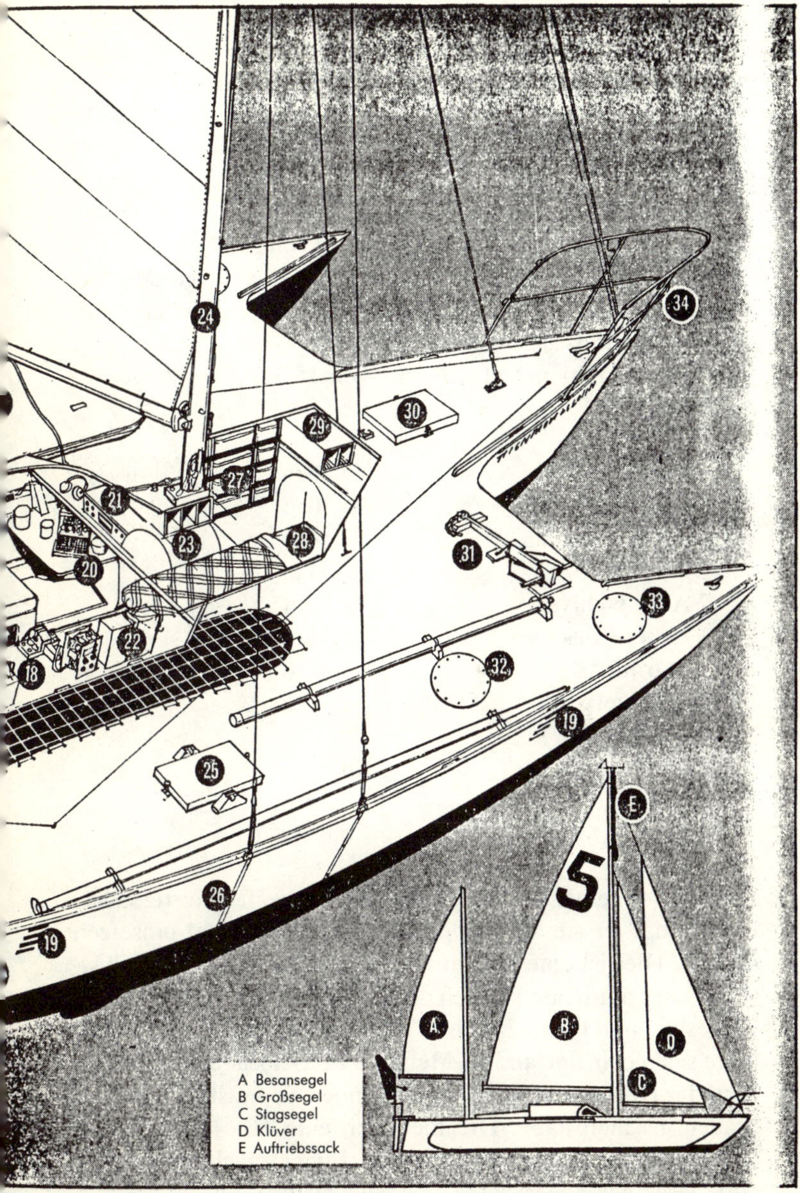

24
30
29
27
21
23
28
20
31
33
22
18
32
19
25
26
19
34
E
5
A
B
C
D
A Besansegel
B Großsegel
C Stagsegel
D Klüver
E Auftriebssack

Entsprechend wurde auch die Höhe des Besanmastes verringert. Im Rückblick halte ich dies für einen Fehler. Eines der Probleme, mit denen Crowhurst zu kämpfen hatte, war die schwache Leistung am Wind, und wir haben Grund zu der Annahme, daß das Boot mit einer größeren achterlichen Segelfläche bessere Fahrt gemacht hätte. Es gab jedoch noch eine Reihe anderer Erklärungen für diesen Mangel: vielleicht wurden das Großsegel und der Besan zu voll geschnitten, auch der massige Kenterschlauch am Mast wird nicht gerade förderlich gewesen sein. Auch hätte ich gern die Zeit gehabt, mit größeren Kielflossen zu experimentieren.

Crowhurst fuhr mit einem Satz von 15 Segeln, welche waren:

1 leichte Genua	43,78 m^2
1 Reacher	25,10 m^2
2 Flieger (Yankees)	22,66 m^2
2 Focks (große)	30,47 m^2
2 Arbeitsklüver	11,42 m^2
1 Arbeitsfock	11,42 m^2
1 Sturmfock	5,96 m^2
1 Trysegel	5,96 m^2
1 Großsegel 1	25,82 m^2
1 Großsegel 2	16,90 m^2
1 Besan 1	8,36 m^2
1 Besan 2	5,43 m^2

Die meisten seiner Vorsegel hatte er sich zweifach fertigen lassen, so daß er sie als Doppelsegel vor dem Wind einsetzen konnte. Dies ist eine bekannte, einfache Methode zur Selbststeuerung: auf beiden Seiten des Decks werden identische Segel gesetzt und ihre Schoten an der Pinne befestigt. Crowhurst hatte sich noch eine andere Methode zur Selbststeuerung während der Fahrt ausgedacht, die ich anderswo noch nicht in Gebrauch gesehen habe. Die Idee war, eine Trosse (oder eine Leine mit einem daran befestigten Eimer) nachzuschleppen und diese über eine variable Übersetzung mit dem Ruderschaft zu verbinden. Dabei wird das Ruder auf eine Weise betätigt, die das Boot und die Trosse in einer geraden Linie hält. Es schien ein durchführbarer Plan, aber um die richtige Übersetzung zu finden, wäre mehr Zeit zum Experimentieren erforderlich gewesen, als Crowhurst zulassen konnte. Für den normalen Gebrauch war das Boot mit einer Hasler-Standardselbststeuerungsanlage ausgerüstet.

Die Handsteuerung erfolgte über die Ruderpinne, die vom offenen Cockpit aus betätigt wurde. Deren Unterbringung verursachte einige Schwierigkeiten, denn das Ruder selbst befand sich hinter dem Besan; für das Cockpit aber war die ideale Lage vor dem Besan. Wir mußten daher eine Verbindung über zwei Schäfte zustande bringen. (Wegen dieser unüblichen Anordnung hielten viele zu Unrecht die *Teignmouth Electron* für eine Yawl, nicht für eine Ketsch.) Zusätzlich gab es noch die Möglichkeit, das Boot mittels eines Ruderrads zu steuern, das in der Kajüte am Achterschott befestigt war. Es war so angebracht, daß es bei vollkommen geschlossener Kajüte bedient werden konnte oder auch von einem auf die Leiter des Niedergangs geklemmten Sitz aus, so daß gerade nur der Kopf des Steuermanns aus der Hauptluke ragte.

In der Kajüte gab es noch eine Reihe weiterer Segelhilfen, darunter auch einen Hengist-Horsa-Windgeschwindigkeits- und -richtungsanzeiger, der die Informationen von einer Windfahne und einem Propeller am Masttopp auf ein elektronisches Display überträgt. Crowhurst hatte die Absicht gehabt, diese Windanzeige außerdem in sein geplantes Alarm- und Umschaltsystem einzubauen, so daß jede plötzliche Windänderung einen Alarm ausgelöst und elektrisch die Schoten gefiert hätte.

Die wichtigsten Grundlagen von Crowhursts Sicherheitsvorrichtungen sind im dritten Kapitel dieses Buches beschrieben. Sie umfaßten etliche gute Ideen, während bei anderen die praktische Anwendbarkeit eher zweifelhaft war; jedenfalls ist es sehr bedauerlich, daß Crowhurst von seinem geplanten System nur so wenig verwirklichen konnte. Der Selbstaufrichtemechanismus mit Auftriebskörper war noch nicht ausgereift und hätte mehr Entwicklungsarbeit benötigt, als unter den gegebenen

Umständen möglich war; aber nichts daran wäre prinzipiell undurchführbar gewesen. Crowhurst hatte für zahlreiche Probleme saubere Lösungen gefunden – zum Beispiel für die Positionierung einer Anzahl von Elektroden in einer Weise, daß sie zwischen dem normalen Spritzwasser von Wellen und einem permanenten Eintauchen des Auslegerschwimmers beim Kentern unterscheiden konnten. Dieser Teil des Systems war fertiggestellt, bevor die *Teignmouth Electron* aufbrach, nicht aber der Mechanismus zum Aufblasen des Kenterschlauchs.

Andere Vorrichtungen, die Crowhurst geplant hatte – zum Beispiel einen elektrischen Melder im Fall von übermäßigem Bilgenwasser – wären auf der Fahrt wohl ebenfalls von Nutzen gewesen. Aber die Idee, Belastungsmesser in die Takelung einzubauen, hielt ich für eine eher nebensächliche Raffinesse. Doch nachdem nichts von alldem tatsächlich fertiggestellt wurde, können wir nicht genau sagen, welchen praktischen Wert Crowhursts technologische Neuerungen für den Segler gehabt hätten.

Meine persönliche Ansicht ist, daß ein nach diesen Richtlinien entworfener Trimaran – trotz des tragischen Endes des *Teignmouth Electron*-Projektes – ein ausgezeichnetes Boot für Einhand-Langstreckenfahrten gewesen wäre, vorausgesetzt natürlich, es hätte genügend Zeit für die Entwicklung, Prüfung und Trimmung zur Verfügung gestanden. Es darf indes nicht vergessen werden, daß die *Teignmouth Electron* zweimal eine Strecke von mehr als achttausend Meilen ohne Zwischenlandung zurücklegte und daß die beiden Trimarane, die an der damaligen Weltumsegelung teilnahmen, in ihrer durchschnittlichen Leistung den Einrumpfbooten in nichts nachstanden.

SERIE PIPER

Abenteuer

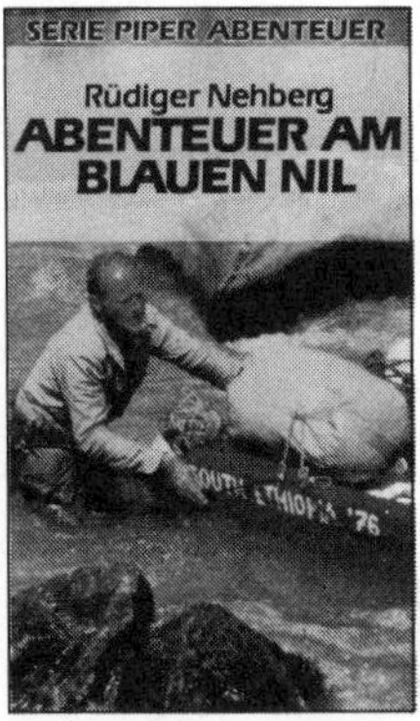

1796

1710

1697

1724

1905

1965

SERIE PIPER

Abenteuer

1247

Verletzt hängt der junge Bergsteiger Joe Simpson am Seil, gehalten von seinem Freund Simon Yates, doch der spürt, daß er allmählich von dem fremden Gewicht heruntergezogen wird. Um sein eigenes Leben zu retten, zerschneidet Yates das Seil ... »Ein Abenteuerbuch, das einem das Blut in den Adern stokken läßt.« *Sunday Express*

1327

Welches an Selbstmord gemahnende Wagnis, in einem serienmäßigen Faltboot das gefürchtete, legendäre Kap Hoorn umrunden zu wollen! Arved Fuchs erzählt hier aber nicht nur von dem fast unglaublichen Erfolg seines Unternehmens, sondern auch vom düsteren Schicksal der feuerländischen Indianer.

1352

Reinhold Messner, einer der letzten großen Abenteurer unserer Zeit, erzählt hier erstmals sein Leben. Seine spektakulärsten Gipfelsiege, aber auch seine erschütterndsten Niederlagen bis zum vergeblichen Sturm auf die Lhotse-Südwand 1989 sind in diesem pakkenden Buch versammelt.